Antonio Gramsci

Südfrage und Subalterne

Herausgegeben von
Ingo Pohn-Lauggas und Alexandra Assinger

Argument / InkriT

Die Arbeit an diesem Buch wurde gefördert vom
Rosita Schjerve-Rindler-Gedächtnisfonds.
Veröffentlicht mit Unterstützung des Instituts für kritische Theorie.

Die Deutsche Nationalbibliothek verzeichnet diese Publikation
in der Deutschen Nationalbibliografie; detaillierte bibliografische Daten
sind im Internet über http://dnb.d-nb.de abrufbar.

Deutsche Originalausgabe

Glashüttenstraße 28, 20357 Hamburg
Telefon 040/4018000 – Fax 040/40180020
www.argument.de
Umschlaggestaltung: Martin Grundmann
Satz: Iris Konopik
Druck: CPI books GmbH, Leck
Gedruckt auf säure- und chlorfreiem Papier
ISBN 978-3-86754-113-8
Erste Auflage 2023

Inhalt

Vorwort

Die in diesem Buch versammelten Texte Antonio Gramscis erhalten besondere Bedeutung durch den Gesichtspunkt, nach dem sie ausgewählt wurden: die »Südfrage« mit den Überlegungen zu den »subalternen Klassen« in Verbindung zu bringen. Auf diese Weise lässt sich nämlich eine Kontinuität in Gramscis Denken über sein gesamtes politisches und intellektuelles Leben hinweg erfassen, von den Artikeln der »Turiner Phase« bis zu den *Gefängnisheften*.

Die Texte, die ab 1919 im *Ordine Nuovo* erschienen sind, widerlegen die Legende, der Gramsci der Fabrikräte sei zu sehr in der Turiner Arbeiterbewegung aufgegangen, um sich der politischen Bedeutung der Landarbeiter vor allem Süditaliens bewusst zu werden. Vielmehr tritt Gramsci ein für ein *föderales* Bündnis zwischen dem Industrieproletariat des Nordens und den Bauernmassen des Südens – ein im damaligen Italien eher unbekanntes Modell, nicht aber für den Sarden Gramsci, der mit den Autonomie-Bewegungen Sardiniens gut vertraut war. Darin kann man ein Beispiel für den spezifischen Begriff von »Übersetzung« sehen, den Gramsci in den *Gefängnisheften* entwickelt: Es geht nicht einfach um die Übertragung einer Politik oder einer Losung von einer Sprache in eine andere, sondern von einem historisch-politischen Zusammenhang in einen anderen und damit auch in eine andere Kultur – mit allen Anpassungen, die dafür notwendig sind.

Gramscis Aufsatz zur Südfrage von 1926 wiederum muss man als Bindeglied zwischen den Texten, die vor der Verhaftung entstanden sind, und den *Gefängnisheften* betrachten. Er belegt, dass es nicht ›unterschiedliche Gramscis‹ gibt, sondern einen im Wesentlichen einheitlichen Denker: Er entwickelt seine Auffassungen in bestimmten geschichtlichen und politischen Konstellationen und erweitert sie dann, wie in den *Thesen von Lyon*, um seine Kenntnisse vom internationalen Kommunismus – aber die Grundmotive, die er in seinen jungen Jahren formuliert, kehren unverkennbar im reifen Denken der *Gefängnishefte* wieder. Es besteht also ein Zusammenhang zwischen den politischen Strategien Gramscis als aktiver Teil einer revolutionären Bewegung und den Gefängnisschriften, deren Inhalte die Kommunistische Partei Italiens zumindest in Teilen beeinflussen sollten und die in der richtigen »Übersetzung« auch einen Beitrag zu ihrem Aufstieg nach dem Fall des Faschismus leisteten.

Aus diesem Grund sind diese Schriften auch zentral für die folgende theoretische Auseinandersetzung mit Gramsci. Man denke nur an die Intellektuellen-Frage, deren historische und soziologische Behandlung einen der roten Fäden in den *Gefängnisheften* darstellt, die aber schon 1926 aufgeworfen wird, wenn Gramsci die tragende Rolle der Intellektuellen in den Machtverhältnissen Süditaliens analysiert. All dies kehrt in der bekannten Unterscheidung zwischen traditionellen und organischen Intellektuellen wieder, und es sind Letztere, denen eine wesentliche Funktion zukommt für den Weg aus der Subalternität. Dies wiederum ist ein Konzept, das in der anthropologischen Debatte der 1940er und 50er Jahre heftig diskutiert wurde, in der Blütezeit der Gramsci-Rezeption in den 70ern jedoch nahezu »vergessen« wurde. Erst in den letzten Jahrzehnten wird ihm wieder große Aufmerksamkeit zuteil, nicht zuletzt auf internationaler Ebene, was sich seiner Wiederentdeckung und Inanspruchnahme durch die indischen Subaltern Studies verdankt. Auch wenn diese Rezeption nicht frei von Missverständnissen ist, zeigt sie, wie weltumfassend die Auseinandersetzung mit Gramsci heute ist: Auch hier gilt, was in den *Gefängnisheften* zu lesen ist, nämlich »dass die Welt eine Einheit ist, ob man will oder nicht«.

Die Themen, die in diesem Sammelband behandelt werden, sind also von grundlegender Bedeutung für das Denken Gramscis. Dass sie dem deutschsprachigen Publikum auf diese Weise zugänglich gemacht werden, ist ein wichtiger Schritt auf dem Weg zu einem besseren Verständnis des sardischen Marxisten, und die hier geleistete Arbeit stellt einen wertvollen Beitrag zur Stärkung der internationalen Gramsci-Forschung dar. Das Gesamtwerk des Autors der *Gefängnishefte* ist heute als Welterbe zu betrachten, und die Kenntnis seines Denkens ist ein wichtiges Element der kulturellen Einigung. Hierzu leistet das vorliegende Buch einen Beitrag, der sehr zu begrüßen ist.

Guido Liguori
Präsident der *International Gramsci Society*

Übersetzt von Ingo Pohn-Lauggas

Ingo Pohn-Lauggas

Südfrage und Subalterne bei Antonio Gramsci

Zur Einführung

Im Frühjahr 1927 schreibt Antonio Gramsci einen Brief aus dem Gefängnis an seine Schwägerin Tatjana Schucht, der mit gutem Grund Berühmtheit erlangte und oft zitiert wird. Tatjana Schucht war schon in der Zeit vor Gramscis Verhaftung 1926 seine enge Mitarbeiterin gewesen und in den folgenden Jahren seine wichtigste Verbindung zur Außenwelt. In dem Brief vom 19. März 1927 nun formuliert Gramsci nichts Geringeres als ein erstes »Arbeitsprogramm« der *Gefängnishefte*: »Ich möchte mich nach einem vorgegebenen Plan intensiv und systematisch mit einem Thema befassen, das mich ganz erfüllt und mein inneres Leben auf einen Punkt ausrichtet.« An vier Themen habe er bisher gedacht, und sogleich fragt er Tanja: »Erinnerst Du Dich an meine rasch hingeworfene und oberflächliche Schrift über Süditalien und die Bedeutung von B. Croce? Also, ich möchte die These, die ich damals skizzierte, ausführlich entwickeln, von einem ›über den Interessen stehenden‹ Standpunkt aus, *für ewig*[1].« (*Br* II, 92) Ganz an oberster Stelle seines Denk- und Schreibvorhabens im Gefängnis steht also die Wiederaufnahme dessen, was er in der letzten Schrift vor seiner Verhaftung formuliert hat: die Überlegungen zur »Südfrage« (*questione meridionale*), also zur strukturellen ökonomischen, sozialen und politischen Ungleichheit in Italien. In der Tat, als Gramsci im Februar 1929 die Arbeit am ersten Gefängnisheft aufnimmt, findet sich gleich auf der ersten Seite die »Südfrage« unter den zu behandelnden »Hauptthemen« (*Gef*, H. 1, 67).

Anders verhält es sich mit den »Subalternen«: Sie tauchen das erste Mal explizit in Heft 3 auf (§ 14, 344), finden sich aber – was bedeutsamer ist – in keiner einzigen der Themenlisten, die Gramsci in seinem Arbeitsprozess wiederholt angefertigt und neu angeordnet hat. Als er, schon schwer krank, 1934 das »Spezialheft« zur »Geschichte der subalternen gesellschaftlichen Gruppen« anlegt, wählt er ein beson-

1 Dt. im Original; zu dieser eigentümlichen Formulierung sowie zur Frage, wie Gramscis politische Schriften denn »über den Interessen stehen« können, vgl. Pohn-Lauggas 2013, 40ff.

ders seitenstarkes Schulheft, was auf die Bedeutung verweist, die er dem Thema beizumessen begonnen hat. Das Vorhaben fällt seiner Krankheit und schlussendlich seinem Tod 1937 zum Opfer, nur ganze 17 Seiten dieses 25. Gefängnisheftes wird er füllen.

Es handelt sich bei der »Subalternität« – eine von Gramsci übrigens kein einziges Mal gebrauchte Substantivierung – also um ein Konzept, das offenkundig erst in den *Gefängnisheften* entwickelt wird und Bedeutung erlangt und das so einen ganz eigenen Platz in Gramscis Gesamtwerk einnimmt. Umso bemerkenswerter ist, dass es heute zu den augenscheinlich bekanntesten und international am häufigsten in Anspruch genommenen Konzepten seiner Theorie gehört, was sich klarerweise auch der Inanspruchnahme durch die postkolonialen indischen und anglophonen Studien ab den 1980er Jahren verdankt (vgl. Chatterjee 2001): Ranajit Guha, der Gründer des *South Asian Subaltern Studies Collective*, bezeichnete Gramsci bei einer Konferenz 2007 als seinen »Lehrmeister«, von dem sich die Gruppe habe führen lassen (2009, 39). Dies hat zu einer beträchtlichen Weiterentwicklung und Neukontextualisierung von Gramscis Theorie geführt (vgl. Castro Varela/Dhawan 2020, 197f.): Es hat sich längst ein »postkolonialer Gramsci« etabliert (Srivastava/Bhattacharya 2012), dessen Denken den »Schlüsselwerken der Postcolonial Studies« zugerechnet wird (Habermann 2012). Auch wenn zu dieser Inanspruchnahme einige grundlegende Bedenken zu äußern wären,[2] ist das Verdienst dieser Strömungen unumstritten, die Aufmerksamkeit auf ein Element in Gramscis Theoriegebäude gelenkt zu haben, dessen Bedeutung in den ersten Jahrzehnten seiner Rezeption weitgehend unterschätzt wurde, auch und gerade in Italien (vgl. Liguori 2015, 118).

Bezug genommen wird in diesen Studien allerdings nicht nur auf die *Gefängnishefte*, sondern ebenso auf den Aufsatz zur Südfrage, so etwa auch von Gayatri Chakravorty Spivak (2008, 47), deren höchst umstrittener Essay *Can the Subaltern Speak?* (1988) nicht unwesentlichen Anteil an der internationalen Karriere des Subalternen-Begriffs hatte.[3] Gramscis Text von 1926 ist im deutschsprachigen Raum durch wiederholte Bezugnahmen und zentrale Zitate zwar bekannt (vgl. z. B. Opratko 2022, 35ff.), aber von antiquarisch zirkulierenden Antholo-

2 Eine ausführliche und kritische Auseinandersetzung des Autors dieser Zeilen mit Gramscis Rezeption in der postkolonialen Theorie ist für 2024 in Vorbereitung.

3 Spivak selbst bekennt im »Rückblick«, dass sie genau zu dem Zeitpunkt, als sie den Vortrag hielt, auf dem ihr Essay gründen sollte, »gerade« Gramscis Aufsatz zur Südfrage gelesen hatte (2014, 12).

gien abgesehen (Gramsci 1955; 1980; 1991) kaum mehr zugänglich. Die existierenden Übersetzungen fallen zudem in eine Zeit lange vor der intensiven Auseinandersetzung mit Gramscis Sprache und Terminologie und ihrer Übersetzbarkeit, von der die Arbeit an der deutschsprachigen Kritischen Gesamtausgabe der *Gefängnishefte* durch das Gramsci-Projekt ab den 1990er Jahren geprägt war (vgl. Mezzasalma 2023) und die in deren Begleittexten gut dokumentiert ist. So stand am Beginn des vorliegenden Buchprojekts die Absicht, den Aufsatz zur Südfrage nicht zuletzt angesichts seiner neu gewonnenen Bedeutung für zeitgenössische Kulturstudien auch für Deutsch Lesende wiederzubeschaffen. Dies war mit dem Anspruch verbunden, das in der Übersetzungsarbeit an den *Gefängnisheften* gewonnene Übersetzungswissen auf diesen Text sowie auf mit ihm verwandte kleinere »Frühschriften« Gramscis zur Anwendung zu bringen und so eine sprachliche Kohärenz zwischen beiden Schaffensphasen des Politikers und Denkers herzustellen.

Doch wurde in der Zusammenarbeit mit meiner Mitherausgeberin alsbald klar, dass der Anspruch, auf diese Weise zu einem diesbezüglich vollständigeren Bild von Gramscis Werk beizutragen, nicht einzulösen sein würde, wenn dieses Buch die direkte Verbindung, die zwischen dem »Südfrage«-Aufsatz und den *Gefängnisheften* besteht, nicht auch buchstäblich sichtbar und nachvollziehbar macht. Deshalb stehen die kommentierten Neu- bzw. Erstübersetzungen von »Frühschriften« zur Südfrage im Vorderteil dieses Bandes einer Auswahl aus Texten der *Gefängnishefte* gegenüber, in denen Gramsci einerseits die Südfrage wieder aufgreift und sich andererseits mit den subalternen gesellschaftlichen Gruppen befasst.

Rote Jahre und die Folgen

Antonio Gramsci, der dank eines Stipendiums 1911 als Student nach Turin gekommen war und sich schon bald der Sozialistischen Partei Italiens (PSI) anschloss, nahm in den durch den Ersten Weltkrieg, aber auch durch Repressalien ausgedünnten Reihen dieser Partei, die aus den Wahlen von 1919 überaus gestärkt hervorgehen sollte, schon relativ früh eine prominente Rolle ein, sowohl als Journalist wie auch als Politiker. Eine nicht zuletzt durch die Kunde von den revolutionären Ereignissen in Russland beflügelte Arbeiterbewegung erlangte in der Industriestadt Turin besondere Stärke und war Protagonistin der aufständischen »Roten Jahre« 1919/1920 (*Biennio rosso*). Sie waren geprägt von heftigen Arbeitskämpfen, Fabrikbesetzungen und von der Bewegung der Fabrikräte, die untrennbar mit Gramscis Namen und der Zeitung verbunden war, die er mit Palmiro Togliatti, Angelo Tasca und Umberto Terracini gründete[4] und die am 1. Mai 1919 zum ersten Mal erschien: *L'Ordine Nuovo*. Sie trug das berühmte Motto: »Bildet euch, denn wir brauchen all eure Klugheit. Bewegt euch, denn wir brauchen eure ganze Begeisterung. Organisiert euch, denn wir brauchen eure ganze Kraft.«

In dieser Zeitung sind die ersten beiden Texte erschienen, die wir hier aufgenommen haben, um zu verdeutlichen, dass das Grundproblem, das für eine sozialistische Bewegung mit der Frage des Südens in Verbindung steht, nämlich das Bündnis der organisierten Arbeiter des Nordens mit den Bauern (des Südens), sich für Gramsci schon 1919 stellte: Er sah in den Fabrikarbeitern und den armen Bauern »die beiden Triebkräfte der proletarischen Revolution« (S. 31 im vorl. Bd.). Doch schon im Herbst 1920 zeichnete sich entgegen aller Hoffnungen die Niederlage der Arbeiterbewegung ab, und im Januar 1921 kam es auf dem Parteitag des PSI in Livorno zur Abspaltung der Kommunistischen Partei Italiens (PCI). Wiewohl Gramsci in Livorno, im Gegensatz zu Amadeo Bordiga, nicht an vorderster Front der kommunistischen Fraktion stand, benannte er im Vorfeld des Parteitags mit Nachdruck dessen geschichtliche Bedeutung und brachte die anstehende Gründung des PCI ausdrücklich in Verbindung mit der Südfrage, in der er »das zentrale Problem des nationalen Lebens Italiens« sah (S. 34).

Ab 1922 hielt Gramsci sich als Vertreter des PCI bei der Kommunistischen Internationale in Moskau auf, und dort wurde ihm auch eine persönliche Begegnung mit Lenin zuteil, von der überliefert ist, dass sie auch die Besonderheit der politischen Lage Italiens zum Gegenstand hatte, die sich durch die Südfrage ergibt (vgl. Gramsci jr. 2014, 14). Geteilt wurde aber ebenso die Kritik an Bordiga, der sich auch angesichts der faschistischen Machtergreifung in Italien gegen die Strategie der Einheitsfront mit nichtkommunistischen Kräften sperrte, die auf dem IV. Weltkongress der Komintern Ende 1922, an dem auch Gramsci teilnahm, bekräftigt wurde. Für den politischen Bruch mit Bordiga, den Gramsci 1924 als Parteivorsitzender ablöste, kommt dem Brief zur Gründung der Zeitung *L'Unità*, den Gramsci von Moskau aus an das Exekutivkomitee der Partei richtete, entscheidende Bedeutung zu: Die Gründung der Zeitung wurde von der Komintern nämlich vor dem Hintergrund der Annäherung der

4 Zu den Namen, die hier fallen, verweise ich auf das Personenglossar ab S. 85.

Drittinternationalisten an den PCI beschlossen, die aus der Sozialistischen Partei ausgeschlossen worden waren, und die im vorgeschlagenen Namen beschworene »Einheit« trägt der Bedeutung Rechnung, die Gramsci der Südfrage beimaß, »der Frage also, nach der sich das Problem der Beziehungen zwischen Arbeitern und Bauern nicht nur als ein Problem des Klassenverhältnisses darstellt, sondern auch und vor allem als ein territoriales Problem« (S. 38).

Während der Schutz, den Gramsci als Parlamentsabgeordneter zu genießen schien, ihm seine Rückkehr nach Italien ermöglichte, war die Partei zu diesem Zeitpunkt de facto schon in die Klandestinität gedrängt und gezwungen, ihren III. Parteitag im Januar 1926 im französischen Exil in Lyon abzuhalten. Dort präsentierte Gramsci gemeinsam mit Togliatti umfangreiche »Politische Thesen zur Lage Italiens und zur ›Bolschewisierung‹ des PCI«, einer der berühmtesten und womöglich wichtigsten strategisch-politischen Texte in der Geschichte der kommunistischen Bewegung Italiens. Die ausführlichen, gegen Bordiga gerichteten Abschnitte zur »Strategie und Taktik der Partei« sind in der vorliegenden Ausgabe nicht enthalten, da wir lediglich jene Thesen aufgenommen haben, die mit der Südfrage in direktem Zusammenhang stehen – denn sie stand selbstverständlich auch in Lyon auf der Tagesordnung. Es kommt aber in diesen Thesen deutlich zum Ausdruck, dass in Gramscis Augen Teil einer solchen Strategie zu sein hat, sich mit den politischen und gesellschaftlichen Gegebenheiten eines Landes besonnen und gut vertraut zu machen, was in den linken Strömungen vielfach verabsäumt werde. »Ich war immer überzeugt«, schreibt er Tanja im März 1928, »dass es ein unbekanntes Italien gibt, das man nicht sieht und das sich von dem augenscheinlichen und sichtbaren sehr unterscheidet. Ich möchte sagen […], dass diese Kluft zwischen dem, was man sieht, und dem, was man nicht sieht, bei uns tiefer ist als in den anderen sogenannten Kulturnationen.« (*Br* II, 166) Dem sollten die Notizen zur Südfrage entgegenwirken, die wenige Monate später entstanden und die wie die »Thesen von Lyon« eine »Analyse der italienischen Gesellschaftsstruktur« zum Ausgangspunkt politischen Handelns machen – hier aber die Süditaliens.

Die Frage des Südens

Gramscis Aufsatz zur Südfrage trägt eigentlich den Titel »Anmerkungen zum Problem des Südens und zu seiner Behandlung durch die Kommunisten, Sozialisten und Demokraten« (vgl. Gramsci 1990).

Verfasst im Oktober 1926, war er vermutlich zur Veröffentlichung in der in Frankreich erscheinenden Theoriezeitschrift des PCI *Lo Stato Operaio* gedacht, wo er im Januar 1930 auch erstmals abgedruckt wurde, um dann in einer speziellen Ausgabe auf Reispapier unter antifaschistischen Gruppen in Italien illegal in Umlauf gebracht zu werden (vgl. *Gef*, A714). Die Redaktion hatte ihn allerdings mit einem knapperen Titel versehen, unter dem er dann Berühmtheit erlangte und den wir auch hier beibehalten: »Alcuni temi della quistione meridionale« (»Einige Gesichtspunkte der Südfrage«). Dass Gramsci den Text noch überarbeitet hätte, steht außer Frage; ob er tatsächlich »unvollendet« oder gar ein »Fragment« ist, als das er fast immer dargestellt wird, ist allerdings umstritten. Der Herausgeber der kritischen Originalausgabe auf neuestem Stand, Francesco Biscione, macht auf den Umstand aufmerksam, dass der Text »im Kleinen« die Eigenschaft der *Gefängnishefte* teilt, eine Vielfalt von Gegenständen aus verschiedensten Perspektiven zu betrachten, was eben unterschiedlichste Pfade eröffne; dies gebe dem Text eine Dynamik, in der es keinen zwangsläufigen Schluss brauche: Der Aufsatz sei »im Grunde genommen« veröffentlichungsreif gewesen, aber die Schrift habe eben den Charakter von das Thema umkreisenden »Anmerkungen« (Biscione 1990, 44f.).

Es handelt sich dabei fraglos um einen Schlüsseltext in Gramscis Werk, der vieles von dem andeutet, was in den *Gefängnisheften* ausgebaut und entwickelt werden sollte. Dies gilt aber nicht nur für die teilweise wörtlich erfolgenden Wiederaufnahmen einzelner Passagen der »Frühschrift« in den *Heften* – die in der vorliegenden Ausgabe markiert sind und nachvollzogen werden können –, sondern tiefschichtiger auf bedeutsame inhaltliche Linien, die hier angelegt und von denen aus jene Elemente entwickelt werden, die das Theoriegebäude Gramscis wesentlich tragen: geschichtlicher Block, Hegemonie und die Frage der Intellektuellen. Allerdings darf bei dieser, noch zu vertiefenden, Feststellung der Hinweis nicht unterbleiben, dass Gramsci *vor* der Haft eben nicht »für ewig« schrieb, sondern sich an zeitgenössischen politischen Debatten beteiligte und sich unmittelbar an seine Partei wandte – was ihm im Gefängnis nicht mehr möglich war.

Dies gilt ganz offensichtlich für seine Polemik gegen die sozialistische Zeitschrift *Il Quarto Stato*, von der die »Anmerkungen« ihren Ausgang nehmen und die in Verbindung stehen mit weiteren Artikeln, die Gramsci in dieser Zeit in der *Unità* veröffentlichte, wie auch für seine Auseinandersetzung mit dem gerade erschienenen Buch Guido

Dorsos, eines einflussreichen liberalen Meridionalisten, der eine völlig neue Lesart der Benachteiligung des Südens und der wirtschaftlichen und sozialen Kluft zwischen Nord- und Süditalien und ihrer Überwindung vorschlug, die gleichzeitig eine präzise Analyse der Politik des Faschismus darstellte. Das Buch hatte eine breite Debatte ausgelöst, in die Gramsci mit seinen »Anmerkungen« zu intervenieren gedachte. Weniger offensichtlich, aber gewiss nicht weniger bedeutsam ist die Verbindung zu einem genau zum Zeitpunkt der Entstehung des »Südfrage«-Aufsatzes ausgefochtenen Briefwechsel Gramscis mit Palmiro Togliatti, der für eine legendäre Episode in der Geschichte des PCI steht: Gramsci hatte sich am 14. Oktober 1926 in einem Brief an das Zentralkomitee der Kommunistischen Partei der Sowjetunion gewandt, in welchem er Vorbehalte gegenüber der Politik Stalins zum Ausdruck brachte (auf Dt. in Gramsci 1991, 69–76). Dieses Schreiben hat Togliatti in seiner Eigenschaft als Vertreter des PCI bei der Komintern in Moskau aus Opportunitätsgründen zurückgehalten, woraus sich ein scharfer und lesenswerter Briefwechsel der beiden Freunde und Genossen aus Turiner Jahren entspann (Gramsci 2017, 107–124). Diese grundlegende strategische und politische Auseinandersetzung, die durch Gramscis Verhaftung am 8. November abrupt abbricht, kann hier nicht vertieft werden,[5] interessant ist aber, dass in Gramscis Argumentation schon die Hegemonietheorie anklingt, wenn er auf das Verhältnis von Arbeitern und Bauern zu sprechen kommt und die russische Situation mit der italienischen vergleicht. Er wirft die Frage nach der Bereitschaft und Fähigkeit der Arbeiterklasse auf, im Interesse eines Bündnisses ökonomische Zugeständnisse zu machen. Denn das Proletariat kann, wie er im Aufsatz zur Südfrage schreibt, »in dem Maße zur führenden und herrschenden Klasse werden, wie es ihm gelingt, ein System von Klassenbündnissen zu schaffen, das es ihm erlaubt, die Mehrheit der arbeitenden Bevölkerung gegen den Kapitalismus und den bürgerlichen Staat zu mobilisieren«, also auch »in dem Maße, wie es ihm gelingt, den Konsens der breiten bäuerlichen Massen zu erlangen« (S. 58).[6]

An dieser Stelle steht »Hegemonie« allerdings im Sinne der Dritten Internationale noch klar für die Führung der Bauern durch die

5 Vgl. aber, auf Deutsch, ihre jüngste Darstellung in Liguori 2017, 25ff.

6 Zur Süd- und Bauernfrage in Gramscis Politik der ersten Jahre des PCI sowie an dessen Spitze ab 1924 und damit allgemein zum politischen und zeitgeschichtlichen Hintergrund der Entstehung des Aufsatzes zur Südfrage vgl. Giasi 2009 sowie umfassend Liguori 2023.

Arbeiterklasse und ihre Partei; die Ausarbeitung der wesentlich komplexeren Hegemonie-Theorie, die über die Frage gesellschaftlicher Bündnisse weit hinausgeht und mit der sich Gramsci an vorderster Stelle der marxistischen Theoriebildung eingeschrieben hat, erfolgt erst in den *Gefängnisheften* (Haug 2004, 12ff.; Opratko 2022, 37ff.). Hinsichtlich der Südfrage heißt das aber auch, dass ihre Wiederaufnahme in den Gefängnisschriften in einen deutlich breiteren historischen und analytischen Zusammenhang gestellt wird. Symptomatisch hierfür ist ihre unmittelbare Nachbarschaft in der eingangs angesprochenen Liste der »Hauptthemen«, die Gramsci am Beginn von Heft 1 anfertigt, zu »Betrachtungen über die italienische Bevölkerung« und vor allem zu »Amerikanismus und Fordismus« (*Gef*, H. 1, 67). In der Tat kehren zum einen die frühesten Paragrafen im ersten Gefängnisheft, in denen die Südfrage auftaucht (§§ 43–44), als in Teilen neu zusammengesetzte und formulierte C-Texte[7] in Heft 19 wieder, das dem »Italienischen Risorgimento« gewidmet ist (S. 132ff. bzw. 153ff. im vorl. Bd.) und u. a. die passive und »subalterne« Rolle der süditalienischen Klassen darin untersucht. Zum anderen aber, und fast noch bedeutsamer, greift das thematische Heft 22 zu »Amerikanismus und Fordismus« im Zusammenhang mit der »demographischen Zusammensetzung Europas« (hier S. 99) auf einen Paragrafen von Heft 1 zurück, der noch »Amerikanismus« (§ 61) geheißen hat und ebenso auf Elemente des Aufsatzes zur Südfrage anspielt, wenn es darum geht, die Hindernisse zu erklären, auf welche die fordistische Rationalisierung ökonomischer Prozesse stößt.[8]

Wenn wir also mit der vorliegenden anthologischen Zusammenstellung diese thematischen Klammern sichtbar machen, indem wir Texte zusammenführen, die in Gramscis Werk zusammengehören – über die Zäsur hinweg, die die Verhaftung für seine *Schreibweise* darstellte –, so kann der Hinweis auf wenigstens zwei zeitliche »Koinzidenzen« nicht unterbleiben. Zum einen sticht die unmittelbare zeitliche Nähe der Entstehung der angesprochenen Paragrafen von Heft 1 zum Abdruck des »Südfrage«-Aufsatzes im französischen KP-Exil 1930 ins Auge, von dem Gramsci mit großer Wahrschein-

7 Zur Unterscheidung von A-, B- und C-Texten siehe die editorische Vorbemerkung auf S. 92.

8 Zum Gegensatz von »Amerika und Europa« vgl. einführend Barfuss 2007. Dies ist nur eine von mehreren zwangsläufigen Überschneidungen unserer Anthologie mit anderen Bänden der *Gramsci-Reader*. So kann z. B. auch die Auseinandersetzung mit den Subalternen nicht ohne die Schlüsselstellen zum Alltagsverstand auskommen, die schon in Bd. 1 der Reihe enthalten sind (Gramsci 2004, 93ff.).

lichkeit Kenntnis hatte; zum anderen aber auch der Umstand, dass Gramsci vier Jahre später genau zum selben Zeitpunkt sowohl am »Amerikanismus«-Heft wie an dem zu den »subalternen gesellschaftlichen Gruppen« arbeitete – was eine thematische Ausgabe wie die vorliegende zu verschleiern droht.[9]

Auch der Metapher des Blocks kommt nicht erst in den *Gefängnisheften* eine zentrale Bedeutung zu, wo Gramsci den Begriff des »geschichtlichen Blocks« bei Sorel entlehnt und neu deutet, sondern sie spielt auch schon in den früheren Schriften und so auch im »Südfrage«-Aufsatz eine tragende Rolle. Sie steht für politische und soziale Bündnisse, die quer zu den gesellschaftlichen Klassen verlaufen und im hegemonietheoretischen Sinne im Wesentlichen auf Konsens basieren (vgl. Bollinger 2001). Im Aufsatz zur Südfrage ist vom geschichtlichen Block jedoch ›nur‹ der Sache und noch nicht dem Wort nach die Rede, wenn Gramsci die süditalienische Gesellschaft als einen großen »Agrarblock« von Bauern und Großgrundbesitzern charakterisiert, »der in seiner Gesamtheit als Vermittler und Aufseher des norditalienischen Kapitalismus und der großen Banken fungiert« (S. 77). Eine entscheidende Rolle kommt dabei den Intellektuellen zu, über welche die Bauern an die Großgrundbesitzer gebunden sind und die damit als wesentlicher Kitt allfälliger »Risse im Agrarblock« (S. 79) fungieren, indem sie für die Aufrechterhaltung des Konsenses Sorge tragen. Für das Proletariat des Nordens folgt daraus, dass es diesen Agrarblock zu zerschlagen gilt, und dies wird nicht möglich sein, ohne »den intellektuellen Block zu zersetzen, der die bewegliche, aber äußerst widerstandsfähige Rüstung des Agrarblocks darstellt« (S. 84). Dieses Augenmerk auf die Rolle der Intellektuellen ist neu. Die Unterordnung der Bauern des Südens gründet in dieser Wahrnehmung nicht mehr nur auf ökonomischen oder im engeren Sinne politischen Verhältnissen, sondern wird mit der Rolle der Intellektuellen in der Zivilgesellschaft in Verbindung gebracht: Der geschichtliche Block verkörpert die »Einheit« von Struktur und Superstruktur, wie es in den *Gefängnisheften* heißen wird (H. 10.II, §41.I, 1309). Die Analyse der Funktion der Intellektuellen erfolgt dort allerdings auch unabhängig von der Südfrage, weswegen der Aufsatz von 1926 durchaus als Gramscis »erster Entwurf einer Theorie der Intellektuellen« betrachtet werden kann (Vacca 2020, 26ff.). So liest sich auch der eingangs zitierte Brief an Tatjana Schucht mit dem »Arbeitsprogramm« der zu schreibenden *Gefängnishefte*: Das

9 Zu dieser Problematik vgl. Assinger im vorl. Bd., S. 92f.

Thema nämlich, für welches Gramsci seine »Schrift über Süditalien« wieder aufzugreifen gedenkt, ist nicht etwa die Südfrage – sondern »eine Untersuchung über die italienischen Intellektuellen« (*Br* II, 92)!

Die Bedeutung von »Einige Gesichtspunkte der Südfrage« im Gesamtwerk Gramscis besteht also in der Wahrnehmung der grundlegenden organisierenden Funktion der Intellektuellen in politischen Herrschaftsverhältnissen: Sie tragen den stabilisierenden Anteil des Konsenses, dessen es neben dem Zwang bedarf und für den der Staat nicht alleine sorgen kann, und sie stützen damit die Macht der herrschenden gesellschaftlichen Gruppen. Auf dieser Einsicht gründet Gramscis Integration der Zivilgesellschaft in den Staatsbegriff, wodurch dieser in der berühmten Formel aufgeht: »Hegemonie, gepanzert mit Zwang« (*Gef,* H. 6, §88, 783). Die Intellektuellen-Frage wird in den *Gefängnisheften* damit freilich komplexer, denn hier kommen die in der früheren Schrift bestenfalls angedeuteten *organischen* Intellektuellen ins Spiel, denen die wichtige Rolle der Selbstorganisation in der Zivilgesellschaft zukommt, verbunden mit einem Zuwachs an Subjektivität der »Volksmassen«. Ohne dieses ›kulturelle Wachstum‹ sind Handlungsfähigkeit und damit das »Heraustreten aus der Subalternität« nämlich nicht denkbar (Barfuss/Jehle 2021, 60ff.). Dazu aber gilt es das Proletariat zu befähigen, während andere subalterne gesellschaftliche Gruppen »an den Rändern der Geschichte« zu verbleiben drohen, wie das 25. Gefängnisheft überschrieben ist. Die direkte Verbindung der Südfrage zu den Subalternen ist also hier aufzufinden, auch wenn der Begriff im Aufsatz von 1926 noch gar nicht fällt, vor allem aber die Subalternen – wie angedeutet – beileibe keine reine »Frage des Südens« sind.

Wer sind die Subalternen?

Dieser Übergang gibt uns Gelegenheit, einen weiteren Schlüsselbegriff in Gramscis Denken einzuführen, der die beiden Teile dieses Buches gewissermaßen verbindet, nämlich den der Kohärenz (vgl. Jehle/Thomas 2010). Besagter Handlungsfähigkeit geht für Gramsci nämlich das Erreichen eines gewissen Maßes an Kohärenz voraus, wie an den Schlüsselstellen zum Alltagsverstand zu lesen ist, den es »kritisch und kohärent« zu machen gilt: Denn »ist es vorzuziehen«, lautet Gramscis wohl berühmteste rhetorische Frage, »›zu denken‹, ohne sich dessen kritisch bewusst zu sein, auf zusammenhangslose und zufällige Weise, […] oder ist es vorzuziehen, die eigene Weltauffassung bewusst und kritisch auszuarbeiten und folglich […] an der Hervorbringung der Weltgeschichte aktiv teilzunehmen«? Den »Anfang der kritischen Ausarbeitung« macht die Einsicht des Individuums, selbst ein »Produkt des bislang abgelaufenen Geschichtsprozesses« zu sein, »der in einem selbst eine Unendlichkeit von Spuren hinterlassen hat« (H. 11, § 12, S. 221 in dieser Ausgabe). Kohärenz im Sinne von »Sich-Zusammen-Nehmen zur Handlungsfähigkeit« (Haug 2006, 26) steht in Verbindung mit der Anforderung und dem Anspruch, »das Subjekt in seiner Geschichtlichkeit zu verstehen und ihm so eine bewusste und aktive gesellschaftliche Rolle zu ermöglichen« (Barfuss/Jehle 2021, 46).

Es ist also nicht zuletzt das »Zusammenhanglose«, als Gegenbegriff von Kohärenz, das den Weg aus der Subalternität verstellt. In diesem Kontext sticht – worauf Giorgio Baratta schon aufmerksam gemacht hat (2007, 125f.) – eine Metapher ins Auge, die Gramsci oft verwendet und die sich nicht einheitlich ins Deutsche übersetzen lässt, nämlich *disgregazione*. Das Präfix dis- verweist hier auf Trennung und das Lateinische *grex* heißt Herde: Wo eine Herde sich *auflöst*, entstehen »Bruchstücke«, es geht um »Zerfall«, »Zersetzung«, »Zersplitterung« usw., um nur einige Beispiele zu nennen, wie die Übersetzung von *disgregazione* in den *Gefängnisheften* gelöst wurde.[10] Dieses Wort nun bzw. das abgeleitete Adjektiv *disgregato/a* verwendet Gramsci in den beiden zentralen Texten, um die dieses Buch gewissermaßen angeordnet ist, an entscheidender Stelle: im Aufsatz zur Südfrage dort, wo er feststellt, der Süden Italiens sei »gekennzeichnet durch seine große gesellschaftliche Zersplitterung [disgregazione]« (S. 72), und im 25. Gefängnisheft bei der grundlegenden Aussage, die Geschichte der subalternen gesellschaftlichen Gruppen sei »notwendigerweise bruchstückhaft [disgregata] und episodisch« (S. 205). Das Zersplitterte und Bruchstückhafte – als Gegensatz der Kohärenz – ist Teil des Wesens der Subalternen, deren Weltauffassung »nicht ausgearbeitet und systematisiert« ist und die »per definitionem« keine »systematischen und politisch organisierten und zentralisierten Auffassungen« haben können, wie Gramsci im 27. Heft zur »Folklore« schreibt (S. 216 in diesem Band).

Das letztgenannte gehört wie auch das angesprochene »Amerikanismus«-Heft gemeinsam mit dem Subalternen-Heft 25 zur Gruppe der 1934 und 1935 entstandenen relativ schmalen »Spezialhefte«, wie Gramsci selbst sie nannte (*Gef*, H. 15, 1710). Diese Arbeitsphase ist

10 »Zerfall« (H. 1, § 104), »Zersetzung« (H. 5, § 126), »Zersplitterung« (H. 29, § 2), »Auseinanderfallen« (H. 8, § 145), »Auflösung« (H. 5, § 94) u. v. m.

geprägt von der Wiederaufnahme und Umgruppierung früherer Notizen: Das in der vorliegenden Ausgabe fast ungekürzt enthaltene Heft 25 besteht ausschließlich aus sog. C-Texten, wobei die hierfür herangezogenen Erstfassungen nur geringen Überarbeitungen unterzogen wurden. Die zunehmende Bedeutung, die Gramsci dem Thema der »subalternen gesellschaftlichen Gruppen« beimaß, das – wie eingangs erwähnt – in den ursprünglichen Themenlisten noch nicht einmal enthalten war, lässt sich auch so nachvollziehen. Verbunden wohl mit der aktuell ungebrochenen internationalen Karriere des Subalternen-Begriffs kommt diesem Heft auch jüngst immer mehr Aufmerksamkeit zu (vgl. z.B. Casalino 2021), die durch die englischsprachige Kritische Ausgabe des Heftes und aller mit ihm verbundenen Paragrafen der *Gefängnishefte*, die Marcus E. Green 2021 fertiggestellt hat, gewiss noch verstärkt werden wird.[11]

Dies wird hoffentlich auch zu einer weiteren Klärung der Kategorie der Subalternen beitragen, der mit einer einfachen Definition nicht beizukommen ist (Buttigieg 1999; 2018). Es handelt sich bei den Subalternen nämlich um keine einzelne, geschweige denn homogene Gruppe, was sich allein vom Plural ableiten lässt, mit dem Gramsci sie stets benennt.[12] Die Kategorie der Subalternen erweist sich als »grundlegend dialektisch« (Baratta 2007, 130): Während »Arbeiter« oder »Bauern«, aber auch »Proletarier« zunächst von der politischen Ökonomie einer bestimmten Gesellschaft definiert sind, hat der Ausdruck »Subalterne« eine unmittelbar politische Bedeutung (zu unterscheiden von einer ideologischen wie der von »Volk«); sie erhält Konsistenz nur im Verhältnis zu ihrem augenscheinlichen Gegenpol – subaltern vs. hegemonial. Die Aufstände der subalternen gesellschaftlichen Gruppen gegen unhaltbare Lebensbedingungen sind allerdings geprägt von Spontaneität, die zum charakteristischen Element ihrer Geschichte wird. Im Kampf um Hegemonie geht es darum, diesen spontanen Bewegungen »eine bewusste Führung zu geben, sie auf eine höhere Stufe zu heben, indem man sie in die Politik eingliedert« (H. 3, §48, S.180 im vorl. Bd.). Dies ist nicht zuletzt auch »eine komplexe ideologische Arbeit«, ein »Stellungskrieg« auf dem

11 An Übersetzung und Edition dieser umfassenden Ausgabe war maßgeblich Joseph A. Buttigieg beteiligt, der im Januar 2019 verstorben und dessen Name untrennbar mit dem unabgeschlossenen Großprojekt einer englischen Gesamtausgabe der *Gefängnishefte* verbunden ist.

12 Für eine detaillierte philologische Rekonstruktion der expliziten wie impliziten Behandlung der »subalternen gesellschaftlichen Gruppen« über die *Gefängnishefte* hinweg vgl. Green 2021, xxxff.

Feld der Zivilgesellschaft, weil es gilt, den »Geist der Abspaltung«, also das Bewusstsein von der eigenen geschichtlichen Persönlichkeit, »auf die potentiellen verbündeten Klassen auszuweiten« (ebd., §49, S.241). Hier schließt sich ein erster Kreis zu dem, was Gramsci im Aufsatz zur Südfrage geschrieben hat, denn diese Aufgabe sieht er in der Hand der Partei, an deren Aufbau in den Roten Jahren in Turin er beteiligt war und als deren Anführer er die bereits zitierten Sätze von den Klassenbündnissen formulierte, die es zu schaffen gelte, um den Konsens der bäuerlichen Massen zu erlangen.

Der Zusammenhang des Konzepts der subalternen gesellschaftlichen Gruppen mit der »Bauernfrage« ist also offensichtlich. Dies zeigt sich auch an der Geschichte von Davide Lazzaretti in Heft 25, eines etwas obskuren toskanischen »Sozialrebellen« aus dem 19. Jahrhundert, dem es mit einem »Gemisch von religiösen Lehren aus vergangenen Zeiten mit einer gehörigen Dosis sich sozialistisch gebender Maximen« (S.204) gelungen war, eine beträchtliche Anhängerschaft um sich zu scharen, zu einem großen Teil Bauern. Eine genuin »subalterne« Bewegung somit, umgehend niedergehalten von gewaltvoller staatlicher Repression. Ein solcher in gewisser Weise »fehlerhaft politisierter Subalterner« (Wagner 2020, 52) interessiert Gramsci nicht zuletzt hinsichtlich der Haltung, die die Intellektuellen ihm und seiner Bewegung gegenüber einnehmen. Er ortet Paternalismus und Distanz, wie den bäuerlichen Massen gegenüber, auch und gerade dann, wenn sie politisches Bewusstsein zu gewinnen scheinen. Und hier zeigt sich die Analogie zur Südfrage: Wenn Gramsci schreibt, dass die subalternen Gruppen »immer die Initiative der herrschenden Gruppen [erleiden], auch wenn sie rebellieren und sich auflehnen« (S.205), so kann dies für die süditalienischen Bauern nach der Einigung Italiens gleichermaßen gelten wie für Lazzarettis Bewegung.

Alleine diese Feststellungen sollten eigentlich genügen, das hartnäckig sich haltende Gerücht[13] aus der Welt zu schaffen, es handle sich bei den »Subalternen« um ein von Gramsci für »das Proletariat« verwendetes Tarnwort, um die Gefängniszensur zu umgehen. Die Lazzaretti-Geschichte, mit der das Subalternen-Heft immerhin eröffnet wird, zeigt, dass die Subalternen weder im Süden zu finden noch Proletarier sein *müssen* – und doch kann es sich bei ihnen durchaus *auch* um das Proletariat handeln. Guido Liguori hat Ordnung in diese Frage gebracht, indem er auf politischer, sozialer und kultureller Ebene die »Drei Bedeutungen von ›subaltern‹ bei Gramsci« (2011)

13 Eine Auswahl an Beispielen findet sich u.a. bei Green 2009, 55, Fn. 5.

herausgearbeitet hat – eine Systematisierung, der wir auch bei der Anordnung der Paragrafen im letzten Teil dieses Buches gefolgt sind.

Für die Subalternen »als Klasse« muss noch einmal Gramscis Konzeption des Integralen Staates in Erinnerung gerufen werden, denn die »geschichtliche Einheit der führenden Klassen vollzieht sich im Staat« (H. 25, §5, S. 209 in dieser Ausgabe). Die subalternen Klassen, deren Geschichte »verwoben« ist in die der Zivilgesellschaft, können nur in dem Maße Einheit erringen und sich aus ihrer Subalternität befreien, wie sie sich in die Lage versetzen, selbst ›Staat zu werden‹. Dieser Prozess durchläuft unterschiedliche Phasen, und an seinem Ende steht die »völlige Selbständigkeit« – weitab von den »Rändern der Geschichte«. Gramsci spricht also von subalternen Klassen oder Gruppen sowohl in Bezug auf die »zersplitterte« Bauernschaft als auch auf die gesellschaftlichen »Hauptklassen«, sofern sie (noch) nicht hegemonial sind – also auch die Arbeiterklasse und insbesondere das Industrieproletariat (Liguori 2011, 39). Die dritte Bedeutung steht in Verbindung mit der im Zusammenhang mit dem Alltagsverstand schon angesprochenen Kohärenzpraxis (Haug 2006, 21ff.) einer auch kulturellen Bildung – gewissermaßen der individuelle Teil des Weges aus der Subalternität (vgl. hierzu Pohn-Lauggas 2023). So mahnt Gramsci etwa seine Frau Giulia Schucht in einem Brief, dass man sich »in die Rolle des Subalternen« begebe, wenn man – etwa in der Auseinandersetzung mit Kunst und Literatur – nicht »imstande ist, Ideologien historisch zu kritisieren«, indem man »sie beherrscht, erklärt und als eine historische Notwendigkeit früherer Zeiten begründet« (*Br* I, 133).[14] Hier ist »Subalternität« keine Frage der politischen Unterdrückung und auch keine soziologische Kategorie, sondern im weiteren, in Gramscis Sinne eine kulturelle Verfasstheit.

Eintritt in die Geschichte

Ein Phänomen wie Lazzaretti lässt sich nicht begreifen, wenn man es nicht im Kontext des Risorgimento betrachtet, den Gramsci bekanntlich als »passive Revolution« charakterisiert, in welche die (bäuerlichen) Massen nicht eingebunden waren. Die Einigung Italiens war ein ›koloniales‹ Projekt der herrschenden Klassen des Nordens, und darin wurzelt die »Südfrage«, wie Gramscis Aufsatz von 1926 ebenso

14 Diese Übersetzung habe ich an entscheidender Stelle korrigiert, da »subalterno« hier denkbar unglücklich mit »Untergebener« wiedergegeben wurde; zu diesem Briefwechsel und Gramscis problematischem Gestus seiner Frau gegenüber vgl. Pohn-Lauggas 2013, 35f., 74ff. u. 104.

präzis aufzeigt wie das angesprochene thematische Heft 19. Dieses Projekt stieß aber auf Widerstand und auf Gegenbewegungen, die als barbarische Revolten oder deviante Kriminalität abgetan und so entpolitisiert wurden. Ihre Geschichte wird vom nationalen Narrativ unterschlagen und muss daher erst geschrieben werden.

Gramscis Subalternen-Projekt hat also neben der auf Hegemoniefähigkeit abzielenden Frage der politischen Strategie, wie sie sich schon in den Turiner Jahren auch als Frage des Südens stellte, die Geschichte der subalternen Gruppen und so die Wiedergewinnung ihres politischen Standpunkts im Blick. Dies war nicht nur der wesentliche Anschlusspunkt für das explizit historiografische politische Anliegen der Subaltern Studies, sondern erweist sich im Grunde als Bedingung jeglicher politischen Praxis. Doch lässt sich der Gramsci der *Gefängnishefte* vollständig nur erfassen, wenn man die Wege nachvollzieht, die er schon in seinen früheren politischen Schriften vor dem zeitgeschichtlichen Hintergrund der Arbeiterbewegung, ihrer inneren Konflikte und Spaltungen und dann ihrer Niederlage im Faschismus angelegt hat.

Dank

Bei der Begriffsarbeit der Übersetzung haben mich Ruedi Graf und Peter Jehle vom Übersetzungskollektiv der *Gefängnishefte* maßgeblich unterstützt, wofür ich ihnen großen Dank schulde. Für ihre gründliche Prüfung und buchstäbliche Verbesserung des Übersetzungsteils danke ich Johanna Borek. Guido Liguori stand mir bei inhaltlichen, theoretischen und historischen Fragen die Übersetzung betreffend durchgehend zur Seite und hat großen Anteil an der Verwirklichung dieses Buches, *grazie*! Dank gilt auch Gualtiero Boaglio für seine geduldige Unterstützung in italienischen Sprachfragen und Jens Kastner für die kritische Lektüre dieser Einleitung.

Literatur

Barfuss, Thomas, »Versuch auch dem Grunde des Brunnens zu schreien: Gramscis amerikanische Studien«, in: Antonio Gramsci, *Amerika und Europa*, Gramsci-Reader Bd. 2, Argument, Hamburg 2007, S. 7–25

ders., u. Peter Jehle, *Antonio Gramsci zur Einführung*, 3. Aufl., Junius, Hamburg 2021

Biscione, Francesco M., »Gramsci e la ›questione meridionale‹. Introduzione all'edizione critica del saggio del 1926«, in: *Critica Marxista*, 3, 1990, S. 39–50

Bollinger, Stefan, »geschichtlicher Block«, in: *Historisch-kritisches Wörterbuch des Marxismus* (HKWM), Bd. 5, Argument, Hamburg 2001, Sp. 440–448

Buttigieg, Joseph A., »Sulla categoria gramsciana di ›subalterno‹«, in: Giorgio Baratta u. Guido Liguori (Hg.), *Gramsci da un secolo all'altro*, Editori Riuniti, Rom 1999, S. 27–38

ders., »Gramsci dictionary: subaltern/Subalterns«, in: *International Gramsci Journal*, 3(1), 2018, S. 8–17

Casalino, Marco, »Per una storia dei gruppi subalterni. Considerazioni sul Quaderno 25«, in: *International Gramsci Journal*, 4(2), 2021, S. 69–94

Castro Varela, María do Mar, u. Nikita Dhawan, *Postkoloniale Theorie. Eine kritische Einführung*, 3. Aufl., Transcript (UTB), Bielefeld 2020

Chatterjee, Partha, »A brief history of Subaltern Studies«, in: *Encyclopedia of the Social and Behavioral Sciences*, vol. 22, hg. v. N.J. Smelser, Elsevier, Amsterdam 2001, S. 1537–1541

Giasi, Francesco, »I comunisti torinesi e l'›egemonia del proletariato‹ nella rivoluzione italiana. Appunti sulle fonti di *Alcuni temi della quistione meridionale* di Gramsci«, in: Angelo D'Orsi (Hg.), *Egemonie*, Dante & Descartes, Neapel 2009, S. 147–186

Gramsci, Antonio, *Die süditalienische Frage. Beiträge zur Geschichte der Einigung Italiens*, Dietz Verlag, Berlin/DDR 1955

ders., *Zu Politik, Geschichte und Kultur. Ausgewählte Schriften*, Röderberg, Frankfurt/M 1980

ders., »Note sul problema meridionale e sull'atteggiamento nei suoi confronti dei comunisti, dei socialisti e dei democratici«, hg. v. F.M. Biscione, in: *Critica Marxista*, 3, 1990, S. 51–78

ders., *Antonio Gramsci – vergessener Humanist? Eine Anthologie*, Dietz Verlag, Berlin 1991

ders., *Gefängnishefte. Kritische Gesamtausgabe*, hg. v. Deutschen Gramsci-Projekt unter d. wiss. Leitung v. K. Bochmann u. W.F. Haug, Argument, Hamburg 1991ff. [*Gef*]

ders., *Gefängnisbriefe I. Briefwechsel mit Giulia Schucht*, hg. v. U. Apitzsch, P. Kammerer, A. Natoli u. M.P. Quecioli, Argument/Cooperative, Hamburg u.a. 1994 [*Br* I]

ders., *Erziehung und Bildung*, Gramsci-Reader Bd. 1, hg. v. A. Merkens, Argument, Hamburg 2004

ders., *Gefängnisbriefe II. Briefwechsel mit Tatiana Schucht 1926–1930*, hg. v. U. Apitzsch, P. Kammerer u. A. Natoli, Argument/Cooperative/InkriT, Hamburg u.a. 2008 [*Br* II]

ders., *Come alla volontà piace. Scritti sulla Rivoluzione russa*, hg. v. G. Liguori, Castelvecchi, Rom 2017

ders., *Subaltern Social Groups. A Critical Edition of Prison Notebook 25*, hg. u. übers. v. J.A. Buttigieg u. M.E. Green, Columbia University Press, New York 2021

Gramsci, Antonio jr., *La storia di una famiglia rivoluzionaria. Antonio Gramsci e gli Schucht tra la Russia e l'Italia*, Editori riuniti, Rom 2014

Green, Marcus E., »Subalternità, questione meridionale e funzione degli intellettuali«, in: Giancarlo Schirru (Hg.), *Gramsci, le culture e il mondo*, Viella, Rom 2009, S. 53–70

ders., »Introduction«, in: Gramsci 2021, S. xxi–li

Guha, Ranajit, »On Some Aspects of the Historiography of Colonial India« (1982), in: Vinayak Chaturvedi (Hg.), *Mapping Subaltern Studies and the Postcolonial*, Verso, London/New York 2012, S. 1–7 ders., »Omaggio a un maestro«, in: Giancarlo Schirru (Hg.), *Gramsci, le culture e il mondo*, Viella, Rom 2009, S. 31–40

Habermann, Friederike, »Mehrwert, Fetischismus, Hegemonie: Karl Marx' ›Kapital‹ und Antonio Gramscis ›Gefängnishefte‹«, in: Julia Reuter u. Alexandra Karentzos (Hg.), *Schlüsselwerke der Postcolonial Studies*, VS Springer, Wiesbaden 2012, S. 17–26

Haug, Wolfgang Fritz, »Hegemonie«, in: *Historisch-kritisches Wörterbuch des Marxismus* (HKWM), Bd. 6/I, Argument, Hamburg 2004, Sp. 1–25

ders., Philosophieren mit Brecht und Gramsci, erw. Aufl., Argument, Hamburg 2006

Jehle, Peter, u. Peter Thomas, »Kohärenz«, in: *Historisch-kritisches Wörterbuch des Marxismus* (HKWM), Bd. 7/II, Argument, Hamburg 2010, Sp. 1096–1101

Liguori, Guido, »Tre accezioni di ›subalterno‹ in Gramsci«, in: *Critica Marxista*, 6, 2011, S. 33–41

ders., »Conceptions of Subalternity in Gramsci«, in: Mark McNally (Hg.), *Antonio Gramsci. Critical Explorations in Contemporary Political Thought*, Palgrave Macmillan, London 2015, S. 118–133

ders., »Die Revolution als Lernprozess: Gramsci und die russischen Revolutionen von 1917«, übers. v. I. Pohn-Lauggas, in: *Das Argument*, 321/2017, S. 20–29

ders., »Questione meridionale e questione contadina nella politica gramsciana di rifondazione del Pcd'I«, in: ders., *Nuovi sentieri gramsciani*, Bordeaux Edizioni, Rom 2023 (im Dr.)

Mezzasalma, Anna Chiara, *Die Gefängnishefte Antonio Gramscis. Rezeption und Übersetzungen*, Frank & Timme, Berlin 2023 (im Dr.)

Opratko, Benjamin, *Hegemonie. Politische Theorie nach Antonio Gramsci*, 4. Aufl., Westfälisches Dampfboot, Münster 2022

[Pohn-]Lauggas, Ingo, *Hegemonie, Kunst und Literatur. Ästhetik und Politik bei Gramsci und Williams*, Löcker, Wien 2013

ders., »Literatur und Geist der Abspaltung. Kulturelle Bildung auf dem Weg zu intellektueller Selbständigkeit«, in: María do Mar Castro Varela, Natascha Khakpour u. Jan Niggemann (Hg.), *Hegemonie bilden. Pädagogische Anschlüsse an Antonio Gramsci*, Beltz-Juventa, Weinheim 2023 (im Dr.)

Spivak, Gayatri Chakravorty, *Can the Subaltern Speak? Postkolonialität und subalterne Artikulation*, Turia + Kant, Wien/Berlin 2008

dies., »Wer hört die Subalterne? Rück- und Ausblick«, in: *Luxemburg. Gesellschaftsanalyse und linke Praxis*, H. 20, 3/2014, S. 6–15

Srivastava, Neelam, u. Baidik Bhattacharya (Hg.), *The Postcolonial Gramsci*, Routledge, London u. a. 2012

Vacca, Giuseppe, *Alternative Modernities. Antonio Gramsci's Twentieth Century*, Palgrave Macmillan, Cham 2020

Wagner, Birgit, »Sozialrebell und Lumpensammler. Zur theoretischen Funktion von Marginalisierten bei Gramsci und Benjamin«, in: *International Gramsci Journal*, 3(4), 2020, S. 45–58

Teil I

Ausgewählte Schriften zur Südfrage 1919–1926

Übersetzt, kommentiert und mit einem
Personenglossar versehen von Ingo Pohn-Lauggas

Arbeiter und Bauern[1]

Während des Krieges und aufgrund seiner Zwänge hat der italienische Staat die Reglementierung der Produktion und der Verteilung der materiellen Güter zu seinen Aufgaben gemacht. So kam es zu einer Art Trust in Industrie und Handel, einer Art Konzentration der Produktions- und Tauschmittel und zu einer Angleichung der Ausbeutungsverhältnisse der proletarischen und halbproletarischen Massen, die revolutionäre Auswirkungen hatten. Man kann die wesentlichen Merkmale der aktuellen Phase nicht begreifen, wenn man diese Phänomene und die psychologischen Folgen,[2] die sie verursacht haben, nicht berücksichtigt.

* * *

In den kapitalistisch noch rückständigen Ländern wie Russland, Italien, Frankreich und Spanien gibt eine klare Trennung zwischen Stadt und Land, zwischen Arbeitern und Bauern. In der Landwirtschaft haben sich eindeutig feudale ökonomische Formen erhalten und mit ihnen eine entsprechende Psychologie. Die Idee eines modernen liberalen und kapitalistischen Staates ist noch unbekannt; die ökonomischen und politischen Institutionen werden nicht als historische Kategorien begriffen, die einen Anfang haben, eine Entwicklung durchlaufen und sich auflösen können, sobald die Bedingungen für höhere Formen des gesellschaftlichen Zusammenlebens geschaffen sind: Vielmehr werden sie als natürliche, immerwährende und unveränderliche Kategorien begriffen. Der Großgrundbesitz verblieb in Wirklichkeit außerhalb des freien Wettbewerbs, und der moderne Staat hat sein feudales Wesen nicht angetastet, etwa indem er juristische Formeln wie das Fideikommiss[3] erdacht hat, die das Eigentumsrecht und die Privilegien des Feudalregimes de facto erhalten. Die Mentalität des Bauern ist also die eines Leibeigenen geblieben, der

1 Erschienen am 2.8.1919 ohne Unterschrift in *L'Ordine Nuovo*. Zu dieser Zeitschrift siehe Anm. 6 zum Aufsatz zur Südfrage, S. 56 im vorliegenden Band.

2 Anm. d. Übers.: Gramsci verwendet den Begriff »Psychologie« in diesem Text wie auch an anderen Stellen i. S. v. Bewusstsein, Einstellung und dgl.

3 Das Fideikommiss ist ein auf das Römische Recht zurückgehendes Rechtsinstrument, das es ermöglicht, Teile des Vermögens von der Erbmasse abzusondern, für unteilbar und unveräußerlich zu erklären und über Generationen hinweg einer bestimmten Erbfolge zu unterlegen.

sich zu bestimmten Gelegenheiten gewaltsam gegen die »Herren«[4] erhebt, aber unfähig ist, sich selbst als Mitglied einer Gemeinschaft zu denken (die Nation für die Besitzenden, die Klasse für die Proletarier) und systematische und dauerhafte Handlungen zu setzen, die darauf abzielen, die ökonomischen und politischen Verhältnisse des gesellschaftlichen Zusammenlebens zu verändern.

Die Psychologie der Bauern war unter diesen Bedingungen unberechenbar; ihre wahren Gefühle lagen im Dunkeln und führten zu konfusen und verworrenen Strategien der Gegenwehr rein egoistischer Art gegen Ausbeutung, ohne logische Kontinuität und zu einem großen Teil bestehend aus Scheinheiligkeit und gespielter Unterwürfigkeit. Klassenkampf wurde mit Brigantentum verwechselt, mit Erpressung, Brandstiftung in den Wäldern, Viehdiebstahl, der Entführung von Kindern und Frauen, mit der Erstürmung des Rathauses: Es war eine Art elementarer Terrorismus, ohne nachhaltige und wirksame Folgen. Die Psychologie des Bauern beschränkte sich demnach objektiv auf eine winzige Summe ursprünglicher Gefühle als Ergebnis der vom demokratisch-parlamentarischen Staat geschaffenen sozialen Verhältnisse: Der Bauer war den Grundbesitzern, ihren Speichelleckern und korrupten Amtsträgern völlig ausgeliefert, und die Hauptsorge seines Lebens bestand darin, sich körperlich gegen die Gefahren der elementaren Natur zu verteidigen, gegen die Übergriffe und grausamen Unmenschlichkeiten der Grundbesitzer und Amtsträger. Der Bauer hat schon immer außerhalb der Herrschaft des Gesetzes gelebt, ohne Rechtspersönlichkeit, ohne moralische Individualität; er ist ein anarchisches Element geblieben, unabhängiges Atom eines chaotischen Aufruhrs, getrieben nur von der Angst vor Carabinieri und Teufel. Er hatte keinen Begriff von Organisation, keinen Begriff vom Staat, von Disziplin; so geduldig und zäh er in der individuellen Anstrengung war, der Natur dürftige und magere Früchte abzuringen, und so fähig zu unglaublichen Opfern im Familienleben, so ungeduldig und von ungezügelter Gewalt war er im Klassenkampf, unfähig, seinen Aktionen ein allgemeines Ziel zu setzen und dieses mit Beharrlichkeit und systematischem Kampf zu verfolgen.

* * *

4 Im Original »signori«; s. Anm. 20 im Text zur Südfrage, S. 63.

Vier Jahre des Blutvergießens im Schützengraben haben die Psychologie der Bauern grundlegend verändert. Diese Veränderung ging besonders in Russland vonstatten und ist eine der wesentlichen Voraussetzungen für die Revolution. Was der Industrialismus mit seinem normalen Entwicklungsprozess nicht hervorgebracht hatte, ist vom Krieg geschaffen worden. Der Krieg hat die kapitalistisch rückständigsten und somit am wenigsten mit technischem Material ausgestatteten Nationen dazu gezwungen, alle verfügbaren Männer einzuziehen, um dem Kriegsgerät der Mittelmächte[5] riesige Massen lebendigen Fleisches entgegenzuhalten. In Russland bedeutete der Krieg die Kontaktaufnahme zwischen zuvor auf ein riesiges Territorium verteilten Individuen, er bedeutete eine menschliche Ballung, die ununterbrochen Jahr um Jahr andauerte, in Aufopferung, in ständiger unmittelbarer Todesgefahr, unter einer gleichen und gleichermaßen strengen Disziplin: Die psychologischen Auswirkungen solcher kollektiven Lebensbedingungen über so lange Zeit waren immens und reich an unvorhergesehenen Folgen.

Die individuellen egoistischen Instinkte wurden abgeschwächt, es formte sich ein einheitlicher Gemeinschaftsgeist, die Empfindungen glichen sich an, soziale Disziplin wurde zur Gewohnheit. Die Bauern begriffen den Staat in seiner komplexen Größe, in seiner immensen Macht, in seinem komplizierten Aufbau. Sie begriffen die Welt – nicht mehr als ein undefiniert riesiges Ding wie das Universum oder ein beklemmend kleines wie der Kirchturm im Dorf, sondern in ihrer Konkretheit von Staaten und Völkern, von sozialen Stärken und Schwächen, von Heeren und Maschinen, Reichtum und Armut. Bande der Solidarität wurden geknüpft, die sonst nur durch viele Jahrzehnte historischer Erfahrung und Phasen des Kampfes hervorgebracht worden wären; im Schlamm und im Blut der Schützengräben ist in vier Jahren eine geistige Welt entstanden, die darauf drängte, in dauerhaften und dynamischen gesellschaftlichen Formen und Einrichtungen Gestalt anzunehmen.

So entstanden an der russischen Front Militärräte, so konnten sich die bäuerlichen Soldaten aktiv am Leben der Sowjets von Petrograd[6], Moskau und der anderen industriellen Zentren Russlands beteiligen und ein Bewusstsein von der Einheit der arbeitenden Klasse erwerben; als die russische Armee sich nach und nach demobilisierte und die Soldaten an ihre Arbeitsplätze zurückkehrten, geschah es also,

5 Gegner der Entente im Ersten Weltkrieg.

6 Name der Stadt Sankt Petersburg von 1914 bis 1924.

dass das gesamte Gebiet des Reiches, von der Weichsel bis zum Pazifik, von einem engen Netz lokaler Räte überzogen wurde, den elementaren Organen des staatlichen Wiederaufbaus des russischen Volkes. Auf dieser neuen Psychologie gründet die kommunistische Propaganda, die von den Industriestädten ausstrahlt, und gründen die gesellschaftlichen Hierarchien, die nach den Erfahrungen eines revolutionären kollektiven Lebens aus freien Stücken gefördert und akzeptiert werden.

* * *

Die historischen Bedingungen waren und sind in Italien nicht wesentlich anders als in Russland. Die Frage der Vereinigung der Klasse der Arbeiter und der Bauern stellt sich in gleicher Weise: Sie wird sich in der Praxis des sozialistischen Staates verwirklichen und auf der neuen Psychologie gründen, die vom gemeinsamen Leben im Schützengraben geschaffen wurde.

Die italienische Landwirtschaft muss ihre Abläufe radikal verändern, um aus der Krise zu kommen, die der Krieg verursacht hat. Die Vernichtung des Viehs erfordert die Einführung von Maschinen, sie erfordert den raschen Übergang zu zentralisierten industriellen Verfahren, die mit der Verfügbarkeit ressourcenstarker technischer Einrichtungen einhergehen. Eine solche Transformation kann jedoch unter den Bedingungen des Privateigentums nicht vonstattengehen, ohne in einer Katastrophe zu münden – sie muss in einem sozialistischen Staat stattfinden und den Interessen der Bauern und Arbeiter dienen, die sich in kommunistischen Arbeitseinheiten organisieren. Die Einführung von Maschinen in Produktionsabläufe brachte stets große Probleme der Arbeitslosigkeit mit sich, die durch die Beweglichkeit des Arbeitsmarktes nur langsam zu überwinden waren. Die Arbeitswelt ist heute grundlegend beeinträchtigt: Die Arbeitslosigkeit in der Landwirtschaft ist wegen der realen Unmöglichkeit der Auswanderung bereits zu einem unlösbaren Problem geworden, und die industrielle Transformation der Landwirtschaft kann nur mit Zustimmung der armen Bauern erfolgen, auf dem Weg einer Diktatur des Proletariats in Form von Räten von Industriearbeitern und armen Bauern.

* * *

Die Fabrikarbeiter und die armen Bauern sind die beiden Triebkräfte der proletarischen Revolution. Insbesondere für sie stellt der Kommunismus eine existenzielle Notwendigkeit dar, denn sein Aufstieg steht für Leben und Freiheit, während die Beibehaltung des Privateigentums für die unmittelbare Gefahr steht, vernichtet zu werden und alles zu verlieren, bis hin zum eigenen Leben. Sie sind das unverzichtbare Element, sie stehen für die stetige revolutionäre Begeisterung, für den eisernen Willen, keine Kompromisse einzugehen, schonungslos weiterzumachen bis zur vollen Verwirklichung, ohne sich von teilweisen und vorübergehenden Misserfolgen entmutigen zu lassen und ohne sich allzu große Illusionen über leichte Erfolge zu machen.

Sie sind das Rückgrat der Revolution, die entschlossenen Bataillone des vorrückenden proletarischen Heeres, das Hindernisse mit aller Wucht aus dem Weg räumt oder mit seinen menschlichen Massen belagert und mit unermüdlicher Opferbereitschaft und geduldiger Arbeit zerbröckelt und zersetzt. Der Kommunismus ist ihre Kultur, er ist die Gesamtheit der historischen Bedingungen, in welchen sie eine Persönlichkeit erwerben werden, eine Würde und Kultur, durch die sie zum schöpferischen Geist von Fortschritt und Schönheit werden.

Jede revolutionäre Anstrengung kann nur dann gelingen, wenn sie ihre Lebensbedingungen und die Bedürfnisse ihrer Kultur berücksichtigt. Das müssen die Anführer der proletarischen und sozialistischen Bewegung unbedingt begreifen. Und es ist notwendig, dass sie begreifen, wie drängend das Problem ist, dieser unbezwingbaren Kraft der Revolution eine Form zu geben, die ihrer verbreiteten Psychologie angemessen ist.

Unter den rückständigen Bedingungen der kapitalistischen Ökonomie vor dem Krieg war die Entstehung und Entwicklung breiter und tiefgreifender bäuerlicher Organisationen nicht möglich, in welchen sich die Feldarbeiter eine organische Auffassung vom Klassenkampf und von der ständigen Disziplin hätten aneignen können, die für den Wiederaufbau des Staates nach der kapitalistischen Katastrophe notwendig ist.

Die geistigen Errungenschaften, die sich während des Krieges verwirklicht haben, die gemeinschaftlichen Erfahrungen, die in vier Jahren des kollektiv erlittenen Blutvergießens gesammelt wurden, als man Schulter an Schulter in den schlammigen und blutgetränkten Schützengräben stand, können verloren gehen, wenn es nicht gelingt, alle Individuen in Organe des neuen kollektiven Lebens einzubinden, in deren Wirken und Praxis sich die Errungenschaften festigen und die Erfahrungen entwickelt und zusammengeführt werden können, um sie bewusst auf die Erreichung eines konkreten historischen Zieles auszurichten. So organisiert, werden die Bauern zu einem Element von Ordnung und Fortschritt werden; sich selbst überlassen hingegen, in der Unmöglichkeit, systematische und disziplinierte Aktionen zu setzen, wird das beispiellose Leid, das sich immer erschreckender abzeichnet, für unkontrollierten Aufruhr sorgen, für ein chaotisches Durcheinander von Verzweiflungstaten bis hin zur grausamsten Barbarei.

* * *

Die kommunistische Revolution ist im Wesentlichen eine Frage von Organisation und Disziplin. Angesichts der objektiven realen Lage der italienischen Gesellschaft werden die Industriestädte mit ihren geschlossenen und homogenen Massen an Fabrikarbeitern die Protagonistinnen der Revolution sein. So gilt es also, dem neuen Leben, das die neue Form des Klassenkampfes innerhalb der Fabrik und im industriellen Produktionsprozess hervorbringt, höchste Aufmerksamkeit zu widmen. Aber allein mit den Kräften der Fabrikarbeiter wird sich die Revolution nicht stabil und auf breiter Basis halten können: Es ist notwendig, die Stadt mit dem Land zu verbinden, auf dem Land Institutionen der armen Bauern zu schaffen, auf denen der sozialistische Staat sich gründen und entwickeln kann, über die es dem sozialistischen Staat möglich wird, die Einführung von Maschinen voranzutreiben und den enormen Fortschritt der Transformation der agrarischen Ökonomie anzustoßen. Das zu vollbringen ist in Italien weniger schwierig, als man meinen möchte: Während des Krieges sind beträchtliche Mengen an Landbevölkerung in die städtischen Fabriken eingetreten, in der sich die kommunistische Propaganda rasch verbreitet hat; sie muss zum Bindemittel zwischen Stadt und Land gemacht und dazu genutzt werden, auf dem Land eine intensive Propagandaarbeit zu leisten, die Misstrauen und Ressentiments beseitigt, auf dass sie mit ihrer profunden Kenntnis der ländlichen Psychologie und dem Vertrauen, das sie genießt, genau die Arbeit aufnimmt, die notwendig ist, um für die Entstehung und Entwicklung der neuen Institutionen zu sorgen, die die gewaltigen Kräfte der Feldarbeiter in die kommunistische Bewegung einbinden sollen.

Der Parteitag von Livorno[1]

Der Parteitag von Livorno ist dazu bestimmt, eines der wichtigsten historischen Ereignisse des zeitgenössischen italienischen Lebens zu werden.[2] In Livorno wird sich endlich herausstellen, ob die italienische Arbeiterklasse dazu fähig ist, eine autonome Klassenpartei aus ihren Reihen hervorzubringen, es wird sich endlich herausstellen, ob die Erfahrungen aus vier Jahren imperialistischen Krieges und zwei Jahren Agonie der weltweiten Produktivkräfte dazu geführt haben, dass sich die italienische Arbeiterklasse ihrer historischen Mission bewusst wird.

Die Arbeiterklasse ist gleichermaßen eine nationale wie internationale Klasse. Sie muss sich an die Spitze des arbeitenden Volkes stellen, das national wie international für seine Befreiung vom Joch des Industrie- und Finanzkapitalismus kämpft. Die nationale Aufgabe der Arbeiterklasse ergibt sich aus dem Entwicklungsprozess des italienischen Kapitalismus und des bürgerlichen Staates als dessen offizieller Ausdruck. Der italienische Kapitalismus ist an die Macht gekommen, indem er diese Entwicklungslinie verfolgt hat: Er hat die ländlichen Gebiete den Industriestädten und Mittel- und Süditalien dem Norden unterworfen. Im italienischen bürgerlichen Staat erweist sich die Frage der Beziehungen zwischen Stadt und Land nicht nur als eine Frage der Beziehungen zwischen den großen Industriestädten und den direkt mit ihnen verbundenen ländlichen Gebieten in derselben Region, sondern als eine Frage der Beziehungen zwischen einem Teil des nationalen Territoriums und einem anderen Teil, der sich grundlegend davon unterscheidet und durch seine eigenen besonderen Merkmale geprägt ist. So übt der Kapitalismus seine Ausbeutung und seine Vorherrschaft aus: in der Fabrik direkt über die Arbeiterklasse; im Staat über die breitesten Schichten des arbeitenden Volkes Italiens, das aus armen und halbproletarischen Bauern besteht.

1 Erschienen am 13.1.1921 als ungezeichnetes Editorial in *L'Ordine Nuovo*. Zu dieser Zeitschrift siehe Anm. 6 zum Aufsatz zur Südfrage, S. 56 im vorliegenden Band.

2 Der XVII. Parteitag der Sozialistischen Partei Italiens (15.–21.1.1921) in Livorno führte zur Abspaltung der Kommunisten und zur Gründung des PCI, der Kommunistischen Partei Italiens. Dies folgte nicht zuletzt aus der Vorgabe der Dritten Internationale, die »reformistische« Strömung um Filippo Turati auszuschließen, wovon die kommunistische Fraktion von Amadeo Bordiga die »Zentristen« in der Partei, die sog. »Maximalisten« um Giacinto Menotti Serrati, nicht überzeugen konnte.

Fest steht, dass nur die Arbeiterklasse, indem sie den Kapitalisten und Bankiers die politische und wirtschaftliche Macht entreißt, in der Lage ist, das zentrale Problem des nationalen Lebens Italiens zu lösen: die Südfrage; fest steht, dass nur die Arbeiterklasse das schwierige Unterfangen der Einigung zu Ende bringen kann, das mit dem Risorgimento begonnen hat. Die Bourgeoisie hat das italienische Volk territorial geeint, die Arbeiterklasse hat die Aufgabe, das Werk der Bourgeoise zu vollenden und das italienische Volk wirtschaftlich und geistig zu einen. Dies kann nur geschehen, indem der jetzige bürgerliche Staatsapparat, der auf einer hierarchischen Vormachtstellung des Industrie- und Finanzkapitalismus über die anderen Produktivkräfte des Landes beruht, zerschlagen wird; diese Umwälzung kann nicht ohne eine revolutionäre Anstrengung der Arbeiterklasse vonstattengehen, die dem Kapitalismus direkt unterworfen ist, sie kann nirgendwo anders stattfinden als in Mailand, in Turin, in Bologna, in den großen Städten, von denen die Millionen an Fäden ausgehen, die das Herrschaftssystem des Industrie- und Bankenkapitalismus über alle Produktivkräfte des Landes zusammenhalten. Aufgrund der besonderen Beschaffenheit seiner ökonomischen und politischen Struktur gilt für Italien nicht nur, dass die Arbeiterklasse, wenn sie sich befreit, auch alle anderen unterdrückten und ausgebeuteten Klassen befreien wird, sondern es gilt auch, dass sich diese anderen Klassen nur dann befreien werden können, wenn sie sich eng mit der Arbeiterklasse verbünden und dieses Bündnis auch durch die härtesten Leiden und schwersten Prüfungen hindurch ständig aufrechterhalten. Die Trennung von Kommunisten und Reformisten, die in Livorno stattfinden wird, wird insbesondere Folgendes bedeuten: Die revolutionäre Arbeiterklasse löst sich von jenen degenerierten Strömungen des Sozialismus, die im Staatsparasitismus verrotten, sie löst sich von jenen Strömungen, die versucht haben, die Überlegenheit des Nordens über Süditalien dazu zu nutzen, proletarische Aristokratien zu schaffen, die neben dem bürgerlichen Zollprotektionismus (der legalen Form der Vorherrschaft des Industrie- und Finanzkapitalismus über die anderen nationalen Produktivkräfte) einen genossenschaftlichen Protektionismus[3] geschaffen hatten und

3 Gramsci bezieht sich hier auf die reformistische Politik Giovanni Giolittis, die Arbeiterbewegung durch Zugeständnisse und gewisse Begünstigungen in Schach zu halten, die insbesondere bestimmten Genossenschaften in Reggio Emilia zugutekamen. Dies ging einher mit einer Förderung der Industrialisierung des Nordens auf Kosten des Südens. Zur Politik und Rolle Giolittis vgl. ausführlich den Aufsatz zur Südfrage, S. 67ff. im vorliegenden Band.

glaubten, die Arbeiterklasse auf dem Rücken der Mehrheit der arbeitenden Bevölkerung zu befreien. Die Reformisten präsentieren den Sozialismus in Reggio Emilia als »Vorbild« und wollen glaubhaft machen, dass ganz Italien und die ganze Welt ein einziges großes Reggio Emilia werden können. Die revolutionäre Arbeiterklasse hält fest, dass sie solche verfälschten Formen des Sozialismus ablehnt: Die Befreiung der Arbeiter kann nicht über die Privilegien einer Arbeiteraristokratie erfolgen, die mit parlamentarischen Kompromissen und auf dem Weg der Erpressung durch die Regierung errungen werden; die Befreiung der Arbeiter kann nur über das Bündnis zwischen den Industriearbeitern des Nordens und den armen Bauern des Südens erfolgen, um den bürgerlichen Staat zu Fall zu bringen, um den Staat der Arbeiter und Bauern zu gründen und um einen neuen industriellen Produktionsapparat aufzubauen, der den Bedürfnissen der Landwirtschaft dient und dazu beiträgt, die rückständige Landwirtschaft Italiens zu industrialisieren und damit den Wohlstand zugunsten der arbeitenden Klassen zu heben.

Die italienische Arbeiterrevolution und die Beteiligung des italienischen arbeitenden Volkes am Weltgeschehen können sich nur im Rahmen der Weltrevolution vollziehen. Es gibt bereits den Keim einer Weltregierung der Arbeiter: das Exekutivkomitee der Kommunistischen Internationale, das aus dem zweiten Kongress hervorgegangen ist.[4] Die Avantgarde der italienischen Arbeiterklasse, die Kommunistische Fraktion der Sozialistischen Partei,[5] wird in Livorno darauf beharren, dass Disziplin und die Treue zur ersten Weltregierung der Arbeiterklasse notwendig und unabdingbar sind; mehr noch, sie wird dies zum Hauptpunkt der Diskussion auf dem Parteitag machen. Die italienische Arbeiterklasse akzeptiert ein Maximum an Disziplin, weil sie möchte, dass alle anderen nationalen Arbeiterklassen ein Maximum an Disziplin akzeptieren und einhalten.

Der italienischen Arbeiterklasse ist bewusst, dass sie sich und alle anderen vom nationalen Kapitalismus unterdrückten und ausgebeuteten Klassen nicht befreien kann, wenn kein System weltrevolutionärer Kräfte vorhanden ist, die sich mit demselben Ziel

4 Auf dem II. Weltkongress der Komintern (19.7.–7.8.1920) wurden deren zentralistische Organisationsstrukturen festgelegt.

5 Sie setzte sich in erster Linie aus dem Flügel um Amadeo Bordiga sowie der *Ordine Nuovo*-Gruppe um Gramsci zusammen, der u. a. auch Palmiro Togliatti, Angelo Tasca und Umberto Terracini angehörten; in Livorno zugegen waren allerdings nur Gramsci und Terracini, während Togliatti sich in Turin um die Leitung des *Ordine Nuovo* kümmerte, der zu dieser Zeit als Tageszeitung erschien.

zusammenschließen. Die italienische Arbeiterklasse ist bereit, die anderen Arbeiterklassen in ihren Anstrengungen zur Befreiung zu unterstützen, verlangt aber auch eine gewisse Garantie dafür, dass diese sie in ihren Anstrengungen unterstützen. Diese Garantie kann nur durch die Existenz einer stark zentralisierten internationalen Kraft gewährleistet werden, die das volle und aufrichtige Vertrauen aller Mitglieder genießt und die in der Lage ist, ihre Kräfte mit der gleichen Geschwindigkeit und der gleichen Präzision zu mobilisieren, wie es der Weltmacht des Kapitalismus im eigenen Interesse und im Interesse der Bourgeoisie gelingt.

Somit ist offensichtlich, dass die Fragen, die die Sozialistische Partei heute bewegen und die auf dem Parteitag von Livorno zu klären sein werden, keine rein internen Parteifragen sind, keine persönlichen Konflikte zwischen Einzelpersonen. In Livorno wird das Schicksal des italienischen arbeitenden Volkes zur Debatte stehen, in Livorno wird ein neuer Abschnitt in der Geschichte der italienischen Nation beginnen.

Brief zur Gründung der Zeitung *L'Unità*[1]

12. September 1923

An das Exekutivkomitee des PCI

Liebe Genossen,

das Präsidium hat in seiner letzten Sitzung beschlossen, dass in Italien eine Arbeiterzeitung erscheinen soll, die vom Exekutivkomitee redigiert wird und an der sich die aus dem PSI ausgeschlossenen Drittinternationalisten politisch beteiligen können.[2] Ich möchte euch meinen Eindruck und meine Meinung zu dieser Angelegenheit mitteilen.

Angesichts der aktuellen Situation in Italien glaube ich, dass es sehr nützlich und notwendig ist, die Zeitung so zu gestalten, dass ihre legale Existenz so lange wie möglich gesichert ist. Die Zeitung soll also nicht nur keinen Hinweis auf die Partei enthalten, sondern wird so gemacht werden müssen, dass ihre De-facto-Abhängigkeit von unserer Partei nicht allzu deutlich erscheint.[3] Es wird eine linke Zeitung sein müssen, eine Zeitung der Arbeiterlinken, die dem Programm und der Taktik des Klassenkampfs treu geblieben ist, die die Papiere und Diskussionen unserer Partei veröffentlichen wird, wie sie das nach Möglichkeit auch mit den Papieren und Diskussionen der Anarchisten, der Republikaner und der Syndikalisten tun wird, und sie wird ihre Einschätzung sachlich vorbringen, als stünde sie über dem Kampf und nähme einen »wissenschaftlichen« Standpunkt ein. Ich sehe ein, dass es nicht sehr leicht ist, all das in einem schriftlichen Programm zu fixieren; aber das Wichtige ist nicht, ein schriftliches Programm zu fixieren, sondern dafür zu sorgen, der Partei selbst, die im Feld der Arbeiterlinken historisch eine dominante Position einnimmt, eine legale Tribüne zu sichern, die es ihr ermöglicht, dauerhaft und systematisch die breitesten Massen zu erreichen.

1 Diesen Brief verfasste Gramsci während seines Aufenthalts in Moskau als Vertreter des PCI bei der Kommunistischen Internationale (1922–1924).

2 Die Gründung der Zeitung wurde von der Kommunistischen Internationale vor dem Hintergrund der Annäherung der Drittinternationalisten um Serrati an den PCI beschlossen, die aus der Sozialistischen Partei ausgeschlossen worden waren (vgl. den vorherigen Text zum Parteitag von Livorno).

3 In der Tat wird die Zeitung angesichts der zunehmenden faschistischen Repression ab Februar 1924 zunächst als »linkes« Organ und nicht als Parteizeitung erscheinen.

Die Kommunisten und die Serratianer werden an der Zeitung mitarbeiten, und zwar sichtbar, also indem sie Artikel mit Namen zeichnen, die in der Öffentlichkeit stehen, gemäß einem politischen Plan, der Monat für Monat, ich würde sogar sagen Woche für Woche, der allgemeinen Lage im Land und der Entwicklung des Verhältnisses zwischen den gesellschaftlichen Kräften Italiens Rechnung trägt. Die Serratianer wird man im Auge behalten müssen, weil sie versuchen werden, die Zeitung in ein Organ ihrer Fraktion im Kampf gegen die Parteiführung des PSI zu verwandeln. Diesbezüglich wird man jede Degeneration strengstens unterbinden müssen. Eine Polemik wird notwendigerweise zu führen sein, aber in einem politischen, nicht in einem sektiererischen Geist, und innerhalb gewisser Grenzen. Man wird wachsam gegen die Versuche sein müssen, für Serrati eine »ökonomische« Situation zu schaffen, der ja arbeitslos ist und von seinen Genossen sehr wahrscheinlich als fester Redakteur vorgeschlagen werden wird. Serrati wird mitarbeiten und einen Teil seiner Beiträge unterzeichnen, einen anderen nicht; seine gezeichneten Artikel werden in einem gewissen Maß festgelegt und die ungezeichneten von unserem Exekutivkomitee genehmigt werden müssen. Es wird notwendig sein, mit den Sozialisten oder vielmehr mit dem sozialistischen Geist von Serrati, Maffi usw. Grundsatzdebatten zu führen, um das kommunistische Bewusstsein der Massen zu festigen und jene Einheit und Homogenität in der Partei vorzubereiten, die nach dem Zusammenschluss notwendig ist, um einen Rückfall in die chaotische Situation von 1920 zu vermeiden.

Als Titel schlage ich schlicht und einfach *L'Unità* vor, das wird sowohl für die Arbeiter eine Bedeutung haben wie auch eine allgemeine, denn ich denke, dass wir nach der Entscheidung der Erweiterten Exekutive über die Arbeiter- und Bauernregierung[4] vor allem der Südfrage Bedeutung beimessen müssen, der Frage also, nach der sich das Problem der Beziehungen zwischen Arbeitern und Bauern nicht nur als ein Problem des Klassenverhältnisses darstellt, sondern auch und vor allem als ein territoriales Problem, somit als einer der Aspekte der nationalen Frage. Ich persönlich glaube, dass die Losung von der »Arbeiter- und Bauernregierung« für Italien so lauten muss: »Föderale Republik der Arbeiter und Bauern«. Ich weiß nicht, ob der jetzige Moment günstig dafür ist, aber ich glaube, dass die Situation,

4 Auf dem IV. Weltkongress der Komintern Ende 1922, an dem Gramsci teilnahm, hatte u.a. zur Auswertung der 1921 ausgerufenen Einheitsfrontpolitik eine intensive Auseinandersetzung mit der Formel einer »Arbeiter- und Bauernregierung« stattgefunden.

die der Faschismus gerade herbeiführt, und die korporative und protektionistische Politik der Verbündeten unsere Partei vor diese Forderung stellen werden. Ich bereite hierzu einen Bericht vor, den ihr diskutieren und prüfen werdet. Wenn es sinnvoll ist, wird man nach ein paar Ausgaben unter Pseudonymen eine Debatte in der Zeitung starten können und sehen, welchen Widerhall sie im Land und in jenen Teilen der Linken haben wird, die dem Partito Popolare[5] und den Republikanern nahestehen, die die wirklichen Tendenzen der Bauernklasse repräsentieren und stets die Forderung nach lokaler Autonomie und Dezentralisierung ausgegeben haben. Wenn ihr dem Titel *L'Unità* zustimmt, werdet ihr den Weg für die Lösung dieser Probleme frei machen, und der Titel wird eine Garantie gegen die autonomistischen Degenerationen und gegen die reaktionären Versuche sein, die möglichen Kampagnen tendenziös und autoritär zu deuten; ich hingegen glaube, dass das Regime der Sowjets – mit der zentralen Rolle, die es der Kommunistischen Partei zuweist, mit seiner administrativen Dezentralisierung und seiner Stärkung der lokalen popularen Kräfte – seine beste ideologische Vorbereitung in dieser Losung findet: Föderale Republik der Arbeiter und Bauern.

Kommunistische Grüße,
Gramsci

5 Anm. d. Übers.: Im Original »popolari« (vgl. auch K. Bochmann, »Editorische Vorbemerkung«, in *Gef*, Bd. 1, S. 19); zur Partei siehe Anm. 52 zum Text über die Südfrage, S. 75.

Die »Thesen von Lyon«[1]

Analyse der italienischen Gesellschaftsstruktur

4. Der Kapitalismus ist das bestimmende Element in der italienischen Gesellschaft und die Kraft, die ihre Entwicklung hauptsächlich bestimmt. Aus dieser grundlegenden Tatsache leitet sich die Folgerung ab, dass in Italien keine Revolution außer einer sozialistischen Revolution möglich ist. In den kapitalistischen Ländern ist die Arbeiterklasse die einzige Klasse, die eine wirkliche und grundlegende gesellschaftliche Veränderung herbeiführen kann. Nur die Arbeiterklasse ist in der Lage, die wirtschaftlichen und politischen Umbrüche in die Tat umzusetzen, die zu einer freien und vollständigen Entfaltung der Kräfte unseres Landes nötig sind. Wie sie diese revolutionäre Funktion einnehmen wird, steht im Verhältnis zum Entwicklungsgrad des Kapitalismus in Italien und mit der Gesellschaftsstruktur, die ihm entspricht.

5. Der Industrialismus, wesentliches Element des Kapitalismus, ist in Italien überaus schwach. Seine Entwicklungsmöglichkeiten sind aufgrund der geografischen Lage und des Fehlens von Rohstoffen beschränkt. Er ist somit nicht in der Lage, einen Großteil der italienischen Bevölkerung aufzunehmen (vier Millionen Industriearbeiter stehen dreieinhalb Millionen Landarbeitern und vier Millionen Bauern gegenüber). Dem Industrialismus steht eine Landwirtschaft gegenüber, die sich natürlich als ökonomische Basis des Landes erweist. Die überaus verschiedene Bodenbeschaffenheit und die daraus folgenden Unterschiede in Anbau und Organisation der Bewirtschaftung bewirken jedoch eine starke Ausdifferenzierung der ländlichen Bevölkerung, mit einem Übergewicht armer Schichten, die den Lebensbedingungen des Proletariats näherstehen und somit eher

1 Die Thesen wurden von Gramsci gemeinsam mit Palmiro Togliatti erarbeitet und eigentlich überschrieben mit »Politische Thesen zur Lage Italiens und zur ›Bolschewisierung‹ des PCI«. Sie wurden im Januar 1926 auf dem Exil-Parteitag in Lyon präsentiert und im Juni und Juli 1928 in den Ausgaben 6 und 7 der Parteizeitschrift *Lo Stato Operaio* erstmals veröffentlicht. Die vorliegende Auswahl setzt ein mit der vierten von insgesamt 44 Thesen und beschränkt sich auf jene Teile, die mit der Südfrage in Zusammenhang stehen. Es fehlen die Abschnitte zu den »Aufgaben der Kommunistischen Partei«, ihrem Aufbau als »bolschewistische Partei«, ihrer Organisierung und Funktionsweise sowie der Abschluss über »Strategie und Taktik der Partei«. Die Zwischentitel entstammen dem Original.

von ihm beeinflussbar sind und seine Führung akzeptieren. Zwischen den industriellen und den agrarischen Klassen steht ein einigermaßen breites städtisches Kleinbürgertum, dem eine überaus große Bedeutung zukommt. Es besteht hauptsächlich aus Handwerkern, Facharbeitern und Staatsangestellten.

6. Die dem Kapitalismus innewohnende Schwäche zwingt die industrielle Klasse zur Anwendung bestimmter Maßnahmen, die ihr die Kontrolle über die gesamte Wirtschaft des Landes sichern sollen. Diese Maßnahmen beschränken sich im Wesentlichen auf ein Gefüge ökonomischer Kompromisse zwischen einem Teil der Industriellen und einem Teil der Agrarklassen, und zwar den Großgrundbesitzern. Der traditionelle ökonomische Kampf zwischen Industriellen und Agrariern findet also nicht statt, genauso wenig wie der in anderen Ländern dadurch bedingte Wechsel bei den Führungsgruppen. Auf der anderen Seite haben es die Industriellen nicht nötig, gegen die Agrarier eine Wirtschaftspolitik zu betreiben, die den kontinuierlichen Zufluss an Arbeitskraft von den Feldern in die Fabriken sichert, da dieser Zufluss durch den Überfluss an armer bäuerlicher Bevölkerung gewährleistet ist, der Italien prägt. Die Übereinkunft zwischen Industriellen und Agrariern beruht auf einer Interessensgemeinschaft zwischen einigen privilegierten Gruppen zu Lasten der allgemeinen Interessen der Produktion und der Mehrheit der Arbeitenden. Sie bewirkt eine Anhäufung von Reichtum in den Händen der Großindustriellen als Folge einer systematischen Plünderung ganzer Bevölkerungsgruppen und ganzer Regionen des Landes. Die Ergebnisse dieser Wirtschaftspolitik sind somit ein Defizit in der Handelsbilanz, der Stillstand der wirtschaftlichen Entwicklung ganzer Regionen (Süditalien und die Inseln), die Verhinderung der Entstehung und Entwicklung einer der Struktur und den Ressourcen des Landes angemesseneren Ökonomie, das wachsende Elend der arbeitenden Bevölkerung, das Fortbestehen kontinuierlicher Abwanderungsströme und die daraus folgende demografische Verarmung.

7. Wie sie klarerweise nicht die ganze Wirtschaft kontrolliert, so gelingt es der industriellen Klasse auch nicht, die gesamte Gesellschaft und den Staat alleine zu organisieren. Die Bildung eines Nationalstaats konnte ihr nur durch Ausnutzung der jeweiligen Lage in der internationalen Politik (im sogenannten Risorgimento) gelingen. Zu seiner Stärkung und Verteidigung ist die Industrie auf einen Kompromiss mit den Klassen angewiesen, auf die sie eine begrenzte

Hegemonie ausübt, insbesondere die Agrarier und das Kleinbürgertum. Daraus folgen eine Heterogenität und Schwäche der gesamten Gesellschaftsstruktur und des Staates als deren Ausdruck.

[...]

8. Die Beziehungen zwischen Industrie und Landwirtschaft sind wesentlich sowohl für das wirtschaftliche Leben eines Landes wie auch für die Ausprägung der politischen Überbauten[2], und sie haben in Italien eine territoriale Basis. Im Norden sind die landwirtschaftliche Produktion und Bevölkerung in einigen großen Zentren konzentriert. Als Folge bergen alle Gegensätze innerhalb der Gesellschaftsstruktur des Landes ein Element, das die Einheit des Staates berührt und gefährdet. Die führenden bürgerlichen und agrarischen Gruppen suchen die Lösung des Problems in einem Kompromiss. Keine dieser Gruppen verfügt von sich aus über einen einheitlichen Charakter und eine einheitliche Funktion. Andererseits verschlimmert der Kompromiss, der die Einheit bewahren soll, die Situation noch zusätzlich. Er weist der arbeitenden Bevölkerung des Südens eine analoge Position zu, die mit einer Kolonie vergleichbar ist. Die Großindustrie des Nordens nimmt ihr gegenüber die Funktion der kapitalistischen Metropolen ein; die Großgrundbesitzer und das Mittelbürgertum des Südens selbst übernehmen hingegen die Rolle der Gruppen, die sich in den Kolonien mit den Metropolen verbünden,

2 Anm. d. Übers.: Im Original »sovrastrutture politiche«, wörtl. »politische Superstrukturen«: Bei der Übersetzung von Gramscis *Gefängnisheften* wurde mit guten Gründen die Entscheidung getroffen, das dort zentrale Begriffspaar »struttura/superstruttura« jeweils mit »Struktur/Superstruktur« zu übersetzen, um mit den deutschen Ausdrücken »Basis/Überbau« Gramscis theoretisches Anliegen der »Zurückdrängung reduktionistischer Denkweisen, die ›den Überbau‹ als bloßen ›Reflex‹ o. Ä. ›der Basis‹ fassen«, nicht zu unterlaufen (W. F. Haug, »Notiz zur Übersetzung von Struttura/Superstruttura«, in: *Gef*, Bd. 3, S. A 213). Allerdings taucht der hier verwendete bemerkenswerte Plural »sovrastrutture« – anders als »superstrutture« – in den späteren *Gefängnisheften* kein einziges Mal auf, und es ist eher davon auszugehen, dass Gramsci und Togliatti an dieser Stelle auf den berühmten Passus im Marx'schen Vorwort von *Zur Kritik der Politischen Ökonomie* anspielen, in welchem eine »ökonomische Struktur der Gesellschaft« benannt wird, »worauf sich ein juristischer und politischer Überbau erhebt« (MEW 3, S. 8). Die kanonische Übersetzung hiervon lautet nämlich »si eleva una sovrastruttura giuridica e politica«, weswegen ich hier von der »Regelübersetzung« in *Gef* abweiche und wie im Original den im Deutschen zugegebenermaßen unschönen Plural »Überbauten« einsetze. Gramsci selbst wählt übrigens in seiner eigenen Übersetzung dieser Marx-Stelle, die er dann im Gefängnis anfertigt, wiederum »superstruttura giuridica e politica« (Q, S. 2358).

um die Masse des arbeitenden Volkes niederzuhalten. Die ökonomische Ausbeutung geht also mit der politischen Unterdrückung einher, um aus der arbeitenden Bevölkerung des Südens eine ständig gegen den Staat mobilisierte Kraft zu machen.

9. Das Proletariat hat in Italien eine größere Bedeutung als in anderen europäischen Ländern selbst mit weiter fortgeschrittenem Kapitalismus, vergleichbar nur mit der, die es in Russland vor der Revolution hatte. Dies steht zunächst in Verbindung mit der Tatsache, dass sich die Industrie aufgrund des Rohstoffmangels bevorzugt auf Arbeitskraft stützt (auf Facharbeiter), und dann mit der Heterogenität und mit den Interessenskonflikten, die die herrschenden Klassen schwächen. Gegenüber dieser Heterogenität erweist sich das Proletariat als einziges Element, das seinem Wesen nach eine gesamtgesellschaftlich einigende und koordinierende Funktion hat. Sein Klassenprogramm ist das einzige »Einheitsprogramm«, also das einzige, dessen Verwirklichung nicht dazu führt, die Gegensätze zwischen den verschiedenen Elementen von Ökonomie und Gesellschaft zu vertiefen, und nicht dazu, die Einheit des Staates zu sprengen. Neben dem Industrieproletariat existiert darüber hinaus, vor allem in der Po-Ebene, eine große Masse an Landproletariern, die leicht von den Industriearbeitern zu beeinflussen und daher mühelos im Kampf gegen den Kapitalismus und den Staat mobilisierbar sind.

In Italien bestätigt sich die These, dass die günstigsten Bedingungen für eine proletarische Revolution nicht notwendigerweise in jenen Ländern gegeben sind, wo Kapitalismus und Industrialismus ihren höchsten Entwicklungsgrad erreicht haben, sondern vielmehr dort gegeben sein können, wo das Gefüge des kapitalistischen Systems aufgrund seiner strukturellen Schwächen einem Angriff der revolutionären Klasse und ihrer Verbündeten einen geringeren Widerstand bietet.

Die Politik der italienischen Bourgeoisie

10. Das Ziel, welches die herrschenden Klassen Italiens seit der Bildung des Einheitsstaates erreichen wollten, bestand darin, die großen Massen der arbeitenden Bevölkerung unterdrückt zu halten und zu verhindern, dass sie sich um das Industrie- und Landproletariat organisieren, um eine revolutionäre Kraft werden, die in der Lage ist, eine vollständige gesellschaftliche und politische Umwälzung zu bewirken und einen proletarischen Staat ins Leben zu rufen. Die dem Kapita-

lismus innewohnende Schwäche zwang sie aber dazu, der ökonomischen Ordnung und dem bürgerlichen Staat eine Einheit zugrunde zu legen, die über Kompromisse zwischen uneinheitlichen Gruppen erzielt worden war. In einer breiten historischen Perspektive erweist sich dieses System als dem Zweck nicht angemessen, dem es dienen soll. Jede Form von Kompromiss zwischen den verschiedenen herrschenden Gruppen der italienischen Gesellschaft erweist sich nämlich als Hindernis für die Entwicklung des einen oder des anderen Teils der Ökonomie des Landes. Dies bringt neuen Widerstand und neue Reaktionen der Mehrheit der Bevölkerung hervor, was es notwendig macht, den Druck auf die Massen zu erhöhen, wodurch eine immer entschlossenere Bereitschaft geschaffen wird, dass sie sich zu einer Revolte gegen den Staat mobilisieren.

11. Die erste Phase des italienischen Staates (1870–1890)[3] ist die seiner größten Schwäche. Die beiden Teile, aus denen sich die herrschende Klasse zusammensetzt, die bürgerlichen Intellektuellen auf der einen Seite und die Kapitalisten auf der anderen, sind vereint in dem Ziel, die Einheit zu bewahren, aber uneins hinsichtlich der dem Einheitsstaat zu verleihenden Form. Zwischen ihnen gibt es keine positive Übereinstimmung. Die Fragen, denen sich der Staat stellt, sind begrenzt; sie betreffen mehr die Form als die Substanz der politischen Herrschaft der Bourgeoisie, vor allem die Frage des Ausgleichs, die eine Frage des reinen Erhalts ist. Erst mit den Anfängen des »Transformismus«[4] entsteht ein Bewusstsein von der Notwendigkeit, die Basis der Klassen zu erweitern, die den Staat lenken.

Seine größte Schwäche besteht in dieser Phase darin, dass der Vatikan außerhalb des Staates einen reaktionären und antistaatlichen Block um sich sammelt, der aus Agrariern und der großen Masse rückständiger Bauern besteht, die von reichen Großgrundbesitzern und von Pfarrern kontrolliert und angeführt werden. Das Programm des Vatikans besteht aus zweierlei: Er will den »liberalen« bürgerlichen

3 Dem Königreich Italien von 1860 gehört der Kirchenstaat noch nicht an, der erst 1870 eingenommen wird, um die Einigung zu »vollenden«.

4 Der *trasformismo* wird zum Schlüsselbegriff von Gramscis Theorie der Passiven Revolution, die er in den *Gefängnisheften* nicht zuletzt anhand seiner Untersuchungen zum Risorgimento entwickelt, in denen er den Umstand analysiert, dass die liberalkonservativen *Moderati* in ihrer Führungsrolle nach 1870 den Partito d'Azione sozusagen übernommen haben: »die gesamte italienische Politik von 70 bis heute [1929] ist durch den ›trasformismo‹ geprägt« (*Gef*, H. 1, §44, S. 101; vgl. auch K. Bochmann, »Editorische Vorbemerkung«, in *Gef*, Bd. 1, S. 20).

Einheitsstaat bekämpfen und gleichzeitig plant er gegen den Vorstoß des sozialistischen Proletariats, der auf die industrielle Entwicklung folgen wird, die Bildung einer Reservearmee aus Bauern. Der Staat reagiert auf die Sabotage, die vom Vatikan zu seinem Schaden ausgeht, mit einer Gesetzgebung antiklerikalen Inhalts und Zwecks.

12. In der Phase zwischen 1890 und 1900 stellt sich die Bourgeoisie entschlossen dem Problem, die eigene Diktatur zu organisieren, und löst es mit einer Reihe von politischen und ökonomischen Maßnahmen, welche die nachfolgende Geschichte Italiens prägen.

Zunächst wird der Konflikt zwischen der intellektuellen Bourgeoisie und den Industriellen gelöst: Die Machtergreifung Crispis ist Ausdruck davon.[5] Die auf diese Weise gestärkte Bourgeoisie löst das Problem ihrer Auslandsbeziehungen (Dreibund) und kann sich so gestärkt nach und nach im Feld der internationalen Konkurrenz um die Eroberung kolonialer Märkte platzieren. Innerhalb der bürgerlichen Diktatur festigt sie sich politisch durch eine Einschränkung des Wahlrechts, durch die sich die Wählerschaft auf wenig mehr als eine Million Wähler bei 30 Millionen Einwohnern reduziert. Auf wirtschaftlicher Ebene entspricht die Einführung des industriell-agrarischen Protektionismus dem Vorhaben des Kapitalismus, die Kontrolle über den gesamten nationalen Reichtum zu erlangen. Zu diesem Zweck wird ein Bündnis zwischen Industriellen und Agrariern geschmiedet. Dieses Bündnis entreißt dem Vatikan einen Teil der Kräfte, die er um sich gesammelt hatte, vor allem unter den süditalienischen Grundbesitzern, um sie in den bürgerlichen Staat einzugliedern. Der Vatikan selbst erkennt im Übrigen die Notwendigkeit, mehr Gewicht auf den Teil seines reaktionären Programms zu legen, der den Widerstand gegen die Arbeiterbewegung betrifft, und stellt sich mit der Enzyklika *Rerum Novarum* gegen den Sozialismus.[6] Auf die Gefahr, die der Vatikan jedoch weiterhin für den Staat darstellt, reagieren die herrschenden Klassen, indem sie sich eine einheitliche Organisation mit einem antiklerikalen Programm geben, die Freimaurerei.

5 In seinen Amtszeiten als Ministerpräsident ab 1887 trieb Francesco Crispi die koloniale Expansion Italiens in Afrika voran, der auch der Beitritt zum Zweibund aus Deutschem Kaiserreich und Österreich-Ungarn dienen sollte, der 1882 zur Bildung des Dreibunds führte. Im Inneren war seine Politik geprägt von der rigorosen Unterdrückung sozialer Bewegungen.

6 Sozialenzyklika von Papst Leo XIII., die im Mai 1891 veröffentlicht wurde und als Grundlage der Katholischen Soziallehre gilt.

Die ersten echten Fortschritte der Arbeiterbewegung fallen in diese Periode. Die Errichtung der industriell-agrarischen Diktatur verdeutlicht die realen Bedingungen der revolutionären Frage, indem ihre historischen Faktoren bestimmt werden. Im Norden entsteht ein Industrie- und Landproletariat, während die landwirtschaftliche Bevölkerung im Süden einem System der »kolonialen« Ausbeutung ausgesetzt ist und mit immer stärkerem politischem Druck niedergehalten werden muss. In dieser Periode zeigt sich deutlich, worum es bei der »Südfrage« geht. Und ohne eine bewusste Entscheidung, selbst ohne dass die Sozialistische Partei aus dieser Tatsache einen Schluss für ihre Strategie als Partei der Arbeiterklasse ziehen würde, vollzieht sich in dieser Periode zum ersten Mal die spontane Verschmelzung der Aufstandsversuche des norditalienischen Proletariats mit einer Revolte der süditalienischen Bauern (die *Fasci siciliani*[7]).

13. Durch die Zerschlagung der ersten Versuche des Proletariats und der Bauern, sich gegen den Staat zu erheben, kann die so gefestigte italienische Bourgeoisie in ihrer Absicht, die Fortschritte der Arbeiterbewegung zu behindern, die äußersten Mittel der Demokratie und der politischen Korruption gegen den aufstrebendsten Teil der arbeitenden Bevölkerung anwenden, gegen die Arbeiteraristokratie, um sie zur Komplizin der weiterhin ausgeübten reaktionären Diktatur zu machen und um zu verhindern, dass sie zum Mittelpunkt einer Volkserhebung gegen den Staat wird (Giolittismus).[8] Zwischen 1900 und 1910 kommt es jedoch zu einer Phase der industriellen und agrarischen Konzentration. Das Landproletariat wächst um 50 Prozent zu Lasten der Schuldverpflichteten[9], der Halbpächter und Pächter. Dies führt zu einer ganzen Welle bäuerlicher Erhebungen und zu einer Neuorientierung der Bauern, die den Vatikan selbst zwingt, mit der Gründung der »Azione Cattolica« und einer »sozialen« Bewegung zu reagieren, die in ihrer äußersten Form sogar den Anschein einer religiösen Reform (Modernismus) annimmt.[10] Mit dieser Reaktion, sich die Massen zu sichern, geht die Übereinkunft der Katholiken mit den herrschenden Kräften einher, dem Staat eine festere Basis zu

7 Vgl. Anm. 27 zum Text über die Südfrage, S. 66.

8 Vgl. Anm. 3 zum Text über den Parteitag von Livorno auf S. 34.

9 Besonderes Pachtverhältnis, bei dem sich der Pächter zur Ableistung einer bestimmten Arbeitsmenge auf dem Land des Verpächters verpflichtete.

10 Die Geschichte der katholischen Laienorganisation reicht bis 1867 zurück, aber erst unter Papst Pius XI. wurde sie 1905 mit dem Namen Azione Cattolica neu gegründet (vgl. auch *Gef*, H. 20, §§ 1–2, zu den »Modernisten« § 4).

geben (Abschaffung des *Non expedit*[11], Gentiloni-Pakt[12]). Auch am Ende dieser dritten Phase (1914) gipfeln die verschiedenen zerstreuten Bewegungen des Proletariats und der Bauern in einem neuen, unbewussten Versuch, die verschiedenen antistaatlichen Massenbewegungen zu einem Aufstand gegen den reaktionären Staat zusammenzuschließen. An diesem Versuch wird ein Problem bereits deutlich erkennbar, das sich in der Nachkriegszeit in seiner vollen Tragweite stellen wird: die Notwendigkeit nämlich, dass das Proletariat von sich aus eine Klassenpartei organisiert, die es in die Lage versetzt, sich an die Spitze des Aufstands zu stellen und ihn anzuführen.

14. In der Nachkriegszeit ist die wirtschaftliche Konzentration im Bereich der Industrie am höchsten. Das Proletariat erreicht den höchsten Grad an Organisierung, und dem entspricht die größte Zersplitterung der führenden Klassen des Staates. Durch das vom Krieg und seinen unmittelbaren Folgen verursachte Erwachen auch der rückständigsten Massen zum politischen Leben treten sämtliche dem gesellschaftlichen Organismus Italiens innewohnenden Widersprüche aufs Schonungsloseste zutage. Und wie immer wird der Vormarsch der Arbeiter aus Industrie und Landwirtschaft von einem fundamentalen Aufruhr der Bauernmassen begleitet, sowohl des Südens als auch der anderen Regionen. Die großen Streiks und Fabrikbesetzungen[13] erfolgen zeitgleich mit den Landbesetzungen. Der Widerstand der reaktionären Kräfte erfolgt weiterhin nach traditionellem Muster. Der Vatikan lässt zu, dass neben der »Azione Cattolica« eine echte Partei entsteht, die versucht, die bäuerlichen Massen in den bürgerlichen Staat einzugliedern, indem ihre Bestrebungen nach wirtschaftlichem Aufschwung und politischer Demokratie zum Schein erfüllt werden. Die herrschenden Klassen wiederum verwirklichen im großen Stil ihr Vorhaben, die Arbeiterbewegung zu korrumpieren und im Inneren zu zersetzen, indem sie den opportunistischen Anführern die Möglichkeit in Aussicht stellen, dass eine Arbeiteraristokratie im Rahmen des Versuchs einer »reformistischen« Lösung der Staatsfrage an der Regierung mitwirkt (Linksregierung). Wenn sich aber in einem

11 Formel für das 1868 an die italienischen Katholiken ergangene päpstliche Verbot, sich am politischen Leben des Einheitsstaates zu beteiligen. Dieses Verbot ist ein wichtiger Hintergrund der Geschichte von Davide Lazzaretti, mit der das 25. Gefängnisheft über die »Geschichte der subalternen gesellschaftlichen Gruppen« eröffnet wird (S. 201ff. im vorliegenden Band; vgl. insbes. Anm. 1a zu § 1, S. 282).

12 Vgl. Anm. 41 zum folgenden Aufsatz über die Südfrage, S. 69.

13 Hier ist die Rede von den »Roten Jahren« 1919/20, dem *Biennio rosso*.

armen und uneinigen Land wie Italien eine »reformistische« Lösung der Staatsfrage abzeichnet, bewirkt dies unweigerlich den Zerfall des staatlichen und gesellschaftlichen Gefüges, das der Erschütterung durch die zahlreichen Gruppen, in welche die herrschenden Klassen selbst und die Mittelklassen sich aufsplittern, nicht standhält. Jede dieser Gruppen erhebt ihren eigenen Anspruch auf ökonomische Protektion und politische Autonomie, und in Ermangelung eines homogenen Klassenkerns, der in der Lage wäre, dem Land durch seine Diktatur eine Arbeits- und Produktionsdisziplin aufzuerlegen, durch welche die kapitalistischen und agrarischen Ausbeuter niedergerungen und beseitigt werden, wird es unmöglich, an die Regierung zu gelangen, und die Machtkrise bleibt dauerhaft ungelöst.

In dieser entscheidenden Phase ist die Niederlage des revolutionären Proletariats den politischen, organisatorischen, taktischen und strategischen Schwächen der Partei der Arbeiter geschuldet. Als Folge dieser Schwächen gelingt es dem Proletariat nicht, sich an die Spitze des Aufstands der großen Bevölkerungsmehrheit zu setzen und ihn in die Schaffung eines Arbeiterstaates zu überführen; dieser selbst ist wiederum dem Einfluss anderer gesellschaftlicher Klassen ausgesetzt, die ihn lähmen. Der Sieg des Faschismus 1922 ist also nicht als Sieg über die Revolution zu betrachten, sondern als Folge der Niederlage, welche die revolutionären Kräfte aufgrund ihrer eigenen Schwäche erlitten haben.

Der Faschismus und seine Politik

[...]

16. Die faschistische Methode zur Verteidigung von Ordnung, Eigentum und Staat ist für das gesellschaftliche Gefüge und seine politischen Überbauten[14] noch zerstörerischer als das herkömmliche System der Kompromisse und der Linkspolitik. Die Reaktionen, die sie hervorruft, müssen in Bezug auf ihre Anwendung im wirtschaftlichen wie im politischen Bereich untersucht werden.

Vor allem im politischen Bereich kommt es im Faschismus unmittelbar nach der Machtergreifung zunächst zu keiner organischen Einheit der Bourgeoisie. Außerhalb des Faschismus halten sich bürgerliche oppositionelle Zentren gegen das Regime. Auf der einen Seite löst sich jene Fraktion nicht auf, die an der giolittianischen Lösung

14 Siehe Anm. 2.

der Staatsfrage festhält.[15] Diese Fraktion verbindet sich mit einem Teil der industriellen Bourgeoisie und beeinflusst mit einem reformistischen »Labour«-Programm bestimmte Schichten von Arbeitern und Kleinbürgern. Auf der anderen Seite wird das Programm, den Staat auf eine ländliche Demokratie Süditaliens sowie auf den »gesunden« Teil der Industrie des Nordens zu gründen (*Corriere della Sera*[16], Liberalismus, Nitti), zum Programm einer politischen Organisation der Opposition gegen den Faschismus mit einer Massenbasis im Süden (Unione nazionale[17]).

Der Faschismus ist gezwungen, diese verbliebenen Gruppen energisch zu bekämpfen und energischer noch die Freimaurerei, die er zu Recht für das organisatorische Zentrum aller traditionellen Kräfte zur Unterstützung des Staates hält. Dieser Kampf ist, ob gewollt oder nicht, das Indiz eines Bruchs im Block der konservativen und antiproletarischen Kräfte und kann unter bestimmten Umständen die Entwicklung und Behauptung des Proletariats als dritter und entscheidender Faktor einer politischen Situation begünstigen.

Auf dem Feld der Wirtschaft agiert der Faschismus als Werkzeug einer industriellen und agrarischen Oligarchie, um die Kontrolle über alle Reichtümer des Landes in den Händen des Kapitalismus zu vereinen. Dies führt zwangsläufig zu einer Unzufriedenheit im Kleinbürgertum, das mit der Machtübernahme des Faschismus die Zeit seiner Herrschaft für angebrochen hielt. Eine ganze Reihe von Maßnahmen wird vom Faschismus ergriffen, um die neue industrielle Konzentration zu fördern (Abschaffung der Erbschaftssteuer, Finanz- und Steuerpolitik, Verschärfung des Protektionismus), und mit ihnen einher gehen weitere Maßnahmen zugunsten der Agrarier und gegen die kleinen und mittleren Landwirte (Steuern, Abgaben auf Getreide, die »Weizenschlacht«[18]).

Die von diesen Maßnahmen bewirkte Akkumulation ist kein Zuwachs an nationalem Reichtum, sondern die Ausplünderung einer Klasse zugunsten einer anderen, also der arbeitenden und mittleren Klassen zugunsten der Plutokratie. Das Vorhaben, die Plutokratie zu begünstigen, zeigt sich ganz unverschämt in dem Plan, das System

15 Zur Politik und Rolle Giolittis vgl. ausführlich den Aufsatz zur Südfrage, S. 67ff. im vorliegenden Band.

16 Vgl. Anm. 42 zum Aufsatz über die Südfrage, S. 69.

17 Vgl. Anm. 54 zum Aufsatz über die Südfrage, S. 76.

18 Mit einer massiv forcierten und propagandistisch ausgeschlachteten Getreideproduktion versuchte Mussolini ab 1925, Italien im Sinne seiner Autarkiebestrebungen unabhängig vom Ausland zu machen.

der Vorzugsaktien durch das neue Handelsgesetz zu legalisieren: Eine Handvoll Finanziers kommt auf diese Weise in die Lage, unkontrolliert über gewaltige Mengen an Erspartem verfügen zu können, das vom mittleren und kleinen Bürgertum kommt, welches somit des Bestimmungsrechts über seinen Reichtum beraubt wird.

Auf der gleichen Ebene, aber mit weiterreichenden politischen Folgen, ist der Plan anzusiedeln, die Notenbanken zu vereinigen, was in der Praxis die Beseitigung der beiden süditalienischen Banken bedeutet. Diesen beiden Banken kommt heute die Funktion zu, die Spareinlagen des Südens und die Überweisungen der Emigranten zu verwalten (600 Millionen), die Funktion also, die in der Vergangenheit dem Staat mit der Ausgabe von Schatzbriefen sowie der Diskontbank im Interesse eines Teils der Schwerindustrie des Nordens zukam. Die süditalienischen Banken wurden bisher von den führenden Klassen des Südens selbst kontrolliert, die in dieser Kontrolle eine reale Basis ihrer politischen Herrschaft gefunden haben. Durch die Beseitigung der süditalienischen Banken als Notenbanken wird diese Funktion auf die Großindustrie des Nordens übergehen, die über die Handelsbank die Banca d'Italia kontrolliert, wodurch die »koloniale« ökonomische Ausbeutung und Verarmung des Südens verschärft und der langsame Prozess der Abwendung auch des süditalienischen Kleinbürgertums vom Staat beschleunigt werden wird. Vervollständigt wird die Wirtschaftspolitik des Faschismus durch Maßnahmen, die bezwecken sollen, den Kurs der Währung wieder zu heben, den Staathaushalt zu sanieren, die Kriegsschulden zu begleichen und das Eindringen des anglo-amerikanischen Kapitals in Italien zu fördern. In all diesen Bereichen verwirklicht der Faschismus das Programm der Plutokratie (Nitti) und einer industriell-agrarischen Minderheit zum Schaden der großen Mehrheit der Bevölkerung, deren Lebensbedingungen sich laufend verschlechtern.

Die ganze ideologische Propaganda, die politischen und wirtschaftlichen Maßnahmen des Faschismus gipfeln in seiner Tendenz zum »Imperialismus«. In dieser Tendenz kommt das Anliegen der führenden italienischen industriell-agrarischen Klassen zum Ausdruck, die Basis für die Lösung der gesellschaftlichen Krise Italiens außerhalb der nationalen Grenzen zu finden. Sie enthält den Keim eines Krieges, der scheinbar der italienischen Expansion dienen soll, in dem aber in Wirklichkeit das faschistische Italien ein Werkzeug in den Händen einer der imperialistischen Kräfte sein wird, die den Kampf um die Weltherrschaft austragen.

17. Die Politik des Faschismus hat tiefgreifende Reaktionen in den Bevölkerungsmassen zur Folge. Das schwerwiegendste Phänomen besteht darin, dass sich die ländliche Bevölkerung Süditaliens und der Inseln immer nachdrücklicher von dem Kräftesystem abwendet, welches den Staat trägt. Die alte lokale führende Klasse (Orlando, Di Cesarò, De Nicola usw.) übt ihre Funktion als Bindeglied zum Staat nicht mehr systematisch aus.

Das Kleinbürgertum tendiert also dazu, sich den Bauern anzunähern. Das System der Ausbeutung und der Unterdrückung der süditalienischen Massen wird vom Faschismus zum Äußersten getrieben; das begünstigt die Radikalisierung auch der gesellschaftlichen Zwischenschichten und wirft die Südfrage in ihrer wahren Bedeutung auf, als Frage, die nur durch eine Erhebung der mit dem Proletariat verbündeten Bauern im Kampf gegen die Kapitalisten und die Agrarier zu lösen sein wird. Auch den mittleren und armen Bauern in den anderen Teilen Italiens kommt, wenn auch langsamer, eine revolutionäre Funktion zu.

Der Vatikan, dessen reaktionäre Funktion vom Faschismus übernommen worden ist, hat keine vollständige Kontrolle mehr über die ländliche Bevölkerung durch die Pfarrer, die »Azione Cattolica« und den Partito Popolare[19]. Ein Teil der Bauern ist zum Kampf für die Verteidigung seiner Interessen durch die von den kirchlichen Behörden bevollmächtigten und geleiteten Organisationen selbst aufgerüttelt worden und verstärkt nun, unter dem wirtschaftlichen und politischen Druck des Faschismus, seine Klassenorientierung und beginnt zu begreifen, dass sein Schicksal nicht von dem der Arbeiterklasse zu trennen ist. Anzeichen für diese Tendenz ist das Phänomen Miglioli. Ein überaus interessantes Symptom hierfür ist auch die Tatsache, dass die ›weißen Organisationen‹, die als Teil der »Azione Cattolica« direkt dem Vatikan unterstehen, den gemeinsamen Gewerkschaftskomitees mit den Leghe rosse beitreten mussten,[20] die Ausdruck jener proletarischen Periode sind, die in den Augen der Katholiken der italienischen Gesellschaft seit 1870 bevorstand.

Was das Proletariat betrifft, so stoßen die Aktionen zur Zersetzung seiner Kräfte an ihre Grenzen durch den aktiven Widerstand der revolutionären Avantgarde und den passiven Widerstand

19 Vgl. Anm. 52 zum Text über die Südfrage, S. 75.

20 Als »Weiße« und »Rote« *Leghe* werden die katholischen resp. die sozialistischen Bauerngewerkschaften bezeichnet, die gleichermaßen vom Faschismus unterdrückt wurden.

der breiten Masse, die grundsätzlich klassenbewusst bleibt und zu erkennen gibt, dass sie sich sofort wieder in Bewegung setzt, sobald der physische Druck des Faschismus nachlässt und der Ansporn der Klasseninteressen die Oberhand gewinnt. Der Versuch, mit den faschistischen Gewerkschaften eine Spaltung in sie hineinzutragen, kann als gescheitert betrachtet werden. Mit der Abänderung ihres Programmes werden die faschistischen Gewerkschaften nun zum unmittelbaren Werkzeug reaktionärer Druckausübung im Dienste des Staates.

[…]

Triebkräfte und Perspektiven der Revolution

19. Wie nun also aus dieser Analyse hervorgeht, sind die Triebkräfte der italienischen Revolution, in der Reihenfolge ihrer Bedeutung, folgende:

1) die Arbeiterklasse und das Landproletariat;
2) die Bauern Süditaliens und der Inseln sowie die Bauern in den anderen Teilen Italiens.

Die Entwicklung und die Geschwindigkeit des revolutionären Prozesses können nicht unabhängig von der Einschätzung subjektiver Faktoren vorhergesagt werden: von dem Maße also, in dem die Arbeiterklasse in der Lage sein wird, eine eigene politische Gestalt, ein entschlossenes Klassenbewusstsein und die Unabhängigkeit von allen anderen Klassen zu erlangen; von dem Maße, in dem sie in der Lage sein wird, ihre Kräfte zu organisieren und damit eine echte Führungsrolle gegenüber den anderen Faktoren einzunehmen und in erster Linie ihr Bündnis mit den Bauern politisch zu verwirklichen.

Ganz allgemein und nicht zuletzt auf Grundlage der italienischen Erfahrung lässt sich sagen, dass man in dem Moment von der Phase der revolutionären Vorbereitung in eine »unmittelbar« revolutionäre Phase übergehen wird, sobald es dem Industrie- und Landproletariat des Nordens gelungen sein wird, aufgrund der Entwicklung der objektiven Situation und über eine Reihe spezifischer und unmittelbarer Kämpfe wieder einen hohen Grad an Organisierung und Kampfbereitschaft zu erlangen.

Was die Bauern betrifft, so müssen jene des Südens und der Inseln in erster Linie in die Kräfte eingereiht werden, auf die der Aufstand gegen die industriell-agrarische Diktatur zu zählen hat, zumal ihnen außerhalb des Bündnisses mit dem Proletariat keine entscheidende

Rolle zugeschrieben werden darf. Das Bündnis zwischen ihnen und den Arbeitern ist das Ergebnis eines natürlichen und tiefgreifenden Prozesses, der durch alle Ereignisse in der Geschichte des italienischen Staates begünstigt wurde. Bei den Bauern in den anderen Teilen Italiens verläuft der Prozess der Orientierung auf ein Bündnis mit dem Proletariat langsamer und wird von sorgfältigen politischen Aktionen der Partei des Proletariats unterstützt werden müssen. Die Erfolge, die auf diesem Gebiet in Italien bereits erzielt wurden, zeigen übrigens, dass das Problem, das Bündnis zwischen den Bauern und den reaktionären Kräften aufzubrechen, zu einem großen Teil auch in anderen Ländern Westeuropas darin gesehen werden muss, den Einfluss der katholischen Organisation auf die ländlichen Massen zunichte zu machen.

20. Die Hindernisse für die Entfaltung der Revolution hängen, abgesehen vom faschistischen Druck, mit den Unterschieden zwischen den Gruppen zusammen, in welche die Bourgeoisie unterteilt ist. Jede dieser Gruppen ist bemüht, auf einen Teil der arbeitenden Bevölkerung Einfluss auszuüben, um zu verhindern, dass sich der Einfluss des Proletariats vergrößert, oder auf das Proletariat selbst, damit es seine Gestalt und Autonomie als revolutionäre Klasse verliert. Auf diese Weise bildet sich eine Kette reaktionärer Kräfte, die angefangen beim Faschismus jene antifaschistischen Kräfte einschließt, die entweder keine große Massenbasis haben (Liberale) oder die eine Basis bei den Bauern und Kleinbürgern haben (Demokraten, Frontkämpfer, Popolari[21], Republikaner) und zum Teil auch bei den Arbeitern (Partito Riformista)[22], sowie jene Gruppen mit einer proletarischen Basis, die die Arbeitermassen in einem Zustand der Passivität halten wollen, damit sie der Politik anderer Klassen folgen (Partito massimalista)[23]. Auch die Gruppe an der Spitze der Confederazione del lavoro[24] ist so einzuschätzen, also als ein Vehikel des zersetzenden Einflusses anderer Klassen auf die Arbeiter. Jede dieser genannten Gruppen

21 Mitglieder des Partito Popolare.

22 Sozialistische Reformpartei Italiens (1912–1926), Abspaltung der Sozialistischen Partei.

23 Damit ist die Sozialistische Partei gemeint, also die verbliebene Fraktion nach dem Austritt der Kommunisten und dem Übertritt der Drittinternationalisten (vgl. den Ausblick auf den Parteitag von Livorno bzw. den Brief zur Gründung der *Unità* im vorliegenden Band).

24 Confederazione generale del Lavoro, 1906 gegründet, Vorläuferorganisation der heutigen CGIL.

bindet einen Teil der italienischen arbeitenden Bevölkerung an sich. Eine Veränderung dieser Sachlage ist nur denkbar als Folge eines systematischen und unablässigen politischen Eingreifens der in der Kommunistischen Partei organisierten proletarischen Avantgarde.

Besondere Aufmerksamkeit muss jenen Gruppierungen und Parteien zukommen, die in der agrarischen Bevölkerung Süditaliens und der Inseln eine Massenbasis haben oder versuchen, sich als demokratische oder regionale Parteien eine aufzubauen (Unione nazionale, Partito d'Azione in Sardinien,[25] Molise, Avellino usw.). Diese Parteien haben zwar keinen direkten Einfluss auf das Proletariat, aber sie sind ein Hindernis für die Verwirklichung des Bündnisses zwischen Arbeitern und Bauern. Indem sie die agrarischen Massen des Südens auf eine ländliche Demokratie und auf regionale demokratische Lösungen orientieren, durchkreuzen sie die Geschlossenheit des Prozesses der Befreiung der arbeitenden Bevölkerung Italiens, sie verhindern, dass die Bauern ihren Kampf gegen die ökonomische und politische Ausbeutung durch die Bourgeoisie und die Großgrundbesitzer zum Erfolg führen, und bereiten den Boden für ihre Transformation in eine weiße Garde[26] der Reaktion. Der politische Erfolg der Arbeiterklasse hängt auch auf diesem Gebiet mit dem politischen Handeln der Partei des Proletariats zusammen.

[...]

22. Aus dieser Analyse der Faktoren der Revolution und ihrer Perspektiven leiten sich die Aufgaben der Kommunistischen Partei ab. Mit ihr gilt es die Kriterien der organisatorischen Tätigkeit und des politischen Handelns zu verbinden. Aus ihr gehen die Grund- und Leitlinien des Parteiprogramms hervor.

25 Vgl. Anm. 18 im folgenden Text zur Südfrage, S. 61.

26 Hauptkontrahenten der Bolschewiki im Russischen Bürgerkrieg (1918–1922).

Einige Gesichtspunkte der Südfrage[1]

Anlass für die folgenden Bemerkungen ist die Veröffentlichung eines mit *Ulenspiegel*[2] gezeichneten Artikels zum Problem des Südens im *Quarto Stato*[3] vom 18. September, dem die Redaktion der Zeitschrift einen einigermaßen seltsamen Vorspann vorangestellt hat. *Ulenspiegel* bespricht in seinem Artikel das jüngste Buch von Guido Dorso (*La Rivoluzione meridionale* [Die Revolution des Südens], hg. von Piero Gobetti, Turin 1925) und verweist auf Dorsos Einschätzung zur Haltung unserer Partei zur Südfrage;[4] die Redaktion des *Quarto Stato* nun, die von sich behauptet, aus »jungen Leuten« zu bestehen, »die mit dem Problem des Südens in seinen *Grundzügen bestens* vertraut sind (sic!)«, äußert in ihrem Vorspann einen kollektiven Einwand[5] gegen die Tatsache, dass der Kommunistischen Partei hier »Verdienste« zugesprochen werden könnten. So weit, so gut; die jungen Leute vom Schlag des *Quarto Stato* haben dem Papier immer und überall schon ganz andere Meinungen und Einwände zugemutet, ohne dass das Papier sich gewehrt hätte. Dann aber fügen diese »jungen Leute« wörtlich Folgendes hinzu: »Wir haben die Zauberformel der Turiner Kommunisten nicht vergessen: den Großgrundbesitz

1 Dieser Text wurde im Oktober 1926 unmittelbar vor Gramscis Verhaftung am 8. November verfasst und nur durch einen Glücksfall in seinen Unterlagen gefunden und in Sicherheit gebracht. Gramsci hatte ihm diese Überschrift gegeben: »Anmerkungen zum Problem des Südens [problema meridionale] und zu seiner Behandlung durch die Kommunisten, Sozialisten und Demokraten«. Er war vermutlich zur Veröffentlichung in der in Frankreich erscheinenden Theoriezeitschrift des PCI *Lo Stato Operaio* gedacht, wo er im Januar 1930 auch erstmals abgedruckt wurde, von der Redaktion versehen mit dem Titel, durch den er berühmt wurde und den wir auch hier beibehalten: »Alcuni temi della quistione meridionale«. Dass Gramsci den Text noch überarbeitet hätte, steht außer Frage; ob er tatsächlich ein unvollendetes ›Fragment‹ ist, als das er oft dargestellt wird, ist allerdings umstritten (vgl. Einleitung, S. 12).

2 Es handelt sich um das Pseudonym von Tommaso Fiore, Redakteur von Piero Gobettis Zeitschrift *La Rivoluzione Liberale*, auf die sich Gramsci in diesem Text ab S. 80 noch beziehen wird.

3 *Il Quarto Stato* war eine nur wenige Monate des Jahres 1926 erscheinende, von Pietro Nenni und Carlo Rosselli gegründete Mailänder *Sozialistische Zeitschrift für politische Kultur*.

4 Guido Dorso gehörte neben Piero Gobetti in der Nachkriegszeit zu den wichtigsten Vertretern eines liberalen Meridionalismus. Der Meridionalismus beschäftigt sich nicht nur mit den Ursachen und Folgen der Benachteiligung des Südens und der wirtschaftlichen und sozialen Kluft zwischen Nord- und Süditalien, sondern tritt auch politisch für deren Überwindung ein.

5 Vermutlich ist es aber Rosselli selbst, der den Kommentar verfasst hat.

unter den Landarbeitern aufteilen. Diese Formel steht jeder vernünftigen und realistischen Einschätzung der Südfrage diametral entgegen.« Hier gilt es nun einiges richtigzustellen, denn an »Zauberei« grenzt lediglich die Frechheit und der oberflächliche Dilettantismus der »jungen« Schreiber beim *Quarto Stato*.

Die »Zauberformel« ist nichts als eine Erfindung. Und die »jungen Leute«, die beim *Quarto Stato* schreiben, müssen eine äußerst geringe Achtung vor ihren überaus intellektuellen Lesern haben, wenn sie sich mit so viel beredter Arroganz eine derartige Verdrehung der Wahrheit erlauben. Hier nämlich ein Ausschnitt aus dem *Ordine Nuovo*[6] (Ausgabe vom 3. Januar 1920), der den Standpunkt der Turiner Kommunisten zusammenfasst:

> »Die Bourgeoisie des Nordens hat Süditalien und die Inseln unterjocht und zu ausgebeuteten Kolonien gemacht; sobald sich das Proletariat des Nordens von der kapitalistischen Sklaverei befreit, wird es die von den Banken und dem parasitären Industrialismus des Nordens geknechteten bäuerlichen Massen des Südens befreien. Die wirtschaftliche und politische Stärkung der Bauern sollte nicht in einer Aufteilung der schlecht oder gar nicht bestellten Böden gesucht werden, sondern in der Solidarität des Industrieproletariats, das seinerseits auf die Solidarität der Bauern angewiesen ist und ein Interesse daran hat, dass der Kapitalismus nicht über den Grundbesitz wirtschaftlich wiederersteht und Süditalien und die Inseln nicht zu einer militärischen Basis der kapitalistischen Konterrevolution werden. Wenn das Proletariat die Arbeiterkontrolle über die Industrie erlangt, wird es die Industrie auf die Produktion von Landmaschinen für die Bauern ausrichten, von Kleidung und Schuhwerk für die Bauern, elektrischer Energie für die Bauern; es wird verhindern, dass Industrie und Banken die Bauern weiterhin ausbeuten und wie Sklaven ihren Geldschränken unterwerfen. Wenn die Autokratie in der Fabrik zerschlagen wird, wenn der Unterdrückungsapparat des kapitalistischen Staates zerschlagen wird und wenn der Arbeiterstaat errichtet sein wird, der die Kapitalisten dem Gesetz der nützlichen Arbeit unterwirft, dann werden die Arbeiter alle Ketten sprengen, die den Bauern an sein Elend und an seine Hoffnungslosigkeit binden; indem es die Arbeiterdiktatur errichtet und so die Kontrolle über Industrie und Banken erlangt, wird das Proletariat die enorme Macht der staatlichen Strukturen auf die

6 Diese von Gramsci mitbegründete Zeitschrift erschien zwischen Mai 1919 und Dezember 1920 zunächst als Wochenzeitung und hatte wesentlichen Anteil an der Turiner Rätebewegung im *Biennio rosso*, den »Roten Jahren« 1919/20. Sie trug das berühmte Motto: »Bildet euch, denn wir brauchen all eure Klugheit. Bewegt euch, denn wir brauchen eure ganze Begeisterung. Organisiert euch, denn wir brauchen eure ganze Kraft.« Ab 1921 war *L'Ordine Nuovo* das Organ der Kommunistischen Partei, z. T. als Tageszeitung, zwischen 1924 und 1925 erschien sie als Wochenzeitschrift unter Gramscis Leitung.

> Unterstützung des Kampfes der Bauern gegen die Grundbesitzer, gegen die Natur und gegen das Elend ausrichten; es wird den Bauern Kredite gewähren, Genossenschaften errichten, ihre persönliche Sicherheit und die ihrer Güter gegen die Ausbeuter verteidigen sowie öffentliche Sanierungs- und Bewässerungsarbeiten durchführen. All das wird geschehen, weil die Steigerung der landwirtschaftlichen Produktion im Interesse des Proletariats liegt, weil es in seinem Interesse liegt, die Solidarität der bäuerlichen Massen zu erlangen und zu erhalten, weil es in seinem Interesse liegt, die industrielle Produktion auf nützliche Arbeit am Frieden und an der Brüderlichkeit zwischen Stadt und Land, zwischen Norden und Süden auszurichten.«[7]

Dies ist im Januar 1920 geschrieben worden. Sieben Jahre sind vergangen und wir sind, auch politisch, um sieben Jahre gereift; manche Auffassung könnte man heute besser ausdrücken, und die Phase unmittelbar nach der Eroberung des Staates, die von der reinen Arbeiterkontrolle über die Industrie geprägt ist, könnte und müsste besser von den späteren Phasen unterschieden werden. Es geht hier aber um den Hinweis, dass das Grundprinzip der Turiner Kommunisten mitnichten in der »Zauberformel« der Aufteilung des Großgrundbesitzes bestand, sondern in der politischen Allianz zwischen den Arbeitern des Nordens und den Bauern des Südens, um die Bourgeoise von der Staatsmacht zu stürzen: Es waren nicht ausschließlich, aber gerade die Turiner Kommunisten (die sehr wohl für die Aufteilung der Böden eintraten – aber erst nach einer solidarischen Aktion der beiden Klassen), die vor den »wundergläubigen« Illusionen in Verbindung mit einer mechanischen Aufteilung des Großgrundbesitzes warnten. In dem gleichen Artikel vom 3. Januar 1920 heißt es: »Was hat ein armer Bauer davon, einen schlecht oder gar nicht bestellten Boden zu besetzen? Ohne Maschinen, ohne Unterkunft am Ort der Arbeit, ohne Kredit, um die Zeit bis zur Ernte zu überbrücken, ohne genossenschaftliche Institutionen, die diese Ernte aufkaufen (wenn er überhaupt bis zur Ernte kommt, ohne sich vorher am kräftigsten Strauch im Gebüsch oder an dem am wenigsten kümmerlichen Feigenbaum des unbestellten Landes zu erhängen) und ihn vor den Klauen der Wucherer retten, was kann ein armer Bauer davon haben?« Und doch waren wir für die sehr realistische und überhaupt nicht »magische« Formel vom Land für die Bauern; aber wir wollten, dass sie Teil einer allgemeinen revolutionären Aktion der beiden

7 »Operai e contadini« [Arbeiter und Bauern], ungezeichneter Artikel Gramscis in *L'Ordine Nuovo* vom 3.1.1920.

verbündeten Klassen unter der Führung des Industrieproletariats ist. Die angebliche »Zauberformel« der Turiner Kommunisten ist nichts als eine Erfindung der Schreiber beim *Quarto Stato*, die sich damit als nicht besonders seriöse Publizisten erweisen und den Leichtsinn von Dorfapotheken-Intellektuellen[8] an den Tag legen; und auch das sind gewichtige politische Elemente, die Konsequenzen mit sich bringen.

Im proletarischen Lager kommt den Turiner Kommunisten ein unbestreitbares »Verdienst« zu: die Aufmerksamkeit der Avantgarde der Arbeiter auf die Südfrage gelenkt zu haben, indem sie sie als eines der wesentlichen Probleme der nationalen Politik des revolutionären Proletariats darlegten. In diesem Sinne haben sie praktisch dazu beigetragen, die Südfrage aus ihrer unbestimmten, intellektualistischen, der sogenannten »konkretistischen«[9] Phase herauszulösen und in eine neue Phase eintreten zu lassen. Der revolutionäre Arbeiter aus Turin und aus Mailand wurde so zum Protagonisten der Südfrage, und nicht mehr die Giustino Fortunatos, die Gaetano Salveminis, die Eugenio Azimontis, die Arturo Labriolas,[10] um nur die liebgewonnenen Säulenheiligen der »jungen Leute« beim *Quarto Stato* zu nennen.

Die Turiner Kommunisten hatten sich konkret die Frage nach der »Hegemonie des Proletariats« gestellt, also der gesellschaftlichen Basis der Diktatur des Proletariats und des Arbeiterstaates. Das Proletariat kann in dem Maße zur führenden und herrschenden Klasse werden, wie es ihm gelingt, ein System von Klassenbündnissen zu schaffen, das es ihm erlaubt, die Mehrheit der arbeitenden Bevölkerung gegen den Kapitalismus und den bürgerlichen Staat zu mobilisieren, was in Italien und in den realen Klassenverhältnissen, die hier bestehen, bedeutet: in dem Maße, wie es ihm gelingt, den Konsens der breiten bäuerlichen Massen zu erlangen. Die Bauernfrage ist in Italien jedoch historisch determiniert, es geht nicht um die »Bauern- und Agrarfrage im Allgemeinen«; aufgrund der spezifischen italienischen

8 Anm. d. Übers.: Gramsci verwendet hier zur Charakterisierung pseudo-intellektueller Quacksalber den Ausdruck »intellettuali da farmacia di villaggio«. Er dürfte ihn in einem öffentlichen Brief Luigi Einaudis gefunden haben, in welchem dieser gegen den Giolittismus polemisiert und der am 17.10.1919 unter dem Titel »Il commento della farmacia di villaggio« im *Corriere della Sera* erschienen ist: »Alle italienischen Dorf-Intellektuellen sind jeden Tag aufs Neue am Wiederaufbau Italiens und der Welt beteiligt und freuen sich, ihr Denken gedruckt zu sehen.«

9 Diesen »Konkretismus« schreibt Gramsci vor allem Gaetano Salvemini zu, der jeweils nur einzelne und partielle Aspekte der Südfrage analysiere, ohne deren geschichtliche und politische Tragweite in den Blick zu nehmen.

10 Allesamt Vertreter des bürgerlichen Meridionalismus (s. Anm. 4).

Tradition, der spezifischen Entwicklung der italienischen Geschichte, hat die Bauernfrage in Italien zwei typische und charakteristische Formen angenommen, die Südfrage und die Vatikanfrage. Für das italienische Proletariat bedeutet also die Eroberung der Mehrheit der bäuerlichen Massen, sich diese beiden Fragen aus sozialer Sicht anzueignen, die Klassenforderungen, die sie darstellen, zu begreifen, diese Forderungen in ihr revolutionäres Übergangsprogramm aufzunehmen und sie sich im politischen Kampf anzueignen.

Für die Turiner Kommunisten bestand das erste Problem, das es zu lösen galt, darin, die politische Ausrichtung und die allgemeine Ideologie des Proletariats selbst zu verändern, ist es doch ein nationales Element, das in die Gesamtheit des staatlichen Lebens eingelassen ist und unbewusst dem Einfluss von Schule, Zeitungen und der bürgerlichen Tradition ausgesetzt ist. Es ist bekannt, welche Ideologie von den Propagandisten der Bourgeoisie flächendeckend unter den Massen des Nordens verbreitet wurde: »Der Süden ist die Bleikugel, die einen rascheren gesellschaftlichen Fortschritt Italiens verhindert; die Süditaliener sind biologisch minderwertig, aus natürlicher Bestimmung halbe oder völlige Barbaren; die Schuld für die Rückständigkeit des Südens liegt nicht im kapitalistischen System oder in welcher anderen historischen Ursache auch immer, sondern in der Natur, die die Süditaliener zu Faulenzern, Versagern, Kriminellen, Barbaren gemacht hat und dieses stiefmütterliche Schicksal mit der rein individuellen Strahlkraft großer Genies milderte, die wie einsame Palmen in einer trockenen und unfruchtbaren Wüste dastehen.« Diese bürgerliche Ideologie wurde im Proletariat des Nordens zu einem großen Teil von der Sozialistischen Partei getragen; die Sozialistische Partei erteilte der ganzen »meridionalistischen« Literatur des Klüngels an Schreiberlingen der sogenannten Positiven Schule[11] ihren Segen, wie Ferri, Sergi, Niceforo, Orano und ihre zweitrangige Gefolgschaft, die in Artikeln, in Skizzen, in Novellen, in Romanen, in Reiseberichten und Erinnerungsbüchern stets den gleichen Refrain in unterschiedlichen Formen wiederholten; einmal mehr machte sich die »Wissenschaft« daran, die Ärmsten und Ausgebeuteten zu treten, aber diesmal hüllte sie sich in sozialistische Farben und gab vor, die Wissenschaft des Proletariats zu sein.

11 »Scuola positiva« war u. a. der Name einer von dem Kriminologen Enrico Ferri 1891 mitbegründeten Zeitschrift (*La scuola positiva nella giurisprudenza penale*); diese »Schule« steht für einen diskriminierenden anthropologischen Zugang zur Südfrage und war in der Arbeiterbewegung unter den Sozialisten der Zweiten Internationale stark verbreitet.

Die Turiner Kommunisten wandten sich energisch gegen diese Ideologie, gerade in Turin, wo die gegen das Brigantentum[12] im Süden und auf den Inseln gerichteten Erzählungen und Schilderungen der Kriegsveteranen den größten Einfluss auf die Tradition und den Volksgeist hatten. Sie reagierten energisch, auf praktische Weise, und erzielten so Ergebnisse von größter geschichtlicher Tragweite und schufen gerade in Turin die Keimzellen dessen, was die Lösung der Südfrage sein wird.

Im Übrigen hatte es schon vor dem Krieg einen Vorfall in Turin gegeben, der den ganzen Einsatz und die Propaganda durch die Kommunisten in der Nachkriegszeit im Kern enthielt. Als 1914 nach dem Tod von Pilade Gay der 4. Wahlkreis der Stadt vakant war und sich die Frage nach einem neuen Kandidaten stellte, brachte eine Gruppe in der Sozialistischen Sektion, der die späteren Redakteure des *Ordine Nuovo* angehörten, die Möglichkeit ins Spiel, Gaetano Salvemini als Kandidaten zu präsentieren. Salvemini war damals in seiner Radikalität der exponierteste Vertreter der bäuerlichen Massen des Südens. Er befand sich außerhalb der Sozialistischen Partei, mehr noch, er führte gegen die Sozialistische Partei eine äußerst lebhafte und auch sehr gefährliche Kampagne, denn seine Behauptungen und Anschuldigungen gaben der arbeitenden Masse des Südens Anlass zu Hass nicht nur gegen Leute wie Turati, Treves und D'Aragona,[13] sondern gegen das Industrieproletariat in seiner Gesamtheit. (Viele Kugeln der königlichen Garden[14], die 1919/20/21/22 auf die Arbeiter abgefeuert wurden, waren aus demselben Blei gegossen, mit dem auch Salveminis Artikel gedruckt wurden.) Und doch wollte diese Turiner Gruppe mit dem Namen Salvemini ein Zeichen setzen, und in diesem Sinne wurde Salvemini der Vorschlag vom Genossen Ottavio Pastore vorgelegt, der nach Florenz gekommen war, um dessen Zustimmung zur Kandidatur zu erreichen: »Die Arbeiter von Turin wollen einen Abgeordneten für die Bauern Apuliens wählen. Den Arbeitern von Turin ist bewusst, dass die Bauern von Molfetta und

12 Mit dem in Süditalien nach der Einigung aufkommenden Phänomen des *brigantaggio* als organisiertes Banditentum setzt Gramsci sich in den *Gefängnisheften* im Zuge seiner Beschäftigung mit dem Stadt/Land-Verhältnis und damit auch den subalternen gesellschaftlichen Gruppen ausführlich auseinander (vgl. u. a. *Gef*, H. 19, §26 und H. 25, §1, S. 153ff. und 201ff. im vorliegenden Band).

13 Vertreter des reformistischen Flügels in der Sozialistischen Partei.

14 Die 1919 eingerichtete »Regia guardia per la pubblica sicurezza« war eine Einsatzpolizei zur Aufrechterhaltung der »öffentlichen Sicherheit« und wurde 1922 von Mussolini wieder aufgelöst.

Bitonto bei den allgemeinen Wahlen von 1913 zum allergrößten Teil auf der Seite Salveminis standen; der administrative Druck der Regierung Giolitti und die Gewalt durch die Mazzieri[15] und die Polizei haben die apulischen Bauern daran gehindert, sich zu äußern. Die Arbeiter von Turin verlangen keinerlei Verpflichtung von Salvemini, weder in Bezug auf die Partei noch auf das Programm oder auf die parlamentarische Disziplin innerhalb der Fraktion; sobald Salvemini gewählt ist, wird er sich auf die apulischen Bauern berufen, nicht auf die Arbeiter von Turin, die den Wahlkampf nach ihren Grundsätzen führen werden und durch die politischen Aktivitäten Salveminis ihrerseits zu nichts verpflichtet werden.«

Salvemini wollte die Kandidatur nicht annehmen, wiewohl ihn der Vorschlag sehr beeindruckte und sogar berührte (in jener Zeit war noch keine Rede von kommunistischer »Hinterlist«, die Gepflogenheiten waren aufrichtig und freundlich); er schlug Mussolini[16] als Kandidaten vor und sagte zu, nach Turin zu kommen und die Sozialistische Partei im Wahlkampf zu unterstützen. So hielt er zwei großartige Veranstaltungen bei der Gewerkschaft und auf der Piazza Statuto ab, und die begeisterte Masse sah und würdigte ihn als Vertreter der Bauern des Südens, die noch verachtenswerter und bestialischer unterdrückt und ausgebeutet werden als das Proletariat des Nordens.

Der potenzielle Gehalt dieser Episode, die nur deshalb keine Fortsetzung fand, weil Salvemini es nicht wollte, wurde von den Kommunisten in der Nachkriegszeit aufgenommen und zur Anwendung gebracht. Ich erinnere an die wesentlichsten und bezeichnendsten Vorfälle.

1919 entstand die Organisation »Giovane Sardegna«[17], Ausgangspunkt und Voraussetzung dessen, was später der Partito Sardo d'Azione[18] sein sollte. Die »Giovane Sardegna« nahm sich vor, alle Sarden auf der Insel und auf dem Kontinent in einem regionalen Block zu vereinen, der in der Lage sein sollte, wirksamen Druck auf die Regierung auszuüben, damit die Versprechen eingehalten wurden,

15 Wahlhelfer in der Giolitti-Ära, die insbesondere im Süden Propaganda betrieben und dabei auch auf Einschüchterung und Gewalt (ital. *mazza* = Knüppel) rekurrierten (vgl. hierzu *Gef*, H. 19, §26, S. 157 im vorliegenden Band).

16 Mussolini war zu diesem Zeitpunkt noch Chefredakteur der sozialistischen Parteizeitung *Avanti!* (1893–1996) und teilte Salveminis Kritik an den Reformisten, der bereits 1911 aus der Partei ausgetreten war.

17 »Junges Sardinien«.

18 Die autonomistische Sardische Aktionspartei wurde 1921 von Emilio Lussu und anderen sardischen Veteranen des Ersten Weltkriegs gegründet.

die man den Soldaten während des Krieges gemacht hatte; auf dem Kontinent wurde die »Giovane Sardegna« von einem gewissen Prof. Pietro Nurra geleitet, einem *Sozialisten*, der mit großer Wahrscheinlichkeit heute zu den »jungen Leuten« gehört, die im *Quarto Stato* Woche für Woche so manch neuen Horizont erschließen. Weil sie von der Aussicht auf Orden, Pfründe und sonstiges Lametta immer leicht zu begeistern sind, traten Anwälte, Lehrer und Beamte sofort bei. Die Gründungsversammlung der Sarden im Piemont, die in Turin abgehalten wurde, verlief dank der großen Zahl an Teilnehmern sehr eindrucksvoll.[19] Es waren zum Großteil arme Menschen, einfache Leute ohne nennenswerte Ausbildung, Hilfsarbeiter in Werkstätten, kleine Rentner, Ex-Carabinieri, Ex-Gefängnisaufseher, Ex-Finanzpolizisten, die den unterschiedlichsten kleinen Geschäften nachgingen; sie alle waren begeistert von dem Gedanken, sich unter Landsleuten zu befinden und Reden über ihre Heimat zu hören, mit der sie nach wie vor verbunden waren durch zahllose Bande der Verwandtschaft, der Freundschaft, der Erinnerung, des Leids und der Hoffnung – der Hoffnung darauf, in ihr Land zurückzukehren; aber in ein wohlhabenderes und reicheres Land, das eine wenn auch bescheidene Lebensgrundlage bieten würde.

Die sardischen Kommunisten, genau acht an der Zahl, nahmen an der Versammlung teil, reichten beim Vorsitz einen Antrag ein und ersuchten um die Gelegenheit zu einer Gegenrede. Nach der flammenden und wortgewandten Ansprache des offiziellen Redners, die geschmückt war mit allen barocken Zierden regionalistischer Redekunst, und nachdem die Teilnehmer die Erinnerungen an die Schmerzen der Vergangenheit und an das von den sardischen Regimentern im Krieg vergossene Blut beweint und sich an der Begeisterung für die Idee eines geschlossenen Blocks aller großmütigen Söhne Sardiniens berauscht hatten – war es äußerst schwierig, eine Gegenrede zu »platzieren«; im günstigsten Fall drohte ihnen, wenn schon nicht gelyncht, so doch wenigstens zu einem Spaziergang zur Polizeiwache gezwungen zu werden, nachdem man sie vor den Folgen des »edlen Zorns der Menge« gerettet hätte. Auch wenn die Gegenrede für riesige Verwunderung sorgte, wurde sie aufmerksam verfolgt, und als der Bann einmal gebrochen war, kam man rasch, wenn auch mit Methode, zur revolutionären Schlussfolgerung. Die Alternative: »Ihr armen sardischen Teufel, seid ihr für einen Block

19 Diese Versammlung fand Mitte Februar 1920 statt, Gramsci berichtet darüber am 17.2.1920 in der piemontesischen Ausgabe der Parteizeitung *Avanti!*.

mit den Herrschaften[20] Sardiniens, die euch ruiniert haben und die lokalen Statthalter der kapitalistischen Ausbeutung sind, oder seid ihr für einen Block mit den revolutionären Arbeitern des Kontinents, die alle Ausbeutung stürzen und alle Unterdrückten befreien wollen?« – diese Alternative ließ man in die Köpfe der Anwesenden dringen. Die getrennte Abstimmung war ein großartiger Erfolg: auf der einen Seite ein Grüppchen fein gekleideter Damen[21], Beamter mit Zylinder und vor Wut und Angst erblasster Geschäftsleute, mit ihnen etwa vierzig Polizisten als Beiwerk der allgemeinen Zustimmung; und auf der anderen die ganze Schar der armen Teufel und grauen Mäuse im Festgewand rund um die winzige kommunistische Zelle. Eine Stunde später war in der Gewerkschaft schon der Sardische Sozialistische Bildungszirkel mit 256 Mitgliedern gegründet; die Gründung der »Giovane Sardegna« wurde auf unbestimmte Zeit vertagt und fand niemals statt.

Das war die politische Grundlage für die Aktion, die unter den Soldaten der Sassari-Brigade[22] durchgeführt wurde, die fast vollständig aus Sarden bestand. Die Sassari-Brigade war an der Niederschlagung der Turiner Aufstandsbewegung im August 1917[23] beteiligt gewesen; man war sich sicher, dass sie niemals mit den Arbeitern fraternisieren würde, denn man wusste um die hasserfüllten Erinnerungen, die jede Repression in der Menge hinterlässt und sich dabei auch gegen die materiellen Werkzeuge der Repression richtet, so wie auch in den Regimentern, die sich der Soldaten erinnern, welche durch die Schüsse der Aufständischen gefallen sind. Die Brigade wurde von einer Menge von Herren und Damen empfangen, die den Soldaten Blumen, Zigarren und Obst überreichten. Die Stimmung unter den Soldaten wird von folgender Erzählung des Arbeiters einer Gerberei in Sassari bezeichnend wiedergegeben, der mit ersten propagandisti-

20 Anm. d. Übers.: Im Original »signori«; dieser Begriff steht oft für die »Herrenschicht« im Allgemeinen, »Leute vornehmen Standes« und dgl., oft schlicht für die Adligen (vgl. *Gef*, H. 5, § 119, Anm. 2, S. A 293).

21 Anm. d. Übers.: In der lange Zeit als ›kanonisch‹ geltenden Ausgabe dieses Textes in *La costruzione del partito comunista* (Turin 1971, »CPC« in *Gef*) war an dieser Stelle irrtümlich von »signori« die Rede, also von »Herren«.

22 1915 im Rahmen der Generalmobilmachung aufgestellte Infanteriebrigade, aus der auch die Gründer des Partito Sardo d'Azione um Lussu hervorgingen (s. Anm. 18).

23 Von den Ereignissen in Russland beflügelter Arbeiteraufstand, der nach fünf Tagen mit zahlreichen Toten niedergeschlagen wurde.

schen Sondierungen beauftragt war:[24] »Ich ging zu einem Lager auf dem XY-Platz (in den ersten Tagen schlugen die sardischen Soldaten Zelte auf den Plätzen auf wie in einer eroberten Stadt) und sprach mit einem jungen Bauern, der mich – aus Sassari stammend wie er – freundlich begrüßt hatte. ›Was macht ihr hier in Turin?‹ ›Wir sind gekommen, um auf die streikenden Herrschaften[25] zu schießen.‹ ›Aber es sind doch nicht die Herrschaften, die hier streiken, es sind die Arbeiter und die sind arm.‹ – ›Hier sind alle Herrschaften: Sie haben Kragen und Krawatte und verdienen 30 Lire am Tag. Die Armen kenne ich, und ich weiß, wie sie gekleidet sind; in Sassari, ja, da gibt es viele Arme; wir Feldarbeiter sind alle arm und wir verdienen 1,50 Lire am Tag.‹ – ›Aber ich bin doch auch ein Arbeiter und bin arm.‹ – ›Du bist arm, weil du aus Sardinien bist.‹ – ›Aber wenn ich mit den anderen streike, wirst du dann auf mich schießen?‹ Der Soldat dachte kurz nach und legte dann die Hand auf meine Schulter: ›Hör zu, wenn du mit den anderen streikst, bleib lieber zu Hause!‹«

So dachte der weitaus größte Teil der Brigade, der nur eine kleine Anzahl von Bergarbeitern aus dem Revier von Iglesias angehörte. Dennoch wurde die Brigade nach einigen Monaten, am Vorabend des Generalstreiks vom 20./21. Juli, aus Turin abgezogen; die älteren Soldaten wurden entlassen und die Einheit wurde dreigeteilt: Ein Drittel wurde nach Aosta verlegt, ein Drittel nach Triest, ein Drittel nach Rom. Der Abzug der Brigade erfolgte nachts, ohne Ankündigung: Keine festliche Menge jubelte ihr am Bahnhof zu. Zwar waren ihre Gesänge noch kriegerisch, doch hatten sie nicht mehr denselben Inhalt wie jene, die bei der Ankunft gesungen worden waren.

Sind diese Ereignisse ohne Konsequenzen geblieben? Nein, sie hatten Folgen, die bis heute bestehen und tief in der Volksmasse fortwirken. Für einen Moment haben sie Köpfe erhellt, die noch nie in diese Richtung gedacht hatten und die, davon beeindruckt, radikal verändert wurden. Unsere Archive sind verloren gegangen; viele Unterlagen haben wir selbst vernichtet, um keine Verhaftungen und Verfolgungen zu provozieren. Aber wir erinnern uns an Dutzende und hunderte Briefe, die uns in der Turiner *Avanti!*-Redaktion aus Sardinien erreichten; oft waren es gemeinsam verfasste Briefe, oft unterzeichnet von allen ehemaligen Kämpfern der Sassari-Brigade eines bestimmten

24 Wir befinden uns im *Biennio rosso*, in den »Roten Jahren«: Diese Episode spielt im Frühjahr 1919.

25 Anm. d. Übers.: Hier und im Folgenden wieder »signori«.

Dorfes. Die von uns vertretene politische Haltung verbreitete sich auf unkontrollierten und unkontrollierbaren Wegen, die Gründung des Partito Sardo d'Azione wurde davon an der Basis beeinflusst, und es ließen sich in diesem Zusammenhang reichhaltige und bedeutsame Vorfälle in Erinnerung bringen.

1922 hatte diese Aktion ihren letzten belegten Wiederhall, als 300 Carabinieri der Legion von Cagliari zum selben Zweck wie die Sassari-Brigade nach Turin entsandt wurden. In der Redaktion des *Ordine Nuovo* traf eine Grundsatzerklärung ein, die vom weitaus größten Teil dieser Carabinieri unterschrieben worden war; in ihr klang unsere ganze Haltung zum Problem des Südens an, sie war der endgültige Beweis dafür, dass wir mit unserer Haltung richtiglagen.

Das Proletariat musste sich diese Haltung aneignen, um ihr politische Wirksamkeit zu verleihen, das versteht sich von selbst. Eine Massenaktion ist unmöglich, wenn die Masse selbst von den Zielen, die sie erreichen will, und von den anzuwendenden Methoden nicht überzeugt ist. Um als Klasse in der Lage zu sein zu herrschen, muss das Proletariat alle korporativen Reste ablegen, alle syndikalistischen Vorurteile und Verkrustungen. Was bedeutet das? Dass nicht nur die Unterscheidungen überwunden werden müssen, die zwischen dem einen Beruf und dem anderen gemacht werden, sondern dass das Vertrauen und der Konsens der Bauern und einiger halbproletarischer Berufsgruppen in den Städten gewonnen werden müssen, indem manche Vorurteile überwunden und bestimmte Egoismen abgelegt werden, die in der Arbeiterklasse als solcher fortbestehen können und fortbestehen, selbst wenn bestimmte Berufsdünkel in ihr verschwunden sind. Metall-, Holz- oder Bauarbeiter usw. sollen nicht nur wie Proletarier denken und nicht mehr wie Metall-, Holz- oder Bauarbeiter usw., sondern sie müssen noch einen Schritt weitergehen: Sie müssen wie Arbeiter denken, die einer Klasse angehören, die anstrebt, die Bauern und die Intellektuellen zu führen, einer Klasse, die nur mit der Hilfe und Gefolgschaft der großen Mehrheit dieser gesellschaftlichen Schichten siegen und den Sozialismus errichten kann. Wird das nicht erreicht, wird das Proletariat nicht zur führenden Klasse, und diese Schichten, die in Italien die Mehrheit der Bevölkerung darstellen, bleiben unter bürgerlicher Führung und verschaffen dem Staat so die Möglichkeit, dem proletarischen Ansturm standzuhalten und ihn zu brechen.

Nun gut: Was sich im Zusammenhang der Südfrage gezeigt hat, stellte unter Beweis, dass das Proletariat diese seine Pflichten begriffen hat. Zwei Vorfälle sind in Erinnerung zu bringen: Einer hat sich in Turin abgespielt, der andere in Reggio Emilia, in der Hochburg des Reformismus also, des Klassenkorporativismus, des Arbeiterprotektionismus, den die »Meridionalisten« in ihrer Propaganda unter den Bauern des Südens ins Treffen führen.

Nach den Fabrikbesetzungen machte die Direktion der FIAT den Arbeitern den Vorschlag, den Betrieb in Form einer Genossenschaft zu übernehmen.[26] Wie zu erwarten, waren die Reformisten dafür. Eine industrielle Krise zeichnete sich ab, und das Gespenst der Arbeitslosigkeit versetzte die Arbeiterfamilien in Angst. Wenn die FIAT eine Genossenschaft würde, hätte das für die Belegschaft eine gewisse Beschäftigungssicherheit gebracht, vor allem für die politisch aktiveren Arbeiter, die überzeugt davon waren, dass ihnen die Entlassung bevorstand.

Die von den Kommunisten angeführte Sozialistische Sektion brachte sich vehement in die Frage ein. Den Arbeitern wurde gesagt: Ein großer Genossenschaftsbetrieb wie die FIAT kann nur dann von den Arbeitern übernommen werden, wenn die Arbeiter dazu bereit sind, Teil des Systems bürgerlicher politischer Kräfte zu werden, das Italien heute regiert. Der Vorschlag der FIAT-Direktion gehört zum politischen Plan Giolittis. Worin besteht dieser Plan? Die Bourgeoisie konnte schon vor dem Krieg nicht mehr ungestört regieren. Der Aufstand der sizilianischen Bauern 1894[27] sowie der Mailänder Aufstand von 1898[28] waren das *Experimentum Crucis*[29] der italienischen Bourgeoise. Nach den blutigen 1890er Jahren war die Bourgeoise gezwungen, auf eine allzu ausschließliche, eine allzu gewalttätige, unmittelbare Diktatur zu verzichten: Die Bauern des Südens und die Arbeiter des Nordens erhoben sich *gleichzeitig*, wenn auch nicht koordiniert gegen sie. Nach der Jahrhundertwende leitete die herrschende Klasse eine neue Politik ein, eine Politik der Klassenbündnisse, der politischen Klassenblöcke, der bürgerlichen Demokratie somit. Sie musste sich entscheiden: für eine ländliche Demokratie, also ein Bündnis mit den Bauern des Südens, eine Politik

26 Diesen Vorschlag machte der FIAT-Mitbegründer Giovanni Agnelli im September 1920, als die Fabrikbesetzungen in Turin noch im Gange waren.

27 Aufstände der *Fasci Siciliani*, einer 1891 von Bauern und Landarbeitern gegründeten sozialistisch und anarchistisch geprägten Bewegung auf Sizilien, die bis 1894 von Crispi niedergeschlagen wurde.

28 Landesweite Volksaufstände gegen die katastrophalen Lebensbedingungen, die sich in Mailand besonders zuspitzten und blutig niedergeschlagen wurden.

29 Lat. »Experiment des Kreuzes«, in der Wissenschaftstheorie ein Überprüfungskriterium, das über die Richtigkeit einer Theorie entscheidet.

der Zollfreiheit, des allgemeinen Wahlrechts, der Dezentralisierung der Verwaltung, der niedrigen Preise für Industrieprodukte – oder aber für einen industriellen Block aus Kapitalisten und Arbeitern, ohne allgemeines Wahlrecht, für Schutzzölle, für die Beibehaltung des staatlichen Zentralismus (Ausdruck der Herrschaft der Bourgeoisie über die Bauern, vor allem im Süden und auf den Inseln), für eine reformistische Lohn- und Gewerkschaftspolitik. Nicht zufällig wählte sie diesen zweiten Weg; Giolitti verkörperte die Herrschaft der Bourgeoisie, die Sozialistische Partei wurde zum Instrument seiner Politik. Genau gesehen ereignen sich im Jahrzehnt 1900–1910 die tiefsten Krisen der sozialistischen und der Arbeiterbewegung: die Masse reagiert spontan gegen die Politik der reformistischen Anführer. Es entsteht der Syndikalismus,[30] der der instinktive, elementare, primitive, aber gesunde Ausdruck der Reaktion der Arbeiterschaft gegen den Block mit der Bourgeoisie und für einen Block mit den Bauern, *und in erster Linie mit den Bauern des Südens*, ist. Genau so ist es: Ja, der Syndikalismus ist sogar in gewissem Sinne ein schwacher Versuch der von ihren fortschrittlicheren Intellektuellen vertretenen Bauern des Südens, das Proletariat zu führen. Wer bildet den führenden Kern des italienischen Syndikalismus, welches ist das ideologische Wesen des italienischen Syndikalismus? Der führende Kern des Syndikalismus besteht fast ausschließlich aus Süditalienern: Labriola, Leone, Longobardi, Orano.[31] Die Ideologie des Syndikalismus ist im Wesentlichen ein neuer Liberalismus, der energischer, aggressiver und kämpferischer als der traditionelle ist. Wenn ihr genau schaut, so haben die folgenden Krisen des Syndikalismus und der schrittweise Übertritt der syndikalistischen Anführer ins bürgerliche Lager zwei grundlegende Ursachen: die Auswanderung und den Freihandel – zwei Motive, die eng mit dem Meridionalismus verbunden sind. Das Phänomen der Auswanderung liegt Enrico Corradinis Auffassung einer »proletarischen Nation« zu Grunde; der Krieg in Libyen erscheint einer ganzen Schicht von Intellektuellen als Auftakt des Angriffs der »großen Proletarierin« gegen die kapitalistische und plutokratische Welt.[32] Eine ganze Reihe von Syndikalisten tritt zum

30 Auf den folgenden Passus seines eigenen Textes spielt Gramsci in einer Nebenbemerkung in *Gef*, H. 15, § 44 an (S. 125f. im vorliegenden Band).

31 Anm. d. Übers.: Diese Passage wurde übernommen von *Gef*, Bd. 7, S. A 714.

32 Gramsci spielt hier auf eine berühmte Rede des Dichters Giovanni Pascoli an, in der er 1911 mit den Worten »Die große Proletarierin hat sich bewegt« das militärische, kolonialistische Eingreifen Italiens in Libyen verteidigte und die man, wie es auch in den *Gefängnisheften* heißt, »in Zusammenhang bringen muss mit den

Nationalismus über, mehr noch, die Nationalistische Partei besteht ursprünglich aus ehemals syndikalistischen Intellektuellen (Monicelli, Forges-Davanzati, Maraviglia)[33]. Labriolas Buch *Geschichte eines Jahrzehnts* (die zehn Jahre von 1900 bis 1910)[34] ist der typischste und charakteristischste Ausdruck dieses antigiolittianischen und meridionalistischen neuen Liberalismus.

In diesen zehn Jahren festigt und entwickelt sich der Kapitalismus und verlagert einen Teil seiner Aktivität in die Landwirtschaft der Po-Ebene. Die Massenstreiks der Landarbeiter in der Po-Ebene sind das bezeichnendste Merkmal dieser zehn Jahre. Eine grundlegende Veränderung vollzieht sich unter den Bauern des Nordens; es kommt zu einer grundlegenden Ausdifferenzierung innerhalb der Klasse (laut der Volkszählung von 1911 steigt die Zahl der Tagelöhner um 50 Prozent), mit der ein Umbau der politischen Strömungen und der geistigen Haltungen einhergeht. Die christliche Demokratie[35] und der Mussolinismus sind die beiden wesentlichen Produkte dieser Zeit: Die Romagna ist das regionale Sammelbecken dieser beiden neuen Richtungen, der Tagelöhner scheint der gesellschaftliche Protagonist des politischen Kampfes geworden zu sein. Die soziale Demokratie gerät in ihren linken Teilen (die *Azione* aus Cesena)[36] wie auch der Mussolinismus rasch unter den Einfluss der »Meridionalisten«. Die *Azione* aus Cesena ist eine Regionalausgabe von Gaetano Salveminis *Unità*[37]. Die Zeitung *Avanti!* verwandelt sich unter der Leitung Mussolinis[38] langsam, aber sicher zu einem Tummelplatz syndikalistischer und meridionalistischer Schreiber. Leute wie Fancello, Lanzillo, Panunzio, Ciccotti werden zu ihren unermüdlichen Mitarbeitern. Salvemini selbst macht kein Geheimnis aus seinen Sympathien für Mussolini, der auch schon zum Liebling von Prezzolinis *Voce*[39] wird.

Lehren Enrico Corradinis, bei dem der Begriff ›Proletarier‹ von den Klassen auf die Nationen übertragen wird« (*Gef*, H. 2, § 51, S. 262; vgl. auch H. 1, § 58, S. 97 im vorliegenden Band).

33 Enrico Corradini konnte mit seiner 1910 gegründeten Partei Associazione nazionalista italiana (ANI) auch zahlreiche Syndikalisten anziehen; 1923 ging sie in Mussolinis Partito Nazionale Fascista auf.

34 *Storia di dieci anni 1899–1909*, Mailand 1910.

35 1911 geht die Lega Democratica Cristiana aus der ersten nicht-konfessionellen katholischen Partei Italiens, der Lega Democratica Nazionale, hervor.

36 Organ der Lega Democratica Cristiana.

37 Diese Zeitschrift erschien unter Salveminis Leitung zwischen 1911 und 1920.

38 Mussolini war von 1912 bis 1914 Chefredakteur von *Avanti!* (vgl. Anm. 16).

39 *La Voce* war eine trotz ihrer relativ kurzen Existenz zwischen 1908 und 1916 überaus bedeutsame Florentiner Zeitschrift für Literatur, Politik und Zeitgeschehen,

Alle wissen, dass Mussolini, als er die Redaktion von *Avanti!* und die Sozialistische Partei verließ, in Wahrheit von dieser Schar an Syndikalisten und Meridionalisten umgeben war.

Die bedeutsamste Auswirkung dieser Phase auf revolutionärer Ebene ist die Rote Woche im Juni 1914: Die Romagna und die Marken sind das Epizentrum der Roten Woche.[40] Auf dem Feld der Politik der Bourgeoisie ist die bedeutsamste Auswirkung der Gentiloni-Pakt[41]. Nachdem die Sozialistische Partei nach 1910 aufgrund der Unruhen in der Landwirtschaft in der Po-Ebene zu einer unnachgiebigen Taktik zurückgekehrt war, verliert der von Giolitti unterstützte und vertretene industrielle Block an Einfluss: Giolitti vollzieht eine Wende; er ersetzt das Bündnis zwischen Bourgeoisie und Arbeitern durch ein Bündnis zwischen Bourgeoisie und Katholiken und damit den großen bäuerlichen Massen in Nord- und Mittelitalien. Durch dieses Bündnis wird Sonninos konservative Partei komplett zerstört und bewahrt nur eine winzige Zelle rund um Antonio Salandra in Süditalien. Während des Krieges und danach sind in der bürgerlichen Klasse eine Reihe höchst bedeutsamer molekularer Prozesse zu beobachten. Salandra und Nitti waren die ersten beiden Regierungschefs aus dem Süden (abgesehen von den Sizilianern wie Crispi natürlich, dem vehementesten Vertreter einer bürgerlichen Diktatur im 19. Jahrhundert) und sie versuchten den Plan eines Blocks aus Industriebourgeoisie und südlichen Agrariern umzusetzen: Salandra auf konservativem, Nitti auf demokratischem Terrain (beide Regierungschefs wurden dabei verlässlich vom *Corriere della Sera*, also von der lombardischen Textilindustrie unterstützt)[42]. Schon während des

die u. a. Benedetto Croce, Giovanni Amendola, Gaetano Salvemini und Luigi Einaudi zu ihren Autoren zählen konnte.

40 In den heftigen Unruhen zwischen dem 7. und 14. Juni 1914, die von Ancona ihren Ausgang nahmen, kamen die enormen sozialen Spannungen dieser Zeit zum Ausdruck; sie hatten z. T. aufständische und anarchistische Züge, die Sozialistische Partei hatte keine Kontrolle darüber.

41 Das 1912 eingeführte allgemeine Wahlrecht für Männer hatte die Zahl der Wahlberechtigten beträchtlich erhöht, und viele davon waren Arbeiter, die der Sozialistischen Partei nahestanden. Der nie verschriftlichte Gentiloni-Pakt wurde anlässlich der Wahlen 1913 geschlossen und sah vor, dass Katholiken, wenn sich in einem Wahlkreis ein Sieg des sozialistischen Kandidaten abzeichnete, für die liberalen Kandidaten stimmen sollten. Dafür verpflichteten sich die Liberalen, im Parlament nicht für die Einführung der Scheidung oder die Abschaffung des Religionsunterrichts in den öffentlichen Schulen zu stimmen (vgl. *Gef*, H. 16, § 22, Anm. 2a, A 747).

42 Das Sprachrohr der norditalienischen Industriellen: 1876 gegründete und bis heute erscheinende, stark verbreitete Mailänder Tageszeitung.

Krieges versuchte Salandra die Fachkräfte im Staatsapparat zugunsten des Südens umzugruppieren, er versuchte, Giolittis Staatspersonal durch neues Personal zu ersetzen, das den neuen politischen Kurs der Bourgeoisie verkörpern sollte. Erinnert euch an die Kampagne der *Stampa*[43], die vor allem 1917–18 für eine enge Zusammenarbeit zwischen Giolittianern und Sozialisten eintrat, um eine »Apulisierung« des Staates zu verhindern; diese Kampagne wurde in der *Stampa* von Francesco Ciccotti betrieben, sie war also faktisch ein Ausdruck der bestehenden Übereinkunft zwischen Giolitti und den Reformisten.[44] Das war keine geringe Angelegenheit, und die Giolittianer gingen in ihrer defensiven Verbissenheit so weit, die einer Partei der Großbourgeoisie zustehenden Grenzen zu überschreiten, sie verstiegen sich zu Bekundungen von Antipatriotismus und Defätismus, die in aller Erinnerung sind. Heute[45] ist Giolitti neuerlich an der Macht, und neuerlich verlässt sich die Großbourgeoisie auf ihn, getrieben von der panischen Angst, die ihr die überwältigende Bewegung der Volksmassen einflößt. Giolitti will die Arbeiter von Turin domestizieren. Zweimal hat er sie geschlagen: im Streik vom vergangenen April und bei den Fabrikbesetzungen, beide Male mit Hilfe der Confederazione Generale del lavoro,[46] des korporativen Reformismus somit. Er meint, sie jetzt in das bürgerliche staatliche System einpassen zu können. Was wird tatsächlich geschehen, wenn die Belegschaft der FIAT das Angebot der Leitung annimmt? Die derzeitigen Industrieaktien werden zu Obligationen werden, das heißt die Genossenschaft wird den Inhabern von Obligationen unabhängig vom Geschäftsgang eine fixe Dividende zahlen müssen. Das Unternehmen FIAT wird in jeder Weise von den Kreditinstituten erpresst werden, die in den Händen der Bourgeoisie bleiben, welche ein Interesse daran hat, die Arbeiter gefügig zu machen. Die Belegschaft wird sich zwangsläufig an den Staat binden müssen, der den Arbeitern durch das Wirken ihrer Abgeordneten im Parlament und durch die Unterordnung der politischen Arbeiterpartei unter die Regierungspolitik »zur Hilfe kommen« wird. Das ist Giolittis Plan in seiner vollen Verwirklichung. Das Turiner Proletariat wird als unabhängige Klasse nicht

43 1867 in Turin gegründete und bis heute erscheinende, als liberal-konservativ geltende Tageszeitung, noch bis 2016 maßgeblich im Besitz der Familie Agnelli, also des FIAT-Konzerns.

44 Vgl. zu alldem *Gef*, H. 1, § 116, zu Ciccotti und zur Rolle der »Zeitungen als Ersatz für eine politische Partei« insbes. S. 164ff.

45 Gramsci spricht hier klarerweise im historischen Präsens, gemeint ist das Jahr 1920.

46 Sozialistischer Gewerkschaftsbund, Vorläufer der heutigen CGIL.

mehr existieren, sondern nur noch als Anhängsel des bürgerlichen Staates. Der Klassenkorporativismus wird gesiegt haben, aber das Proletariat wird seine Position und seinen Auftrag der Leitung und Führung eingebüßt haben; es wird den Massen der ärmeren Arbeiter privilegiert erscheinen und es wird den Bauern ebenso ausbeuterisch wie die Bourgeoisie erscheinen, weil die Bourgeoisie, wie sie es immer getan hat, es den bäuerlichen Massen gegenüber so darstellen wird, als wären die privilegierten Gruppen der Arbeiterschaft der einzige Grund ihrer Übel und ihres Elends.

Die FIAT-Belegschaft schloss sich fast einstimmig unserer Sichtweise an, und die Vorschläge der Betriebsleitung wurden zurückgewiesen. Dieser Versuch konnte aber nicht ausreichen. Mit einer ganzen Reihe von Aktionen hatte das Turiner Proletariat unter Beweis gestellt, dass es einen überaus hohen Grad an politischer Reife und Fähigkeit erreicht hatte. Die Fachkräfte und Angestellten konnten ihre Lage 1919 nur mit Unterstützung der Arbeiter verbessern. Um den Aufruhr der Fachkräfte abzuwürgen, schlugen die Industriellen den Arbeitern vor, in einer Wahl selbst neue Vorarbeiter und Abteilungsleiter zu bestimmen; wiewohl sie genug Gründe gehabt hätten, den Konflikt mit den Facharbeitern zu suchen, die immer ein herrschaftliches Werkzeug der Unterdrückung und Verfolgung gewesen waren, wiesen die Arbeiter den Vorschlag zurück. Die Zeitungen starteten daraufhin eine wütende Kampagne, um die Facharbeiter zu isolieren, indem sie deren extrem hohe Gehälter bekannt machten, die bis zu 7000 Lire im Monat betrugen. Die gelernten Arbeiter unterstützten den Aufruhr der Hilfsarbeiter, die sich nur so durchsetzen konnten: Innerhalb der Fabriken wurden alle Privilegien und die Ausbeutung der weniger qualifizierten Kräfte durch die qualifizierteren hinweggefegt. Über diese Aktionen erwarb sich die Avantgarde des Proletariats ihre Position als gesellschaftliche Avantgarde; dies war die Grundlage für die Entwicklung der Kommunistischen Partei in Turin. Aber außerhalb Turins? Nun, es war unsere konkrete Absicht, die Angelegenheit aus Turin hinauszutragen, und zwar gerade nach Reggio Emilia, wo die größte Ballung an Reformismus und Klassenkorporativismus bestand.

Reggio Emilia war immer schon die Zielscheibe der »Meridionalisten« gewesen. Der Satz von Camillo Prampolini, »Italien ist aufgeteilt in *nordici* und *sudici*«[47], war der bezeichnendste Ausdruck des hefti-

47 Anm. d. Übers.: Ein unübersetzbares Wortspiel: *Nordici* sind die aus dem Norden, die »Nordischen«, wohingegen das Pendant für Menschen aus dem Süden –

gen Hasses, der unter den Süditalienern auf die Arbeiter im Norden verbreitet war. In Reggio Emilia stellte sich ein ähnliches Problem wie bei den FIAT-Werken: Ein großer Betrieb sollte in Form einer Genossenschaft in die Hände der Arbeiter übergehen. Die Reformisten in Reggio waren von dem Vorgang begeistert und sie propagierten ihn in ihren Zeitungen und Versammlungen. Ein Turiner Kommunist[48] begab sich nach Reggio, ergriff in der Betriebsversammlung das Wort, legte den ganzen Komplex der Nord/Süd-Frage dar, und schon geschah das »Wunder«: Mit einer übergroßen Mehrheit lehnten die Arbeiter den reformistischen und korporativistischen Weg ab. So wurde gezeigt, dass die Reformisten nicht für die Haltung der Arbeiter in Reggio standen; sie standen nur für deren Passivität und andere negative Seiten. Dank der beträchtlichen Konzentration von einigermaßen professionellen Funktionären und Propagandisten in ihren Reihen war es ihnen gelungen, ein politisches Monopol zu errichten und somit die Entwicklung und Organisation einer revolutionären Strömung zu unterbinden; doch die Präsenz eines fähigen Revolutionärs hatte genügt, sie in die Tasche zu stecken und aufzuzeigen, dass die Arbeiter in Reggio tapfere Kämpfer sind und keine Schweine an den Futtertrögen der Regierung.

Im April 1921 wurden bei der FIAT 5000 revolutionäre Arbeiter entlassen, die Fabrikräte wurden abgeschafft, die Reallöhne gesenkt. In Reggio Emilia geschah vermutlich etwas Ähnliches. Die Arbeiter wurden also geschlagen. War aber das Opfer, das sie gebracht hatten, sinnlos? Ich denke nicht: Ich bin vielmehr sicher, dass es nicht sinnlos gewesen ist. Zweifellos ist es schwierig, reihenweise große, massenhafte Ereignisse aufzuzählen, die die unmittelbare und schlagartige Wirksamkeit dieser Aktionen belegen würden. Übrigens ist ein solcher Beleg, was die Bauern betrifft, immer schwierig und beinah unmöglich, und er ist noch schwieriger in Bezug auf die bäuerliche Masse des Südens.

Der Süden Italiens ist gekennzeichnet durch seine große gesellschaftliche Zersplitterung;[49] die Bauern, die die große Mehrheit seiner

»Südische« – nicht existiert. *Sudici* ist aber der Plural des Adjektivs *sudicio* – dreckig. Damit sind die »Südischen« die »Dreckigen« (vgl. auch *Gef*, H. 7, §30, 886).

48 Es handelte sich dabei um Umberto Terracini.

49 Anm. d. Übers.: Gramsci spricht hier im Original von »disgregazione sociale« und verwendet damit – wie auch an zahlreichen Stellen in den *Gefängnisheften* – einen vielschichtigen Begriff, der sich vom Verb *disgregare* ableitet (das Präfix *dis-* verweist auf Trennung, lat. *grex* = Herde) und dessen Bedeutung zwischen Auflösung, Zerfall, Zersetzung, Zersplitterung usw. oszilliert. Im Problemzusam-

Bevölkerung stellen, haben keinerlei Zusammenhang untereinander. (Klarerweise muss man gewisse Ausnahmen machen: Apulien, Sardinien und Sizilien weisen besondere Eigenheiten im Gesamtbild der süditalienischen Struktur auf.) Die süditalienische Gesellschaft ist ein großer Agrarblock, der aus drei gesellschaftlichen Schichten besteht: die große amorphe und zersplitterte[50] bäuerliche Masse, die Intellektuellen der kleinen und mittleren ländlichen Bourgeoisie sowie die Großgrundbesitzer und die großen Intellektuellen. Unter den Bauern des Südens gärt es ständig, aber sie sind unfähig, ihren Ansprüchen und ihren Bedürfnissen als Masse einen klaren Ausdruck zu geben. Die mittlere Schicht der Intellektuellen erhält von der bäuerlichen Basis die Impulse für ihr politisches und ideologisches Handeln. Letztendlich sind es die Großgrundbesitzer auf dem politischen Gebiet und die großen Intellektuellen auf dem ideologischen Gebiet, sie diesen ganzen Komplex an Erscheinungen zentralisieren und beherrschen. Klarerweise ist es das ideologische Gebiet, auf dem sich diese Zentralisierung mit größerer Wirksamkeit und Präzision vollzieht. Giustino Fortunato und Benedetto Croce nehmen also eine Schlüsselstellung im meridionalen System ein, und in einem gewissen Sinn sind sie die Hauptfiguren der italienischen Reaktion.

Die Intellektuellen Süditaliens sind eine der interessantesten und wichtigsten gesellschaftlichen Schichten im nationalen Leben Italiens. Um sich davon zu überzeugen, bedenke man nur, dass mehr als drei Fünftel der staatlichen Bürokratie aus Süditalienern bestehen. Um an dieser Stelle die besondere Psychologie[51] der süditalienischen Intellektuellen zu begreifen, muss man sich einige Tatsachen vergegenwärtigen.

menhang des vorliegenden Buches ist aber zweierlei von grundlegender Bedeutung: Der »Zersplitterung« des Südens geht keine Einheit voraus, seine Gesellschaft *ist* in Gramscis Augen *bruchstückhaft* (im Gegensatz zu einer Einheit, die auseinanderfällt bzw. sich erst auflöst; frühere Übersetzungen, in denen an dieser Stelle von »Zersetzung« oder gar von einem »Auflösungsprozess« die Rede war, verfehlen diese Intention). Vor allem aber sei darauf hingewiesen, dass das Adjektiv, das sich aus diesem Verständnis des Verbs *disgregare* ableitet, u. a. an einer entscheidenden Stelle des 25. Gefängnisheftes wieder auftaucht, wo es nämlich von den subalternen gesellschaftlichen Gruppen heißt, ihre Geschichte sei »notwendigerweise bruchstückhaft« – »necessariamente disgregata« (H. 25, §2, S. 205 im vorliegenden Band). Zur theoretischen Relevanz dieser Verbindung sowie des Umstands, dass *disgregato* sich gewissermaßen als Gegenstück zu Gramscis Schlüsselbegriff der Kohärenz erweist, vgl. Einleitung, S. 16f.

50 S. o.

51 Anm. d. Übers.: Wie auch schon in *Arbeiter und Bauern* steht »Psychologie« hier für Geisteshaltung, Charakter und dgl. (vgl. Anm. 2, S. 27).

1. In jedem Land hat die Entwicklung des Kapitalismus die Schicht der Intellektuellen grundlegend verändert. In einer vorwiegend von Bauern und Handwerkern geprägten Gesellschaft war der alte Typ des Intellektuellen das organisierende Element; um den Staat und um den Handel zu organisieren, brachte die herrschende Klasse einen besonderen Typ von Intellektuellen hervor. Die Industrie hat einen neuen Typ des Intellektuellen eingeführt: den technischen Organisator, den Spezialisten der angewandten Wissenschaft. In jenen Gesellschaften, in denen die ökonomischen Kräfte sich im kapitalistischen Sinn so weit entwickelt haben, dass sie den größten Teil der nationalen Aktivitäten einnehmen, ist es dieser zweite Typ des Intellektuellen, der überwogen hat, mit all der intellektuellen Ordnung und Disziplin, die ihn kennzeichnet. In den Ländern hingegen, wo die Landwirtschaft noch eine wichtige oder sogar vorherrschende Rolle spielt, überwiegt nach wie vor der alte Typ; er stellt den größten Teil der Beamtenschaft, und auch auf lokaler Ebene, im Dorf und in der Landgemeinde, übt er die Funktion des Vermittlers zwischen dem Bauern und der Verwaltung im Allgemeinen aus. In Süditalien überwiegt dieser Typ, mit allem, was ihn kennzeichnet: demokratisch den Bauern gegenüber, aber reaktionär, sobald er sich dem Großgrundbesitzer und der Regierung zuwendet, karrieristisch, korrupt und unaufrichtig; die traditionelle Form der süditalienischen politischen Parteien bliebe unverständlich, wenn man den Charakter dieser gesellschaftlichen Schicht nicht vor Augen hätte.

2. Der süditalienische Intellektuelle kommt vorwiegend aus einer Schicht, die den Süden nach wie vor prägt, der Landbourgeoisie: also der kleine und mittlere Grundbesitzer, der kein Bauer ist, der das Land nicht bearbeitet und sich schämen würde, Landwirtschaft zu betreiben, der aber mit dem wenigen Land, das er besitzt, etwas herausschlagen will, indem er es verpachtet oder als einfache Teilpacht vergibt – um angemessen zu leben, die Söhne an die Universität oder ins Priesterseminar zu schicken, den Töchtern eine Mitgift zu geben, die einen Offizier oder einen zivilen Staatsbeamten heiraten sollen. Von dieser Schicht übernehmen die Intellektuellen ihre erbitterte Abneigung gegen den arbeitenden Bauern, der als Arbeitsmaschine betrachtet wird, die man bis auf die Knochen ausbeuten muss und die angesichts der arbeitenden Überbevölkerung leicht ersetzt werden kann; sie übernehmen auch das atavistische und instinktive Empfinden einer wahnsinnigen Angst vor dem Bauern und seiner zerstörerischen Gewalttätigkeit und somit eine gewohnheitsmäßige

raffinierte Heuchelei und eine besonders raffinierte Fertigkeit darin, die bäuerlichen Massen hinters Licht zu führen und im Zaum zu halten.

3. Da zur gesellschaftlichen Gruppe der Intellektuellen der Klerus gehört, muss man die Unterschiede in den Eigenschaften zwischen dem Klerus des Südens in seiner Gesamtheit und dem Klerus des Nordens beachten. Der Pfarrer des Nordens ist gewöhnlich Sohn eines Handwerkers oder eines Bauern, hat demokratische Einstellungen, ist enger mit der Masse der Bauern verbunden; moralisch ist er anständiger als der Pfarrer des Südens, der häufig beinahe offen mit einer Frau zusammenlebt und deshalb ein sozial umfassenderes geistliches Amt ausübt, d. h. er organisiert die gesamten Tätigkeiten einer Familie. Im Norden ist die Trennung von Kirche und Staat sowie die Enteignung der Kirchengüter radikaler erfolgt als im Süden, wo die Pfarrgemeinden und die Klöster beachtlichen Immobilien- und Mobiliarbesitz entweder behalten oder neugebildet haben. Im Süden tritt der Pfarrer dem Bauern gegenüber 1. als ein Gutsverwalter, mit dem der Bauer in der Pachtfrage in Konflikt gerät; 2. als ein Wucherer, der enorme Zinsen verlangt und das religiöse Element ins Spiel bringt, um entweder die Pacht oder die Wucherzinsen sicher einzutreiben; 3. als ein Mann, der den gewöhnlichen Leidenschaften unterworfen ist (Frauen und Geld) und der deshalb geistig kein Vertrauen hinsichtlich Verschwiegenheit und Unparteilichkeit erweckt. Die Religion spielt deshalb kaum eine führende Rolle, und wenn auch der Bauer des Südens oft abergläubisch im heidnischen Sinne ist, so ist er doch nicht klerikal. All das erklärt, warum in Süditalien (ausgenommen einige Landstriche Siziliens) der Partito Popolare[52] keine bedeutsame Stellung einnimmt, kein Netz von Institutionen und Massenorganisationen besitzt. Die Haltung des Bauern gegenüber dem Klerus wird in diesem volkstümlichen Sprichwort ersichtlich: »Der Pfarrer ist Pfarrer am Altar; draußen ist er ein Mann wie alle anderen«.[53]

Der süditalienische Bauer ist an den Großgrundbesitzer über den Intellektuellen gebunden. Zumal sich die Bewegungen der Bauern in noch nicht einmal formal autonomen und unabhängigen Massenorganisationen vollziehen (die also in der Lage wären, bäuerliche

52 1919 von Luigi Sturzo gegründete Partei des politischen Katholizismus, Vorläuferin der 1943 gegründeten Democrazia Cristiana.

53 Vgl. *Gef*, H. 1, § 52, S. 95 im vorliegenden Band.

Kader von bäuerlicher Herkunft auszuwählen und die Differenzierungen und Fortschritte wahrzunehmen und auszubauen, die sich in einer Bewegung verwirklichen), enden sie immer damit, dass sie in den herkömmlichen Institutionen des staatlichen Apparates aufgehen – Gemeinden, Provinzen, Abgeordnetenkammer –, über Zusammenschlüsse und Spaltungen der lokalen Parteien nämlich, deren Personal zwar aus Intellektuellen besteht, die jedoch von den Großgrundbesitzern und ihren Vertrauensmännern wie Salandra, Orlando oder Di Cesarò kontrolliert werden. Durch die Bewegung der ehemaligen Frontkämpfer schien der Krieg ein neues Element in diese Art von Organisation einzubringen, da die Bauern als Soldaten und die Intellektuellen als Offiziere untereinander einen stärker geschlossenen Block bildeten, der den Großgrundbesitzern bis zu einem gewissen Grad entgegenstand. Das währte nicht lang, und der letzte Überrest davon ist die von Amendola gegründete Unione Nazionale, deren Existenz zunächst auf den Antifaschismus beschränkt ist[54]; doch angesichts der im Süden völlig fehlenden Tradition einer *ausdrücklichen* Organisierung der *demokratischen* Intellektuellen muss auch diese Gruppierung hervorgehoben und beachtet werden, weil sie unter veränderten politischen Rahmenbedingungen von einem schmalen Wasserlauf zu einem bedrohlichen und mächtigen Fluss anschwellen kann. Die einzige Region, in der die Bewegung der ehemaligen Frontkämpfer ein klareres Profil gewann und in der Lage war, sich eine stabilere gesellschaftliche Basis zu schaffen – ist Sardinien. Und das ist verständlich: weil eben die Klasse der Großgrundbesitzer auf Sardinien verschwindend klein ist, keine Rolle spielt und nicht die uralten intellektuellen, kulturellen und regierungsfreundlichen Traditionen wie auf dem süditalienischen Festland aufweist. Der Druck von unten, der von den Massen der Bauern und Hirten ausgeübt wird, trifft in der gesellschaftlichen Oberschicht der Großgrundbesitzer auf kein erdrückendes Gegengewicht: Die führenden Intellektuellen sind diesem Druck vollends ausgesetzt und machen deutlich größere Schritte nach vorn als die Unione Nazionale. Die Situation in Sizilien unterscheidet sich grundlegend sowohl von der auf Sardinien als auch

54 Der Neapolitaner Giovanni Amendola war ein zentraler Protagonist der sog. Aventinianer, also der fraktionsübergreifenden parlamentarischen Opposition gegen Mussolini, der auch Gramsci angehörte und die nach der Ermordung Matteottis im Juni 1924 aus dem Parlament auszog. In der Folge gründete Amendola die Unione Nazionale, der Partei war allerdings nur eine kurze Existenz beschieden, im November 1926 wurde sie, ein halbes Jahr nach dem Tod Amendolas, kraft der faschistischen Sondergesetze aufgelöst.

von der in Süditalien. Die Großgrundbesitzer sind hier viel kompakter und entschlossener als auf dem süditalienischen Festland; darüber hinaus existiert hier eine gewisse Industrie und ein gut entwickelter Handel (Sizilien ist die reichste Region des ganzen Südens und eine der reichsten Italiens); die oberen Klassen sind sich ihrer Bedeutung im nationalen Leben überaus bewusst und verschaffen ihr Geltung. Aus Sizilien und dem Piemont kommt die größte Zahl politischer Führungskräfte im italienischen Staat, die beiden Regionen haben ab 1870 eine herausragende Rolle gespielt. Die sizilianischen Volksmassen sind jenen in Süditalien voraus, aber ihr Fortschritt hat typisch sizilianische Züge angenommen: Es gibt einen sizilianischen Massensozialismus mit einer ganz eigenen Tradition und Entwicklung; in der Kammer von 1922 gehörten ihm etwa 20 der 52 Abgeordneten an, die auf der Insel gewählt worden waren.

Wir haben festgestellt, dass der süditalienische Bauer an den Großgrundbesitzer über den Intellektuellen gebunden ist. Diese Form der Organisation ist die am meisten verbreitete auf dem ganzen süditalienischen Festland und auf Sizilien. Durch sie entsteht ein gewaltiger Agrarblock, der in seiner Gesamtheit als Vermittler und Aufseher des norditalienischen Kapitalismus und der großen Banken fungiert. Sein einziges Ziel ist die Bewahrung des Status quo. In seinem Inneren findet sich kein Licht der Erkenntnis[55], kein Programm, kein Ansporn zu Verbesserungen und Fortschritt. Wenn irgendein Vorschlag oder irgendein Programm vertreten worden ist, so hatte dies seinen Ursprung außerhalb Süditaliens, in den agrarisch-konservativen politischen Gruppen vor allem in der Toskana, die im Parlament mit den Konservativen des süditalienischen Agrarblocks verbündet waren. Sonnino und Franchetti gehörten zu den wenigen Intelligenten im bürgerlichen Lager, die sich das Problem des Südens als nationales Problem stellten und einen Regierungsplan für seine Lösung entwarfen.[56] Was war der Standpunkt von Sonnino und Franchetti? Die Notwendigkeit, in Süditalien eine unabhängige wirtschaftliche Mittelschicht zu schaffen, die, wie es damals hieß, als »öffentliche Meinung« wirken sowie einerseits die brutale Willkür

55 Anm. d. Übers.: Im Original »luce intellettuale«, vermutlich eine Anspielung auf eine Stelle in Dantes *Göttlicher Komödie*, dort bezogen auf den Himmel, »der reines Licht ist, / Licht der Erkenntnis, ganz erfüllt von Liebe« (Par. XXX, V. 39–40).

56 Sidney Sonnino und Leopoldo Franchetti veröffentlichten zahlreiche Arbeiten zur Südfrage, u. a. die nachhaltig einflussreiche zweibändige Studie *La Sicilia nel 1876* (1877).

der Grundbesitzer einschränken und andererseits die Aufsässigkeit der armen Bauern zügeln sollte. Sonnino und Franchetti waren im höchsten Maß über die Popularität erschrocken, die die Ideen des Bakunismus der Ersten Internationale im Süden genossen. Dieser Schrecken verleitete sie zu häufig grotesken Fehleinschätzungen. So wird in einer ihrer Veröffentlichungen zum Beispiel darauf Bezug genommen, dass eine Gastwirtschaft oder eine einfache Trattoria in einem Dorf in Kalabrien (ich zitiere aus der Erinnerung) namentlich den »scioperanti« gewidmet ist, den »Streikenden«, um zu beweisen, wie verbreitet und verwurzelt die Ideen der Internationale seien. Wenn das stimmt (und das muss es wohl, angesichts der intellektuellen Redlichkeit der Autoren), so ist es viel einfacher damit zu erklären, dass man daran erinnert, wie viele Kolonien von Albanern es in Süditalien gibt und wie das Wort Skipetaren[57] in den Dialekten die seltsamsten und kuriosesten Entstellungen erfahren hat (so werden in einigen Dokumenten der Republik Venedig bestimmte militärische Formationen als »S'ciopetà« bezeichnet). Im Süden waren also weniger die Ideen Bakunins verbreitet, als dass die Verhältnisse sich so darstellten, dass sie Bakunin vermutlich auf seine Theorien gebracht haben: Die armen Bauern Süditaliens dachten gewiss viel früher an den »Zusammenbruch«, als Bakunins Kopf die Theorie der »Allzerstörung« ersonnen hat.[58]

Das Regierungsprogramm von Sonnino und Franchetti wurde zu keinem Zeitpunkt auch nur im Ansatz verwirklicht. Das konnte es auch nicht. In der Organisation der Volkswirtschaft und des Staates sind die Beziehungen zwischen Nord- und Süditalien so verwoben, dass die Entstehung einer breiten wirtschaftlichen Mittelklasse (was dann die Entstehung einer breiten kapitalistischen Bourgeoisie bedeutet) so gut wie unmöglich gemacht wird. Jede Akkumulation von Kapital vor Ort und jede Akkumulation von Ersparnissen wird vom Steuer- und Zollsystem verunmöglicht, wie auch von der Tatsache, dass die kapitalistischen Eigentümer von Betrieben den Profit nicht vor Ort in neues Kapital umwandeln, weil sie nicht vom Ort sind. Als die Auswanderung im 20. Jahrhundert die bekannten gigantischen Ausmaße annahm und die ersten Überweisungen aus Amerika einzutreffen begannen, triumphierten die liberalen Ökonomen lauthals: »Sonninos Traum wird wahr. In Süditalien vollzieht sich eine stille Revolution, die langsam, aber sicher die gesamte ökonomische

57 Albanische Selbstbezeichnung (*Shqiptarët*).

58 Vgl. auch *Gef*, H. 8, § 35, S. 965.

und gesellschaftliche Struktur des Landes verändern wird.« Aber der Staat griff ein und die stille Revolution wurde im Keim erstickt. Die Regierung bot Staatsanleihen zum Fixzins an, und die Emigranten und ihre Familien verwandelten sich von Akteuren der stillen Revolution in Akteure, die dem Staat die finanziellen Mittel gaben, um die parasitären Industrien des Nordens zu subventionieren. Francesco Nitti, von dem es aufgrund der Tatsache, dass er auf demokratischem Boden und formell außerhalb des süditalienischen Agrarblocks stand, scheinen konnte, dass er Sonninos Programm tatkräftig umsetzt, war vielmehr der beste Agent des norditalienischen Kapitalismus, um die letzten Ersparnisse des Südens einzustreifen. Die von der Banca di Sconto[59] verschluckten Milliarden stammten fast alle aus dem Süden: Die 400 000 Gläubiger der BIS waren zum allergrößten Teil Sparer aus dem Süden.

Oberhalb des Agrarblocks wirkt im Süden ein intellektueller Block, der bislang praktisch dafür gesorgt hat zu verhindern, dass die Risse im Agrarblock zu gefährlich wurden und einen Erdrutsch auslösten. Giustino Fortunato und Benedetto Croce sind Exponenten dieses intellektuellen Blocks und können somit als die tatkräftigsten Reaktionäre der Halbinsel angesehen werden.

Wir haben festgestellt, dass der Süden Italiens gekennzeichnet ist durch seine große gesellschaftliche Zersplitterung.[60] Diese Feststellung gilt nicht nur für die Bauern, sondern auch für die Intellektuellen. Es ist bemerkenswert, dass es im Süden neben den enormen Besitzungen große Ressourcen an Kultur und Bildung gegeben hat und gibt, bei einzelnen Personen oder in engen Kreisen von großen Intellektuellen, während keine Organisation der geistigen Mittelschicht existiert. In Süditalien gibt es das Verlagshaus Laterza und die Zeitschrift *La Critica*[61], es gibt Akademien und kulturelle Einrichtungen von größter Gelehrsamkeit; aber es gibt keine kleinen und mittleren Zeitschriften, es gibt keine Verlage, um die sich Gruppen

59 Banca Italiana di Sconto (BIS), 1914 gegründetes römisches Bankinstitut, das die im Norden angesiedelte italienische Rüstungsindustrie im Ersten Weltkrieg maßgeblich finanzierte und in der Folge 1921, nicht zuletzt zum Schaden kleiner Sparer, zusammenbrach.

60 S. Anm. 49.

61 Diese 1903 von Benedetto Croce in Neapel gegründete »Zeitschrift für Literatur, Geschichte und Philosophie« gehörte zu den bedeutendsten Blättern der ersten Jahrhunderthälfte und wurde beim Verlag Laterza in Bari herausgegeben, wo auch Croces Werk verlegt wurde und der bis heute einer der wichtigsten Verlage Italiens ist.

mittlerer süditalienischer Intellektueller sammeln würden. Die Süditaliener, die versucht haben, aus dem Agrarblock auszutreten und die Südfrage in radikaler Form aufzuwerfen, haben bei Zeitschriften, die außerhalb des Südens gedruckt werden, Aufnahme gefunden und sich um diese gesammelt. Es lässt sich sogar sagen, dass alle kulturellen Initiativen von mittleren Intellektuellen, die im 20. Jahrhundert in Mittel- und Norditalien stattgefunden haben, vom Meridionalismus geprägt waren, da sie stark von Intellektuellen aus dem Süden beeinflusst wurden: alle Zeitschriften der Florentiner Intellektuellen, die *Voce*, die *Unità*; die Zeitschriften der christlichen Demokraten wie die *Azione* in Cesena;[62] die Zeitschriften der jungen Liberalen um G. Borelli in der Emilia und in Mailand wie die *Patria* in Bologna oder die *Azione* in Mailand;[63] und schließlich Gobettis *Rivoluzione Liberale*.[64] Nun, die obersten politischen und intellektuellen Moderatoren all dieser Initiativen waren Giustino Fortunato und Benedetto Croce. In einem weiteren Kreis als dem des so erdrückenden Agrarblocks haben sie bewirkt, dass das Aufwerfen der Probleme des Südens gewisse Grenzen nicht überschritt, nicht revolutionär wurde. Als Männer größter Kultur und Intelligenz, die dem traditionellen Boden des Südens entstammten, aber der europäischen und damit weltweiten Kultur verbunden waren, hatten sie alle Möglichkeiten, den intellektuellen Bedürfnissen der aufrichtigeren Vertreter der gebildeten Jugend des Südens Befriedigung zu verschaffen, ihre rastlosen Anwandlungen der Revolte gegen die herrschenden Zustände zu vertrösten und an einer durchschnittlichen, klassischen Gelassenheit im Denken und im Handeln auszurichten. Die sogenannten Neoprotestanten oder Calvinisten haben nicht begriffen, dass angesichts der Tatsache, dass es für die Massen in Italien aufgrund des modernen Charakters der Kultur keine religiöse Reformation geben konnte, sich mit der Philosophie Benedetto Croces die geschichtlich einzig mögliche Reformation[65] vollzogen hat: Die Richtung und die Methode

62 Zu diesen Zeitschriften s. Anm. 36ff.

63 Gemeint ist die 1901 von Giovanni Borelli gegründete »liberale Jugendpartei« Partito Giovanile Liberale Italiano (PGLI), die für eine Stärkung der repräsentativen Monarchie sowie für eine bürgerliche Reformpolitik eintrat und über die zwei genannten hinaus mit zahlreichen weiteren Zeitschriften verbunden war.

64 *La Rivoluzione Liberale* erschien 1922 bis 1925 in Turin, und auch Gramsci schrieb, was im Folgenden von Bedeutung sein wird, gelegentlich für diese Zeitschrift.

65 Anm. d. Übers.: Gramsci spielt hier, wie auch an anderen Stellen, mit der Tatsache, dass es im Italienischen für »Reform« und »Reformation« nur ein Wort gibt, *riforma/Riforma*. Nicht selten schwingt auch in den *Gefängnisheften* bei »Reformation«

des Denkens haben sich gewandelt, eine neue Weltauffassung wurde geschaffen, die den Katholizismus und jede andere mythologische Religion überwunden hat. In diesem Sinne hat Benedetto Croce eine überaus bedeutsame »nationale« Funktion erfüllt: Er hat die radikalen Intellektuellen des Südens von den bäuerlichen Massen losgelöst, indem er sie an der nationalen und europäischen Kultur teilhaben ließ, und über diese Kultur hat er sie in der nationalen Bourgeoisie und damit im Agrarblock aufgehen lassen.

Auch wenn der *Ordine Nuovo* und die Turiner Kommunisten in einem gewissen Sinn mit den intellektuellen Gruppierungen in Verbindung gebracht werden können, von denen hier die Rede war, und sie folglich auch dem geistigen Einfluss von Giustino Fortunato und Benedetto Croce ausgesetzt gewesen sind, so stehen sie dennoch gleichzeitig für einen vollständigen Bruch mit dieser Tradition und für den Beginn einer neuen Entwicklung, die schon Früchte gezeitigt hat und noch zeitigen wird. Sie haben, wie schon gesagt, das städtische Proletariat zum modernen Protagonisten der italienischen Geschichte und damit der Südfrage gemacht. Indem sie zwischen dem Proletariat und bestimmten Schichten linker Intellektueller vermittelten, ist es ihnen gelungen, die Richtung ihres Denkens, wenn schon nicht vollständig, so doch gewiss beträchtlich zu ändern. Wenn man es recht bedenkt, ist das das wichtigste Merkmal der Persönlichkeit von Piero Gobetti. Er war kein Kommunist und wäre es vermutlich auch niemals geworden, aber er hatte die gesellschaftliche und geschichtliche Stellung des Proletariats erfasst und konnte in seinem Denken von dieser Tatsache nicht mehr abstrahieren. Bei der gemeinsamen Arbeit an der Zeitschrift[66] wurde er von uns mit einer lebendigen Welt in Berührung gebracht, die er zuvor nur aus Büchern gekannt hatte. Seine bedeutsamste Eigenschaft war die intellektuelle Aufrichtigkeit und das völlige Fehlen jeder Selbstgefälligkeit und niederer Kleinlichkeit: Er konnte daher unmöglich nicht einsehen, dass eine ganze Reihe überlieferter Sicht- und Denkweisen hinsichtlich des Proletariats falsch und ungerecht waren. Was hatte diese Berührung mit der proletarischen Welt bei Gobetti zur Folge? Sie war Ausgangspunkt und Anstoß für eine Auffassung, die wir hier nicht erörtern

die Bedeutung von »Reform« mit und umgekehrt, »artikuliert doch Gramsci den Marxismus als Theorie-Praxis einer neuen Reformation« (*Gef*, H. 10.I, § 11, Anm. 3b, A 566).

66 Gramsci hatte Gobetti als Theaterkritiker für den *Ordine Nuovo* gewonnen.

und vertiefen wollen, eine Auffassung, die großteils wieder an den Syndikalismus und die Denkweise der intellektuellen Syndikalisten anschließt: Die Grundsätze des Liberalismus werden darin von der Ebene der individuellen Phänomene auf die der Massenphänomene projiziert. Was es an Herausragendem und Ruhmvollem im Leben der Einzelnen gibt, wird auf die Klassen übertragen, die beinah als kollektive Individuen begriffen werden. Diese Auffassung verleitet die Intellektuellen, die sie teilen, für gewöhnlich zur reinen Betrachtung und Feststellung von Verdiensten und Versäumnissen, zu der abstoßenden und törichten Anmaßung, Schiedsrichter in den Auseinandersetzungen und Verteiler von Belohnungen und Strafen zu sein. Diesem Schicksal ist Gobetti praktisch entgangen. Er erwies sich als ein Organisator der Kultur von außerordentlichem Rang und hatte in dieser letzten Phase eine Bedeutung, die von den Arbeitern weder übersehen noch unterschätzt werden darf.[67] Er hob einen Schützengraben aus, hinter den sich jene Teile der aufrichtigeren und ehrlicheren Intellektuellen nicht mehr zurückzogen, denen 1919/20/21 klar war, dass das Proletariat als führende Klasse der Bourgeoisie überlegen sein würde. Immer wieder war zu hören, im guten Glauben und aufrichtig von den einen, böswilligst und unaufrichtig von den anderen, Gobetti wäre nichts als ein getarnter Kommunist, ein Agent, wenn nicht der Kommunistischen Partei, so wenigstens der kommunistischen Gruppe im *Ordine Nuovo*. Solch geistloses Gerede braucht man nicht einmal abzustreiten. Die Gestalt Gobettis und die von ihm vertretene Bewegung waren das spontane Ergebnis des neuen geschichtlichen Klimas in Italien – darin bestehen ihre Bedeutung und ihre Tragweite. Zuweilen wurde uns von Parteigenossen[68] vorgehalten, die geistige Strömung von *Rivoluzione Liberale* nicht bekämpft zu haben, und das Ausbleiben dieses Kampfes erwiese sich gar als Beleg für die organische Verbindung machiavellistischer Art (wie man zu sagen pflegt) zwischen uns und Gobetti. Wir konnten Gobetti nicht bekämpfen, denn er entwickelte und repräsentierte eine Bewegung, die nicht bekämpft werden darf, wenigstens nicht grundsätzlich. Dies nicht zu begreifen bedeutet, die Frage der Intellektuellen und die Rolle, die sie im Klassenkampf spielen, nicht zu begreifen. Gobetti diente uns praktisch als Verbindungsglied: 1. zu den Intellektuellen, die dem kapitalistischen Boden entstammen,

67 Gobetti war kurz vor der Abfassung dieses Textes im Februar 1926 gestorben.

68 Gemeint ist hier wohl zuvorderst Bordiga, der das von Gramsci angestrebte Einvernehmen mit bürgerlichen Antifaschisten prinzipiell ablehnte.

aber 1919/20 eine linke, die Diktatur des Proletariats begünstigende Haltung angenommen hatten; 2. zu einer Reihe Intellektueller aus dem Süden, welche die Südfrage aus komplexeren Zusammenhängen heraus auf ein anderes Terrain als das herkömmliche verlegten, indem sie das Proletariat des Nordens in sie einbezogen: Von diesen Intellektuellen ist Guido Dorso die bedeutendste und interessanteste Gestalt. Warum hätten wir die Bewegung der *Rivoluzione Liberale* bekämpfen sollen? Etwa weil sie nicht aus echten Kommunisten bestand, die unserem Programm und unserer Lehre von A bis Z zustimmten? Das konnte nicht verlangt werden, weil es politisch und historisch paradox gewesen wäre. Die Intellektuellen entwickeln sich aufgrund des ihnen eigenen Wesens und ihrer geschichtlichen Funktion langsam, sehr viel langsamer als jedwede andere gesellschaftliche Gruppe. Sie repräsentieren die gesamte kulturelle Tradition eines Volkes, sie wollen dessen gesamte Geschichte neu aufnehmen und zusammenfassen: Dies lässt sich vor allem vom Intellektuellen alten Typs sagen, vom Intellektuellen, der bäuerlichem Boden entstammt. Es ist absurd, für möglich zu halten, er könnte, als Masse, mit der ganzen Vergangenheit brechen, um sich vollständig auf das Terrain einer neuen Ideologie zu stellen. Es ist absurd für die Intellektuellen als Masse und absurd wohl auch für die meisten Intellektuellen als Einzelpersonen, welch aufrichtige Anstrengungen sie auch unternehmen und unternehmen möchten. Hier interessieren die Intellektuellen als Masse und nicht nur als Individuen. Für das Proletariat ist es gewiss wichtig und von Vorteil, dass ein Intellektueller oder mehrere sich individuell seinem Programm und seiner Lehre anschließen, im Proletariat aufgehen, zu seinem integralen Bestandteil werden und sich als solcher empfinden. Das Proletariat als Klasse ist arm an organisierenden Elementen, es hat keine eigene Schicht an Intellektuellen und kann diese nur sehr langsam, unter großer Mühe und erst nach der Eroberung der Staatsmacht ausbilden. Es ist aber auch wichtig und von Vorteil, dass sich in der Masse der Intellektuellen ein geschichtlich geprägter Bruch organischer Art vollzieht; dass sich eine linke Strömung als Massenbewegung im modernen Wortsinn formiert, also ausgerichtet am revolutionären Proletariat. Das Bündnis zwischen Proletariat und bäuerlichen Massen bedarf einer solchen Bewegung, und noch viel mehr bedarf ihrer das Bündnis zwischen dem Proletariat und den bäuerlichen Massen des Südens. Das Proletariat wird den Agrarblock des Südens in dem Maße zerschlagen, in dem es ihm über seine Partei gelingen wird, immer umfangreichere Massen armer Bauern in autonomen und unabhängigen Verbänden zu organisieren;

aber ob ihm diese unerlässliche Aufgabe im größeren oder kleineren Maße gelingen wird, hängt auch von seiner Fähigkeit ab, den intellektuellen Block zu zersetzen, der die bewegliche, aber äußerst widerstandsfähige Rüstung des Agrarblocks darstellt. Bei der Lösung dieser Aufgabe ist das Proletariat von Piero Gobetti unterstützt worden, und die Freunde des Verstorbenen werden wohl auch ohne seine Anleitung das unternommene Werk fortführen; ein gewaltiges und schwieriges Werk, das aber gerade deshalb alle Opfer (auch des Lebens, wie es bei Gobetti der Fall gewesen ist) seitens jener Intellektuellen des Nordens und des Südens wert ist (und das sind viele, mehr, als man denkt), die begriffen haben, dass es nur zwei gesellschaftliche Kräfte von wesentlicher nationaler und zukunftsträchtiger Bedeutung gibt: das Proletariat und die Bauern.

Personenglossar

Agnelli, Giovanni (1866–1945): Mitbegründer des Automobilkonzerns FIAT, Großvater von Gianni Agnelli (1921–2003).

Amendola, Giovanni (1882–1926): Journalist und Politiker aus Neapel, zentrale Figur des liberalen Antifaschismus, Gründer der Unione Meridionale (»Süd-Union«) und nach dem Matteotti-Attentat 1924 der Unione Nazionale; Amendola verstarb selbst an den Folgen eines faschistischen Anschlags.

Azimonti, Eugenio (1880–1960): Auf Süditalien spezialisierter Agrarwissenschaftler und Meridionalist.

Bakunin, Michail Alexandrowitsch (1814–1876): Russischer Revolutionär und Anarchist, dessen Anhänger sich in der Ersten Internationale gegen Marx stellten.

Bordiga, Amadeo (1889–1970): Anführer der Abspaltung von Livorno 1921 und erster Vorsitzender des PCI, parteiinterner Widersacher Gramscis (der ihm 1924 an der Parteispitze nachfolgte) und der *Ordinovisti* hinsichtlich der zentralen strategischen Fragen von der Beteiligung an Wahlen bis zur antifaschistischen Einheitsfront mit nichtkommunistischen Parteien.

Borelli, Giovanni (1867–1932): Journalist und Politiker, 1901 Gründer des Partito Giovanile Liberale Italiano (PGLI).

Ciccotti, Francesco (1880–1937): Sozialistischer Journalist, eigentlich im reformistischen Lager, aber mit Verbindungen zum revolutionären Syndikalismus.

Di Cesarò (eigentl. Colonna), Giovanni Antonio (1878–1940): Adliger Großgrundbesitzer und Anführer der »Sozialen Demokratie«, Minister im ersten Kabinett Mussolinis.

Corradini, Enrico (1865–1931): Nationalistischer Schriftsteller und Politiker.

Crispi, Francesco (1818–1901): Zwischen 1887 und 1896 mehrmaliger Regierungschef süditalienischer Herkunft, dessen Amtszeiten von kolonialer Expansionspolitik und der brutalen Unterdrückung sozialer Bewegungen – u. a. der *Fasci Siciliani* – geprägt waren.

Croce, Benedetto (1866–1952): Idealistischer Philosoph, liberaler Politiker und »Großintellektueller« aus Neapel, über alle Maßen prägend für das italienische Geistesleben der ersten Jahrzehnte des 20. Jahrhunderts, nicht zuletzt mit seiner Zeitschrift *La Critica*. Croce steht gleichermaßen für einen bürgerlichen Antifaschismus wie für einen entschlossenen Antimarxismus; der kritischen Auseinandersetzung mit seiner Philosophie und deren hegemonialem Einfluss sind auch große Teile der *Gefängnishefte* gewidmet.

D'Aragona, Ludovico (1876–1961): Sozialistischer Politiker und reformistischer Gewerkschafter.

De Nicola, Enrico (1877–1959): Bürgerlich-demokratischer Politiker, 1920–1924 Präsident der Abgeordnetenkammer.

Dorso, Guido (1892–1947): Antifaschistischer Politiker und Meridionalist, Mitarbeiter bei Gobettis Zeitschrift *La Rivoluzione Liberale* und Autor des Buchs *La Rivoluzione meridionale* (1925).

Einaudi, Luigi (1874–1961): Ökonom und liberaler antifaschistischer Journalist und Politiker (mit Amendola in der Unione Nazionale), Vater des Verlagsgründers Giulio Einaudi.

Ferri, Enrico (1856–1929): Kriminologe und Vertreter eines positivistischen Strafrechtsverständnisses, zentrale Figur der »Positiven Schule«, Sozialist, dann Gefolgsmann Mussolinis.

Fancello, Nicolò (1886–1944): Revolutionärer Syndikalist.

Fiore, Tommaso (1884–1973): Apulischer Sozialist und Schriftsteller mit zahlreichen Veröffentlichungen zur Südfrage.

Forges-Davanzati, Roberto (1880–1936): Ehemaliger Syndikalist, ab 1934 Senator und Mitglied des *Gran consiglio del fascismo*.

Fortunato, Giustino (1848–1932): Historiker, Publizist und Politiker aus der Basilikata, einer der wichtigsten Vertreter des bürgerlichen Meridionalismus und enger Vertrauter Croces.

Franchetti, Leopoldo (1847–1917): Exponent des liberalen Reformismus nach der Einigung Italiens, Verfasser mehrerer Studien zur Südfrage (u. a. mit Sonnino).

Gay, Pilade (1870–1914): Turiner Sozialist und Parlamentsabgeordneter, Mitgründer des *Grido del popolo*.

Giolitti, Giovanni (1842–1928): Zwischen 1892 und 1921 mehrfacher italienischer Ministerpräsident, prägte eine ganze nach ihm benannte »Ära«, die u. a. gekennzeichnet war von der Industrialisierung des Nordens und dem Erstarken der Arbeiterbewegung (»Rote Jahre«), die er mit geschickten Zugeständnissen in Schach zu halten versuchte.

Gobetti, Piero (1901–1926): Antifaschistischer Publizist und Schriftsteller, als ›undogmatischer Linker‹ zu keinem Zeitpunkt Mitglied des PCI, Gründer mehrerer Zeitschriften, v. a. der antifaschistischen *Rivoluzione Liberale* (1922–1925); Gobetti starb an den Folgen von Verletzungen, die ihm ein faschistischer Schlägertrupp zugefügt hatte.

Labriola, Arturo (1873–1959): Ökonom und syndikalistischer Politiker, Arbeitsminister in den »Roten Jahren«.

Lanzillo, Agostino (1886–1952): Sorelianer und revolutionärer Syndikalist, Gefolgsmann Mussolinis.

Leone, Enrico (1875–1940): Vormals Redakteur bei *Avanti!*, Gründer der Zeitung *L'Azione sindacalista*.

Longobardi, Ernesto Cesare (1877–1943): Syndikalist, Mitarbeiter Labriolas und Redakteur von *La Propaganda*.

Lussu, Emilio (1890–1975): Sardischer Schriftsteller und antifaschistischer Politiker, Gründer des Partito Sardo d'Azione und Mitgründer der Widerstandsbewegung *Giustizia e Libertà* (u. a. mit Rosselli und Salvemini).

Maffi, Fabrizio (1868–1955): Angehöriger der 1924 aus der Partei ausgeschlossenen Fraktion der Drittinternationalisten im PSI.

Maraviglia, Maurizio (1878–1955): Journalist und syndikalistischer Politiker, Mitbegründer der nationalistischen Bewegung Corradinis.

Matteotti, Giacomo (1885–1924): Sozialistischer Politiker und Parlamentsabgeordneter, dessen Ermordung, für die Mussolini explizit politische Verantwortung übernahm, die Wende des Faschismus hin zur offen Diktatur markierte.

Miglioli, Guido (1879–1954): Katholischer Bauerngewerkschafter, der sowohl den Repressalien des Faschismus ausgesetzt war, als auch 1924 wegen seiner Offenheit der Linken gegenüber aus dem Partito Popolare ausgeschlossen wurde.

Monicelli, Tomaso (1883–1946): Syndikalistischer Schriftsteller und Journalist.

Mussolini, Benito (1883–1945): Ursprünglich aktiv in der Sozialistischen Partei und Chefredakteur ihrer Zeitung *Avanti!*, dann Führer der faschistischen Bewegung und nach dem sog. »Marsch auf Rom« 1922 Ministerpräsident und »Führer [*Duce*] des Faschismus«, dessen diktatorischer Charakter ab 1924 offensichtlich wurde.

Nenni, Pietro (1891–1980): Sozialistischer Politiker, mehrfach Vorsitzender des PSI, mit Rosselli Gründer der Zeitschrift *Il Quarto Stato*.

Niceforo, Alfredo (1876–1960): Positivistischer Kriminologe und Anthropologe, Vertreter ›rassistischer‹, gegen die Bevölkerung Süditaliens gerichteter Theorien.

Nitti, Francesco Saverio (1868–1953): Bürgerlich-liberaler Ministerpräsident in den »Roten Jahren«, der sich dann gegen den Faschismus stellte, weswegen er 1924 zur Emigration gezwungen war.

Nurra, Pietro (1871–1951): Sardischer Forscher zu Mundartdichtung und popularen Traditionen.

Orano, Paolo (1875–1945): Zunächst Redakteur bei *Avanti!* und revolutionärer Syndikalist, mit der Hinwendung zum Faschismus einflussreich mit rassistischen und antisemitischen Theorien.

Orlando, Vittorio Emanuele (1860–1952): Jurist und liberaler Politiker, Ministerpräsident von 1917–1919.

Panunzio, Sergio (1886–1944): Jurist und syndikalistischer Publizist.

Pascoli, Giovanni (1855–1912): ›Patriotischer‹ Dichter des Fin de Siècle.

Pastore, Ottavio (1887–1965): Mitgründer des PCI und erster Chefredakteur der *Unità*.

Prampolini, Camillo (1859–1930): Sozialistischer Politiker, Mitgründer des PSI.

Prezzolini, Giuseppe (1882–1982): Mitgründer der einflussreichen Zeitschrift für Kultur und Politik *La Voce* (1908–1916).

Rosselli, Carlo (1899–1937): Antifaschistischer Aktivist und Journalist, Vertreter eines »liberalen Sozialismus«, Mitarbeiter bei Gobettis *Rivoluzione Liberale* und Gründer der Zeitschrift *Il Quarto Stato* (mit Nenni); 1929 gründete er die Widerstandsbewegung *Giustizia e Libertà*, 1937 wurde er gemeinsam mit seinem Bruder Nello von Faschisten ermordet.

Salandra, Antonio (1853–1931): Konservativer Politiker aus Apulien, als Ministerpräsident (1914–1916) maßgeblich verantwortlich für Italiens Beteiligung am Ersten Weltkrieg.

Salvemini, Gaetano (1873–1957): Süditalienischer Historiker und antifaschistischer Politiker, wichtiger Vertreter des Meridionalismus außerhalb des PSI, den er 1911 in harter Auseinandersetzung mit Turati verlassen hat, um im gleichen Jahr die Zeitschrift *L'Unità* zu gründen, mit der er sich auch gegen Gramsci stellte.

Sergi, Giuseppe (1841–1936): Positivistischer Anthropologe aus Sizilien.

Serrati, Giacinto Menotti (1872–1926): Nachfolger Mussolinis als Leiter der sozialistischen Parteizeitung *Avanti!*, Vertreter des 1924 ausgeschlossenen »maximalistischen« Flügels im PSI, der kommunistische Positionen vertrat, sich aber gegen die Abspaltung des PCI 1921 gewandt hatte.

Sonnino, Sidney Costantino (1847–1922): Konservativer Politiker und Journalist, mit Franchetti Verfasser mehrerer Studien zur Südfrage.

Sturzo, Luigi (1871–1959): Priester und Politiker, 1919 Mitgründer des katholischen Partito Popolare Italiano, Vorläufer der Democrazia Cristiana.

Tasca, Angelo (1892–1960): Mitbegründer des PCI und mit Gramsci, Togliatti und Terracini Gründer des *Ordine Nuovo*.

Terracini, Umberto (1895–1983): Sozialistischer Politiker und dann wesentlicher Mitbegründer des PCI, mit Gramsci, Togliatti und Tasca Gründer des *Ordine Nuovo*.

Treves, Claudio (1869–1933): Journalist und sozialistischer Politiker.

Togliatti, Palmiro (1893–1964): Als Teil der *Ordine Nuovo*-Gruppe Mitgründer des PCI und von Beginn an in leitenden Funktionen, als Nachfolger Gramscis Parteivorsitzender ab 1927. Den faschistischen Repressalien entging er in Moskau, wo er eine zentrale Rolle in der Kommunistischen Internationale einnahm. Mit einer Unterbrechung in den 30er Jahren, in denen er auch am Spanischen Bürgerkrieg teilnahm, prägte er als Generalsekretär durchgehend bis 1964 maßgeblich die Geschichte der Partei sowie des Landes nach 1943.

Turati, Filippo (1857–1932): Sozialdemokrat, bedeutender Mitbegründer des PSI und Anführer seines reformistischen Flügels.

Teil II

Südfrage und Subalterne in den *Gefängnisheften* 1929–1935

Editorische Einleitung

Die folgende Auswahl von Texten aus Gramscis *Gefängnisheften* teilt sich ihre didaktischen Intentionen mit den bereits in der Reihe *Gramsci-Reader* erschienenen Ausgaben[1] und ihre philologischen Einschränkungen und Herausforderungen mit allen anderen thematischen Auswahlbänden, die vor und auch nach dem Wendepunkt der von Valentino Gerratana besorgten Kritischen Gesamtausgabe (1975) erschienen sind.

Die vorliegende Anthologie versucht, einen Einstieg in das fragmentarische, im Gefängnis entstandene Werk entlang der gewählten Themenbereiche zu ermöglichen. Gramscis Denken, Recherchieren und Schreiben im Gefängnis war eingeschränkt durch limitierte Zeiten, zu denen geschrieben werden durfte, Überwachung auch des Geschriebenen und daraus resultierende Selbstzensur, beschränkte Verfügbarkeit von Material bzw. Abhängigkeit von Zusendungen von außen und nicht zu vergessen Gramscis schlechten physischen Zustand. Trotzdem füllt er neunundzwanzig Hefte mit unzähligen Paragrafen unterschiedlichster Länge: vielfach Bruchstücke mit eigenen Überschriften, in einer späteren Phase sog. »thematische« Hefte. All diese Texte beinhalten Verweise auf frühere Schriften und Paragrafen, Zweifel, Fragezeichen, Zitate aus dem Gedächtnis und offene Literaturhinweise aufgrund fehlenden Zugangs zu den Originalen.

Im Sechzehnten Gefängnisheft erörtert Gramsci »Methodenfragen« im Umgang mit der »Entstehung einer Weltauffassung [...], die von ihrem Begründer niemals systematisch dargelegt worden ist«, einer Persönlichkeit womöglich, »bei der die theoretische und praktische Aktivität unauflöslich miteinander verflochten sind«, einem Intellekt, »der in fortwährender Schöpfung und unaufhörlicher Bewegung ist, der mit aller Kraft die Selbstkritik in unerbittlicher und konsequenter Weise empfindet« (*Gef,* H. 16, §2, 1794f). Bei einem solchen Autor müsse die »Suche nach dem *Leitmotiv*[2], nach dem Rhythmus des in Entwicklung befindlichen Denkens« fokussiert werden (ebd., 1795). All dies lässt sich durchaus auf Gramsci selbst beziehen: Sichtbar wird das »in Entwicklung befindliche

1 *Erziehung und Bildung* (Hg. Andreas Merkens, 2004); *Amerika und Europa* (Hg. Thomas Barfuss, 2007); *Literatur und Kultur* (Hg. Ingo Pohn-Lauggas, 2012).

2 Deutsch im Original, in der Schreibung »*leit-motiv*«.

Denken« etwa in der Praxis der Wiederaufnahme und Bearbeitung früherer Paragrafen.[3] Mit der Kritischen Gesamtausgabe der *Gefängnishefte* (dt. 1991ff.) lässt sich anhand der von Gerratana eingeführten Bezeichnungen »A-«, »B-« und »C-Texte« nachvollziehen, dass Gramsci ausgewählte frühere Paragraphen (A-Texte) zu einem späteren Zeitpunkt nochmals aufnimmt, neu einordnet und teilweise bearbeitet (C-Texte). Als B-Texte sind jene gekennzeichnet, von denen es nur eine Fassung gibt. Die vorliegende Anthologie besteht ausschließlich aus B- und C-Texten.

Der berechtigten Kritik, themenbezogene Selektionen aus den *Gefängnisheften* brächten Gramscis Denken aus dem »Rhythmus«, stellen wir die gesellschaftlich-pädagogische Intention entgegen, eine leichter zugängliche Kompilation ausgewählter Texte aus dem über 2000 Seiten fassenden Gesamtkorpus der Hefte bereitzustellen, im vollen Bewusstsein, dass die Texte auf diese Weise dem ursprünglichen Kontext der im Gefängnis verfassten Hefte entrissen und einer radikalen Bearbeitung unterzogen werden.

In Bezug auf die posthume Veröffentlichung unvollendet gebliebener Werke betont Gramsci selbst, dass ihr Inhalt »mit großer Zurückhaltung und Vorsicht aufzunehmen ist, weil er nicht als definitiv angesehen werden kann, sondern nur als noch in Bearbeitung befindliches, vorläufiges Material« (*Gef*, H. 16, §2, 1795). Am Beginn von Heft 11 spricht Gramsci sogar eine »Warnung« aus: »Die in diesem Heft enthaltenen Notizen sind, wie in den anderen, mit fliegender Feder geschrieben, um eine rasche Gedächtnisstütze aufzuzeichnen. Sie sind alle genauestens durchzusehen und zu überprüfen, weil sie bestimmt Ungenauigkeiten, falsche Annäherungen, Anachronismen enthalten. Geschrieben, ohne die Bücher, auf die Bezug genommen wird, bei der Hand zu haben, ist es möglich, dass sie nach der Kontrolle radikal korrigiert werden müssen, weil sich gerade das Gegenteil des Geschriebenen als wahr herausstellen könnte.« (*Gef*, H. 11, 1367)

Anspruch dieser Edition ist es also ausdrücklich nicht, eine durchgängige und fixierte Argumentation herzustellen, wo keine war. Die Texte aus den *Gefängnisheften* bleiben auch in dieser thematischen Ausgabe ein fragmentarisches und nicht zusammenhängendes Werk, wiewohl sie sich der Herausforderung annimmt, sich auf die Suche

3 Bezeichnenderweise wird auch »der Rhythmus des Denkens« in der ersten Version (*Gef*, H. 4, §1) zum »Rhythmus des in Entwicklung befindlichen Denkens« in der überarbeiteten Fassung (H. 16, §2).

nach verbindenden Motiven und Zusammenhängen zwischen den einzelnen Teilen zu machen. Dabei wird zu merken sein, dass die Verbindungen mit den »Frühschriften« im ersten Teil dieses Buches, ebenso wie die zwischen den zusammengesetzten Paragrafen des zweiten, an manchen Stellen sehr konkret und offensichtlich und an anderen loser sind. Einige Textstellen folgen sogar ausschließlich der Logik, sich unter dem Schirm der themenbezogenen Kapitel zusammenzufinden, ohne direkt einem bereits vorkommenden Argumentationszusammenhang zu folgen.

Der erste Teil dieser Anthologie aus den *Gefängnisheften* besteht aus (B-)Texten, die inhaltlich und vielfach auch chronologisch an den unmittelbar vor Gramscis Verhaftung 1926 verfassten Aufsatz über die Südfrage anschließen. Nachzuvollziehen ist die zeitliche Nähe bzw. Distanz dieser B-Texte an den Heftnummern, welche am Beginn jedes Paragrafen angeführt sind. Besonders bemerkenswert sind die Paragrafen aus dem Ersten Heft, da Gramsci hier, im Februar 1929 – nach Jahren der Verbannung und Haft an unterschiedlichen Stationen, zunächst ohne Schreiberlaubnis –, die Reflexion über die Südfrage unmittelbar wieder aufzunehmen scheint, bis hin zu einzelnen konkreten Formulierungen.[4] In diesem Teil beschäftigt sich Gramsci mit den Nord-Süd-Verhältnissen in Italien, mit der Bedeutung des Risorgimento und der Intellektuellen für die Südfrage und mit der sozialen, politischen und kulturellen Zusammensetzung Europas. Kapitalistische Ausbeutungsverhältnisse, fehlende (Klassen-)Bündnisse und (diffamierende) Vorurteile, die bereits in der Zeit vor der Inhaftierung analysiert wurden, werden in den hier ausgewählten Texten wieder aufgegriffen.

Der zweite Teil beinhaltet eine Auswahl von Texten zur Thematik der »Subalternen«. Im ersten Abschnitt sind Paragrafen versammelt, die sich mit der *politischen* Definition von »Subalternität« als Attribut einer Klasse auseinandersetzen. Es geht also um »subalternes« politisches Bewusstsein und fehlende Bildung bzw. Organisation und deren Überwindung als Bedingung für Hegemoniefähigkeit. Der zweite Abschnitt beschäftigt sich mit der *sozialen* Dimension der Subalternen und entlehnt seinen Titel »An den Rändern der Geschichte« dem so überschriebenen berühmten fünfundzwanzigsten Gefängnisheft, welches hier (mit Ausnahme eines kurzen Para-

4 Dies ist vermutlich auch in Zusammenhang mit der nahezu zeitgleichen Erstveröffentlichung des Aufsatzes über die Südfrage in *Lo Stato Operaio* zu sehen, vgl. hierzu die Einführung in den vorliegenden Band, S. 14f.

grafen) vollständig wiedergegeben wird. Es besteht ausschließlich aus C-Texten, deren jeweilige A-Fassungen früher entstanden sind als die weiteren (B-)Texte dieses Kapitels.

Die Übersetzung der Texte wie auch das Siglenverzeichnis und der Anmerkungsapparat entstammen der deutschsprachigen Gesamtausgabe, wobei der Anmerkungsapparat der vorliegenden Edition logisch angepasst wurde. Anmerkungen der Herausgeber_innen dieses Bandes sind als solche gekennzeichnet.

Alexandra Assinger

1. Die Frage des Südens

H. 1, §⟨52⟩. ***Soziale Herkunft des Klerus.*** Die soziale Herkunft des Klerus ist wichtig, um seinen politischen Einfluss zu beurteilen: im Norden stammt er aus dem Volk (Handwerker und Bauern), im Süden ⟨ist⟩ er mehr an die »Ehrenmänner« ⟨galantuomini⟩ und die Oberklasse gebunden. Im Süden und auf den Inseln besitzt der Klerus entweder individuell oder als Vertreter der Kirche beachtliches Grundeigentum und treibt Wucher. Oft tritt er dem Bauern nicht nur als geistlicher Führer, sondern auch als Eigentümer gegenüber, der die Pacht (»die Interessen der Kirche«) in die Höhe treibt, und als Wucherer, dem über die weltlichen Waffen hinaus die geistlichen zu Gebote stehen. Deshalb wollen die süditalienischen Bauern Priester aus dem Ort (weil bekannt, weniger streng, und weil deren Familie, indem sie eine gewisse Zielscheibe bietet, als Element der Versöhnung ins Spiel kommt) und fordern bisweilen das Wahlrecht für die Gemeindemitglieder. Episoden solcher Forderungen auf Sardinien.[1] (Gennaro Avolios Artikel in der Sondernummer der »Voce« über süditalienischen Klerus erwähnen, wo auf die Tatsache hingewiesen wird, dass die süditalienischen Priester in aller Öffentlichkeit ein Eheleben mit einer Frau führen und das Recht, sich eine Ehefrau zu nehmen, gefordert haben).[2] Die territoriale Verteilung des Partito Popolare zeigt den mehr oder weniger großen Einfluss des Klerus und seine gesellschaftliche Aktivität. Im Mezzogiorno* (darüber hinaus ist es nötig, das Gewicht der verschiedenen Fraktionen gegenwärtig zu haben: im Süden Neapel usw.) überwog die Rechte, d. h. der alte konservative Klerikalismus. An die Wahlepisode 1913 in Oristano erinnern[3].

H. 1, §⟨50⟩. ***Ein Dokument der Amma zur Nord-Süd-Frage.*** Veröffentlicht von den Turiner Zeitungen vom September 1920. Es ist ein Rundschreiben der Amma, ich glaube von 1916, in dem den abhängigen Industrien befohlen wird, keine Arbeiter einzustellen, die unterhalb von Florenz geboren sind[1].

Vgl. mit der von Agnelli-Gualino besonders 1925–26 verfolgten Politik, ungefähr 25 000 Sizilianer nach Turin zu holen, um sie in der Industrie einzusetzen (Wohnkasernen, innere Disziplin usw.)[2]. Scheitern der Auswanderung und Zunahme der auf dem umliegenden

* Im Manuskript folgte ursprünglich »nur in ›Sizilien‹«. Später wurden diese Worte eingeklammert, und Gramsci selber merkte zwischen den Zeilen an: »Nein«.

Land von denjenigen Sizilianern, die aus den Fabriken flüchteten, begangenen Verbrechen: auffällige Berichte in den Zeitungen, die den Glauben, dass die Sizilianer Banditen seien, gewiss nicht lockerten.

Die besondere Frage Piemont-Sizilien hängt mit der Intervention der piemontesischen Truppen in Sizilien gegen das sogenannte Bandenwesen von 60 bis 70 zusammen. Die piemontesischen Soldaten brachten die Überzeugung von der sizilianischen Barbarei mit nach Hause, und umgekehrt überzeugten sich die Sizilianer von der Grausamkeit der Piemonteser. Die Unterhaltungsliteratur (aber auch die militärische) trug zur Befestigung dieser Stimmungen bei (vgl. die Novelle von De Amicis über den Soldaten, dem von den Banditen die Zunge abgeschnitten wird)[3]: in der sizilianischen Literatur ⟨ist man⟩ gerechter, weil auch die sizilianische Grausamkeit beschrieben wird (eine Novelle von Pirandello: die Banditen, die mit Schädeln Boccia spielen)[4]. Das Buch, mir scheint von einem gewissen D'Adamo (vgl. »Unità« zur Zeit des Libyenkrieges)[5], erwähnen, in dem es heißt, dass Sizilianer und Piemonteser Frieden schließen sollen, da die Grausamkeit der einen die der anderen aufwiegt.

Zur Unterhaltungsliteratur über Nord-Süd *Caccia grossa* von Giulio Bechi[6] erwähnen: *Caccia grossa* soll heißen »Jagd auf Menschen«. Giulio Bechi bekam einige Monate Festungshaft; aber nicht, weil er sich in Sardinien wie in erobertem Land verhalten hatte, sondern weil er sich in eine Situation brachte, wegen der sardische Herren ihn zum Duell gefordert hatten; zur Herausforderung der Sarden kam es dagegen nicht deshalb, weil Bechi Sardinien zum Dschungel gemacht hatte, sondern weil er geschrieben hatte, dass die sardischen Frauen nicht schön seien.

Auf ein Erinnerungsbüchlein eines ligurischen Offiziers (gedruckt in einem ligurischen Städtchen, Oneglia oder Porto Maurizio) hinweisen, der während der Ereignisse von 1906 in Sardinien war, wo die Sarden »Affen« oder so ähnlich genannt werden und vom »Geist der Gattung« gesprochen wird, der den Autor beim Anblick der Frauen überkommt[7].

H. 1, § ⟨57⟩. *Reaktionen des Nordens auf die Vorurteile gegenüber dem Süden*[1]. 1. Episode von 1914 in Turin: Vorschlag an Salvemini zu kandidieren: die Stadt des Nordens wählt den Abgeordneten für die Kampagne zugunsten des Südens. Ablehnung, aber Teilnahme Salveminis an den Wahlen als Redner[2]. ⟨2.⟩ Episode Giovane Sardegna von 19 mit Drum und Dran[3]. ⟨3.⟩ Brigade Sassari 17 und 19[4]. ⟨4.⟩ Genossenschaft Agnelli von 20 (ihre »moralische« Bedeutung nach dem

September; Begründung der Ablehnung)[5]. ⟨5.⟩ Episode von 21 in Reggio Emilia[6] (Zibordi hütet sich wohl davor, in seiner Broschüre über Prampolini davon zu sprechen)[7].

Diese Tatsachen trafen Gobetti und riefen Atmosphäre des Buches von Dorso hervor[8]. (B.S.: Lämmer und Kaninchen. Bergwerke-Eisenbahnen)[9].

H. 1, §⟨58⟩. ***Emigration und intellektuelle Bewegungen***[1]. Funktion der Emigration beim Hervorrufen neuer intellektueller Strömungen und Gruppierungen. Emigration und Libyen. Rede Ferris in der Kammer im Jahre 1911 nach seiner Rückkehr aus Amerika (der Klassenkampf erklärt nicht die Emigration)[2]. Übertritt einer Gruppe von Syndikalisten zur nationalistischen Partei. Begriff der proletarischen Nation bei Enrico Corradini. Rede Pascolis *La grande proletaria si è mossa*[3]. Syndikalisten-Nationalisten aus dem Süden: Forges Davanzati-Maraviglia. Im Allgemeinen viele intellektuelle Syndikalisten aus dem Süden. Ihr episodisches Überwechseln in die Industriestädte (der Zyklonismus)*: ihr dauerhafteres Glück in den ländlichen Regionen, vom Gebiet um Novara zur Po-Ebene und bis nach Apulien. Bewegungen auf dem Land im Jahrzehnt von 1900–10. Die Statistik weist für diese Zeit eine Zunahme der Tagelöhner um 50 % aus, auf Kosten insbesondere der Kategorie der verpflichteten Bauern[4] ⟨obbligati-schiavandari⟩ (Statistik von 1911: vgl. den von der »Riforma sociale« gegebenen Überblick)[5]. In der Po-Ebene folgen auf die Syndikalisten die plattesten Reformisten, abgesehen von Parma und verschiedenen anderen Zentren, wo der Syndikalismus sich mit der republikanischen Bewegung vereint und nach Spaltung von 1914–15 die Unione del Lavoro bildet. Der Übergang so vieler Bauern ins Tagelöhnertum ist mit der Bewegung der sogenannten »Democrazia cristiana« (die »Azione« von Cacciaguerra erschien in Cesena)[6] und mit dem Modernismus verbunden: Sympathien dieser Bewegungen für den Syndikalismus.

Bologna ist das intellektuelle Zentrum dieser mit der Landbevölkerung verbundenen ideologischen Bewegungen: der originelle Zeitungstyp, welcher der »Resto del Carlino« immer gewesen ist, könnte anders nicht erklärt werden (Missiroli-Sorel usw.)[7].

Oriani und die Klassen der Romagna: der Romagnole als italienischer Originaltyp (viele Originaltypen: Giuletti[8] usw.) des Übergangs zwischen Nord und Süd.

* Von ital. ciclone = Wirbelwind; Anm. d. Übers.

Vorbemerkung zum thematischen Heft über »Lorianismus« (H. 28): Zu einigen schlechten und bizarren[0] Seiten der Mentalität einer Gruppe italienischer Intellektueller und daher der nationalen Kultur (Disorganizität, Mangel an systematisch kritischem Geist, Nachlässigkeit bei der Ausübung der wissenschaftlichen Tätigkeit, Mangel an kultureller Zentralisierung, ethische Schwäche und Nachgiebigkeit im Bereich der wissenschaftlich-kulturellen Tätigkeit usw., nicht angemessen bekämpft und rigoros aufs Korn genommen: daher Verantwortungslosigkeit gegenüber der Bildung der nationalen Kultur), was unter dem zusammenfassenden Titel »Lorianismus« beschrieben werden kann.

H. 28, §⟨6⟩. *Alberto Lumbroso.* A. Lumbroso ist in die lorianische Reihe aufzunehmen, aber auf einem anderen Gebiet und unter einem anderen Gesichtspunkt.

Man könnte eine allgemeine Einführung zu dem Überblick machen, um zu zeigen, dass Loria auf seinem Gebiet keine Ausnahme ist, sondern es sich um eine allgemeine Erscheinung kulturellen Niedergangs handelt, die vielleicht die augenfälligste Schwellung auf »soziologischem« Gebiet erfahren hat. So ist zu verweisen auf Tommaso Sillani und sein »Haus der Geburten«, den »Gummi von Vallombrosa« von Filippo Carli, von dem auch ein umfangreicher Artikel in der »Perseveranza« (von 1918–1919) über den baldigen Triumph der Segelschifffahrt über die Dampfschifffahrt bemerkenswert ist[1]; die ökonomische Literatur der Protektionisten alten Schlags ist voll von solchen Kostbarkeiten, die auch in jüngerer Zeit viele Fortsetzer gefunden haben, wie sich in Belluzzos Schriften über mögliche in den italienischen Bergen versteckte Reichtümer[2] und daran* sehen lässt, welche Unsinnigkeiten die erste Kampagne für das Landleben und das Handwerk hervorgerufen hat.

Diese allgemeinen und vagabundierenden Elemente von »Lorianismus« könnten dazu dienen, das Thema vergnüglich zu gestalten. Man könnte als absurden Grenzfall, weil bereits zur klinisch-pathologischen Technik gehörig, an die Kandidatur von Lenzi zum IV. Wahlkreis von Turin 1914 erinnern, mit dem »Luftschwan«, dem »Philopräsentismus« und dem Vorschlag, die platzraubenden italienischen Berge abzutragen, um das Material nach Libyen zu transportieren und so die Wüste fruchtbar zu machen[3] (es kommt mir aber so vor, als schlüge auch Kropotkin im *Kampf ums Brot* vor, die Steine zu zermahlen, um das kultivierbare Land zu erweitern)[4].

* Im Ms.: »darüber«.

Der Fall von Lumbroso ist sehr interessant, weil sein Vater (Giacomo)[5] ein Gelehrter großen Ranges war; aber die Methodologie der Gelehrsamkeit (und die wissenschaftliche Seriosität) wird anscheinend nicht durch Zeugung übertragen und nicht einmal durch den intensivsten intellektuellen Kontakt. Man muss sich im Fall Lumbroso fragen, wie seine beiden dickleibigen Bände über die *Diplomatischen und politischen Ursprünge des Krieges*[6] in die Sammlung Gatti aufgenommen werden konnten: die Verantwortlichkeit des Systems ist offensichtlich. So für Loria und die »Riforma Sociale«, L. Luzzatti[7] und den »Corriere della Sera« (zu Luzzatti den Fall des »Fioretto« des hl. Franz vermerken, als Erstveröffentlichung vom »Corriere« – 1913, scheint mir[8], oder früher – herausgebracht, mit einem äußerst spaßigen ökonomischen Kommentar eben von Luzzatti, der kurz zuvor eine Ausgabe der *Fioretti* in der Sammlung Notari veröffentlicht hatte; die sogenannte Erstveröffentlichung war eine von Sabatier an Luzzatti geschickte Variante). Von Luzzatti berühmte Sätze wie »Das weiß der Thunfisch« in einem Artikel des »Corriere«, der zum beiläufigen Anlass für das Buch von Bacchelli geworden ist[9].

H. 22, § ⟨2⟩. *Rationalisierung der demografischen Zusammensetzung Europas.* In Europa sind die diversen Versuche zur Einführung einiger Aspekte des Amerikanismus und des Fordismus der alten plutokratischen Schicht zu verdanken, die gerne versöhnen würde, was bis zum Beweis des Gegenteils unversöhnbar erscheint, nämlich die alte und anachronistische demographisch-gesellschaftliche Struktur Europas mit einer höchst modernen Form der Produktion und der Arbeitsweise, wie sie vom perfektioniertesten amerikanischen Typus, der Industrie Henry Fords, dargeboten wird. Daher stößt die Einführung des Fordismus auf so viele »intellektuelle« und »moralische« Widerstände und vollzieht sich in besonders brutalen und tückischen Formen, durch äußersten Zwang. Um es in schlichten Worten zu sagen, Europa hätte gern das Fass voll und die Frau betrunken, alle Vorteile, die der Fordismus hinsichtlich der Konkurrenzfähigkeit hervorbringt, bei Aufrechterhaltung seines Heeres von Parasiten, die ungeheure Massen an Mehrwert verschlingen, die Eingangskosten belasten und die Konkurrenzfähigkeit auf dem internationalen Markt niederdrücken. Die europäische Reaktion auf den Amerikanismus ist daher aufmerksam zu untersuchen: ihre Analyse ergibt mehr als ein Element, das notwendig ist, um die gegenwärtige Situation einer Reihe von Staaten des alten Kontinents und die politischen Ereignisse der Nachkriegszeit zu verstehen.

In seiner entwickeltsten Form verlangt der Amerikanismus eine Vorbedingung, mit der die Amerikaner, die diese Probleme behandelt haben, sich nicht befassten, weil sie in Amerika »von Natur aus« existiert: diese Bedingung lässt sich als »eine rationale demografische Zusammensetzung« bezeichnen und besteht darin, dass keine zahlenmäßig starken Klassen existieren ohne wesentliche Funktion in der Welt der Produktion, das heißt absolut parasitäre Klassen. Die »Tradition«, die »Kultur« Europas ist jedoch gerade durch die Existenz solcher Klassen gekennzeichnet, die vom »Reichtum« und der »Komplexität« der vergangenen Geschichte geschaffen worden sind, die eine Unmenge passiver Ablagerungen hinterlassen hat, von den Erscheinungen der Saturierung und Verknöcherung des Staatspersonals und der Intellektuellen, des Klerus und des Grundbesitzes, bis hin zum Raubhandel und der Armee, zuerst der professionellen, dann der durch Wehrpflicht bestimmten, deren Offizierskorps allerdings professionell war. Ja, man kann sagen, dass, je älter die Geschichte eines Landes ist, desto zahlreicher und lastender diese Ablagerungen nichtstuerischer und unnützer Massen dieser Pensionäre der Wirtschaftsgeschichte sind, die vom »Erbe« der »Ahnen« leben. Eine Statistik dieser (im gesellschaftlichen Sinn) ökonomisch passiven Elemente ist äußerst schwierig, weil es unmöglich ist, das »Stichwort« zu finden, das sie für die Zwecke einer direkten Untersuchung definieren könnte; aufschlussreiche Hinweise lassen sich indirekt erheben, zum Beispiel aufgrund des Vorhandenseins bestimmter Formen nationalen Lebens.

Die bedeutende Zahl großer und mittlerer (und auch kleiner) Ballungsgebiete städtischen Typs ohne Industrie (ohne Fabriken) ist eines dieser Indizien, und zwar eines der wichtigsten.

Das sogenannte »Rätsel von Neapel«. Zu erinnern ist an Goethes Bemerkungen über Neapel und die »tröstlichen« »moralischen« Schlussfolgerungen, die Giustino Fortunato ihnen entnommen hat (Fortunatos Broschüre über Goethe und dessen Urteil über die Neapolitaner ist wieder aufgelegt worden von der Verlagsbibliothek Rieti in der von Domenico Petrini herausgegebenen Sammlung der »Kritischen Hefte«[1]; zu Fortunatos Broschüre ist Luigi Einaudis Rezension in der »Riforma Sociale«, vielleicht von 1912, zu lesen)[2]. Goethe hatte recht, die Legende von der organischen »Tagdieberei« ⟨lazzaronismo⟩ der Neapolitaner zu zerpflücken und hervorzuheben, dass sie stattdessen sehr aktiv und betriebsam sind. Doch die Frage besteht darin zu sehen, was das tatsächliche Ergebnis dieser Betriebsamkeit ist: sie ist nicht produktiv und nicht darauf gerichtet, die Bedürfnisse und die Erfordernisse produktiver Klassen zu befriedigen. Neapel ist die Stadt, wo der größte Teil der Grundeigentümer des Südens (Adlige oder auch nicht) die Grundrente ausgeben. Um einige zehntausend dieser Eigentümerfamilien von größerer oder geringerer wirtschaftlicher Bedeutung mit ihren Höfen unmittelbarer Diener und Lakaien organisiert sich das praktische Leben eines beträchtlichen Teils der Stadt mit ihren handwerklichen Gewerben, mit ihren ambulanten Berufen, mit der unerhörten Aufsplitterung des unmittelbaren Angebots an Waren und Dienstleistungen an die Müßiggänger, die in den Straßen herumlaufen. Ein anderer wichtiger Teil der Stadt organisiert sich um den Durchgangsverkehr und den Großhandel. Die in dem Sinn »produktive« Industrie, dass sie neue Güter schafft und akkumuliert, ist relativ klein, obwohl Neapel in den offiziellen Statistiken als die viertgrößte Industriestadt Italiens nach Mailand, Turin und Genua verzeichnet ist.[3]

Diese sozioökonomische Struktur Neapels (über die es heute durch die Aktivitäten der Provinzräte der korporativen Wirtschaft möglich ist ausreichend genaue Informationen zu erhalten) erklärt einen großen Teil der Geschichte der Stadt Neapel, die voller offenbarer Widersprüche und dorniger politischer Probleme ist.

Was für Neapel gilt, wiederholt sich im Großen in Palermo und Rom und einer langen Reihe (die berühmten »hundert Städte«) mittlerer und auch kleinerer Städte nicht nur des Südens und der Inseln, sondern auch Mittelitaliens und selbst Norditaliens (Bologna zum großen Teil, Parma, Ferrara usw.). Für einen Großteil der Bevölkerung dieser Art von Städten kann man das Volkssprichwort wiederholen: Wenn ein Pferd scheißt, essen hundert Spatzen zu Mittag.

Folgende Tatsache ist noch nicht angemessen untersucht worden: dass das mittlere und das kleine Grundeigentum nicht in der Hand von ackerbautreibenden Bauern, sondern von Bürgern aus dem Städtchen oder dem Marktflecken ist und dass dieser Boden in ursprüngliche Halbpacht (das heißt in Pacht mit Entrichtung in Naturalien und Diensten) oder in Erbpacht gegeben wird; somit gibt es ein (im Verhältnis zum Rohertrag) enormes Quantum kleiner oder mittlerer Bourgeoisie aus »Pensionären« und »Rentiers«, die in einer gewissen Wirtschaftsliteratur, des *Candide* würdig, die monströse Gestalt des sogenannten »Ersparnisproduzenten« hervorgebracht hat, das heißt einer Schicht ökonomisch passiver Bevölkerung, die aus der ursprünglichen Arbeit einer bestimmten Zahl von Bauern nicht nur ihren eigenen Unterhalt zieht, sondern auch noch zu sparen vermag: eine der monströsesten und ungesündesten Weisen der Kapitalakkumulation, weil basierend auf der ungerechten wucherischen Ausbeutung der Bauern, die am Rande der Unterernährung gehalten werden, und weil sie enorm kostspielig ist; denn dem geringen Sparkapital entsprechen unerhörte Ausgaben, eben die, welche nötig sind, um einen oft gehobenen Lebensstandard einer derartigen Masse absoluter Parasiten zu unterhalten. (Das historische Phänomen, aufgrund dessen sich auf der italienischen Halbinsel, in Wellen, nach dem Fall der mittelalterlichen Kommunen und dem Niedergang des kapitalistischen Initiativgeistes der städtischen Bourgeoisie, eine derart anormale, historische Stagnation bedingende Situation herausgebildet hat, wird von dem Historiker Niccolò Rodolico »Rückkehr zum Boden«[4] genannt und ist geradezu für das Anzeichen eines heilsamen nationalen Fortschritts gehalten worden, so sehr können Phrasen den kritischen Sinn abstumpfen).

Eine weitere Quelle des absoluten Parasitentums ist immer die staatliche Verwaltung gewesen. Renato Spaventa hat ausgerechnet, dass in Italien ein Zehntel der Bevölkerung (4 Millionen Einwohner) vom Staatshaushalt lebt[5]. Es kommt auch heute vor, dass relativ junge Männer (von wenig mehr als 40 Jahren), bei bester Gesundheit, im vollen Besitz der körperlichen und intellektuellen Kräfte, sich nach 25 Jahren Staatsdienst nicht mehr irgendeiner produktiven Tätigkeit widmen, sondern mit den mehr oder weniger großen Pensionen dahinleben, während ein Arbeiter erst nach dem 65. Lebensjahr in den Genuss einer Rente kommt, und beim Bauern gibt es keine Altersgrenze für die Arbeit (daher wundert sich ein durchschnittlicher Italiener, wenn er sagen hört, ein amerikanischer Multimillionär bleibe aktiv bis zum letzten Tag seines bewussten Lebens). Wenn in einer Familie ein Priester Kanonikus wird, wird die »Handarbeit« plötzlich »eine Schande« für die ganze Verwandtschaft; man kann sich da höchstens dem Handel widmen.

Die Zusammensetzung der italienischen Bevölkerung war schon durch die langanhaltende Auswanderung und durch die geringe Beschäftigung der Frauen in den neue Güter produzierenden Arbeiten »ungesund« geworden; das Verhältnis zwischen der »potenziell« aktiven und der passiven Bevölkerung war eines der ungünstigsten in Europa (vgl. die Studien von Prof. Mortara, zum Beispiel in den *Wirtschaftsaussichten* von 1922)[6]. Es ist noch ungünstiger, wenn man in Betracht zieht: 1. die endemischen Krankheiten (Malaria usw.), die das durchschnittliche individuelle Arbeitskraftpotenzial verringern; 2. den Zustand chronischer Unterernährung vieler bäuerlicher Unterschichten (wie aus den Untersuchungen von Prof. Mario Camis in der »Riforma Sociale« von 1926 hervorgeht[7], deren nationale Durchschnittswerte nach klassenmäßig bestimmten Durchschnitten auseinandergenommen werden müssten: wenn der nationale Durchschnitt kaum den von der Wissenschaft als unabdingbar festgelegten Standard erreicht, ist offensichtlich auf chronische Unterernährung einer nicht unerheblichen Schicht der Bevölkerung zu schließen. In der Senatsdebatte über den Haushaltsplan für 1929–30 sagte der Abg. Mussolini, dass in einigen Regionen während ganzer Jahreszeiten einzig von Grünzeug gelebt wird: vgl. die *Parlamentsakten* der Sitzung und die Rede des Senators Ugo Ancona, dessen reaktionäre Anwandlungen vom Regierungschef prompt zurückgepfiffen wurden)[8]; 3. die in einigen landwirtschaftlichen Gebieten bestehende endemische Arbeitslosigkeit, die den offiziellen Untersuchungen nicht zu entnehmen ist; 4. die absolut parasitäre Masse der Bevölkerung, die sehr erheblich ist und die für ihre Dienste die Arbeit einer weiteren gewaltigen, indirekt parasitären Masse verlangt, und die »halbparasitäre«, die dies ist, weil sie auf anormale und ungesunde Weise untergeordnete ökonomische Aktivitäten wie den Handel und das Vermittlerwesen im Allgemeinen vervielfältigt.

Diese Situation besteht nicht nur in Italien; in größerem oder geringerem Maße gibt es sie in allen Ländern des alten Europa, und in noch schlimmerer Form existiert sie in Indien und in China, was das Stocken der Geschichte in diesen Ländern und ihre militärisch-politische Ohnmacht erklärt. (Bei der Prüfung dieses Problems steht nicht unmittelbar die Form der sozioökonomischen Organisation in Frage, sondern die Rationalität der Proportionen zwischen den verschiedenen Sektoren der Bevölkerung innerhalb des bestehenden Gesellschaftssystems: jedes System hat sein eigenes Gesetz der bestimmten Proportionen[9] in der demografischen Zusammensetzung, sein »optimales« Gleichgewicht und Ungleichgewichte, die, wenn sie nicht mit geeigneter Gesetzgebung zurechtgebogen werden, von sich aus katastrophisch werden können, weil sie die Quellen des nationalen Wirtschaftslebens austrocknen, abgesehen von jedem anderen Element von Auflösung.)

Amerika hat keine großen »historischen und kulturellen Traditionen«, ist aber auch nicht mit diesem Bleimantel belastet: es ist dies einer der Hauptgründe – gewiss wichtiger als der sogenannte natürliche Reichtum – für seine gewaltige Akkumulation von Kapitalen, obgleich der Lebensstandard in den Volksklassen höher als der europäische ist. Die Nicht-Existenz dieser von den vergangenen historischen Phasen zurückgelassenen zäh parasitären Sedimente hat eine gesunde Basis für die Industrie und vor allem für den Handel ermöglicht und erlaubt immer mehr die Reduktion der vom Transportwesen und vom Handel repräsentierten ökonomischen Funktion auf eine der Produktion real untergeordnete Aktivität, sogar den Versuch, diese Aktivitäten in der produktiven Aktivität selbst zu absorbieren (vgl. die von Ford durchgeführten Experimente und die Einsparungen, die sein Betrieb mit Übernahme des Transports und des Verkaufs der produzierten Ware in eigene Regie erzielt hat[10], Einsparungen, die sich auf die Produktionskosten ausgewirkt haben, die also bessere Löhne und geringere Verkaufspreise ermöglicht haben). Da diese vorgeordneten Bedingungen existierten und bereits von der historischen Entwicklung rationalisiert waren, ist es relativ einfach gewesen, die Produktion und die Arbeit zu rationalisieren, wobei geschickt der Zwang (Zerstörung des Arbeiter-Gewerkschaftswesens auf territorialer Basis) mit der Überzeugung kombiniert (hohe Löhne, verschiedene soziale Zuwendungen, ideologische Propaganda und äußerst geschickte Politik) und erreicht wurde, das gesamte Leben des Landes auf die Produktion zu gründen. Die Hegemonie entspringt in der Fabrik und braucht zu ihrer Ausübung nur eine minimale Menge professioneller Vermittler der Politik und der Ideologie.

Das Phänomen der »Massen«, das Romier[11] so sehr frappiert hat, ist nur die Form dieses rationalisierten Gesellschaftstyps, in dem die »Struktur« unmittelbarer die Superstrukturen dominiert und diese »rationalisiert« (vereinfacht und zahlenmäßig verringert) sind.

Rotary Club und Freimaurerei (der Rotary ist eine Freimaurerei ohne die Kleinbürger und ohne die kleinbürgerliche Mentalität). Amerika hat den Rotary und die Y. M. C. A., Europa hat die Freimaurerei und die Jesuiten. Versuche, die YMCA in Italien einzuführen; von der italienischen Industrie diesen Versuchen gewährte Unterstützungen (Finanzierung durch Agnelli und heftige Reaktion der Katholiken)[12]. Versuche Agnellis, die Gruppe des »Ordine Nuovo« zu absorbieren, die eine eigene Form eines von den Arbeitermassen akzeptierten »Amerikanismus« vertrat.[13]

In Amerika hat die Rationalisierung die Notwendigkeit hervorgebracht, einen neuen Menschentyp auszuarbeiten, der dem neuen Typus der Arbeit und des Produktionsprozesses konform ist: diese Ausarbeitung ist bislang erst in der Anfangsphase und daher (anscheinend) idyllisch. Sie ist noch die Phase der durch die hohen Löhne angestrebten psycho-physischen Anpassung an die neue industrielle Struktur; noch ist es (vor der Krise von 1929) nicht oder höchstens vielleicht sporadisch zu einer »superstrukturellen« Blüte gekommen, das heißt, noch ist die Grundfrage der Hegemonie nicht gestellt worden. Der Kampf findet mit Waffen statt, die dem alten europäischen und noch dazu bastardisierten Arsenal entnommen sind, folglich sind sie noch »anachronistisch« im Vergleich zur Entwicklung der »Dinge«. Der (von Philip beschriebene)[14] Kampf, der sich in Amerika vollzieht, geht noch um die Eigenart des Metiers, gegen die »industrielle Freiheit«, also ähnlich wie derjenige, der sich in Europa im 18. Jahrhundert abgespielt hat, wenngleich unter anderen Bedingungen: die amerikanische Arbeitergewerkschaft ist eher der korporative Ausdruck der Eigenart der qualifizierten Handwerke als etwas anderes, und daher hat ihre von den Industriellen geforderte Niederschlagung einen »progressiven« Aspekt. Das Fehlen der europäischen Geschichtsphase, die auch im ökonomischen Bereich von der Französischen Revolution gezeichnet ist, hat die amerikanischen Volksmassen im Rohzustand belassen: hinzu kommt das Fehlen nationaler Homogenität, das Gemenge der Kulturen-Rassen, die Frage der Schwarzen.

In Italien hat es den Anfang eines fordistischen Fanfarenstoßes gegeben (die Verherrlichung der Großstadt, regulatorische Pläne für Großmailand usw., die Behauptung, der Kapitalismus stecke noch in seinen Anfängen und es komme darauf an, grandiose Entwicklungsrahmen für ihn bereitzustellen usw.: hierzu sind in der »Riforma Sociale« einige Artikel von Schiavi anzusehen)[15], dann hat es die Hinwendung zum Landleben und zur aufklärerischen Herabsetzung der Stadt gegeben, Verherrlichung des Handwerks und des idyllischen Patriarchalismus, Anklänge an die »Eigenart des Metiers« und einen Kampf gegen die industrielle Freiheit. Auch wenn die Entwicklung langsam und voller verständlicher Kautelen verläuft, kann man doch nicht sagen, der konservative Teil, der Teil, der die alte europäische Kultur mit all ihren parasitären Nachwirkungen repräsentiert, sei ohne Antagonisten (von diesem Standpunkt ist die Tendenz interessant, die von den »Nuovi Studi«, von der »Critica Fascista« und von dem an der Universität Pisa organisierten intellektuellen Zentrum korporativer Studien repräsentiert werden)[16].

Auch das Buch von De Man[17] ist auf seine Weise ein Ausdruck dieser Probleme, welche das alte Knochengerüst Europas erschüttern, ein Ausdruck ohne Größe und ohne Zugehörigkeit zu irgendeiner der gewichtigeren geschichtlichen Kräfte, die sich die Welt streitig machen.

H.7, §⟨54⟩. *Vergangenheit und Gegenwart. Die Bodenfrage.* Scheinbare Zerstückelung des Bodens in Italien: doch der Boden ⟨gehört⟩ nicht den Bauern, die ihn bestellen, sondern dem ländlichen Bürgertum, das häufig grausamer und wucherischer ⟨ist⟩ als der Großgrundbesitzer. Neben dieser Erscheinung gibt es die andere der Zersplitterung des wenigen Bodens, den die arbeitenden Bauern besitzen (die indes zumeist im oberen Hügelland und in den Bergen sind). Diese Zersplitterung hat verschiedene Ursachen: 1. die Armut des Bauern, der gezwungen ist, einen Teil seines wenigen Landes zu verkaufen; 2. die Tendenz, viele winzige Parzellen in den unterschiedlichen landwirtschaftlichen Zonen der Gemeinde oder einer Reihe von Gemeinden zu haben, als Absicherungen gegen die Monokultur, die im Falle eines schlechten Jahres der völligen Vernichtung ausgesetzt ist; 3. das Prinzip der Vererbung des Bodens an die Kinder, von denen jedes eine Parzelle jedes vererbten Feldes will (diese Parzellierung geht aus dem Kataster nicht hervor, weil die Teilung nicht gesetzlich, sondern *bona fide** vollzogen wird). Anscheinend führt das neue Bürgerliche Gesetzbuch auch in Italien das Prinzip des Homestead[0] oder Familiengutes ein, das in vielen Ländern eben die unmäßige Zerstückelung des Bodens durch Erbschaft verhindern soll[1].

H.1, §⟨125⟩. *1919.* Artikel der »Stampa« gegen die Betriebstechniker und lärmende Veröffentlichungen der höchsten Gehälter[1]. Man müsste sehen, ob die Presse der Reeder in Genua die gleiche Kampagne gegen die Stäbe machte, als diese in Unruhe gerieten und ihnen von den Mannschaften geholfen wurde.

H.1, §⟨149⟩. *Nord und Süd.* Die Hegemonie des Nordens wäre »normal« und historisch vorteilhaft gewesen, wenn der Industrialismus die Fähigkeit gehabt hätte, seine Führungskräfte in einem gewissen Rhythmus zu erweitern, um ständig neue, assimilierte Wirtschaftszonen zu inkorporieren. Diese Hegemonie wäre dann der Ausdruck eines Kampfes zwischen dem Alten und dem Neuen, zwischen dem Fortschrittlichen und dem Zurückgebliebenen, zwischen dem Produktiveren und dem weniger Produktiven gewesen; eine ökonomische Revolution von nationalem Charakter (und nationaler Ausdehnung) hätte stattgefunden, wenn auch ihr Motor zeitweilig und zweckmäßigerweise regional gewesen wäre. Alle ökonomischen Kräfte wären stimuliert, und der Gegensatz wäre durch eine höhere

* Lateinisch: »auf Treu und Glauben«.

Einheit abgelöst worden. Doch es war nicht so. Die Hegemonie erwies sich als bleibend; der Gegensatz erwies sich für eine unbestimmte und folglich offenbar »ewige« Dauer als eine notwendige historische Bedingung für die Existenz einer Industrie im Norden.

Auswanderung. Italien und Deutschland werden miteinander verglichen. Es stimmt, dass die industrielle Entwicklung in einer ersten Phase eine starke Auswanderung in Deutschland hervorrief, sie in einer zweiten Phase aber nicht nur stoppte, sondern einen Teil davon wieder aufnahm und eine beachtliche Einwanderung auslöste. Dies sei zu einem rein mechanischen Vergleich der beiden Auswanderungsphänomene in Italien und Deutschland gesagt: denn wenn der Vergleich vertieft wird, dann tauchen andere wesentliche Unterschiede auf. In Deutschland produzierte der Industrialismus in einer ersten Phase Überfluss gerade an ›industriellen Führungskräften‹, und genau diese wanderten unter ganz bestimmten wirtschaftlichen Bedingungen aus: ein gewisses, schon qualifiziertes und ausgerüstetes Humankapital wanderte zusammen mit einem gewissen Bestand an Finanzkapital aus. Die deutsche Auswanderung war der Reflex eines gewissen Überflusses an aktiver kapitalistischer Energie, die Ökonomien anderer, rückständigerer oder auf der gleichen Stufe stehender Länder befruchtete, denen es jedoch an Menschen und Führungskräften mangelte. In Italien war das Phänomen elementarer und passiv und, was grundlegend ist, fand keine Lösung, sondern hält auch heute an. Auch wenn die Auswanderung praktisch zurückgegangen ist und sich qualitativ verändert hat – was man betonen muss, ist, dass diese Tatsache nicht abhängt von einer Absorption von in erweitertem industriellem Rahmen verbliebenen Kräften, mit einem Lebensstandard, der mit dem der »normalen« Länder gleichgezogen hat. Sie ist ein Ergebnis der weltweiten Krise, d. h. der Existenz nationaler, das ökonomisch Normale übersteigender Reservearmeen in allen Industrieländern. Die italienische Funktion, Produzentin einer Arbeiterreserve für die ganze Welt zu sein, ist nicht deshalb beendet, weil Italien sein demografisches Gleichgewicht normalisiert hätte, sondern weil die ganze Welt das eigene durcheinandergebracht hat.

Intellektuelle und Arbeiter. Weiterer grundlegender Unterschied ist folgender: Die deutsche Auswanderung war organisch, d.h. zusammen mit der Arbeitermasse wanderten organisierende Elemente der Industrie aus. In Italien wanderte nur Arbeitermasse aus, die industriell wie geistig noch überwiegend ungeformt war. Die entsprechenden intellektuellen Elemente blieben da, auch sie ungeformt, wurden also in keiner Weise durch den Industrialismus und seine

Zivilisation verändert; es kam zu einer außerordentlichen Arbeitslosigkeit von Intellektuellen, die eine ganze Reihe von Korruptions- sowie politischen und moralischen Zerfallserscheinungen mit nicht unbeträchtlichen ökonomischen Rückwirkungen hervorbrachte. Der Staatsapparat selbst war in allen seinen Erscheinungsformen davon betroffen und nahm einen besonderen Charakter an. So verschärften sich die Gegensätze anstatt zu verschwinden, und jede dieser Erscheinungsformen trug zur Vertiefung der Gegensätze bei.

H. 12, ⟨§ 1⟩. Sind die Intellektuellen eine autonome und unabhängige gesellschaftliche Gruppe, oder hat jede gesellschaftliche Gruppe ihre eigene spezialisierte Kategorie von Intellektuellen? Das Problem ist komplex wegen der verschiedenen Formen, die der wirkliche geschichtliche Prozess der Formierung der unterschiedlichen Intellektuellenkategorien bisher angenommen hat. Die beiden wichtigsten dieser Formen sind:

1. Jede gesellschaftliche Gruppe schafft sich, während sie auf dem originären Boden einer wesentlichen Funktion in der Welt der ökonomischen Produktion entsteht, zugleich organisch eine oder mehrere Schichten von Intellektuellen, die ihr Homogenität und Bewusstheit der eigenen Funktion nicht nur im ökonomischen, sondern auch im gesellschaftlichen und politischen Bereich geben: der kapitalistische Unternehmer schafft mit sich den Techniker der Industrie, den Wissenschaftler der politischen Ökonomie, den Organisator einer neuen Kultur, eines neuen Rechts usw. usf. Festzuhalten ist, dass der Unternehmer eine höhere gesellschaftliche Ausformung[0a] darstellt, die bereits durch eine gewisse leitende und technische (d. h. intellektuelle) Fähigkeit gekennzeichnet ist: er muss außer in dem begrenzten Bereich seiner Tätigkeit und seiner Initiative auch in anderen Bereichen eine gewisse technische Fähigkeit haben, zumindest in denen, die der ökonomischen Produktion am nächsten stehen (er muss ein Organisator von Menschenmassen sein, er muss ein Organisator des »Vertrauens« der Sparer in seinem Betrieb, der Käufer seiner Ware usw. sein). Wenn nicht alle Unternehmer, so muss doch zumindest eine Elite derselben eine Fähigkeit als Organisator der Gesellschaft im Allgemeinen haben, in ihrem ganzen komplexen Organismus von Dienstleistungen bis hin zum staatlichen Organismus, wegen der Notwendigkeit, die günstigsten Bedingungen für die Ausdehnung der eigenen Klasse zu schaffen; beziehungsweise muss sie zumindest die Fähigkeit besitzen, die »Gehilfen« (spezialisierte Angestellte) auszuwählen, denen diese Tätigkeit des Organisierens

der außerbetrieblichen allgemeinen Verhältnisse anvertraut werden kann. Es ist festzustellen, dass die »organischen« Intellektuellen, die jede neue Klasse mit sich selbst schafft und in ihrer fortschreitenden Entwicklung heranbildet, meist »Spezialisierungen« von Teilaspekten der ursprünglichen Tätigkeit des neuen gesellschaftlichen Typs sind, den die neue Klasse ins Licht gerückt hat. (Auch die Feudalherren waren Träger einer besonderen technischen Fähigkeit, der militärischen, und genau von dem Moment an, da die Aristokratie das Monopol der militärisch-technischen Fähigkeit verliert, setzt die Krise des Feudalismus ein. Doch die Formierung der Intellektuellen in der feudalen Welt und in der vorangegangenen klassischen Welt ist eine Frage, die gesondert zu untersuchen ist: diese Formierung und Heranbildung folgt Wegen und Weisen, die es konkret zu studieren gilt. So ist festzuhalten, dass die Masse der Bauern, obwohl sie eine wesentliche Funktion in der Welt der Produktion ausübt, keine eigenen »organischen« Intellektuellen heranbildet und keine Schicht »traditioneller« Intellektueller »assimiliert«, obwohl andere gesellschaftliche Gruppen viele ihrer Intellektuellen aus der Masse der Bauern holen und ein Großteil der traditionellen Intellektuellen bäuerlicher Herkunft ist.)

2. Aber jede »wesentliche« gesellschaftliche Gruppe, die aus der vorhergehenden ökonomischen Struktur und als Ausdruck einer Entwicklung derselben (dieser Struktur) in der Geschichte auftaucht, hat, zumindest im bisherigen Verlauf der Geschichte, bereits bestehende Gesellschaftskategorien vorgefunden, die geradezu als Repräsentanten einer selbst durch die komplexesten und radikalsten Veränderungen der gesellschaftlichen und politischen Formen nicht unterbrochenen geschichtlichen Kontinuität erschienen. Die typischste dieser Intellektuellenkategorien ist die der Kirchenmänner, die lange Zeit (während einer ganzen historischen Phase, die sogar durch dieses Monopol zum Teil gekennzeichnet ist) einige wichtige Dienstleistungen monopolisiert hatten: die religiöse Ideologie, das heißt die Philosophie und die Wissenschaft der Epoche, einschließlich der Schule, des Bildungswesens[0b], der Moral, der Justiz, der Wohltätigkeit, der Fürsorge usw. Die Kategorie der Kirchenmänner kann als die organisch an die grundbesitzende Aristokratie gebundene Intellektuellenkategorie betrachtet werden: sie war juristisch der Aristokratie gleichgestellt, mit der sie sich die Ausübung des feudalen Eigentums am Boden und den Genuss der an das Eigentum gebundenen staatlichen Privilegien teilte. Aber das Monopol der Kirchenmänner auf die Superstrukturen (woraus in vielen Sprachen

neulateinischen Ursprungs[0c], oder in den über das Kirchenlatein stark von den neulateinischen Sprachen beeinflussten, die allgemeine Bedeutung »Intellektueller« – oder »Spezialist« – für das Wort »Kleriker« hervorgegangen ist, mit seinem Gegenstück »Laie« im Sinne von weltlich – Nicht-Spezialist) ist nicht kampflos und ohne Einschränkungen ausgeübt worden, und so kam es in verschiedenen Formen (die konkret zu untersuchen und zu studieren sind) zur Entstehung weiterer Kategorien, die durch das Erstarken der Zentralgewalt des Monarchen bis hin zum Absolutismus begünstigt und in ihrem Wachstum gefördert worden sind. So bildet sich allmählich der Amtsadel mit seinen eigenen Privilegien heraus; eine Schicht von Verwaltern usw., Wissenschaftler, Theoretiker, nichtkirchliche Philosophen usw.

Da diese verschiedenen Kategorien von traditionellen Intellektuellen ihre lückenlose geschichtliche Kontinuität und ihre »Qualifikation« mit »Korpsgeist« empfinden, positionieren sie sich selbst als autonom und unabhängig von der herrschenden gesellschaftlichen Gruppe; diese Selbstpositionierung ist nicht ohne Folgen im ideologischen und politischen Bereich, Folgen von großer Tragweite (die gesamte idealistische Philosophie kann ohne weiteres mit dieser von der gesellschaftlichen Gesamtheit der Intellektuellen angenommenen Positionierung in Zusammenhang gebracht werden, und man kann sie als Ausdruck dieser gesellschaftlichen Utopie definieren, aufgrund derer die Intellektuellen sich für »unabhängig«, autonom, mit eigenständigen Merkmalen usw. ausgestattet halten. Anzumerken jedoch, dass zwar der Papst und die hohen kirchlichen Würdenträger sich mehr an Christus und die Apostel gebunden fühlen als an die Senatoren Agnelli und Benni[0d], dasselbe aber zum Beispiel nicht für Gentile und Croce gilt: Croce insbesondere fühlt sich stark an Aristoteles und Platon gebunden, verhehlt aber keineswegs, dass er den Senatoren Agnelli und Benni verbunden ist, und darin eben ist das hervorstechendste Merkmal von Croces Philosophie zu suchen)[0e].

(Diese Untersuchung über die Geschichte der Intellektuellen wird nicht »soziologischer« Art sein, sondern wird Anlass geben zu einer Reihe von Aufsätzen zur »Kulturgeschichte«* und zur Geschichte der Politischen Wissenschaft. Es wird jedoch schwierig sein, einige schematische und abstrakte Formen zu vermeiden, die an die der »Soziologie« gemahnen: man muss deshalb die literarische Form finden, die am geeignetsten ist, damit die Ausführung »nicht-

* Im Original der deutsche Ausdruck in Klammern beigefügt.

soziologisch« wird. Der erste Teil der Untersuchung könnte eine methodische Kritik der bereits vorhandenen Werke über die Intellektuellen sein, die fast alle soziologischer Art sind. Die Erstellung der Bibliografie zum Thema ist deshalb unerlässlich.)

Welches sind die »äußersten« Grenzen der Bedeutung von »Intellektueller«? Lässt sich ein einheitliches Kriterium finden, um gleichermaßen alle verschiedenen und disparaten intellektuellen Tätigkeiten zu kennzeichnen und diese gleichzeitig und in grundsätzlicher Weise von den Tätigkeiten der anderen gesellschaftlichen Gruppierungen zu unterscheiden? Der verbreitetste methodische Irrtum scheint mir der, dass dieses Unterscheidungskriterium in der Eigenart der intellektuellen Tätigkeiten gesucht worden ist statt im Ensemble des Systems von Verhältnissen, in dem sich jene (und folglich die Gruppen, die sie personifizieren) im allgemeinen Zusammenhang der gesellschaftlichen Verhältnisse befinden. Und tatsächlich ist der Arbeiter oder Proletarier zum Beispiel nicht spezifisch durch die manuelle oder instrumentelle Arbeit gekennzeichnet (abgesehen davon, dass es rein körperliche Arbeit nicht gibt und dass auch Taylors Ausdruck vom »*dressierten* Gorilla«[1] eine Metapher ist, um eine Grenze in einer bestimmten Richtung anzuzeigen: in jeglicher körperlicher Arbeit, auch der mechanischsten und degradiertesten, ist ein Minimum an technischer Qualifikation vorhanden, das heißt ein Minimum an kreativer intellektueller Tätigkeit), sondern durch diese Arbeit unter bestimmten Bedingungen und in bestimmten gesellschaftlichen Verhältnissen. Und es ist bereits bemerkt worden, dass der Unternehmer eben aufgrund seiner Funktion in einem gewissen Ausmaß eine gewisse Anzahl von Qualifikationen intellektueller Art haben muss, obwohl seine gesellschaftliche Gestalt nicht von ihnen, sondern von den allgemeinen gesellschaftlichen Verhältnissen bestimmt wird, die eben die Stellung des Unternehmers in der Industrie kennzeichnen.

Alle Menschen sind Intellektuelle, könnte man daher sagen; aber nicht alle Menschen haben in der Gesellschaft die Funktion von Intellektuellen (so wird man, weil jeder einmal in die Lage kommen kann, sich zwei Eier zu braten oder einen Riss in der Jacke zu flicken, nicht sagen, alle seien Köche und Schneider). So bilden sich historisch spezialisierte Kategorien zur Ausübung der intellektuellen Funktion, sie bilden sich in Verbindung mit allen gesellschaftlichen Gruppen, insbesondere aber in Verbindung mit den wichtigsten gesellschaftlichen Gruppen, und sie erfahren besonders weitgehende und komplexe Ausformungen in Verbindung mit der herrschenden gesellschaftlichen Gruppe. Eines der bedeutendsten Merkmale jeder Gruppe, die sich auf die Herrschaft hin entwickelt, ist ihr Kampf um die Assimilierung und »ideologische« Eroberung der traditionellen Intellektuellen, eine Assimilierung und Eroberung, die umso schneller und wirksamer ist, je mehr die gegebene Gruppe gleichzeitig ihre eigenen organischen Intellektuellen heranbildet. Die enorme Entwicklung, welche die (im weiten Sinn) schulische Tätigkeit und Organisation in den aus der mittelalterlichen Welt hervorgegangenen Gesellschaften genommen hat, lässt darauf schließen, welche Bedeutung in der modernen Welt die Intellektuellenkategorien und -funktionen erlangt haben: so wie versucht worden ist, die »Intellektualität« jedes Individuums zu vertiefen und zu erweitern, so ist auch versucht worden, die Spezialisierungen zu vervielfältigen und zu verfeinern. Das zeigt sich an den schulischen Einrichtungen unterschiedlicher Stufe bis hin zu den Organismen zur Förderung der sogenannten »höheren Bildung« auf jedem Gebiet der Wissenschaft und der Technik. (Die Schule ist das Instrument, um die Intellektuellen der jeweiligen Stufe heranzubilden. Die Komplexität der intellektuellen Funktion in den verschiedenen Staaten lässt sich objektiv an der Menge der spezialisierten Schulen und ihrer Hierarchisierung messen: je umfassender das schulische »Gebiet« ist und je zahlreicher die »vertikalen« »Stufen« der Schule, desto komplexer ist die Bildungswelt[1a], die Kultur[1b] eines bestimmten Staates. Ein Vergleichspunkt ergibt sich in der Sphäre der industriellen Technik: die Industrialisierung eines Landes bemisst sich nach seiner Ausrüstung im Bau von Maschinen für den Maschinenbau und in der Fabrikation immer präziserer Instrumente für den Bau von Maschinen und Instrumenten für den Maschinenbau usw. Das Land mit der besten Ausrüstung zur Herstellung von Instrumenten für die Versuchslaboratorien der Wissenschaftler und von Instrumenten zur Prüfung dieser Instrumente kann sich als das komplexeste auf industriell-technischem Gebiet, als das zivilste[1c] usw. betrachten. So verhält es sich bei der Ausbildung[1d] der Intellektuellen und in den für diese Ausbildung bestimmten Schulen: Schulen und Institute der höheren Bildung sind vergleichbar.) (Auch auf diesem Gebiet lässt sich die Quantität nicht von der Qualität trennen. Der raffiniertesten kulturell-technischen Spezialisierung kann nur die größtmögliche Verbreitung der Grundschulbildung entsprechen und die größte Anstrengung, die Zwischenstufen für die größtmögliche Zahl zu fördern. Natürlich ist diese Notwendigkeit, die breitestmögliche Basis für die Auswahl und Heranbildung der höchsten intellektuellen Qualifikationen zu schaffen – das heißt, der höheren Bildung und der Spitzentechnik eine demokratische Struktur zu geben –, nicht ohne Nachteile: man schafft so die Möglichkeit ausgedehnter Beschäftigungskrisen der intellektuellen Mittelschichten, wie es tatsächlich in allen modernen Gesellschaften vorkommt.)

Bemerkenswert, dass die Heranbildung der Intellektuellenschichten in der konkreten Wirklichkeit nicht auf einem abstrakten demokratischen Terrain vor sich geht, sondern nach sehr konkreten traditionellen geschichtlichen Prozessen. Es haben sich Schichten gebildet, die traditionell Intellektuelle »produzieren«, und es sind dieselben, die sich gewöhnlich auf das »Sparen« spezialisiert haben, nämlich das grundbesitzende kleine und mittlere Bürgertum und einige Schichten des städtischen kleinen und mittleren Bürgertums. Die unterschiedliche Verteilung der verschiedenen Schultypen (klassische und Berufsschulen) auf dem »wirtschaftlichen« Territorium und die unterschiedlichen Bestrebungen der jeweiligen Kategorien dieser Schichten bestimmen die Entstehung der verschiedenen Zweige intellektueller Spezialisierung oder geben ihr Gestalt. So bringt in Italien das ländliche Bürgertum vor allem Staatsbeamte und Freiberufler hervor, während das städtische Bürgertum Techniker für die Industrie hervorbringt: und deshalb bringt Norditalien speziell Techniker hervor und Süditalien speziell Beamte und Freiberufler[1e].

Die Beziehung zwischen den Intellektuellen und der Welt der Produktion ist nicht unmittelbar, wie das bei den grundlegenden Gesellschaftsgruppen[1f] der Fall ist, sondern ist, in unterschiedlichem Grad, durch das gesamte gesellschaftliche Gewebe, den Komplex der Superstrukturen »vermittelt«, dessen »Funktionäre« eben die Intellektuellen sind. Man könnte die »Organizität« der verschiedenen Intellektuellenschichten, ihre mehr oder weniger enge Verbindung mit einer grundlegenden Gesellschaftsgruppe messen, indem man eine Abstufung der Funktionen und der Superstrukturen von unten nach oben (von der strukturellen Basis nach oben) festlegt. Vorläufig lassen sich zwei große superstrukturelle »Ebenen« festlegen – diejenige, die man die Ebene der »Zivilgesellschaft« nennen kann, d. h. des Ensembles der gemeinhin »privat« genannten Organismen, und diejenige der »politischen Gesellschaft oder des Staates« –, die der Funktion der »Hegemonie«, welche die herrschende Gruppe in der gesamten Gesellschaft ausübt, und der Funktion der »direkten Herrschaft« oder des Kommandos, die sich im Staat und in der »formellen« Regierung ausdrückt, entsprechen. Diese Funktionen sind eben organisierend und verbindend[1g]. Die Intellektuellen sind die »Gehilfen« der herrschenden Gruppe bei der Ausübung der subalternen Funktionen der gesellschaftlichen Hegemonie und der politischen

Regierung, nämlich: 1. des »spontanen« Konsenses, den die großen Massen der Bevölkerung der von der herrschenden grundlegenden Gruppe[1h] geprägten Ausrichtung des gesellschaftlichen Lebens geben, eines Konsenses, der »historisch« aus dem Prestige (und folglich aus dem Vertrauen) hervorgeht, das der herrschenden Gruppe aus ihrer Stellung und ihrer Funktion in der Welt der Produktion erwächst; 2. des staatlichen Zwangsapparats, der »legal« die Disziplin derjenigen Gruppen gewährleistet, die weder aktiv noch passiv »zustimmen«, der aber für die gesamte Gesellschaft in der Voraussicht von Krisenmomenten im Kommando und in der Führung, in denen der spontane Konsens schwindet, eingerichtet ist. Diese Problemstellung führt im Ergebnis zu einer erheblichen Erweiterung des Begriffs des Intellektuellen, doch nur so ist es möglich, zu einer konkreten Annäherung an die Wirklichkeit zu gelangen. Diese Weise der Fragestellung verstößt gegen Kastenvorurteile: die organisierende Funktion der gesellschaftlichen Hegemonie und der staatlichen Herrschaft selbst führt zwar zu einer gewissen Arbeitsteilung und folglich zu einer ganzen Abstufung von Qualifikationen, von denen einige keinerlei Merkmale leitender oder organisierender Art mehr aufweisen: im gesellschaftlichen und staatlichen Führungsapparat gibt es eine ganze Reihe von Beschäftigungen manuellen und instrumentellen Charakters (des gewöhnlichen und nicht des gehobenen Dienstes, des Ausführenden und nicht des Offiziers oder des Beamten usw.), aber offensichtlich muss diese Unterscheidung gemacht werden, wie auch manch andere zu machen sein wird. In der Tat muss die intellektuelle Tätigkeit auch von innen her in Stufen unterschieden werden, Stufen, die in ihren extrem entgegengesetzten Momenten einen regelrechten qualitativen Unterschied ausmachen: Auf die höchste Stufe wären die Schöpfer der verschiedenen Wissenschaften, der Philosophie, der Kunst usw. zu stellen; auf die niedrigste die bescheidensten »Verwalter« und Popularisatoren des bereits vorhandenen, traditionellen, angehäuften intellektuellen Reichtums. Der militärische Organismus bietet auch in diesem Fall ein Modell dieser komplexen Abstufungen: subalterne Offiziere, höhere Offiziere, Generalstab; und man darf die Truppendienstgrade nicht vergessen, deren wirkliche Bedeutung größer ist, als man üblicherweise meint. Es ist interessant festzustellen, dass alle diese Teile sich solidarisch fühlen, ja dass sogar die unteren Schichten einen auffälligeren Korpsgeist zeigen und daraus einen »Hochmut« schöpfen, der sie oft Sticheleien und Spötteleien aussetzt.

In der modernen Welt hat sich die so verstandene Kategorie der Intellektuellen unerhört erweitert. Das bürokratisch-demokratische

Gesellschaftssystem hat beeindruckende Massen ausgeformt, die nicht alle durch die gesellschaftlichen Notwendigkeiten der Produktion gerechtfertigt sind, wenngleich sie durch die politischen Notwendigkeiten der herrschenden grundlegenden Gruppe zu rechtfertigen sind. Von daher Lorias Auffassung vom unproduktiven »Arbeiter«[1i] (doch unproduktiv in Bezug auf wen und welche Produktionsweise?), die teilweise gerechtfertigt werden könnte, wenn man berücksichtigt, dass diese Massen ihre Stellung ausnützen, um sich ungeheure Anteile am Nationaleinkommen zuteilen zu lassen. Die Massenbildung hat die Individuen sowohl hinsichtlich der individuellen Qualifikation als auch der Psychologie standardisiert und dieselben Erscheinungen wie bei allen anderen standardisierten Massen bewirkt: Konkurrenz, welche die Notwendigkeit der beruflichen Schutzorganisation aufwirft, Arbeitslosigkeit, Überproduktion von Schulabgängern, Auswanderung usw.

Unterschiedliche Stellung der Intellektuellen städtischen Typs und ländlichen Typs[2]. Die Intellektuellen städtischen Typs sind mit der Industrie verwachsen und an ihre Geschicke gebunden. Ihre Funktion kann mit derjenigen der subalternen Offiziere in der Armee verglichen werden: sie verfügen über keine selbständige Initiative bei der Ausarbeitung der Konstruktionspläne; sie bringen die instrumentelle Masse mit dem Unternehmer in Kontakt und setzen sie in Bewegung, sie arbeiten an der unmittelbaren Ausführung des vom Generalstab der Industrie aufgestellten Produktionsplans und kontrollieren dessen elementare Arbeitsphasen. In ihrem allgemeinen Durchschnitt sind die städtischen Intellektuellen sehr standardisiert; die oberen städtischen Intellektuellen vermischen sich immer mehr mit dem eigentlichen industriellen Generalstab.

Die Intellektuellen ländlichen Typs sind zum großen Teil »traditionell«, das heißt an die gesellschaftliche Masse des Landes und die kleinbürgerliche der Stadt (vor allem der kleineren Zentren) gebunden, die vom kapitalistischen System noch nicht bearbeitet und in Bewegung gesetzt worden ist; dieser Intellektuellentyp bringt die Masse der Bauern mit der staatlichen oder lokalen Verwaltung in Kontakt (Rechtsanwälte, Notare usw.) und hat aufgrund ebendieser Funktion eine große gesellschaftspolitische Funktion, weil die berufliche Vermittlung kaum von der politischen Vermittlung zu trennen ist. Außerdem: auf dem Land hat der Intellektuelle (Priester, Rechtsanwalt, Lehrer, Notar, Arzt usw.) im Schnitt einen höheren oder zumindest anderen Lebensstandard als der durchschnittliche Bauer und stellt deshalb für diesen ein soziales Vorbild dar beim Bestreben, aus seiner Lage herauszukommen und sie zu verbessern. Der Bauer denkt stets, dass zumindest einer seiner Söhne Intellektueller (besonders Priester), das heißt ein Herr werden könnte und dadurch den gesellschaftlichen Rang der Familie anheben und ihr wirtschaftliches Leben mit den Protektionen, die er zwangsläufig unter den anderen Herren haben müsste, erleichtern würde. Die Haltung des Bauern gegenüber dem Intellektuellen ist zwiespältig und erscheint widersprüchlich: Er bewundert die gesellschaftliche Stellung des Intellektuellen und im Allgemeinen des Staatsangestellten, aber er tut manchmal, als verachte er sie, das heißt, seine Bewunderung ist instinktiv von Elementen des Neids und leidenschaftlicher Wut durchsetzt. Man versteht nichts vom Gemeinschaftsleben der Bauern und den darin vorhandenen Entwicklungskeimen und -fermenten, wenn man nicht diese tatsächliche Unterordnung unter die Intellektuellen in Betracht zieht, sie konkret und gründlich untersucht: jede organische Entwicklung der bäuerlichen Massen ist bis zu einem gewissen Punkt an die Bewegungen der Intellektuellen gebunden und von ihnen abhängig.

Anders liegt der Fall bei den städtischen Intellektuellen: Die Techniker der Fabrik entwickeln keine politische Funktion gegenüber ihren instrumentellen Massen, oder zumindest ist dies eine bereits überwundene Phase; manchmal geschieht gerade das Gegenteil, dass die instrumentellen Massen, zumindest durch ihre eigenen organischen Intellektuellen, einen politischen Einfluss auf die Techniker ausüben.

Der zentrale Punkt der Frage bleibt die Unterscheidung zwischen Intellektuellen als organischer Kategorie jeder grundlegenden Gesellschaftsgruppe und Intellektuellen als traditioneller Kategorie; eine Unterscheidung, aus der eine ganze Reihe von Problemen und möglichen historischen Untersuchungen hervorgeht. Unter diesem Gesichtspunkt betrachtet, ist das interessanteste Problem das der modernen politischen Partei, ihrer wirklichen Ursprünge, ihrer Entwicklungen, ihrer Formen. Wie steht es mit der politischen Partei in Bezug auf das Problem der Intellektuellen? Es müssen einige Unterscheidungen getroffen werden: 1. für einige gesellschaftliche Gruppen ist die politische Partei nichts anderes als ihre Art und Weise, die eigene Kategorie von organischen Intellektuellen auszuformen, die sich auf diese Weise direkt auf dem politischen und philosophischen Gebiet bilden und sich angesichts der allgemeinen Merkmale und der Bildungs-, Lebens- und Entwicklungsbedingungen der gegebenen gesellschaftlichen Gruppe auch nur hier bilden können und nicht etwa im Bereich der Produktionstechnik (im produktionstechnischen Bereich bilden sich die Schichten, die man mit den »Truppendienstgraden« in der Armee vergleichen könnte, also die qualifizierten und spezialisierten Arbeiter in der Stadt und in komplexerer Weise die Halbpächter* und Pächter auf dem Land, da der Halbpächter und Pächter im Allgemeinen eher dem Typ des Handwerkers entspricht, welcher der qualifizierte Arbeiter einer mittelalterlichen Ökonomie ist); 2. für alle Gruppen ist die politische Partei genau der Mechanismus, der in der Zivilgesellschaft dieselbe Funktion erfüllt, die der Staat in größerem Umfang und synthetischer in der politischen Gesellschaft erfüllt, das heißt, sie sorgt für das Zusammenwachsen von organischen Intellektuellen einer bestimmten Gruppe – der herrschenden – mit traditionellen Intellektuellen, und diese Funktion erfüllt die Partei eben in Abhängigkeit von ihrer Grundfunktion, die darin besteht, die eigenen Komponenten, Elemente einer gesellschaftlichen Gruppe, die als »ökonomische« entstanden ist und sich entwickelt hat, herauszuarbeiten, bis sie zu qualifizierten politischen Intellektuellen, Führern, Organisatoren aller Aktivitäten und Funktionen werden, die zur organischen Entwicklung einer integralen zivilen und politischen Gesellschaft gehören. Man kann sogar sagen, dass die politische Partei in ihrem Umfeld ihre Funktion viel vollständiger und organischer erfüllt, als der Staat die seine in einem weiteren Umfeld erfüllt: Ein Intellektueller, der sich der politischen Partei einer bestimmten gesellschaftlichen Gruppe anschließt, verschmilzt mit den organischen Intellektuellen derselben Gruppe, verbindet sich eng mit der Gruppe, was durch die Beteiligung am staatlichen Leben nur in bescheidenem Maß und manchmal überhaupt nicht geschieht. Es kommt sogar vor, dass viele Intellektuelle meinen, sie seien der Staat, ein Glaube, der angesichts der beeindruckenden Masse der Kategorie bisweilen beträchtliche Folgen hat und zu misslichen Komplikationen für die grundlegende ökonomische Gruppe[2a] führt, die in Wirklichkeit der Staat ist.

Dass alle Mitglieder einer politischen Partei als Intellektuelle angesehen werden müssen, das ist eine Behauptung, die zu Spott und zur Karikatur Anlass geben kann; dennoch, bei genauer Überlegung, nichts richtiger als dies. Man wird Rangstufen unterscheiden müssen, eine Partei mag eine größere oder geringere Zusammensetzung des höheren oder des niedrigeren Ranges haben, darauf kommt es nicht an: es kommt auf die Funktion an, die eine der Führung und der

* Im Ms.: »mit den Halbpächtern«.

Organisation, also eine erzieherische, also eine intellektuelle ist. Ein Geschäftsmann tritt nicht einer politischen Partei bei, um Geschäfte zu machen, und ebenso wenig ein Industrieller, um mehr und mit geringeren Kosten zu produzieren, oder ein Bauer, um neue Methoden des Ackerbaus zu erlernen, auch wenn einige Aspekte dieser Ansprüche des Geschäftsmannes, des Industriellen, des Bauern in der politischen Partei Befriedigung finden mögen (die allgemeine Meinung widerspricht dem, wenn sie behauptet, dass der »politisierende« Geschäftsmann, Industrielle, Bauer Verluste mache anstatt Gewinne und dass sie zu den schlechtesten ihrer Kategorie gehören, worüber sich streiten lässt). Für diese Zwecke gibt es, in gewissen Grenzen, den Berufsverband, in dem die korporativ-ökonomische Tätigkeit des Geschäftsmannes, des Industriellen, des Bauern ihren geeigneteren Rahmen findet. In der politischen Partei gehen die Angehörigen einer sozioökonomischen Gruppe über dieses Moment ihrer geschichtlichen Entwicklung hinaus und werden zu Akteuren allgemeiner Tätigkeiten nationaler und internationaler Art. Diese Funktion der politischen Partei müsste sehr viel klarer aus einer konkreten historischen Analyse dessen hervorgehen, wie sich die organischen und die traditionellen Kategorien der Intellektuellen sowohl auf dem Terrain der unterschiedlichen Nationalgeschichten als auch auf dem der Entwicklung der wichtigsten unterschiedlichen gesellschaftlichen Gruppen im Rahmen der verschiedenen Nationen entwickelt haben, vor allem der Gruppen, deren ökonomische Tätigkeit vorwiegend instrumentell war.

Die Herausbildung der traditionellen Intellektuellen ist das interessanteste historische Problem. Es hängt sicherlich mit der Sklaverei in der klassischen Welt zusammen und mit der Stellung der Freigelassenen griechischer und orientalischer Herkunft in der gesellschaftlichen Organisation des Römischen Reichs. Diese nicht allein gesellschaftliche, sondern nationale, rassenbedingte Kluft zwischen beträchtlichen Massen von Intellektuellen und der herrschenden Klasse des Römischen Reichs reproduziert sich nach dem Untergang des Reichs zwischen germanischen Kriegern und ihrer Herkunft nach romanisierten Intellektuellen, Nachfolgern der Kategorie der Freigelassenen. Verknüpft mit diesen Erscheinungen ist die Entstehung und Entwicklung des Katholizismus und der kirchlichen Organisation, die für viele Jahrhunderte den größten Teil der intellektuellen Tätigkeiten absorbiert und das Monopol der kulturellen Führung ausübt, mit strafrechtlichen Sanktionen für den, der sich widersetzen oder auch das Monopol umgehen will. In Italien kommt es zu der je nach Zeitalter mehr oder weniger ausgeprägten Erscheinung der kosmopolitischen Funktion der Intellektuellen der Halbinsel. Ich werde auf die sofort ins Auge springenden Unterschiede bei der Entwicklung der Intellektuellen in einer ganzen Reihe von Ländern, wenigstens den bedeutendsten, hinweisen mit dem Vorbehalt, dass diese Beobachtungen überprüft und vertieft werden müssen (im Übrigen müssen alle diese Anmerkungen lediglich als Anregungen und Gedächtnisstützen betrachtet werden, die zu überprüfen und zu vertiefen sind):

Für Italien ist die zentrale Tatsache eben die internationale und kosmopolitische Funktion seiner Intellektuellen, die Ursache und Folge des Auflösungszustandes ist, in dem die Halbinsel vom Untergang des Römischen Reiches bis 1870 verbleibt.

Frankreich liefert einen vollendeten Typus harmonischer Entwicklung aller nationalen Energien und vor allem der Intellektuellenkategorien; als 1789 eine neue gesellschaftliche Gruppierung politisch die Bühne der Geschichte betritt, ist sie für alle ihre gesellschaftlichen Funktionen vollständig gerüstet und kämpft daher um die vollständige Herrschaft über die Nation, ohne wesentliche Kompromisse mit den alten Klassen zu schließen, die sie stattdessen den eigenen Zielen unterordnet. Die ersten intellektuellen Zellen des neuen Typus entstehen mit den ersten ökonomischen Zellen: die kirchliche Organisation selbst ist davon beeinflusst (Gallikanismus, schon sehr früh Kämpfe zwischen Kirche und Staat). Diese massive intellektuelle Konstruktion[2b] erklärt die Funktion der französischen Kultur im 18. und 19. Jahrhundert, eine Funktion internationaler und kosmopolitischer Ausstrahlung und Expansion imperialistischer und auf organische Weise hegemonischer Art, also ziemlich verschieden von der italienischen, die den Charakter persönlicher und unzusammenhängender Einwanderung hat und nicht auf die nationale Basis zurückwirkt, um sie zu potenzieren, sondern im Gegenteil dazu beiträgt, die Konstituierung einer soliden nationalen Basis zu verunmöglichen.

In Russland verschiedene Ausgangspunkte: Die politische und kommerziell-ökonomische Organisation wird von den Normannen (Warägern) geschaffen, die religiöse von den byzantinischen Griechen; in einer zweiten Phase bringen die Deutschen und die Franzosen die europäische Erfahrung nach Russland und geben der russischen Geschichtsgallerte ein erstes festes Gerippe. Die nationalen Kräfte sind träge, passiv und rezeptiv, doch assimilieren sie vielleicht gerade deswegen vollständig die ausländischen Einflüsse und die Ausländer selbst, indem sie sie russifizieren. In der neuesten Geschichtsperiode geschieht das Gegenteil: Eine Elite der aktivsten, energischsten, umtriebigsten und diszipliniertesten Personen emigriert ins Ausland, eignet sich die Kultur und die geschichtlichen Erfahrungen der fortgeschrittensten Länder des Westens an, ohne deshalb die wesentlichsten Merkmale der eigenen Nationalität zu verlieren, ohne also die gefühlsmäßigen und historischen Bindungen zum eigenen Volk zu zerreißen; nachdem sie so ihre intellektuellen Lehrjahre absolviert hat, kehrt sie ins Land zurück und nötigt das Volk zu einem erzwungenen Erwachen, zu einem beschleunigten Marsch nach vorne, indem sie die Etappen überspringt.[2c] Der Unterschied zwischen dieser Elite und der (von Peter dem Großen beispielsweise) importierten deutschen besteht in ihrem wesentlich popular-nationalen Charakter: sie kann nicht von der trägen Passivität des russischen Volkes assimiliert werden, da sie selbst eine energische russische Reaktion auf die eigene geschichtliche Trägheit ist.

Auf einem andern Gebiet und unter ziemlich andersartigen zeitlichen und räumlichen Bedingungen kann dieses russische Phänomen mit der Entstehung der amerikanischen Nation (Vereinigte Staaten) verglichen werden: Die angelsächsischen Einwanderer sind ihrerseits eine intellektuelle Elite, vor allem aber eine moralische. Damit sind natürlich die ersten Einwanderer gemeint, die Pioniere, Protagonisten der politischen und religiösen Kämpfe in England, die in ihrer ursprünglichen Heimat besiegt, aber weder gedemütigt noch gebeugt waren. Außer der moralischen und Willensenergie führen sie in Amerika mit sich selbst eine gewisse Stufe der Zivilisation ein, eine gewisse Phase der europäischen geschichtlichen Entwicklung, welche – von diesen Akteuren in den jungfräulichen Boden Amerikas verpflanzt – die in ihrem Wesen enthaltenen Kräfte weiterentwickelt, aber mit einem unvergleichlich rascheren Tempo als im alten Europa, wo es eine ganze Reihe von Bremsklötzen gibt (moralische, intellektuelle, politische, ökonomische, die in bestimmten Gruppen der Bevölkerung verkörpert sind, Überbleibsel vergangener Regime, die nicht verschwinden wollen), die einem schnellen Prozess entgegenwirken und jede Initiative in Mittelmäßigkeit ausgleichen und in Zeit und Raum verwässern.

In England ist die Entwicklung ganz anders als in Frankreich. Die neue gesellschaftliche Gruppierung, die auf der Basis des modernen Industrialismus entstanden ist, nimmt eine erstaunliche korporativökonomische Entwicklung, schreitet aber im politisch-intellektuellen Bereich tastend voran. Sehr umfangreich die Kategorie der organischen Intellektuellen, die also auf demselben industriellen Terrain wie die ökonomische Gruppe entstanden sind, aber in der gehobeneren Sphäre finden wir die Quasi-Monopolstellung der alten Grundbesitzerklasse bewahrt, die ihre ökonomische Vorherrschaft verliert, auf lange hinaus aber eine intellektuell-politische Vorherrschaft bewahrt und als »traditionelle Intellektuelle« und führende Schicht von der neuen Gruppe an der Macht assimiliert wird. Die alte grundbesitzende Aristokratie schließt sich den Industriellen mit einem Typ von Verflechtung an, der in anderen Ländern genau derjenige ist, der die traditionellen Intellektuellen mit den neuen herrschenden Klassen verknüpft.

Das englische Phänomen hat sich auch in Deutschland gezeigt, kompliziert durch weitere geschichtliche und traditionelle Elemente. Deutschland ist wie Italien der Sitz einer universalistischen, übernationalen Institution und Ideologie gewesen (Heiliges Römisches Reich Deutscher Nation) und hat der mittelalterlichen Kosmopolis einen gewissen Umfang an Personal geliefert, wodurch die eigenen inneren Energien verarmten und Kämpfe hervorgerufen wurden, die von den Problemen nationaler Organisation ablenkten und die territoriale Zersplitterung des Mittelalters aufrechterhielten. Die industrielle Entwicklung ist unter einer halbfeudalen Hülle erfolgt, die bis November 1918 bestand, und die Junker* haben eine bedeutend stärkere intellektuell-politische Vorherrschaft aufrechterhalten als die entsprechende englische Gruppe. Sie sind die traditionellen Intellektuellen der deutschen Industriellen gewesen, aber mit besonderen Privilegien und einem starken Bewusstsein, eine unabhängige gesellschaftliche Gruppe zu sein, das auf dem Umstand beruhte, dass sie eine beträchtliche ökonomische Macht über den Boden innehatten, der hier »produktiver« als in England war. Die preußischen Junker* gleichen einer militärisch-priesterlichen Kaste, die ein Quasi-Monopol auf die organisierend-führenden Funktionen in der politischen Gesellschaft hat, gleichzeitig aber eine eigene ökonomische Basis hat und nicht ausschließlich von der Liberalität der herrschenden ökonomischen Gruppe abhängt. Außerdem stellten die Junker, im Unterschied zu den englischen grundbesitzenden Adligen, das Offizierskorps eines großen stehenden Heeres, was ihnen solide organisierende Kader gab, die für die Bewahrung des Korpsgeistes und des politischen Monopols günstig waren (in dem Buch *Parlament und Regierung im neugeordneten Deutschland* von Max Weber[3] lassen sich viele Elemente finden, die zeigen, wie das

* Deutsch im Original.

politische Monopol der Adligen die Heranbildung eines breiten und erfahrenen bürgerlichen politischen Personals verhindert hat und den Grund für die ständigen parlamentarischen Krisen und die Zersetzung der liberalen und demokratischen Parteien bildet; daher die Bedeutung des katholischen Zentrums und der Sozialdemokratie, denen es in der Kaiserzeit gelang, eine eigene, recht bemerkenswerte parlamentarische und führende Schicht heranzubilden).

In den Vereinigten Staaten ist in einem gewissen Ausmaß das Fehlen der traditionellen Intellektuellen und daher das andersartige Gleichgewicht der Intellektuellen im Allgemeinen zu vermerken. Es ist auf der industriellen Basis zu einer massiven Herausbildung aller modernen Superstrukturen gekommen. Die Notwendigkeit eines Gleichgewichts kommt nicht daher, dass die organischen Intellektuellen mit den traditionellen verschmolzen werden müssen, die es als kristallisierte und neuerungsfeindliche Kategorie nicht gibt, sondern daher, dass in einem einzigen nationalen Schmelztiegel einheitlicher Kultur unterschiedliche, von den Einwanderern verschiedener nationaler Herkunft mitgebrachte Kulturtypen verschmolzen werden müssen. Das Fehlen einer breiten Ablagerung traditioneller Intellektueller, wozu es in den Ländern mit alter Kultur gekommen ist, erklärt zum Teil sowohl die Existenz von nur zwei großen politischen Parteien, die in Wirklichkeit leicht auf eine einzige reduziert werden könnten (vgl. mit Frankreich, nicht nur dem der Nachkriegszeit, als die Vermehrung der Parteien eine allgemeine Erscheinung geworden ist), und umgekehrt die unbegrenzte Vermehrung der religiösen Sekten (mir scheint, dass mehr als 200 davon erfasst sind; vgl. mit Frankreich und den verbissenen Kämpfen, die ausgetragen wurden, um die religiöse und moralische Einheit des französischen Volkes zu bewahren).

Noch eine interessante Erscheinung ist an den Vereinigten Staaten zu untersuchen, und zwar das Sich-Herausbilden einer erstaunlichen Anzahl schwarzer Intellektueller, die sich die amerikanische Kultur und Technik aneignen. Man kann sich denken, welchen indirekten Einfluss diese schwarzen Intellektuellen auf die zurückgebliebenen Massen Afrikas ausüben können, und welchen direkten, wenn sich eine der folgenden Hypothesen bewahrheiten sollte: 1. dass der amerikanische Expansionismus sich der Schwarzen der Nation als seiner Akteure bedient, um die afrikanischen Märkte zu erobern und dort den eigenen Kulturtypus[3a] auszubreiten (dergleichen ist bereits geschehen, aber ich weiß nicht, in welchem Umfang); 2. dass die Kämpfe für die Vereinheitlichung des amerikanischen Volkes sich in solchem Ausmaß verschärfen, dass sie den Exodus der Schwarzen und die Rückkehr derjenigen intellektuellen Elemente nach Afrika auslösen, die am unabhängigsten und energischsten und daher am wenigsten geneigt sind, sich einer Gesetzgebung zu unterwerfen, die möglicherweise noch erniedrigender wäre als die gegenwärtig verbreitete Praxis. Zwei grundlegende Fragen würden entstehen: 1. die der Sprache, das heißt, könnte das Englische die Bildungssprache Afrikas werden und das vorhandene Gewimmel von Dialekten vereinheitlichen? 2. ob diese intellektuelle Schicht eine solche Assimilations- und Organisationsfähigkeit haben kann, um das gegenwärtig vorhandene primitive Gefühl einer verachteten Rasse »national« werden zu lassen, indem sie den afrikanischen Kontinent zum Mythos und zur Funktion eines gemeinsamen Vaterlandes aller Schwarzen erhöbe. Mir scheint, dass die Schwarzen Amerikas einstweilen einen eher negativen als positiven Rassen- und Nationalgeist haben dürften, nämlich hervorgerufen durch den Kampf, den die Weißen führen, um sie zu isolieren und zu demütigen: aber war das nicht auch bei den Juden bis zum Ende des 18. Jahrhunderts der Fall? Das bereits amerikanisierte Liberia mit englischer Amtssprache könnte das Zion der amerikanischen Schwarzen werden, mit der Tendenz, sich zum afrikanischen Piemont zu machen.

In Süd- und Mittelamerika ist die Frage der Intellektuellen meines Erachtens unter Berücksichtigung folgender Grundbedingungen zu untersuchen: Auch in Süd- und Mittelamerika gibt es keine breite Kategorie traditioneller Intellektueller, aber die Sache verhält sich anders als in den Vereinigten Staaten. Wir finden in der Tat an der Basis der Entwicklung dieser Länder die Kader der spanischen und portugiesischen Kultur[3b] des 16. und 17. Jahrhunderts vor, die durch die Gegenreformation und den parasitären Militarismus geprägt sind. Die heute noch widerstandsfähigen Kristallisierungen sind in diesen Ländern der Klerus und eine Militärkaste, zwei Kategorien traditioneller Intellektueller, versteinert in der Form des europäischen Mutterlandes. Die industrielle Basis ist sehr schmal und hat keine komplexen Superstrukturen entwickelt: die übergroße Anzahl der Intellektuellen ist ländlichen Typs, und da das Latifundium dominiert, mit ausgedehnten kirchlichen Besitztümern, sind diese Intellektuellen an den Klerus und die Großgrundbesitzer gebunden. Die nationale Zusammensetzung ist auch unter den Weißen sehr unausgeglichen, wird aber noch kompliziert durch die beträchtlichen Massen von Indios, die in einigen Ländern die Mehrheit der Bevölkerung ausmachen. Man kann im Allgemeinen sagen, dass es in diesen Regionen Amerikas noch eine Situation nach der Art des Kulturkampfes* oder des Dreyfus-Prozesses gibt, das heißt eine Situation, in der das weltliche und bürgerliche[3c] Element noch nicht die Phase der Unterordnung der Interessen und des Einflusses der Klerikalen und der Militärs unter die weltliche Politik des modernen Staates erreicht hat. So kommt es, dass aus Opposition gegen den Jesuitismus die Freimauerei und ein kultureller Organisationstypus wie die »positivistische Kirche«[3d] viel Einfluss haben. Die Ereignisse der letzten Zeit (November 1930), von Calles' Kulturkampf* in Mexiko bis zu den popular-militärischen Aufständen in Argentinien, Brasilien, Peru, Chile, Bolivien[3e] beweisen genau die Richtigkeit dieser Bemerkungen.

Andere Typen der Herausbildung der Intellektuellenkategorien und ihrer Beziehungen zu den nationalen Kräften lassen sich in Indien, China und Japan finden. In Japan haben wir eine Herausbildung englischen und deutschen Typs, das heißt die einer industriellen Zivilisation, die sich innerhalb einer bürokratisch-feudalen Hülle mit eigenen unverwechselbaren Merkmalen entwickelt.

In China gibt es das Phänomen der Schrift, Ausdruck der vollständigen Trennung der Intellektuellen vom Volk. In Indien und China zeigt sich der riesige Abstand zwischen den Intellektuellen und dem Volk außerdem auf religiösem Gebiet. Das Problem der unterschiedlichen Glaubensformen und des Unterschieds in der Auffassung und Ausübung derselben Religion zwischen den verschiedenen Schichten der Gesellschaft, aber vor allem zwischen Klerus und Intellektuellen und Volk, müsste im Allgemeinen studiert werden, weil es sich überall in einem gewissen Ausmaß zeigt, obwohl es in den Ländern Ostasiens die extremsten Erscheinungsformen annimmt. In den protestantischen Ländern ist der Unterschied relativ gering (die Vermehrung der Sekten hängt mit dem Anspruch einer vollständigen Verflechtung von Intellektuellen und Volk zusammen, was in der Sphäre der höheren Organisation alle Ungereimtheiten der wirklichen Auffassung der Volksmassen reproduziert). Er ist sehr beträchtlich in den katholischen Ländern, aber in unterschiedlichen Ausmaßen: nicht so groß im katholischen Deutschland und in Frankreich, größer in Italien, besonders im Süden und auf den Inseln; enorm groß auf der iberischen Halbinsel und in den Ländern Lateinamerikas. Das Phänomen nimmt in den orthodoxen Ländern an Bedeutung zu, wo man von drei Stufen derselben Religion sprechen muss: der des hohen Klerus und der

* Deutsch im Original.

Mönche, der des weltlichen Klerus und der des Volkes. Es wird absurd in Ostasien, wo die Religion des Volkes oft nichts mit derjenigen der Bücher zu schaffen hat, obwohl man beiden den gleichen Namen gibt.

Verschiedene Aspekte der Intellektuellenfrage, neben den oben angedeuteten. Es ist erforderlich, einen organischen, systematischen und durchdachten Aufriss davon zu machen. Verzeichnis der Tätigkeiten vorwiegend intellektueller Art. An die kulturelle Tätigkeit gebundene Institutionen. Methode und Methodenprobleme der intellektuellen und kulturellen Arbeit, der schöpferischen wie der popularisierenden. Schule, Akademie, Zirkel verschiedenen Typs als Institutionen gemeinschaftlicher Ausarbeitung des kulturellen Lebens. Zeitschriften und Zeitungen als Mittel, um bestimmte Typen von Kultur zu organisieren und zu verbreiten.

Man kann im Allgemeinen beobachten, dass in der modernen Zivilisation alle praktischen Tätigkeiten derart komplex geworden und die Wissenschaften derart mit dem Leben verflochten sind, dass jede praktische Tätigkeit dazu tendiert, eine Schule für die eigenen Führungskräfte und Spezialisten und damit eine Gruppe spezialisierter Intellektueller höheren Grades zu schaffen, die an diesen Schulen unterrichten.[Of]

H. 15, § ⟨44⟩. *Italienisches Risorgimento.* Vgl. Salvatore Valituttis Artikel *Die Großindustrie in Italien* in der »Educazione Fascista« vom Februar 1933, skizzenhaft und mit knappen Anspielungen geschrieben, aber ziemlich interessant und bei Gelegenheit wieder anzusehen.

Es ist freilich nicht zutreffend, die Frage so zu stellen: »Gewiss war ⟨…⟩ die Ökonomie Süditaliens landwirtschaftlich, feudal und die des übrigen Italiens industrieller und moderner«. In Süditalien gab es und gibt es eine bestimmte landwirtschaftliche Tätigkeit, und der Agrarprotektionismus nützte mehr dem Norden als dem Süden, weil die Protektion auf dem Getreide lag, dessen großer Produzent der Norden war (relativ größer als der Süden). Der Unterschied zwischen Nord und Süd lag auch und besonders in der sozialen Zusammensetzung, in der unterschiedlichen Stellung der Bauernmassen, die im Süden mit ihrer Arbeit eine zu große Menge an ökonomisch passiver Bevölkerung, an Rentiers usw. unterhalten mussten. Man kann auch nicht sagen, dass »die Praxis der Sammlung und der Bescheidenheit« in den ersten dreißig Jahren des Königreichs – eine bescheidenere Praxis als die, welche man in Wirklichkeit hatte – »den Fortschritt der mehr Bewegung und Reichtum verlangenden wirtschaftlichen

Tätigkeiten zum Stillstand gebracht hätte und, wäre sie im Interesse des Süditalieners ausgeübt worden, dazu geführt hätte, das Leben in Italien auf der Basis des Königreichs von Neapel neu zu begründen und zu reorganisieren«[1]. Warum denn im Interesse des Süditalieners ausgeübt? Im Interesse aller neuen, einander angeglichenen und nicht durch Privilegien hierarchisierten nationalen Kräfte. Stattdessen wurde die rückständige Struktur im Süden ausgebeutet, auf Dauer gestellt und sogar vertieft, um das Sparaufkommen seiner parasitären Klassen in den Norden zu leiten.

Auch die Funktion der sozialistischen Bewegung bei der Formierung des modernen Italiens wird in vieler Hinsicht ungenau dargestellt, auch wenn sie hervorgehoben und gelobt wird. Bonomis Position war eine Karikatur derjenigen, die von Engels in der »Critica Sociale« (erste Jahrgänge)[2] entworfen worden war, und in diesem Sinne war die syndikalistische Reaktion natürlich, die sich teilweise an den Hinweisen von Engels inspirierte und in der Tat eher meridionalistisch war usw. (Valitutti muss sich auf meinen Artikel über die Südfrage beziehen[3].) Zu Bonomis Position wird sein Buch über die *Neuen Wege*[4] anzusehen sein, in dem die ganze Frage organischer dargestellt sein soll.

H. 15, § ⟨52⟩. *Italienisches Risorgimento.* Reihe von Interpretationen. Zu Rossellis Buch über Pisacane[1]. Die Interpretationen der Vergangenheit, wenn nach den Mängeln und den Irrtümern (gewisser Parteien oder Strömungen) dieser Vergangenheit gefahndet wird, sind nicht »Geschichte«, sondern aktuelle Politik in nuce. Das ist der Grund, warum die »Wenn und Aber« nur selten langweilen. Es muss gesagt werden, dass die »Interpretationen« des Risorgimento in Italien mit einer Reihe von Tatsachen verknüpft sind: 1. zu erklären, warum das sogenannte »Wunder« des Risorgimento geschehen ist: das heißt, man gibt zu, dass die aktiven Kräfte für die Einheit und die Unabhängigkeit gering waren und das Ereignis nicht allein mit solchen Kräften erklärt werden kann, aber im Übrigen will man es aus Gründen der nationalen Politik nicht offen zugeben und konstruiert historische Romane; 2. um den Vatikan nicht anzutasten; 3. um das »Bandenwesen« im Süden nicht rational zu erklären; 4. später, um sich die Schwäche des Staates während der Afrikakriege zu erklären (davon gingen speziell Oriani und dann die Oriani-Anhänger aus), um Caporetto zu erklären und das elementare Umstürzlertum der Nachkriegszeit mit seinen direkten und indirekten Folgen.

Die Schwäche einer solchen »Interpretations«-Richtung besteht darin, dass sie ein rein intellektuelles Faktum blieb, nicht zur Voraussetzung für eine nationale politische Bewegung wurde. Erst mit Piero Gobetti begann sich das abzuzeichnen, und in einer Biografie Gobettis müsste daran erinnert werden: deshalb hebt sich Gobetti von den Oriani-Anhängern und von Missiroli ab. Mit Gobetti muss Dorso hervorgehoben werden und als Schatten im Spiel Giovanni Ansaldo, der mehr Intellektueller ist als Missiroli. (Ansaldo ist »der Mensch Guicciardinis«, der zum Ästheten und Literaten geworden ist und De Sanctis' Seiten über den Menschen Guicciardinis gelesen hat. Von Ansaldo ließe sich sagen: »Eines Tages las der Mensch Guicciardinis De Sanctis' Seiten über sich selbst und verkleidete sich zuerst als G. Ansaldo, später als schwarzes Sternchen: aber sein ›Partikulares‹ zu verkleiden, das gelang ihm nicht ...«)

Eine Frage, die Rosselli in *Pisacane* nicht richtig stellt, ist folgende: Wie kann eine führende Klasse die Volksmassen führen, das heißt »führend« sein; Rosselli hat nicht studiert, was der französische »Jakobinismus« gewesen ist und wie die Angst vor dem Jakobinismus das nationale Handeln geradezu gelähmt hat. Außerdem erklärt er nicht, warum sich bei Pisacane und dann bei Mazzini der Mythos vom »Mezzogiorno als der Pulverkammer Italiens« gebildet hat. Dieser Punkt ist jedoch grundlegend, um Pisacane und die Herkunft seiner Ideen, welche dieselben sind wie bei Bakunin, zu verstehen usw. So kann man in Pisacane nicht einen »Vorläufer« Sorels[2] in actu sehen, sondern einfach ein Exemplar des »Nihilismus« russischen Ursprungs [und der Theorie der schöpferischen »Allzerstörung« (auch mit der Unterwelt)]. Die »Volksinitiative« nimmt von Mazzini bis Pisacane die Färbung der extremen »populistischen« Tendenzen an. (Vielleicht ist der von Ginzburg in der »Cultura« von 1932 angedeutete Zusammenhang mit Herzen zu vertiefen[3].) Auch der Brief an die Verwandten nach der Flucht mit einer verheirateten Frau könnte von Basarow aus *Väter und Söhne* unterschrieben sein (der Brief ist in der »Nuova Antologia« von 1932 in voller Länge veröffentlicht)[4]: darin ist die ganze aus der Natur abgeleitete Moral, wie sie die Naturwissenschaft und der philosophische Materialismus darstellt. Es dürfte so gut wie unmöglich sein, Pisacanes »Bücherbildung« zu rekonstruieren und die »Quellen« seiner Begriffe zu bestimmen: die einzige Vorgehensweise ist die der Rekonstruktion eines gewissen intellektuellen Milieus einer gewissen politischen Emigration nach '48 in Frankreich und in England, einer »gesprochenen Kultur« ideologischer Kommunikationen, die über die Diskussionen und Gespräche zustande kamen.

H. 15, §⟨59⟩. *Italienisches Risorgimento.* ⟨I⟩. Die Funktion Piemonts im italienischen Risorgimento ist die einer »führenden Klasse«. In Wirklichkeit handelt es sich nicht darum, dass auf dem gesamten Gebiet der Halbinsel Kerne einer homogenen führenden Klasse existierten, deren unwiderstehliche Tendenz zur Vereinheitlichung die Formierung des neuen italienischen Nationalstaats bewirkt hätte. Diese Kerne existierten zweifellos, aber ihre Vereinigungstendenz war sehr problematisch, und was am meisten zählt, keine war in ihrem Bereich »führend«. Der Führende setzt den »Geführten« voraus, und wer wurde von diesen Kernen geführt? Diese Kerne wollten niemanden »führen«, das heißt, sie wollten ihre Interessen und Ansprüche nicht mit den Interessen und Ansprüchen anderer Gruppen abstimmen. Sie wollten »herrschen«, nicht »führen«, und außerdem: sie wollten, dass ihre Interessen herrschten, nicht ihre Personen, das heißt, sie wollten, dass eine neue Kraft, unabhängig von jedem Kompromiss und jeder Bedingung, zum Schiedsrichter der Nation würde: Diese Kraft war Piemont und daher die Funktion der Monarchie. Piemont hatte damit eine Funktion, die unter gewissen Gesichtspunkten mit derjenigen der Partei verglichen werden kann, das heißt mit dem Führungspersonal einer gesellschaftlichen Gruppe (und man sprach tatsächlich stets von »piemontesischer Partei«); mit der Bestimmung, dass es sich um einen Staat mit einem Heer, einer Diplomatie usw. handelte.

Diese Tatsache ist für den Begriff der »passiven Revolution« von größter Bedeutung: dass nämlich nicht eine gesellschaftliche Gruppe die Führerin anderer Gruppen ist, sondern dass ein Staat, wenn auch als Macht eingeschränkt, der »Führer« der Gruppe ist, die eigentlich die führende sein müsste, und dieser ein Heer und eine diplomatisch-politische Gewalt zur Verfügung stellen kann. Man kann sich darauf beziehen, was in der internationalen historisch-politischen Sprache die Funktion »Piemonts« genannt worden ist. Das Vorkriegs-Serbien gebärdete sich als »Piemont« des Balkans. (Übrigens war Frankreich nach 1789 viele Jahre lang bis zum Staatsstreich Louis-Napoléons in diesem Sinne das Piemont Europas.) Dass Serbien nicht so erfolgreich war wie Piemont, ist der Tatsache geschuldet, dass es in der Nachkriegszeit zu einem politischen Erwachen der Bauern gekommen ist, das es nach 1848 nicht gab. Wenn man näher untersucht, was im Königreich Jugoslawien geschieht, sieht man, dass in ihm die »serbistischen« oder die serbische Hegemonie begünstigenden Kräfte diejenigen sind, welche die Agrarreform ablehnen. Wir finden einen antiserbischen ländlich-intellektuellen Block und die konservativen Kräfte, die sowohl in Kroatien wie in den anderen nicht-serbischen

Regionen für Serbien sind[1]. Auch in diesem Fall gibt es keine »führenden« lokalen Kerne, sondern von der serbischen Kraft geführte, während die umstürzlerischen Kräfte keine große Bedeutung als gesellschaftliche Funktion haben. Dem oberflächlichen Betrachter der serbischen Dinge würde sich die Frage stellen, was geschehen wäre, wenn es das sogenannte Bandenunwesen, das es im Gebiet um Neapel und in Sizilien zwischen ⟨18⟩60 und ⟨18⟩70 gab, nach 1919 gegeben hätte. Zweifellos ist es dasselbe Phänomen, aber das gesellschaftliche Gewicht und die politische Erfahrung der Bauernmassen nach 1919 unterscheiden sich eindeutig von denen nach 1848.

Es kommt darauf an, die Bedeutung zu vertiefen, die eine Funktion vom Typ »Piemont« in den passiven Revolutionen hat, das heißt die Tatsache, dass sich ein Staat bei der Führung in einem Kampf um Erneuerung an die Stelle der lokalen gesellschaftlichen Gruppen setzt. Es ist einer der Fälle, in denen man es mit der Funktion der »Herrschaft« und nicht der »Führung« in diesen Gruppen zu tun hat: Diktatur ohne Hegemonie. Die Hegemonie wird die eines Teils der gesellschaftlichen Gruppe über die Gesamtgruppe sein, nicht dieser über andere Kräfte, um die Bewegung zu stärken, sie nach dem »jakobinischen« Modell zu radikalisieren usw.

II. Untersuchungen, die darauf zielen, die Analogien zwischen der auf den Sturz Napoleons folgenden Periode und der auf den Krieg von ⟨19⟩14–18 folgenden zu fassen[2]. Die Analogien werden einzig unter zwei Gesichtspunkten gesehen: die der Gebietsaufteilung und die auffälligere und oberflächlichere des Versuchs, den internationalen Beziehungen eine stabile rechtliche Organisation zu geben (Heilige Allianz, Völkerbund). Es scheint dagegen, dass der zu untersuchende wichtigste Zug derjenige ist, der »passive Revolution« genannt worden ist, ein Problem, das nicht auffallend hervortritt, weil eine äußere Parallele zum Frankreich zwischen 1789 und 1815 fehlt. Und doch erkennen alle, dass der Krieg von ⟨19⟩14–18 einen historischen Bruch in dem Sinne darstellt, dass eine ganze Reihe von Fragen, die sich vor 1914 molekular ansammelten, eben einen »Haufen« ergeben haben, der die allgemeine Struktur des vorangehenden Prozesses verändert hat: man denke nur an die Bedeutung, die das syndikale Phänomen gewonnen hat: ein allgemeiner Terminus, in dem unterschiedliche Entwicklungsprobleme und -prozesse von unterschiedlicher Wichtigkeit und Bedeutung zusammenkommen (Parlamentarismus, Industrieorganisation, Demokratie, Liberalismus usw.), der aber objektiv die Tatsache spiegelt, dass sich eine neue gesellschaftliche Kraft gebildet hat, ein nicht mehr zu vernachlässigendes Gewicht hat, usw. usf.

H. 13, §⟨29⟩. *Voluntarismus*[0] *und gesellschaftliche Massen.* In einer ganzen Reihe von Fragen sowohl der Rekonstruktion der vergangenen Geschichte als auch der politisch-geschichtlichen Analyse der Gegenwart wird folgendes Element nicht berücksichtigt: dass die Unternehmungen und die Organisationen von Freiwilligen von den Unternehmungen und den Organisationen »homogener gesellschaftlicher Blöcke« unterschieden und anders als diese beurteilt werden müssen (es ist klar, dass man unter Freiwilligen nicht die Elite verstehen darf, wenn diese ein organischer Ausdruck der gesellschaftlichen Masse ist, sondern die des Freiwilligen, der aus willkürlichem individuellem Antrieb von der Masse losgelöst ist und häufig im Gegensatz zur Masse steht oder ihr gegenüber gleichgültig ist). Dieses Element ist von Bedeutung insbesondere für Italien: 1. wegen der traditionell apolitischen Haltung und der Passivität unter den großen Volksmassen, wobei es als natürliche Reaktion eine relative Leichtigkeit bei der »Rekrutierung von Freiwilligen« gibt; 2. wegen der Sozialverfassung Italiens, deren eines Element die ungesunde Menge ländlicher Bürger oder solcher ländlichen Typs, mittlerer und kleiner, ist, aus denen sich viele Intellektuelle herausbilden, die unruhig und daher leicht »Freiwillige« für jede auch noch so bizarre, irgendwie umstürzlerische (rechts- oder linksgerichtete) Initiative sind; 3. die Masse an Landarbeitern und Lumpenproletariat*, die in Italien drastisch die Klasse der »Hungerleider« genannt werden. Bei der Analyse der politischen Parteien Italiens kann man sehen, dass diese immer solche von »Freiwilligen«, gewissermaßen von verkrachten Existenzen, gewesen sind und nie oder fast nie von homogenen gesellschaftlichen Blöcken. Eine Ausnahme ist die cavourianische historische Rechte gewesen und von daher ihre organische, permanente Überlegenheit über die mazzinianische und garibaldinische sogenannte Aktionspartei, die der Prototyp aller späteren italienischen »Massen«-Parteien gewesen ist, die in Wirklichkeit keine solche waren (also keine homogenen gesellschaftlichen Gruppen organisierten), sondern Zigeuner- und Nomadenlager der Politik. Eine einzige Analyse solcher Art (aber ungenau und gallertenhaft, nur unter einem »soziologisch-statistischen« Gesichtspunkt) kann man in Robert Michels' Band *Bürgertum und Proletariat*[1] finden.

Die Position Gottliebs[2] war genau derjenigen der Aktionspartei ähnlich, das heißt zigeuner- und nomadenhaft: das gewerkschaftliche Interesse war sehr oberflächlich und polemischen Ursprungs,

* Deutsch im Original.

nicht systematisch, nicht organisch und konsequent, nicht nach gesellschaftlicher Homogenität strebend, sondern paternalistisch und formalistisch.

H. 8, §⟨119⟩. *Vergangenheit und Gegenwart. Ereignisse vom Juni 1914.* Den Artikel von Rerum Scriptor über das Fehlen eines Programms in diesen Ereignissen erwähnen[1]. Es ist merkwürdig, dass Rerum Scriptor nicht bemerkt hat, dass jene Ereignisse von großer Bedeutung waren, weil sie die Beziehungen zwischen Nord und Süd, zwischen den städtischen Klassen des Nordens und den ländlichen Klassen des Südens erneuerten. Auch wenn der Vorfall, der die Ereignisse auslöste, sich in Ancona zutrug, ist darauf hinzuweisen, dass der wirkliche Ursprung das typisch »südliche« Massaker von Roccagorga war, und dass es darum ging, sich der traditionellen Politik Giolittis, aber auch der Regierungen aller anderen Parteien zu widersetzen, die Bauern des Südens sofort standrechtlich zu erschießen, die einen auch nur friedlichen Protest gegen die Missregierung und die schlechten Verwaltungen der Freunde aller Regierungen erhoben. Auch an das Adjektiv »schändlich« ist zu erinnern, das Adolfo Omodeo benutzte, um diese Ereignisse zu charakterisieren (vgl. »Critica« vom 20. Januar 1932, *Momente des Kriegslebens*, S. 29–30). Omodeo spricht von »Ignazio di Trabia (Zweitgeborener des Fürsten Peter)«, der als Kavallerieoffizier im Juni 1914 »in den Straßen Roms die Menge während der schändlichen roten Woche angreifen musste. Es erfüllte ihn mit tiefem Abscheu. Er schrieb: ›Es ist eine wirklich schlimme Stunde für ganz Italien gewesen, und wir alle müssen sie bedauern. Das Land hat ein geradezu unzivilisiertes Schauspiel geboten. Das war kein usw.‹«[2] Man müsste diesen Worten des Prinzen von Trabia die Aussagen der Bauern von Roccagorga in dem in Mailand gegen Mussolini und Scalarini geführten Prozess gegenüberstellen[3]. Es ist jedoch anzumerken, dass Adolfo Omodeo, ein klassischer Liberaler, die aus der Verteidigung der Bauern des Südens hervorgegangenen Ereignisse mit den Worten eines sizilianischen Großgrundbesitzers kommentiert, der einer der Organisatoren der erniedrigenden Bedingungen der Bauern des Südens ist. [Und hinsichtlich der Oberflächlichkeit des Historikers und der politischen Inkonsequenz Omodeos muss diese Haltung mit derjenigen verglichen werden, die aus dem Buch *Das Zeitalter des italienischen Risorgimento*[4] hervorgeht, worin Omodeo die entwürdigenden Bedingungen der Bauernschaft des Südens als Ursache für die Verspätung des italienischen Risorgimento hervorhebt].

H. 19, §⟨24⟩. *Das Problem der politischen Führung in der Formierung und in der Entwicklung der Nation und des modernen Staates in Italien.* Das ganze Problem des Zusammenhangs zwischen den verschiedenen politischen Strömungen des Risorgimento, das heißt ihrer wechselseitigen Beziehungen und ihrer Beziehungen zu den homogenen oder untergeordneten gesellschaftlichen Gruppen, die es in den verschiedenen historischen Untergliederungen (oder Sektoren) des nationalen Territoriums gab, läuft auf folgende Grundtatsache hinaus: Die Moderati repräsentierten eine relativ homogene gesellschaftliche Gruppe, weshalb ihre Führung relativ begrenzten (und in jedem Fall einer Linie organisch progressiver Entwicklung entsprechenden) Schwankungen unterlag, während die sogenannte Aktionspartei sich auf keine geschichtliche Klasse im Besonderen stützte und die Schwankungen, denen ihre Führungsorgane unterlagen, sich letztlich gemäß den Interessen der Moderati gestalteten, das heißt, geschichtlich wurde die Aktionspartei von den Moderati gelenkt: die Viktor Emanuel II. zugeschriebene Äußerung, er habe die Aktionspartei »in der Tasche« oder so ähnlich[1], trifft praktisch zu, und nicht nur wegen der persönlichen Kontakte des Königs mit Garibaldi, sondern weil die Aktionspartei tatsächlich »indirekt« von Cavour und dem König geführt wurde. Das methodologische Kriterium, auf welches die eigene Untersuchung gegründet werden muss, ist folgendes: dass sich die Suprematie einer gesellschaftlichen Gruppe auf zweierlei Weise äußert, als »Herrschaft« und als »intellektuelle und moralische Führung«. Eine gesellschaftliche Gruppe ist herrschend gegenüber den gegnerischen Gruppen, die sie »auszuschalten« oder auch mit Waffengewalt zu unterwerfen trachtet, und sie ist führend gegenüber den verwandten und verbündeten Gruppen. Eine gesellschaftliche Gruppe kann und muss sogar bereits führend sein, bevor sie die Regierungsmacht erobert (das ist eine der Hauptbedingungen für die Eroberung der Macht); danach, wenn sie die Macht ausübt und auch fest in Händen hält, wird sie herrschend, muss aber weiterhin auch »führend« sein. Die Moderati führten die Aktionspartei auch nach 1870 und 1876 weiter, und der sogenannte »Transformismus« ist lediglich der parlamentarische Ausdruck dieses intellektuellen, moralischen und politischen hegemonialen Handelns gewesen[1a]. Man kann sogar sagen, dass das gesamte staatliche Leben Italiens seit 1848 durch den »Transformismus« geprägt ist, das heißt durch die Herausbildung einer immer breiteren führenden Klasse innerhalb des nach 1848 und nach dem Fall der neoguelfischen und föderalistischen Utopien von den Moderati festgesetzten Rahmens, unter schrittweiser, aber stetiger und mit in ihrer Wirksamkeit unterschiedlichen Methoden erreichter Absorption der aktiven Elemente, die aus den verbündeten Gruppen hervorgegangen sind und auch aus den gegnerischen, die unversöhnlich feindlich schienen. In diesem Sinne ist die politische Führung zu einem Aspekt der Herrschaftsfunktion geworden, insofern die Absorption der Eliten der feindlichen Gruppen zu deren Enthauptung und Vernichtung für einen oftmals sehr langen Zeitraum führt. Aus der Politik der Moderati geht klar hervor, dass es eine »hegemoniale Tätigkeit« auch vor der Machtübernahme geben kann und muss und dass man nicht nur auf die materielle Stärke, welche die Macht verleiht, zählen darf, um eine wirkungsvolle Führung auszuüben: gerade die brillante Lösung dieser Probleme hat das Risorgimento in den Formen und in den Grenzen ermöglicht, in denen es sich vollzogen hat, ohne »Terreur«, als »Revolution ohne Revolution« oder als »passive Revolution«, um einen Ausdruck Cuocos in einem etwas anderen Sinn zu gebrauchen, verglichen zu dem, was Cuoco damit sagen will[2].

In welchen Formen und mit welchen Mitteln gelang es den Moderati, den Apparat (den Mechanismus) ihrer intellektuellen, moralischen und politischen Hegemonie zu errichten? In Formen und mit Mitteln, die »liberal« genannt werden können, das heißt durch die individuelle, »molekulare«, »private« Initiative (das heißt nicht durch ein Parteiprogramm, das vor der praktischen und organisatorischen Tätigkeit nach einem Plan ausgearbeitet und aufgestellt worden wäre). Dies war übrigens »normal« in Anbetracht der Struktur und Funktion der von den Moderati repräsentierten gesellschaftlichen Gruppen, deren führende Schicht, die »Intellektuellen« in organischem Sinn, die Moderati waren. Für die Aktionspartei stellte sich das Problem auf andere Weise, und andere Organisationsweisen hätten angewandt werden müssen. Die Moderati waren Intellektuelle, die schon aufgrund des organischen Charakters ihrer Beziehungen zu den gesellschaftlichen Gruppen, deren Ausdruck sie waren, auf natürliche Weise »verdichtet« waren (für eine ganze Reihe von ihnen verwirklichte sich die Identität von Repräsentiertem und Repräsentant, das heißt, die Moderati waren eine wirkliche, organische Avantgarde der Oberklassen, weil sie selbst ökonomisch den Oberklassen angehörten: sie waren Intellektuelle und politische Organisatoren und zugleich Betriebsleiter, Großgrundbesitzer oder Gutsverwalter, Handels- und Industrieunternehmer usw.). Durch diese organische Verdichtung oder Konzentration übten die Moderati auf »spontane« Weise eine mächtige Anziehungskraft auf die ganze Masse Intellektueller jeden Grades aus, die es auf der Halbinsel in »verstreutem«, »molekularem« Zustand für den wenn auch nur elementar befriedigten Bedarf der Bildung und Verwaltung gab. Es erweist sich hier die methodologische Konsistenz eines Kriteriums politisch-historischer Forschung: Es gibt keine unabhängige Intellektuellenklasse, sondern jede gesellschaftliche Gruppe hat eine eigene Intellektuellenschicht oder tendiert dazu, sie sich zu bilden; aber die Intellektuellen der historisch (und realistisch gesehen) progressiven Klasse üben unter den gegebenen Umständen eine solche Anziehungskraft aus, dass sie sich schließlich und endlich die Intellektuellen der anderen gesellschaftlichen Gruppen unterordnen und folglich ein System der Solidarität aller Intellektuellen mit Bindungen psychologischer (Eitelkeit usw.) und häufig kastenmäßiger (rechtlich-technischer, korporativer usw.) Art schaffen.

Dieser Tatbestand tritt »spontan« in den geschichtlichen Phasen auf, in denen die gegebene gesellschaftliche Gruppe wirklich progressiv ist, das heißt, die ganze Gesellschaft wirklich vorantreibt, indem sie nicht nur ihren existenziellen Erfordernissen nachkommt, sondern ihre eigenen Kader durch eine fortwährende Inbesitznahme neuer produktiv-ökonomischer Tätigkeitsbereiche erweitert. Sobald die herrschende gesellschaftliche Gruppe ihre Funktion erschöpft hat, neigt der ideologische Block zum Zerfall, und die »Spontaneität« kann dann ersetzt werden durch den »Zwang« in immer weniger verhüllten und indirekten Formen bis hin zu regelrechten Polizeimaßnahmen und Staatsstreichen.

Die Aktionspartei konnte ihrer Natur nach nicht nur diese Anziehungskraft nicht haben, sondern war im Gegenteil ihrerseits angezogen und beeinflusst, sowohl aufgrund der Atmosphäre der Einschüchterung (Panik eines terroristischen ⟨17⟩93, die durch die Ereignisse ⟨18⟩48–49 in Frankreich verstärkt worden war), die sie zögern ließ, bestimmte Forderungen des Volkes in ihr Programm aufzunehmen (zum Beispiel die Agrarreform), als auch, weil einige ihrer bedeutendsten Persönlichkeiten (Garibaldi), wenn auch nur sporadisch (»Schwankungen«), in einem persönlichen Verhältnis der Unterordnung zu den Führern der Moderati standen. Damit die Aktionspartei eine autonome Kraft hätte werden und es ihr letztlich hätte gelingen können, der Bewegung des Risorgimento zumindest einen betonter popularen und demokratischen Charakter zu verleihen (zu mehr konnte sie es angesichts der grundsätzlichen Voraussetzungen der Bewegung selbst vielleicht nicht bringen), hätte sie der »empirischen« Aktivität der Moderati (die nur eine sozusagen empirische war, weil sie vollkommen dem Zweck entsprach) ein organisches Regierungsprogramm entgegensetzen müssen, das die wesentlichen Forderungen der Volksmassen, in erster Linie der Bauern, widerspiegelt hätte: der »spontanen Anziehung«, die von den Moderati ausging, hätte sie planmäßig »organisiert« einen Widerstand und eine Gegenoffensive entgegensetzen müssen.

Als typisches Beispiel spontaner Anziehung der Moderati muss an die Entstehung und Entwicklung der »liberalkatholischen« Bewegung erinnert werden, die das Papsttum sehr beeindruckte und der es teilweise gelang, dessen Bewegungen zu lähmen, indem sie es demoralisierte, es anfangs – mit den liberalismusfreundlichen Bekundungen Pius' IX. – zu sehr nach links und später in eine Position weiter rechts von der, die es hätte einnehmen können, trieb und somit schließlich seine Isolation auf der Halbinsel und in Europa bewirkte. Das Papsttum hat in der Folgezeit gezeigt, dass es die Lektion gelernt hatte, und daher in jüngerer Zeit glänzend zu manövrieren gewusst: erst der Modernismus und dann der Popolarismus sind ähnliche Bewegungen wie die liberalkatholische des Risorgimento, die zu einem großen Teil der spontanen Anziehung zu verdanken sind, die der moderne Historismus der laizistischen Intellektuellen der Oberklassen einerseits und andererseits die praktische Bewegung der Philosophie der Praxis ausgeübt haben. Das Papsttum hat den Modernismus als reformatorische Tendenz der Kirche und der katholischen Religion angegriffen, hat aber den Popolarismus, das heißt die sozialökonomische Basis des Modernismus, entwickelt und macht heute, unter Pius XI., das Kernstück seiner Weltpolitik daraus.

Der Aktionspartei dagegen fehlte sogar ein konkretes Regierungsprogramm. Sie war im Wesentlichen immer und vor allem ein Agitations- und Propagandaorganismus im Dienst der Moderati. Die inneren Streitigkeiten und Konflikte der Aktionspartei, der fürchterliche Hass, den Mazzini bei den verdienstvollsten Männern der Aktion (Garibaldi, Felice Orsini usw.) gegen seine Person und sein Handeln erregte, ergaben sich aus dem Fehlen einer festen politischen Führung. Die inneren Auseinandersetzungen waren zu einem großen Teil ebenso abstrakt wie Mazzinis Predigt, doch lassen sich ihnen nützliche historische Hinweise entnehmen (repräsentativ für alle sind die Schriften Pisacanes, der im Übrigen irreparable politische und militärische Fehler beging, wie die Opposition gegen die Militärdiktatur Garibaldis in der Römischen Republik). Die Aktionspartei war von der rhetorischen Tradition der italienischen Literatur durchdrungen: sie verwechselte die auf der Halbinsel bestehende kulturelle Einheit – die aber auf eine hauchdünne Bevölkerungsschicht beschränkt und vom vatikanischen Kosmopolitismus verseucht war – mit der politischen und territorialen Einheit der großen Volksmassen, die jener kulturellen Tradition fremd gegenüberstanden und sich nicht um sie scherten, wenn sie überhaupt von ihrer Existenz wussten. Man kann einen Vergleich zwischen den Jakobinern und der Aktionspartei anstellen. Die Jakobiner kämpften unermüdlich, um eine Verbindung zwischen Stadt und Land sicherzustellen, und das gelang ihnen erfolgreich. Ihre Niederlage als eine bestimmte Partei war darin begründet, dass sie an einem gewissen Punkt mit den Forderungen der Pariser Arbeiter in Konflikt gerieten, tatsächlich aber wurde ihr Werk in anderen Formen durch Napoleon fortgeführt, und heute, auf recht elende Weise, durch die Radikalsozialisten von Herriot und Daladier.

In der politischen Literatur Frankreichs war die Notwendigkeit, die Stadt (Paris) mit dem Land zu verbinden, immer lebhaft spürbar gewesen und ausgedrückt worden; es genügt, an Eugène Sues Romanfolge zu erinnern, die auch in Italien sehr verbreitet war (Fogazzaro erwähnt in *Kleine alte Welt*[2b], wie Franco* Maironi die Lieferungen der *Geheimnisse des Volkes*, die in mehreren Städten Europas, zum Beispiel in Wien, vom Henker verbrannt wurden, heimlich aus der Schweiz erhielt) und die mit besonderer Hartnäckigkeit auf der Notwendigkeit bestehen, sich um die Bauern zu kümmern und sie an Paris zu binden; und Sue war der populare Romanschriftsteller der politischen Tradition der Jakobiner und in vielerlei Hinsicht eine »Erstausgabe« Herriots und Daladiers (Napoleonlegende, Antiklerikalismus und Antijesuitismus, kleinbürgerlicher Reformismus, Theorien über die Strafanstalten usw.)[3]. Gewiss war die Aktionspartei aufgrund der Ideologie Mazzinis immer implizit antifranzösisch (vgl. in der »Critica«, Jg. 1929, S. 223ff., den Artikel von Omodeo über *Französischen Primat und italienische Initiative*)[4], aber sie fand in der Geschichte der Halbinsel die Tradition, auf die sie zurückgreifen und an die sie anknüpfen konnte. Die Geschichte der Stadtrepubliken ist reich an diesbezüglichen Erfahrungen: die entstehende Bourgeoisie sucht in den Bauern Verbündete gegen das Reich und gegen den lokalen Feudalismus (es stimmt, dass die Frage durch den Kampf zwischen Bürgern und Adligen im Streit um die billige Arbeitskraft verkompliziert wird: die Bürger brauchen reichlich Arbeitskräfte, und diese können nur durch die ländlichen Massen aufgeboten wer-

* Im Ms.: »Piero«.

den, aber die Adligen wollen die Bauern an die Scholle gebunden: Flucht der Bauern in die Stadt, wo die Adligen sie nicht einfangen können. Jedenfalls tritt, auch in dieser anderen Situation, in der Entwicklung der Zivilisation der Stadtrepubliken die Funktion der Stadt als führendes Element zutage, der Stadt, welche die inneren Konflikte auf dem Land vertieft und sich ihrer als militärisch-politisches Werkzeug bedient, um den Feudalismus niederzuschlagen). Aber der klassischste Meister der politischen Kunst der Führungsgruppen Italiens, Machiavelli, hatte das Problem ebenfalls gestellt, natürlich mit den Worten und Sorgen seiner Zeit; in den militärisch-politischen Schriften Machiavellis wird ziemlich genau die Notwendigkeit gesehen, die Volksmassen organisch den führenden Schichten unterzuordnen, um eine nationale Miliz zu schaffen, die in der Lage war, die Söldnertruppen auszuschalten[5].

Mit dieser Strömung Machiavellis muss vielleicht Pisacane in Verbindung gebracht werden, bei dem das Problem, die Forderungen des Volkes zu erfüllen (nachdem man sie mit der Propaganda hervorgerufen hat), überwiegend vom militärischen Standpunkt aus gesehen wird. Hinsichtlich Pisacanes müssen einige Antinomien seiner Konzeption analysiert werden: Pisacane, dem neapoletanischen Adligen, war es gelungen, sich eine Reihe militärisch-politischer Konzepte zu eigen zu machen, die durch die kriegerischen Erfahrungen der Französischen Revolution und Napoleons in Umlauf gebracht und während der Herrschaft Joseph Bonapartes und Joachim Murats, vor allem aber durch die lebendige Erfahrung der neapolitanischen Offiziere, die mit Napoleon gekämpft hatten, nach Neapel verpflanzt worden waren (in der Würdigung Cadornas durch M. Missiroli in der »Nuova Antologia« wird die Bedeutung unterstrichen, die diese neapolitanische Militärerfahrung und -tradition, über Pianell zum Beispiel, für die Reorganisation des italienischen Heeres nach 1870 hatte)[6]: Pisacane hat verstanden, dass es ohne eine demokratische Politik keine Nationalheere mit allgemeiner Wehrpflicht geben kann, seine Abneigung gegen die Strategie Garibaldis und sein Misstrauen gegen Garibaldi bleiben jedoch unerklärlich; er hat Garibaldi gegenüber die gleiche geringschätzige Haltung, welche die Generalstäbe des Ancien Régime gegenüber Napoleon hatten.

Die Persönlichkeit, die man bezüglich dieser Probleme des Risorgimento vor allem erforschen muss, ist Giuseppe Ferrari, aber nicht so sehr in seinen sogenannten Hauptwerken, wahrhaft verworrenen und konfusen Sammelsurien, als vielmehr in seinen Gelegenheitsschriften und Briefen[7]. Aber Ferrari stand zu einem großen Teil außerhalb der konkreten italienischen Wirklichkeit: er war zu sehr französisiert. Häufig wirken seine Urteile scharfsinniger, als sie es wirklich sind, weil er an Italien französische Maßstäbe anlegte, die weit fortgeschrittenere Situationen als die italienischen repräsentierten. Man kann sagen, dass Ferrari sich in Bezug auf Italien in der Position eines »Nachgeborenen« befand und dass es sich bei ihm in gewissem Sinne um ein »Hinterher-Klügersein« handelte. Der Politiker muss hingegen ein tatsächlich und aktuell Ausführender sein; Ferrari sah nicht, dass zwischen der italienischen und der französischen Situation ein verbindendes Kettenglied fehlte und dass es darauf ankam, gerade dieses Glied zu schmieden, um zum nächsten überzugehen[8]. Ferrari hat es nicht verstanden, das Französische ins Italienische zu »übersetzen«, und deshalb wurde sein »Scharfsinn« selbst zu einem Element der Verwirrung, schuf neue Sekten und Grüppchen, beeinflusste aber nicht die wirkliche Bewegung.

Dringt man tiefer in die Frage ein, dann zeigt sich, dass der Unterschied zwischen vielen Männern der Aktionspartei und den Moderati in vielerlei Hinsicht mehr einer des »Temperaments« als ein organisch politischer war. Das Wort »Jakobiner« hat am Ende zwei Bedeutungen angenommen: eine ist die eigentliche, geschichtlich gekennzeichnete einer bestimmten Partei der Französischen Revolution, welche die Entwicklung des Lebens in Frankreich auf eine bestimmte Weise, mit einem bestimmten Programm, auf der Grundlage bestimmter gesellschaftlicher Kräfte auffasste und die ihr Handeln als Partei und als Regierung mit einer bestimmten Methode entfaltete, die sich durch eine extreme, vom fanatischen Glauben an die Güte sowohl dieses Programmes als auch dieser Methode abhängigen Energie, Entscheidung und Entschlossenheit auszeichnete. In der politischen Sprache wurden die beiden Aspekte des Jakobinismus auseinandergerissen, und als Jakobiner wurde der energische, entschlossene und fanatische, weil fanatisch von den wundertätigen Kräften seiner wie auch immer gearteten Ideen überzeugte Politiker bezeichnet: in dieser Definition überwogen die vom Hass auf die Gegner und Feinde abgeleiteten destruktiven Elemente mehr als die konstruktiven, die sich daraus ableiteten, dass sie sich die Forderungen der Volksmassen zu eigen gemacht hatten, das Element des Sektiererischen, des Klüngels, des Grüppchens, des entfesselten Individualismus mehr als das nationale politische Element. So muss man, wenn man liest, Crispi sei Jakobiner gewesen, die Behauptung in dieser negativeren Bedeutung verstehen. Was sein Programm angeht, war Crispi ein reiner und einfacher Moderato. Seine edelste jakobinische »Besessenheit« war die territorial-politische Einheit des Landes. Dieser Grundsatz ist immer sein richtungweisender Kompass gewesen, nicht nur in der Zeit des Risorgimento im engeren Sinn, sondern auch in der späteren Zeit seiner Beteiligung an der Regierung. Als stark leidenschaftlicher Mensch hasst er die Moderati als Personen: er sieht in den Moderati die Männer der letzten Stunde, die Helden des sechsten Tages, Leute, die mit den alten Regimes Frieden geschlossen hätten, wenn diese konstitutionell geworden wären, Leute wie die toskanischen Moderati, die sich am Rockzipfel des Großherzogs festgeklammert hatten, um ihn nicht entwischen zu lassen; er traute einer Einheit wenig, die von Nicht-Einheitsanhängern gemacht worden war. Deshalb bindet er sich an die Monarchie, von der er begreift, dass sie aus dynastischen Interessen die Einheit entschieden befürworten wird, und übernimmt den Grundsatz der Hegemonie Piemonts mit einer Energie und einem Ungestüm, welche die piemontesischen Politiker selbst nicht hatten. Cavour hatte davor gewarnt, den Süden mit Ausnahmezuständen zu traktieren: Crispi hingegen beschließt auf Sizilien sogleich den Ausnahmezustand und das Kriegsrecht wegen der Bewegung der Fasci und beschuldigt die Führer der Fasci, mit England Pläne für die Loslösung Siziliens zu schmieden (Scheinvertrag von Bisacquino[9]). Er bindet sich eng an die sizilianischen Großgrundbesitzer, weil sie die Schicht sind, die aus Furcht vor den Forderungen der Bauern die Einheit am meisten befürwortet, während gleichzeitig seine allgemeine Politik mit dem Tarifkrieg gegen Frankreich und dem Zollprotektionismus auf eine Stärkung des norditalienischen Industrialismus abzielt: er zögert nicht, Süditalien und die Inseln in eine fürchterliche Handelskrise zu stürzen, nur um die Industrie zu stärken, die dem Land eine wirkliche Unabhängigkeit verschaffen konnte und die Kader der herrschenden gesellschaftlichen Gruppen vergrößert hätte; das ist die Politik des Fabrizierens des Fabrikanten. Die Rechtsregierung von ⟨18⟩61 bis ⟨18⟩76 hatte lediglich, und zaghaft, die allgemeinen äußeren Bedingungen für eine wirtschaftliche Entwicklung geschaffen: Systematisierung des Regierungsapparates, Straßen, Eisenbahnen, Telegrafen, und hatte die von den Schulden aufgrund der Kriege des Risorgimento überlasteten Finanzen saniert. Die Linke hatte versucht, dem beim Volk durch die einseitige Steuerpolitik der Rechten hervorgerufenen Hass gegenzusteuern, erreichte aber nichts weiter als dies, ein Sicherheitsventil zu sein: sie hatte die Politik der Rechten mit Männern und Phrasen der Linken fortgesetzt. Crispi hingegen versetzte der neuen italienischen Gesellschaft einen wirklichen Stoß nach vorne, er war der wahre Mann der neuen Bourgeoisie. Seine Gestalt ist gleichwohl durch das Missverhältnis zwischen den Tatsachen und den Worten, zwischen den Unterdrückungen und dem zu unterdrückenden Gegenstand, zwischen dem Instrument und dem versetzten Schlag gekennzeichnet: er handhabte eine verrostete Feldschlange, als sei sie ein modernes Geschütz. Auch die Kolonialpolitik Crispis ist an seine Einheitsbesessenheit gebunden, und darin wusste er die politische Unschuld des Südens miteinzubeziehen; der Bauer des Südens wollte das Land, und Crispi, der es ihm nicht in Italien selbst geben wollte (und konnte), der keinen »ökonomischen Jakobinismus« veranstalten wollte, stellte die Fata Morgana des auszubeutenden Koloniallandes in Aussicht. Crispis Imperialismus war ein leidenschaftlicher, rhetorischer Imperialismus ohne jede finanziell-ökonomische Basis. Das kapitalistische Europa, das reich an Mitteln und an dem Punkt angelangt war, an welchem die Profitrate eine sinkende Tendenz zu zeigen begann, stand vor der Notwendigkeit, das Verbreitungsgebiet ihrer renditeträchtigen Investitionen zu erweitern; so wurden nach 1890 die großen Kolonialreiche geschaffen. Aber das noch unreife Italien hatte nicht nur kein Kapital zu exportieren, sondern musste für seine eigenen allerengsten Bedürfnisse auf ausländisches Kapital zurückgreifen. Es fehlte folglich ein realer Antrieb für den italienischen Imperialismus, und an seine Stelle wurde die populare Leidenschaftlichkeit der blind nach Grundeigentum strebenden Landbevölkerung gesetzt: es ging darum, ein innenpolitisches Problem zu lösen, indem man seine Lösung ins Unbestimmte abschob. Deshalb wandten sich gegen Crispis Politik selbst die Kapitalisten (des Nordens), welche die in Afrika ausgegebenen enormen Summen lieber in Italien eingesetzt gesehen hätten; aber im Süden war Crispi populär, weil er den »Mythos« des leicht zu bekommenden Landes geschaffen hatte.

Crispi hat eine breite Gruppe sizilianischer Intellektueller stark geprägt (speziell, denn er hat alle italienischen Intellektuellen durch die Schaffung der ersten Zellen eines nationalen Sozialismus beeinflusst, der sich später stürmisch entwickeln sollte), er hat jenen Einheitsfanatismus geschaffen, der eine ständige Atmosphäre des Verdachts gegen alles, was wie Separatismus aussehen kann, bewirkte. Dies hat jedoch nicht verhindert (und zwar verständlicherweise), dass sich 1920 die sizilianischen Großgrundbesitzer in Palermo versammelten und der Regierung »von Rom« ein regelrechtes Ultimatum unter Androhung der Abspaltung stellten[10], wie es nicht verhindert hat, dass viele dieser Großgrundbesitzer weiterhin die spanische

Staatsbürgerschaft beibehielten und die Madrider Regierung diplomatisch intervenieren ließen (Fall des Herzogs von Bivona 1919), um ihre durch die Agitation der ehemaligen Frontkämpfer unter den Bauern gefährdeten Interessen zu schützen[11]. Das Verhalten der verschiedenen gesellschaftlichen Gruppen im Süden zwischen ⟨19⟩19 und 26 ist hilfreich, um einige Schwächen der besessen auf Einheit gerichteten Orientierung Crispis ins Licht und in den Vordergrund zu rücken und einige von Giolitti daran vorgenommene Korrekturen hervorzuheben (in Wirklichkeit wenige, da Giolitti im Wesentlichen in Crispis Fußstapfen trat; Crispis Jakobinismus des Temperaments ersetzte Giolitti durch bürokratische Emsigkeit und Kontinuität; in der Kolonialpolitik hielt er die »Fata Morgana des Landes« aufrecht, aber zusätzlich stützte er diese Politik mit einer »defensiven« militärischen Konzeption und dem Vorsatz ab, dass man die Bedingungen einer Expansionsfreiheit für die Zukunft schaffen müsse).

Die Episode des Ultimatums der sizilianischen Großgrundbesitzer von 1920 steht nicht allein, und man könnte sie wegen des Präzedenzfalls der lombardischen Oberklassen, die bei einigen Gelegenheiten gedroht hatten, mit der Wiederherstellung des alten Herzogtums Mailand »eigene Wege zu gehen« (zeitweilige Erpressungspolitik gegenüber der Regierung), auf andere Weise interpretieren, wenn sie nicht eine authentische Interpretation in den Kampagnen erfahren hätte, die der »Mattino« von 1919 bis zum Fenstersturz der Brüder Scarfoglio[12] veranstaltete und von denen es zu simpel wäre anzunehmen, sie seien völlig unbegründet gewesen, also nicht auf irgendeine Weise an Strömungen der öffentlichen Meinung und an Stimmungen gebunden, die wegen der durch die besessene Einheitsorientierung entstandenen Atmosphäre der Einschüchterung untergründig, latent, potenziell geblieben waren. Der »Mattino« vertrat zweimal folgende These: dass der Süden dem italienischen Staat auf einer vertraglichen Grundlage, dem Albertinischen Statut, beigetreten sei, aber (implizit) weiterhin seine wirkliche, tatsächliche Eigenheit bewahre und das Recht habe, aus dem einheitlichen Staatsverbund auszutreten, wenn die vertragliche Grundlage auf irgendeine Weise eingeschränkt, d. h., wenn die Verfassung von ⟨18⟩48 geändert werde. Diese These wurde ⟨19⟩19–20 gegen eine Verfassungsänderung in einer bestimmten Richtung entwickelt und 24–25 gegen eine anders gerichtete Änderung wiederaufgenommen. Man muss die Bedeutung berücksichtigen, die der »Mattino« im Süden besaß (er war immerhin die verbreitetste Zeitung); der »Mattino« war immer crispifreundlich, expansionistisch und gab der Ideologie des Südens, die der Hunger nach Land und die

Leiden der Auswanderung hervorgebracht hatten und die jeglicher vagen Form eines Besiedlungskolonialismus zuneigte, den Ton vor. Bezüglich des »Mattino« muss außerdem erinnert werden: 1. an die äußerst heftige Kampagne gegen den Norden bei der [versuchten] Aneignung einiger Baumwollindustrien des Südens durch die lombardischen Textilindustriellen, die bis zu dem Punkte gelangte, dass man die Maschinen, als Schrott deklariert, um die Gesetze über die industriellen Zonen zu umgehen, in die Lombardei abzutransportieren sich anschickte, ein Versuch, der von ebendieser Zeitung vereitelt wurde, die so weit ging, die Bourbonen und ihre Wirtschaftspolitik zu verherrlichen (das geschah 1923)[13]; 2. das 1925 veranstaltete »betroffene« und »nostalgische« Gedenken an Maria Sofia, das Aufsehen und Skandal erregte[14].

Natürlich müssen, um diese Einstellung des »Mattino« einzuschätzen, einige Elemente methodischer Kontrolle berücksichtigt werden: das Abenteurertum und die Bestechlichkeit der Scarfoglios (zu erinnern ist daran, dass Maria Sofia fortwährend versuchte, in die italienische Innenpolitik einzugreifen, aus Rachegelüsten, wenn nicht in der Hoffnung, das Königreich Neapel wiederherzustellen, und dafür auch Geld ausgab, worüber kein Zweifel zu bestehen scheint: in der »Unità« erschien 1914 oder 15 eine Glosse gegen Errico Malatesta, worin es hieß, die Ereignisse vom Juni 1914 könnten vom österreichischen Generalstab unterstützt und finanziert gewesen sein vermittels Zitas von Bourbon[15], angesichts der anscheinend nie abgerissenen Beziehungen der »Freundschaft« zwischen Malatesta und Maria Sofia; in dem Werk *Menschen und Dinge des alten Italiens*[15a] kommt Benedetto Croce auf [diese] Beziehungen anlässlich des Versuchs zurück, einen Anarchisten ausbrechen zu lassen, der ein Attentat verübt hatte, worauf die italienische Regierung bei der französischen Regierung diplomatische Schritte unternahm, um diese Aktivitäten Maria Sofias zu unterbinden[16]; außerdem an die Anekdoten über Maria Sofia von Frau B. erinnern, die 1919 mit der Ex-Königin verkehrte, um ein Porträt von ihr zu malen; Malatesta schließlich antwortete nie auf diese Anschuldigungen, wie es seine Pflicht gewesen wäre, es sei denn, es stimmt, dass er in einem Brief an ein illegales, von P. Schicchi in Frankreich verlegtes Blättchen mit dem Titel »Il Picconiere« darauf geantwortet hätte, was sehr zweifelhaft ist)[17], der politische und ideologische Dilettantismus der Scarfoglios. Aber man muss unterstreichen, dass der »Mattino« die verbreitetste Zeitung des Südens war und dass die Scarfoglios geborene Journalisten waren, das heißt jenes schnelle und »sympathische« Gespür für die tiefsten

Strömungen der Leidenschaft im Volk besaßen, das die Verbreitung der Skandalpresse ermöglicht.

Ein weiteres Element, um die wirkliche Tragweite der besessenen Einheitspolitik Crispis zu prüfen, ist die Gesamtheit von Gefühlen, die im Norden gegenüber dem Süden entstanden sind. Das »Elend« des Südens war »historisch« unerklärlich für die Volksmassen des Nordens: Sie verstanden nicht, dass die Einheit nicht auf einer Grundlage der Gleichheit hergestellt worden war, sondern als Hegemonie des Nordens über den Süden im territorialen Stadt-Land-Verhältnis, dass also der Norden konkret eine »Krake« war, die sich auf Kosten des Südens bereicherte, und dass [sein] industriell-wirtschaftliches Wachstum im direkten Verhältnis zur Verarmung der Wirtschaft und Landwirtschaft des Südens stand. Der kleine Mann in Oberitalien dachte hingegen, wenn der Süden keine Fortschritte machte, nachdem er von den Hindernissen befreit worden war, die das Bourbonenregime der modernen Entwicklung entgegenstellte, dann bedeutete dies, dass die Ursachen des Elends keine äußeren waren, die in den objektiven politisch-ökonomischen Bedingungen gesucht werden müssten, sondern innere, der Bevölkerung des Südens angeborene, umso mehr, als die Überzeugung vom großen natürlichen Reichtum des Bodens verwurzelt war: es blieb nur noch eine Erklärung, die organische Unfähigkeit der Menschen, ihre Barbarei, ihre biologische Minderwertigkeit. Diese bereits verbreiteten Meinungen (die neapolitanische Tagdieberei ⟨lazzaronismo⟩ war eine Legende alten Datums) wurden konsolidiert und sogar theorisiert von den Soziologen des Positivismus (Niceforo, Sergi, Ferri, Orano usw.) und nahmen so in einer Zeit des Wissenschaftsaberglaubens die Kraft »wissenschaftlicher Wahrheit« an[18]. So kam es zu einer Nord-Süd-Polemik über die Rassen und die Über- und Unterlegenheit von Nord bzw. Süd (vgl. die Bücher Colajannis zur Verteidigung des Südens von diesem Standpunkt aus, und die Reihe der »Rivista Popolare«)[19]. Indessen bestand im Norden der Glauben daran fort, der Süden stelle für Italien ein »Bleigewicht« dar, die Überzeugung, die moderne industrielle Zivilisation Oberitaliens hätte ohne dieses »Bleigewicht« größere Fortschritte gemacht, usw. Zu Beginn des Jahrhunderts setzt auch auf diesem Gebiet eine starke Reaktion des Südens ein. Auf dem Sardischen Kongress von 1911 unter Vorsitz von General Rugiu wird geschätzt, wie viel hunderte Millionen in den ersten 50 Jahren des Einheitsstaates Sardinien zugunsten des Kontinents abgepresst worden sind[20]. Kampagnen Salveminis, die in der Gründung der »Unità« gipfelten, aber bereits in der »Voce«

geführt wurden (vgl. das dann als Broschüre nachgedruckte Sonderheft der »Voce« über die »Südfrage«)[21]: auf Sardinien nimmt eine Autonomiebewegung unter der Führung von Umberto Cau ihren Anfang, die auch eine Tageszeitung, »Il Paese«, hatte. Zu Beginn dieses Jahrhunderts verwirklicht sich auch ein gewisser »panitalienischer« »intellektueller Block«, angeführt von B. Croce und Giustino Fortunato, der die Südfrage als nationales Problem durchzusetzen sucht, das dazu geeignet war, das politische und parlamentarische Leben zu erneuern. In jeder Zeitschrift junger Leute, die demokratisch-liberale Tendenzen haben und sich allgemein zum Ziel setzen, das Leben und die Kultur der Nation in allen Bereichen vom Alten und Provinziellen zu befreien, in der Kunst, der Literatur, der Politik, zeigt sich nicht nur der Einfluss Croces und Fortunatos, sondern ihre Mitarbeit; so in der »Voce« und der »Unità«, aber auch in der »Patria« von Bologna, in der »Azione Liberale« von Mailand, in der liberalen Jugendbewegung unter der Leitung von Giovanni Borelli usw.[22] Der Einfluss dieses Blockes bricht sich bei der Festlegung der politischen Linie von Albertinis »Corriere della Sera« Bahn, und in der Nachkriegszeit, angesichts der neuen Lage, erscheint er in der »Stampa« (über Cosmo, Salvatorelli und auch Ambrosini) und im Giolittismus, mit der Aufnahme Croces in die letzte Regierung Giolitti.

Diese gewiss sehr komplexe und vielseitige Bewegung erfährt heute eine tendenziöse Interpretation auch durch G. Prezzolini, der doch eine typische Verkörperung derselben war; es bleibt jedoch die erste Ausgabe der *Italienischen Kultur* desselben Prezzolini (1923), besonders mit ihren Auslassungen, als authentisches Dokument[23].

Die Bewegung entwickelt sich bis zu ihrem Höhepunkt, der zugleich der Punkt ihrer Auflösung ist: dieser Punkt ist in der besonderen Stellungnahme P. Gobettis und in seinen Kulturinitiativen auszumachen: die Polemik Giovanni Ansaldos (und seiner Mitarbeiter, wie »Calcante« alias Francesco Ciccotti) gegen Guido Dorso ist das aussagekräftigste Dokument dieses Schluss- und Auflösungspunktes, auch aufgrund der Komik, die nun in den streitlustigen Einschüchterungsgebärden des besessenen Einheitsdenkens[24] zutage tritt (dass Ansaldo ⟨19⟩25–26 meinte, an eine Rückkehr der Bourbonen nach Neapel glauben machen zu können, würde unbegreiflich scheinen ohne die Kenntnis der ganzen Vorgeschichte der Frage und der unterirdischen Kanäle, über welche die Auseinandersetzungen mit für »Uneingeweihte« rätselhaften Andeutungen und Bezugnahmen verliefen: trotzdem ist bemerkenswert, dass auch unter manchen Elementen des Volkes, die Oriani gelesen hatten, damals die Angst umging, in Neapel wäre eine Restauration der Bourbonen und infolgedessen eine weitergehende Auflösung des staatlichen Einheitsverbunds möglich).

Aus dieser Serie von Beobachtungen und Analysen einiger Elemente der italienischen Geschichte nach der Vereinigung lassen sich einige Kriterien entnehmen, um den Gegensatz zwischen den Moderati und der Aktionspartei einzuschätzen und die unterschiedliche politische »Weisheit« dieser beiden Parteien und der verschiedenen Strömungen zu untersuchen, die sich die politische und ideologische Führung der Letzteren streitig machten. Es ist offenkundig, dass sich die Aktionspartei, um sich den Moderati wirksam entgegenzustellen, mit den ländlichen Massen, besonders des Südens, verbinden musste, »jakobinisch« nicht nur der äußeren »Form«, dem Temperament nach, sondern besonders hinsichtlich des sozialökonomischen Inhalts sein musste: der Zusammenschluss der unterschiedlichen ländlichen Klassen, der sich über die verschiedenen klerikal-legitimistischen Intellektuellenschichten in einem reaktionären Block verwirklichte, konnte nur dann aufgelöst werden, um zu einer neuen nationalliberalen Formation überzugehen, wenn man in zweierlei Richtung Druck machte: auf die Bauern an der Basis, indem man ihre elementaren Forderungen aufgriff und diese zu einem integralen Teil des neuen Regierungsprogramms machte, und auf die Intellektuellen der Mittel- und Unterschichten, indem man sie zusammenführte und auf den Themen beharrte, die sie am meisten interessieren konnten (und bereits die Perspektive der Bildung eines neuen Regierungsapparats mit den sich bietenden Beschäftigungsmöglichkeiten wäre für sie ein außerordentlich attraktives Element gewesen, wenn sich die Perspektive konkret, weil auf die Bestrebungen der Landbevölkerung gestützt, präsentiert hätte). Die Beziehung zwischen diesen beiden Aktionen war dialektisch und gegenseitig: Die Erfahrung vieler Länder und allen voran Frankreichs in der Zeit der großen Revolution hat gezeigt, dass, wenn die Bauern sich aus »spontanen« Anstößen heraus in Bewegung setzen, die Intellektuellen zu schwanken beginnen, und umgekehrt, wenn eine Gruppe Intellektueller sich auf die neue Grundlage einer konkreten bauernfreundlichen Politik stellt, sie schließlich immer größere Teile der Masse mit sich reißt. Man kann jedoch sagen, dass angesichts der breiten Streuung und der Isoliertheit der ländlichen Bevölkerung und somit der Schwierigkeit, sie in starken Organisationen zusammenzufassen, es angebracht ist, dass die Bewegung bei den Intellektuellengruppen beginnt; im Allgemeinen muss man aber das dialektische Verhältnis zwischen den beiden Aktionen berücksichtigen[25]. Man kann auch sagen, dass es fast unmöglich ist, Bauernparteien im eigentlichen Sinn des Wortes zu schaffen: die Bauernpartei realisiert sich gewöhnlich nur als starke Meinungsströmung, nicht schon in den schematischen Formen eines bürokratischen Rahmens; jedoch das Vorhandensein auch nur eines organisatorischen Skeletts ist von ungeheurem Nutzen, sowohl für eine gewisse Auswahl* von Menschen als auch, um die Intellektuellengruppen zu kontrollieren und zu verhindern, dass die Kasteninteressen sie unmerklich auf anderes Gelände führen.

Diese Kriterien sind beim Studium der Persönlichkeit von Giuseppe Ferrari zu berücksichtigen, welcher der ungehörte »Spezialist« der Aktionspartei in Agrarfragen war. Bei Ferrari gilt es, auch die Einstellung zum Tagelöhnertum gut zu untersuchen, also zu den landlosen und von der Hand in den Mund lebenden Bauern, auf die er einen beträchtlichen Teil seiner Ideologien gründet, weshalb er von bestimmten Strömungen noch erforscht und gelesen wird (Werke Ferraris, neu aufgelegt bei Monanni mit Vorwörtern von Luigi Fabbri)[26]. Es muss anerkannt werden, dass das Problem des Tagelöhnertums äußerst schwierig und auch heute schwer zu lösen ist. Allgemein sind folgende Kriterien zu bedenken: Die Tagelöhner sind größtenteils auch heute noch – und waren es desto mehr in der Zeit des Risorgimento – einfache Bauern ohne Land, keine Arbeiter einer entwickelten landwirtschaftlichen Industrie mit Kapitalkonzentration und Arbeitsteilung; in der Zeit des Risorgimento war der Typus des Kontraktarbeiters im Vergleich zu dem des Gelegenheitsarbeiters signifikant stärker verbreitet. Ihre Psychologie ist deswegen, mit den gebührenden Ausnahmen, die gleiche wie die des Pächters und des Kleinbauern (zu erinnern ist an die Polemik zwischen den Senatoren Tanari und Bassini im »Resto del Carlino« und in der »Perseveranza« gegen Ende 1917 oder Anfang 18 über die Verwirklichung der Losung »das Land den Bauern«, die um diese Zeit ausgegeben wurde: Tanari war dafür, Bassini dagegen, und Bassini stützte sich auf seine Erfahrung als großer Agrarindustrieller, als Besitzer von Landwirtschaftsbetrieben, in denen die Arbeitsteilung bereits so weit fortgeschritten war, dass das Land wegen des Verschwindens des Bauern-Handwerkers und des Auftauchens des modernen Arbeiters unaufteilbar geworden war)[27]. In zugespitzter Form stellte sich die Frage nicht so sehr im Süden, wo der handwerkliche Charakter der bäuerlichen Arbeit zu offensichtlich war, sondern in der Po-Ebene,

* Im Ms.: »soluzione«, dt. »Lösung«, statt »selezione«; korrigiert nach dem A-Text.

wo er verschleierter ist. Doch auch in jüngerer Zeit war die Existenz eines akuten Problems des Tagelöhnertums in der Po-Ebene teilweise auf »außerökonomische« Gründe zurückzuführen: 1. Überbevölkerung, die keinen Ausweg in der Auswanderung fand wie im Süden und mit der Politik der öffentlichen Arbeiten künstlich aufrechterhalten wurde; 2. Politik der Besitzer, welche die arbeitende Bevölkerung nicht zu einer einzigen Klasse von Tagelöhnern und Halbpächtern konsolidieren wollten, indem sie die Halbpacht mit der Selbstbewirtschaftung abwechselten und sich dieses Wechsels bedienten, um eine bessere Auswahl privilegierter Halbpächter zu bewirken, die ihre Verbündeten sein sollten (auf jedem Kongress von Landbesitzern der Po-Region wurde immer darüber diskutiert, ob die Halbpacht oder die direkte Bewirtschaftung vorteilhafter wäre, und es war klar, dass die Entscheidung darüber aus Motiven sozial-politischer Natur getroffen wurde). Im Risorgimento trat das Problem des Tagelöhnertums in der Po-Ebene in Form eines erschreckenden Phänomens von Pauperismus zutage. So wird es von dem Ökonomen Tullio Martello in seiner 1871–72 verfassten *Geschichte der Internationale* gesehen, eine Arbeit, die berücksichtigt werden muss, weil sie die politischen Positionen und die sozialen Sorgen der vorangehenden Zeit widerspiegelt[28].

Ferraris Position wird auch durch seinen »Föderalismus« geschwächt, der sich besonders bei ihm, der in Frankreich lebte, noch mehr als ein Widerschein der nationalen und staatlichen Interessen Frankreichs zeigte. Zu erinnern ist an Proudhon und seine Pamphlete gegen die italienische Einheit, die eingestandenermaßen vom Standpunkt der französischen Staatsinteressen und der Demokratie aus bekämpft wurde[29]. In Wirklichkeit waren die Hauptströmungen der französischen Politik erbittert gegen die Einheit Italiens. Noch heute »beschuldigen« die Monarchisten (Bainville und Co.)[30] die beiden Napoleons nachträglich, den Mythos der Nationalität geschaffen und dazu beigetragen zu haben, dass er in Deutschland und Italien verwirklicht wurde, womit die relative Größe Frankreichs gemindert worden sei, das von einem Schwarm von Kleinstaaten vom Typ der Schweiz umgeben sein »müsste«, um »sicher« zu sein.

Gerade mit der Losung »Unabhängigkeit und Einheit«, ohne Berücksichtigung des konkreten politischen Inhaltes solcher allgemeiner Formeln, bildeten nun die Moderati nach ⟨18⟩48 den nationalen Block unter ihrer Hegemonie, indem sie die beiden obersten Führer der Aktionspartei, Mazzini und Garibaldi, in unterschiedlicher Form und Intensität beeinflussten. Wie die Moderati mit ihrer Absicht, die Aufmerksamkeit vom Kern auf die Schale zu lenken, erfolgreich waren, zeigt unter vielem anderen folgender Ausspruch Guerrazzis in einem Brief an einen sizilianischen Studenten (veröffentlicht von Eugenio de Carlo im »Archivio Storico Siciliano« – Briefwechsel F. D. Guerrazzis mit dem Notar Francesco Paolo Sardofontana di Riella, zusammengefasst im »Marzocco« vom 29. November 1929): »Sei es, was es wolle – Despotismus oder Republik oder was auch immer –, versuchen wir nicht, uns zu spalten; mit diesem Grundsatz, komme was da mag, werden wir den Weg wiederfinden«[31]. Im Übrigen ist die ganze Umtriebigkeit Mazzinis konkret im fortwährenden und permanenten Predigen der Einheit kondensiert gewesen.[0a]

H. 6, §⟨92⟩. *Vergangenheit und Gegenwart.* In der »19«, einer in Mailand von Mario Giampaoli herausgegebenen faschistischen Zeitschrift, erschien 1927 (oder vorher oder nachher; ich habe den Artikel im Gefängnis von Mailand gelesen) ein Artikelchen von Antonio Aniante[1], aus dem hervorging, dass Aniante zusammen mit einigen weiteren Sizilianern das Programm ernst genommen hatte, das in den Köpfen einiger sardischer Intellektueller entstanden war (C. Bell. und einige andere: ich erinnere mich, dass Em. Lu. versuchte, die Episode vergessen zu machen, indem er darüber lachte)[2], einen mediterranen Bundesstaat zu schaffen, der hätte umfassen sollen: Katalonien, die Balearen, Korsika und Sardinien, Sizilien und Kreta. Aniante schreibt mit dem dummen Gehabe eines Prahlhanses darüber, und man darf in seinem Artikel nichts für bare Münze nehmen: ist es z. B. glaubhaft, dass er ins Ausland geschickt worden ist (nach Paris, scheint mir), um sich mit anderen »Verschworenen« zu treffen? Und wer soll ihn geschickt haben? Und wer soll das Geld gegeben haben?

H. 10, Teil II, §⟨38⟩. *Gesichtspunkte für einen Aufsatz über Croce.* ⟨I.⟩ Dass die Werttheorie in der kritischen Ökonomie keine Werttheorie, sondern »etwas anderes«, auf einen elliptischen Vergleich, das heißt mit Bezug auf eine hypothetische künftige Gesellschaft Gegründetes sei, usw.[1] Aber der Beweis ist misslungen, und seine Widerlegung ist implizit bei Croce selbst enthalten (vgl. das erste Kapitel des Aufsatzes *Zur Interpretation und Kritik* usw.)[2]. Man muss sagen, dass der Einfall mit dem elliptischen Vergleich rein literarisch ist; in der Tat hat die Arbeitswerttheorie eine lange Geschichte, die in Ricardos Lehren gipfelt, und die historischen Vertreter dieser Lehre beabsichtigten gewiss nicht, elliptische Vergleiche anzustellen. (Dieser Einwand ist von Prof. Graziadei in dem Bändchen *Kapital und*

Löhne[3] vorgetragen worden; zu prüfen wäre, ob er früher geäußert wurde und von wem. Er ist so offensichtlich, dass er einem sofort in die Feder fließen müsste.) Auch ist zu prüfen, ob Croce den Band *Der Mehrwert** kannte, in dem die Darstellung der historischen Entwicklung der Arbeitswerttheorie enthalten ist[3a]. (Chronologische Vergleiche zwischen der Veröffentlichung des *Mehrwerts*, die postum und nach den Bänden 2 und 3 der *Kritik der Politischen Ökonomie* erfolgt ist, und dem Aufsatz von Croce[4].) Die Frage ist also folgende: Ist der für die kritische Ökonomie charakteristische wissenschaftliche Hypothesentyp, der nicht ökonomische Prinzipien vom Menschen im Allgemeinen, aller Zeiten und Orte, sondern Gesetze eines bestimmten Gesellschaftstyps abstrahiert, willkürlich oder vielmehr konkreter als der Hypothesentyp der reinen Ökonomie? Und gesetzt den Fall, ein Gesellschaftstyp erweise sich voller Widersprüche, ist es dann korrekt, nur einen der Termini dieses Widerspruchs zu abstrahieren? Im Übrigen ist jede Theorie ein elliptischer Vergleich, denn immer gibt es einen Vergleich zwischen den realen Tatsachen und der von diesen Tatsachen gereinigten »Hypothese«. Wenn Croce sagt, die Werttheorie sei keine »Werttheorie«, sondern etwas anderes, zerstört er in Wirklichkeit nicht die Theorie selbst, sondern stellt eine formale Frage der Nomenklatur: eben deshalb waren die orthodoxen Ökonomen mit seinem Aufsatz nicht zufrieden (vgl. in dem Buch *HMMÖ* den Artikel, der mit Prof. Racca polemisiert)[5]. So ist die Beobachtung zum Terminus »Mehrwert« nicht stichhaltig, der vielmehr mit großer Klarheit das ausdrückt, was genau aus den Gründen, deretwegen Croce ihn kritisiert, gesagt werden will; es handelt sich um die Entdeckung einer neuen Tatsache, die mit einem Terminus ausgedrückt wird, dessen Neuheit gerade in seiner im Vergleich zur traditionellen Wissenschaft widersprüchlichen Bildung besteht; dass es, wörtlich genommen, keine »Mehrwerte« geben kann, mag richtig sein, aber der Neologismus hat eine metaphorische, keine wörtliche Bedeutung, das heißt, er ist ein neues Wort, das nicht im wörtlichen Sinn der ursprünglichen etymologischen Formen aufgeht.

II. Vielleicht wäre es angesichts der Breite des Aufsatzes angebracht, eine Skizze der intellektuellen Tradition des Südens (besonders im politischen und philosophischen Denken) zu bringen, in Gegenüberstellung zum übrigen Italien, besonders der Toskana, wie sie sich bis zur Generation Croces (und Giustino Fortunatos) darstellt. Luigi Russos Buch über De Sanctis und die Universität Neapel[6] kann sehr

* Deutsch im Original; im Ms.: »Das Mehrwert«.

nützlich sein, auch um zu sehen, wie die süditalienische Tradition mit De Sanctis ein praktisch-theoretisches Entwicklungsniveau erreicht hat, dem gegenüber Croces Haltung einen Rückschritt darstellt, ohne dass die Haltung von Gentile, der sich doch mehr als Croce in der praktischen Aktion engagiert hat, als Fortsetzung von De Sanctis' Aktivität aus anderen Gründen beurteilt werden könnte. Zum kulturellen Gegensatz zwischen der Toskana und dem Süden lässt sich (als Kuriosität) an Ardengo Sofficis Epigramm (ich glaube im *Bordtagebuch*) über die »Artischocke«[7] erinnern. Die toskanische Artischocke, schreibt Soffici in etwa, präsentiert sich auf den ersten Blick nicht so ansehnlich und verlockend wie die neapolitanische Artischocke; sie ist grob, hart, ganz stachelig, borstig. Aber entblättert sie; nach den ersten holzigen und ungenießbaren Blättern, die wegzuwerfen sind, nimmt der essbare und schmackhafte Teil immer mehr zu, bis man in der Mitte den festen, saftigen, äußerst wohlschmeckenden Kern findet. Nehmt die neapolitanische Artischocke; gleich von den ersten Blättern an gibt es was zu essen, aber welche Wässrigkeit und Fadheit im Geschmack; entblättert weiter, der Geschmack wird nicht besser, und in der Mitte findet ihr nichts, eine mit etwas widerlich Strohigem ausgefüllte Leere. Gegensatz zwischen der wissenschaftlichen und experimentellen Kultur der Toskaner und der spekulativen Kultur der Neapolitaner. Nur dass die Toskana heute keine besondere Funktion in der nationalen Kultur hat und vom Hochmut der Erinnerungen an die Vergangenheit zehrt.

H. 10, Teil II, §⟨59⟩. ***Notizen für einen Aufsatz über B. Croce.*** ⟨I⟩. Croce als Parteimensch. Unterscheidung im Begriff* der Partei: 1. Die Partei als praktische Organisation (oder praktische Tendenz), das heißt als Werkzeug zur Lösung eines Problems oder einer Gruppe von Problemen des nationalen und internationalen Lebens. In diesem Sinn gehörte Croce nie ausdrücklich zu irgendeiner der liberalen Gruppen, ja er bekämpfte sogar ausdrücklich die Idee selbst und die Tatsache der permanent organisierten Parteien (*Die Partei als Urteil und Vorurteil*, in *Kultur und moralisches Leben*, ein in einer der ersten Nummern der Florentiner »Unità« veröffentlichter Aufsatz)[1] und sprach sich für die politischen Bewegungen aus, die sich kein bestimmtes »dogmatisches«, permanentes, organisches »Programm« geben, sondern von Mal zu Mal bestrebt sind, unmittelbare politische Probleme zu lösen. Zwischen den verschiedenen

* Gerratana liest: »del concetto« (des Begriffs); Paris: »nel concetto« (im Begriff).

liberalen Tendenzen bekundete Croce im Übrigen seine Sympathie für die konservative, die vom »Giornale d'Italia« repräsentiert wurde. Der »Giornale d'Italia« veröffentlichte nicht nur lange Zeit Artikel der »Critica« vorab, bevor die Nummern der Zeitschrift ausgeliefert wurden, sondern hatte das Monopol für die Briefe, die Croce von Zeit zu Zeit schrieb, um seine Ansichten über Themen der Politik und der Kulturpolitik auszudrücken, die ihn interessierten und zu denen er es für nötig hielt sich zu äußern. In der Nachkriegszeit veröffentlichte auch die »Stampa« Vorabdrucke aus der »Critica« (oder von Schriften Croces, die in Akademieberichten erschienen), doch erhielt sie nicht die Briefe, die weiterhin vom »Giornale d'Italia« in Erstveröffentlichung gebracht und von der »Stampa« und anderen Zeitungen nachgedruckt wurden. 2. Die Partei als allgemeine, über den verschiedenen unmittelbareren Gruppen stehende Ideologie. In Wirklichkeit war die Existenzform der liberalen Partei in Italien nach 1876 die, sich dem Land als eine »Streuordnung« nationaler und regionaler Fraktionen und Gruppen zu präsentieren. Fraktionen des politischen Liberalismus waren sowohl der liberale Katholizismus der Popolari[1a] als auch der Nationalismus (Croce arbeitete an der »Politica« von A. Rocco und F. Coppola mit)[2], als auch die monarchistischen Vereinigungen sowie die Republikanische Partei und ein Großteil des Sozialismus, sowohl die Radikaldemokraten als auch die Konservativen, sowohl Sonnino-Salandra als auch Giolitti, Orlando, Nitti und Co. Croce war der Theoretiker dessen, was allen diesen Gruppen und Grüppchen, Kamarillen und Mafien gemeinsam war, das Haupt eines Zentralbüros für Propaganda, von dem all diese Gruppen profitierten und dessen sie alle sich bedienten, der nationale Führer der Kulturbewegungen, die aufkamen, um die alten politischen Formen zu erneuern.

Wie an anderer Stelle erwähnt[2a], teilte sich Croce mit Giustino Fortunato dieses Amt eines nationalen Führers der liberaldemokratischen Kultur. Von 1900 bis 1914 und auch danach (aber als Lösung) erschienen Croce und Fortunati immer als Inspiratoren (als Fermente) jeder ernsthaften neuen Bewegung der Jugend, die sich die Erneuerung der politischen »Sitte« und des Lebens der bürgerlichen Parteien zum Ziel setzte: so für die »Voce«, die »Unità«, die »Azione Liberale«, die »Patria« (von Bologna) usw.[3] Mit der »Rivoluzione Liberale« von Piero Gobetti* kommt es zu einer grundlegenden Neuerung: der Ausdruck »Liberalismus« wird in mehr »philoso-

* Im Ms.: »P. G.«.

phischem« oder abstraktem Sinn interpretiert, und vom Freiheitsbegriff in traditionellen Termini der Einzelpersönlichkeit wird zum Freiheitsbegriff in Termini der Kollektivpersönlichkeit der gesellschaftlichen Großgruppen und des Wettstreits nicht mehr zwischen Individuen, sondern zwischen Gruppen übergegangen[4]. Dieses Amt eines nationalen Führers des Liberalismus muss man berücksichtigen, um zu verstehen, wie Croce die Sphäre seines führenden Einflusses über Italien hinaus ausgedehnt hat, auf der Basis eines Elements seiner »Propaganda«: der des Revisionismus.

H. 6, § ⟨59⟩. *Süditalien.* Zum Überfluss an Winkeladvokaten in Süditalien an die Anekdote von Innozenz XI. erinnern, der vom Marchese di Carpio verlangte, ihm 30 000 Schweine zu liefern, und von diesem die Antwort erhielt, er sei nicht in der Lage, ihn zufriedenzustellen, wenn aber Seine Heiligkeit 30 000 Rechtsanwälte nötig haben sollte, sei er jederzeit in der Lage, ihm zu dienen[1].

2. Subalterne

2.1 Subalterne als »Klasse«

H. 19, §⟨26⟩. ***Das Verhältnis Stadt-Land im Risorgimento und in der nationalen Struktur Italiens.*** Die Beziehungen zwischen städtischer Bevölkerung und ländlicher Bevölkerung sind nicht von einem einzigen schematischen Typus, besonders in Italien. Es muss deshalb festgelegt werden, was man unter »städtisch« und unter »ländlich« in der modernen Zivilisation versteht und welche Kombinationen sich aus dem Fortdauern antiquierter und rückständiger Formen in der allgemeinen Zusammensetzung der Bevölkerung ergeben können, untersucht man sie unter dem Gesichtspunkt ihrer größeren oder geringeren Zusammenballung. Manchmal kommt das Paradox zustande, dass ein ländlicher Typus progressiver ist als ein Typus, der sich städtisch nennt.

Eine »Industrie«-Stadt ist immer progressiver als das von ihr organisch abhängige flache Land. Aber in Italien sind nicht alle Städte »Industrie«-Städte, und typische Industriestädte gibt es noch weniger. Sind die »hundert« italienischen Städte Industriestädte, beweist die Zusammenballung der Bevölkerung in nichtländlichen Zentren, die fast doppelt so hoch wie in Frankreich ist, dass es in Italien eine doppelt so große Industrialisierung wie in Frankreich gibt? In Italien ist die Verstädterung nicht nur und nicht einmal »speziell« eine Erscheinung kapitalistischer Entwicklung und der Großindustrie. Die Stadt, die lange Zeit die größte in Italien war und immer noch eine der größten ist, Neapel, ist keine Industriestadt; nicht einmal Rom, gegenwärtig die größte italienische Stadt, ist eine Industriestadt. Dennoch gibt es auch in diesen Städten mittelalterlichen Typus starke Kerne einer Bevölkerung des modernen städtischen Typus; aber welches ist ihre relative Stellung? Sie werden überrollt, bedrängt, erdrückt durch den anderen Teil, der nicht vom modernen Typus ist und die übergroße Mehrheit bildet. Paradox der »Städte des Schweigens«.

In diesem Stadttypus besteht zwischen allen gesellschaftlichen Gruppen eine städtische ideologische Einheit gegen das Land, eine Einheit, der sich nicht einmal die hinsichtlich ihrer zivilen Funktion modernsten Kerngruppen entziehen, die es hier ebenfalls gibt: da sind der Hass und die Verachtung für den »Bauernlümmel«, eine implizite Einheitsfront gegen die Forderungen des Landes, die, wenn sie realisiert würden, die Existenz dieses Stadttypus unmöglich machen würden. Umgekehrt besteht eine »allgemeine«, aber deshalb nicht weniger hartnäckige und leidenschaftliche Abneigung des Landes gegen die Stadt, gegen die ganze Stadt, alle Gruppen, aus denen sie sich zusammensetzt. Dieses allgemeine Verhältnis, das in Wirklichkeit sehr komplex ist und manchmal in offenbar widersprüchlichen Formen zutage tritt, ist im Verlauf der Kämpfe für das Risorgimento von erstrangiger Bedeutung gewesen, als es noch absoluter und wirksamer war, als es heute ist. Das erste eklatante Beispiel für diese offenbaren Widersprüche ist anhand der Episode der Parthenopäischen Republik von 1799 zu untersuchen: Die Stadt wurde von dem in den Horden des Kardinals Ruffo organisierten Land niedergewalzt, weil die Republik sowohl in ihrer ersten aristokratischen Phase als auch in der zweiten bürgerlichen einerseits das Land vollkommen vernachlässigte, andererseits aber die kleinen Leute in Neapel kalt ließ, wenn nicht gar feindlich stimmte, da sie einen jakobinischen Umbruch in Aussicht stellte, durch den das Grundeigentum, das seine Agrarrendite in Neapel verausgabte, enteignet werden konnte, wodurch die große Masse des Volkes seiner Einkommens- und Lebensquellen beraubt worden wäre. Im Risorgimento tritt außerdem schon im Keim das historische Verhältnis zwischen Nord und Süd als ein Verhältnis hervor, das dem einer Großstadt zu einem großen flachen Lande ähnelte: da dieses Verhältnis keineswegs das normale organische zwischen Provinz und industrieller Hauptstadt ist, sondern zwischen zwei ausgedehnten Territorien mit sehr unterschiedlicher ziviler und kultureller Tradition auftritt, verstärken sich die Aspekte und Elemente eines Nationalitätenkonfliktes[1]. Was in der Zeit des Risorgimento besonders bemerkenswert ist, ist die Tatsache, dass in den politischen Krisen die Initiative zum Handeln beim Süden liegt: 1799 Neapel, ⟨18⟩20–21 Palermo, 47 Messina und Sizilien, 47–48 Sizilien und Neapel. Eine andere bemerkenswerte Tatsache ist der besondere Aspekt, den jede Bewegung in Mittelitalien annimmt, als ein Mittelweg zwischen Nord und Süd: Die Zeit der (relativ) vom Volk ausgehenden Initiativen reicht von 1815 bis 1848 und gipfelt in der Toskana und in den Staaten des Papstes (die Romagna und die Lunigiana muss man immer zum Zentrum zählen). Diese Besonderheiten haben auch in der Folgezeit ein Gegenstück: Die Ereignisse vom Juni 1914 fanden ihren Höhepunkt in einigen Regionen des Zentrums (Romagna und Marken); die Krise, die 1893 auf Sizilien beginnt und im Süden und in der Lunigiana ihren Widerhall findet, kulminiert 1898 in Mailand; 1919 gibt es die Landbesetzungen im Süden und auf Sizilien, 1920 die Fabrikbesetzungen im Norden. Diese relative Synchronie und Gleichzeitigkeit zeigt einerseits das Vorhandensein einer relativ homogenen politisch-ökonomischen Struktur schon nach 1815, und andererseits zeigt sie, wie in den Krisenzeiten der schwächere und periphere Teil als Erster reagiert.

Die Beziehung von Stadt und Land zwischen Nord und Süd kann auch anhand der verschiedenen kulturellen Auffassungen und mentalen Haltungen untersucht werden. Wie bereits erwähnt, standen B. Croce und G. Fortunato zu Beginn des Jahrhunderts an der Spitze einer kulturellen Bewegung, die sich auf die eine oder die andere Weise der kulturellen Bewegung des Nordens entgegenstellte (Idealismus gegen Positivismus, Klassizismus oder Klassik gegen Futurismus). Hervorzuheben ist, dass sich Sizilien auch in kultureller Hinsicht vom Mezzogiorno abhebt: wenn Crispi der Mann der Industrie des Nordens ist, dann steht Pirandello in den allgemeinen Zügen dem Futurismus näher, stehen Gentile und der Aktualismus ebenfalls der futuristischen Bewegung näher (im weiten Sinne verstanden, als Opposition zum traditionellen Klassizismus, als Form einer zeitgenössischen Romantik). Unterschiedlich ist die Struktur und die Herkunft der Intellektuellenschichten: Im Süden dominiert noch der Typus des »Winkeladvokaten«, der den Kontakt zwischen der Bauernmasse und den Grundbesitzern sowie dem Staatsapparat herstellt; im Norden herrscht der Typus des Werkstatt-»Technikers«, der als Bindeglied zwischen der Arbeitermasse und den Unternehmern dient[2]: die Verbindung zum Staat war Aufgabe der Gewerkschaftsorganisationen und der politischen Parteien, die von einer völlig neuen Intellektuellenschicht geführt wurden (der heutige Staatssyndikalismus mit seiner Folgeerscheinung, der systematischen Verbreitung dieses sozialen Typus im nationalen Maßstab in kohärenterer und konsequenterer Form, als es der alte Syndikalismus hätte bewerkstelligen können, ist bis zu einem gewissen Punkt und in gewissem Sinne ein Instrument moralischer und politischer Vereinheitlichung).

Dieses komplexe Verhältnis Stadt-Land kann in den allgemeinen politischen Programmen studiert werden, die sich vor dem Regierungsantritt des Faschismus zu behaupten suchten: Das Programm Giolittis und der demokratischen Liberalen tendierte dazu, im Norden einen »städtischen« Block (von Industriellen und Arbeitern) zu schaffen, der die Grundlage eines protektionistischen Systems sein und die Wirtschaft und Hegemonie des Nordens stärken sollte[3]. Der Süden war auf einen halbkolonialen Absatzmarkt, eine Quelle für

Ersparnisse und Steuern reduziert und wurde mit zwei Reihen von Maßnahmen »diszipliniert« gehalten: polizeiliche Maßnahmen zur unerbittlichen Unterdrückung jeglicher Massenbewegung mit den periodischen Massakern unter den Bauern (in dem von Spectator – Missiroli – verfassten Gedenkartikel über Giolitti in der »Nuova Antologia« zeigt man sich erstaunt, dass sich Giolitti immer heftig jeglicher Verbreitung des Sozialismus und der Gewerkschaftsbewegung im Mezzogiorno widersetzt hat[4], während die Sache natürlich und einleuchtend ist, da doch ein Arbeiterprotektionismus – Reformismus, Genossenschaften, öffentliche Arbeiten – nur als ein partieller möglich ist; das heißt, jedes Privileg setzt Geopferte und Geplünderte voraus); politisch-polizeiliche Maßnahmen: persönliche Vergünstigungen für die Schicht der »Intellektuellen« oder Winkeladvokaten in Form von Anstellungen in den öffentlichen Verwaltungen, von Zugeständnissen zur ungestraften Plünderung der örtlichen Verwaltungen, von einem weniger streng als anderenorts angewandten Kirchenrecht, wodurch dem Klerus die Verfügungsgewalt über beachtliche Vermögen überlassen wurde, usw., also »persönliche« Eingliederung der aktivsten Elemente des Südens in das staatliche Führungspersonal, mit besonderen »rechtlichen«, bürokratischen usw. Privilegien. So wurde die Gesellschaftsschicht, welche die endemische Unzufriedenheit des Südens hätte organisieren können, ein Werkzeug der Politik des Nordens, ein privatpolizeiliches Zubehör derselben. Der Unzufriedenheit gelang es mangels Führung nicht, eine normale politische Form anzunehmen, und ihre Erscheinungsformen, die sich nur auf chaotische und tumulthafte Weise äußerten, wurden als gerichtlicher »polizeilicher Zuständigkeitsbereich« hingestellt. Tatsächlich hatten an dieser Form von Korruption, wenn auch nur passiv und indirekt, Männer wie Croce und Fortunato infolge der fetischistischen Auffassung der »Einheit« teil (vgl. Episode Fortunato-Salvemini bezüglich der »Unità«, von Prezzolini in der ersten Ausgabe der *Cultura italiana* geschildert)[5].

Man sollte den moralisch-politischen Faktor der Einschüchterungskampagne nicht vergessen, die gegen jede auch noch so objektive Feststellung von Motiven des Gegensatzes zwischen Nord und Süd veranstaltet wurde. Zu erinnern ist an die Konklusion der Untersuchung Pais-Serra über Sardinien nach der Handelskrise des Jahrzehnts ⟨18⟩90–⟨1⟩900[6] und die bereits erwähnte Anschuldigung Crispis gegen die sizilianischen Fasci, sich an die Engländer verkauft zu haben[7]. Speziell unter den sizilianischen Intellektuellen gab es jene Form der gereizten Einheitsbestrebung (Folge des ungeheuren Drucks der Bauern auf das Gutsherrenland und der Popularität Crispis in der Region), der sich auch kürzlich wieder in Natolis Attacke gegen Croce wegen eines harmlosen Hinweises auf den sizilianischen Separatismus gegenüber dem Königreich Neapel gezeigt hat (vgl. Croces Antwort in der »Critica«)[8]. Giolittis Programm wurde »gestört« durch zwei Faktoren: 1. das Auftreten der Intransigenten in der sozialistischen Partei unter Mussolinis Führung und ihr Liebäugeln mit den Meridionalisten (Freihandel, Wahlen von Molfetta usw.), das den städtischen Block des Nordens zerstörte; 2. die Einführung des allgemeinen Wahlrechts, das die parlamentarische Basis des Mezzogiorno unerhört erweiterte und die individuelle Korruption erschwerte (zu viele, die es auf die feine Art zu korrumpieren galt, und damit Auftreten der Mazzieri[8a]).

Giolitti wechselte den »Partner«, den städtischen Block ersetzte er durch den »Gentiloni-Pakt« (oder besser, er setzte ihn dagegen, um sein vollständiges Auseinanderfallen zu verhindern), also letzten Endes durch einen Block zwischen der Industrie des Nordens und den Agrariern der »organischen und normalen« Landgebiete (die katholischen Wählerkreise fielen geografisch mit den sozialistischen zusammen: sie waren also im Norden und im Zentrum verbreitet)[9], mit Erstreckung der Wirkungen auch auf den Süden zumindest in dem Maße, das unmittelbar ausreichte, um die Folgen der Erweiterung der Wählermasse vorteilhaft zu »korrigieren«.

Das andere Programm oder die andere allgemeine politische Richtung kann man als die des »Corriere della Sera« oder Luigi Albertinis bezeichnen und lässt sich in einem Bündnis zwischen einem Teil der Industriellen des Nordens (an der Spitze die Textil-, Baumwoll-, Seidenfabrikanten, Exporteure und somit Anhänger des Freihandels) mit dem ländlichen Block des Südens ausmachen: der »Corriere« unterstützte Salvemini gegen Giolitti bei den Wahlen in Molfetta 1913 (Kampagne Ugo Ojettis)[10], er unterstützte erst das Kabinett Salandra, dann dasjenige Nittis, das heißt die ersten zwei von Staatsmännern des Südens gebildeten Regierungen (die Sizilianer sind gesondert zu betrachten[11]: sie haben an allen Regierungen seit ⟨18⟩60 einen Löwenanteil gehabt, und sie stellten mehrere Ministerpräsidenten, im Gegensatz zum Süden, dessen erster Führer Salandra war; diese sizilianische »Zudringlichkeit« ist mit der Erpressungspolitik der Parteien der Insel zu erklären, die unter der Hand immer einen Geist des »Separatismus« zugunsten Englands aufrechterhielten: Crispis Anklage war, in leichtfertiger Form, die Äußerung einer Sorge, welche die verantwortungsbewussteste und sensibelste Führungsgruppe der Nation tatsächlich umtrieb).

Die Erweiterung des allgemeinen Wahlrechts von 1913 hatte schon die ersten Anzeichen jener Erscheinung hervorgerufen, die ihren höchsten Ausdruck ⟨19⟩19-20-21 infolge der von den Bauernmassen während des Krieges erworbenen organisatorisch-politischen Erfahrung finden sollten, nämlich das relative Zerbrechen des ländlichen Blocks des Südens und die Loslösung der von einem Teil der Intellektuellen (Offiziere im Krieg) geführten Bauern von den Großgrundbesitzern: so kommt es zum Sardismus, der sizilianischen reformistischen Partei (die sogenannte Bonomigruppe im Parlament wurde von Bonomi und 22 sizilianischen Abgeordneten gebildet) mit dem vom »Neuen Sizilien« repräsentierten extremistischen separatistischen Flügel, die Gruppe »Erneuerung« im Süden, die aus Frontkämpfern bestand und regionale Aktionsparteien vom sardischen Typ zu bilden suchte (vgl. Torracas Zeitschrift »Volontà«, die Umwandlung des »Popolo Romano« usw.)[12]. In dieser Bewegung ist die autonome Bedeutung der Bauernmassen abgestuft von Sardinien über Süditalien bis zu Sizilien, gemäß der organisierten Kraft, dem Prestige und dem durch die Großgrundbesitzer ausgeübten ideologischen Druck, die auf Sizilien über ein Höchstmaß an Organisation und Kompaktheit verfügen und auf Sardinien* dagegen von relativ geringer Bedeutung sind. Ebenso abgestuft ist die relative Unabhängigkeit der jeweiligen Intellektuellenschichten, natürlich umgekehrt proportional zu den Grundbesitzern[13]. (Unter Intellektuellen muss man nicht nur die gemeinhin unter dieser Bezeichnung begriffenen Schichten verstehen, sondern im Allgemeinen die ganze Gesellschaftsschicht, die organisierende Funktionen in weitem Sinne sowohl auf dem Gebiet der Produktion als auch auf dem der Kultur und auf politisch-administrativem Gebiet ausübt: sie entsprechen den Unteroffizieren und den subalternen Offiziersrängen in der Armee und zum Teil auch den oberen Offiziersrängen subalterner Herkunft.) Um die gesellschaftlich-politische Funktion der Intellektuellen zu analysieren, ist es erforderlich, ihre psychologische Haltung zu den grundlegenden Klassen, die sie auf den verschiedenen Gebieten miteinander in Kontakt bringen, zu erforschen und zu prüfen: haben sie eine »paternalistische« Haltung gegenüber den instrumentellen Klassen? oder glauben sie, ihr organischer Ausdruck zu sein? haben sie eine »servile« Haltung gegenüber den führenden Klassen oder

* Im Ms.: »Sizilien«.

halten sie sich selbst für führend, für einen integrierenden Teil der führenden Klassen?

Im Verlauf des Risorgimento hatte die sogenannte Aktionspartei eine »paternalistische« Haltung, daher gelang es ihr nur in sehr begrenztem Maße, die großen Volksmassen mit dem Staat in Berührung zu bringen. Der sogenannte »Transformismus« ist nur der parlamentarische Ausdruck der Tatsache, dass die Aktionspartei molekular von den Moderati vereinnahmt wird und die Massen enthauptet und nicht in den Bereich des neuen Staates absorbiert werden.

Von dem Verhältnis »Stadt-Land« muss die Prüfung der grundlegenden Triebkräfte der italienischen Geschichte und der Programmpunkte ausgehen, von denen aus die Orientierung der Aktionspartei im Risorgimento zu studieren und zu beurteilen ist. Schematisch kann man folgendes Bild haben: 1) die städtische Kraft des Nordens; 2) die ländliche Kraft des Südens; 3) die nord-mittelitalienische ländliche Kraft; 4–5) die ländliche Kraft Siziliens und Sardiniens.

Da die Funktion der ersten Kraft als »Lokomotive« feststeht, gilt es, die verschiedenen »nützlichsten« Kombinationen zur Zusammenstellung eines »Zuges« zu untersuchen, der so schnell wie möglich in der Geschichte vorankommt. Indessen hat die erste Kraft schon von Anfang an ihre eigenen inneren Probleme der Organisation, der homogenen Gliederung, der militärisch-politischen Führung (Hegemonie Piemonts, Verhältnis Mailand-Turin usw.); aber es bleibt dabei, dass diese Kraft, wenn sie einen gewissen Grad an Einheit und Kampfkraft erreicht hat, schon allein »mechanisch« eine »indirekte« Führungsfunktion über die anderen ausübt. In den verschiedenen Perioden des Risorgimento zeigt sich, dass diese Kraft, wenn sie eine Position der Unnachgiebigkeit und des Kampfes gegen die Fremdherrschaft einnimmt, einen Aufschwung der Fortschrittskräfte des Südens bewirkt: von daher die relative Synchronie, aber nicht Gleichzeitigkeit in den Bewegungen von ⟨18⟩20–21, von 31, von 48. In den Jahren 59–60 funktioniert dieser politisch-historische »Mechanismus« mit höchstmöglichem Wirkungsgrad, da der Norden mit dem Kampf beginnt, das Zentrum sich friedlich oder beinahe friedlich anschließt und im Süden der Bourbonenstaat unter dem Stoß der Garibaldiner, einem verhältnismäßig schwachen Stoß, zusammenbricht. Dies ereignet sich, weil die Aktionspartei (Garibaldi) im richtigen Augenblick eingreift, nachdem die Moderati (Cavour) den Norden und das Zentrum organisiert hatten; es ist also nicht dieselbe militärisch-politische Führung (Moderati oder Aktionspartei), welche die relative Gleichzeitigkeit organisiert, sondern die (mechanische) Zusammenarbeit beider Führungen, die sich glücklich ergänzen.

Die erste Kraft musste sich dann dem Problem stellen, die städtischen Kräfte der anderen nationalen Abteilungen und besonders des Südens um sich herum zu organisieren. Dieses Problem war das schwierigste, gespickt mit Widersprüchen und Beweggründen, die leidenschaftliche Wellen schlugen (eine nicht ernst zu nehmende Lösung dieser Widersprüche war die sogenannte parlamentarische Revolution von 1876). Seine Lösung war aber gerade deshalb einer der entscheidenden Punkte für die nationale Entwicklung. Die städtischen Kräfte sind sozial homogen, daher müssen sie sich in einer Position vollkommener Gleichheit befinden. Theoretisch stimmte das, aber historisch stellte sich die Frage anders: Die städtischen Kräfte des Nordens standen klar an der Spitze ihrer nationalen Abteilung, während dies für die städtischen Kräfte des Südens nicht galt, zumindest nicht in gleichem Maße. Die städtischen Kräfte des Nordens mussten daher bei denen des Südens erreichen, dass ihre Führungsfunktion sich darauf beschränkte, die Führung des Nordens gegenüber dem Süden im allgemeinen Stadt-Land-Verhältnis zu sichern, das heißt, die Führungsfunktion der städtischen Kräfte des Südens konnte nichts anderes als ein untergeordnetes Moment der umfassenderen Führungsfunktion des Nordens sein. Der eklatanteste Widerspruch ergab sich aus folgender Sachlage: Die städtische Kraft des Südens konnte nicht als etwas Eigenständiges, von der des Nordens Unabhängiges angesehen werden; die Frage so zu stellen, hätte bedeutet, von vornherein von einer unheilbaren »nationalen« Zwietracht auszugehen, einer so schweren Zwietracht, dass nicht einmal die föderalistische Lösung sie hätte beheben können; es hätte sich die Existenz unterschiedlicher Nationen erwiesen, zwischen denen nur ein militärisch-diplomatisches Bündnis gegen den gemeinsamen Feind, Österreich, hätte geschlossen werden können (das einzige Element der Gemeinschaft und Solidarität hätte mithin allein darin bestanden, einen »gemeinsamen« Feind zu haben). In Wirklichkeit gab es jedoch nur einige »Aspekte« der nationalen Frage, nicht »alle« Aspekte, und nicht einmal die wesentlichsten. Der gravierendste Aspekt war die schwache Stellung der städtischen Kräfte des Südens im Verhältnis zu den ländlichen Kräften, ein ungünstiges Verhältnis, das sich manchmal in einer buchstäblichen Unterwerfung der Stadt unter das Land äußerte. Die enge Verbindung zwischen städtischen Kräften des Nordens und des Südens, die den Letzteren die repräsentative Kraft des Prestiges der Ersteren verlieh, musste diesen helfen, autonom zu werden, das Bewusstsein ihrer historischen Führungsfunktion »konkret« und nicht rein theoretisch und abstrakt zu gewinnen, indem man die Lösungen für die enormen regionalen Probleme vorschlug. Es war natürlich, dass sich im Süden starker Widerspruch gegen die Einheit regte; die schwierigste Aufgabe fiel bei der Bewältigung der Situation auf jeden Fall den städtischen Kräften des Nordens zu, die nicht nur ihre »Brüder« im Süden überzeugen, sondern damit anfangen mussten, sich selbst von dieser Komplexität eines politischen Systems ⟨zu überzeugen⟩*: praktisch bestand die Frage folglich im Vorhandensein eines starken Zentrums politischer Führung, mit dem starke und populäre Persönlichkeiten des Südens und der Inseln notwendigerweise hätten zusammenarbeiten müssen. Das Problem, eine Einheit Nord-Süd zu schaffen, war eng verbunden mit und zu einem großen Teil enthalten in dem Problem, eine Kohäsion und eine Solidarität zwischen allen nationalen städtischen Kräften herzustellen. (Die weiter oben entwickelte Überlegung gilt in der Tat für alle drei Abteilungen des Südens, Neapolitanisches Festland, Sizilien, Sardinien).

Die nord-mittelitalienischen ländlichen Kräfte warfen ihrerseits eine Reihe von Problemen auf, die sich die städtische Kraft des Nordens stellen musste, um ein normales Stadt-Land-Verhältnis zu schaffen und die Einmischungen und Einflüsse fremder Herkunft auf die Entwicklung des neuen Staates auszuschließen. Bei diesen ländlichen Kräften musste man zwei Strömungen unterscheiden: die weltliche und die mit Österreich liebäugelnde klerikale. Die klerikale Kraft hatte außer in der Toskana und einem Teil des Kirchenstaates ihr größtes Gewicht in Lombardo-Venetien; die weltliche in Piemont, mit mehr oder weniger weitreichenden Überlagerungen im übrigen Italien, außerdem in den Legationen[13a], besonders in der Romagna, sowie in den anderen Abschnitten bis hin zum Süden und zu den Inseln. Hätten die städtischen Kräfte des Nordens diese unmittelbaren Beziehungen gut bewältigt, hätten sie den Takt für alle ähnlichen Fragen im nationalen Maßstab angegeben.

Bei dieser ganzen Reihe komplexer Probleme scheiterte die Aktionspartei vollständig: tatsächlich beschränkte sie sich darauf, diejenige Frage zu einer des Prinzips und des wesentlichen Programms zu machen, die einfach eine Frage des politischen Terrains war, auf welchem jene Probleme hätten zusammengefasst werden und eine

* Nach dem A-Text ergänzt.

gesetzliche Lösung finden können: die Frage der Konstituante. Man kann nicht sagen, dass die moderate Partei gescheitert ist, die sich die organische Expansion Piemonts zum Ziel setzte, Soldaten für die piemontesische Armee und keine Aufstände oder zu umfangreichen garibaldinischen Armeen wollte.

Warum stellte die Aktionspartei die Agrarfrage nicht in ihrem ganzen Ausmaß? Dass die Moderati sie nicht aufwarfen, war klar: die Art, wie die Moderati das nationale Problem stellten, erforderte einen Block aller Rechtskräfte einschließlich der Klassen der Großgrundbesitzer um Piemont als Staat und als Armee. Österreichs Drohung, das Agrarproblem zugunsten der Bauern zu lösen, die in Galizien gegen die polnischen Adligen zugunsten der ruthenischen Bauern wahr gemacht wurde, stiftete in Italien nicht nur Verwirrung unter den Betroffenen, indem sie die ganzen Schwankungen der Aristokratie bewirkte (Mailänder Ereignisse vom Februar ⟨18⟩53 und Ehrenbezeigung der vornehmsten Mailänder Familien für Franz Joseph ausgerechnet am Vorabend der Galgenhinrichtungen von Belfiore)[14], sondern lähmte selbst die Aktionspartei, die auf diesem Terrain wie die Moderati dachte und für »national« die Aristokratie und die Grundbesitzer und nicht die Millionen von Bauern hielt. Erst nach dem Februar 53 machte Mazzini einige substanziell demokratische Andeutungen (vgl. Briefwechsel jener Zeit)[15], war aber unfähig zu einer entscheidenden Radikalisierung seines abstrakten Programms. Zu studieren ist das politische Verhalten der Garibaldiner 1860 auf Sizilien, das von Crispi diktiert war: Die Aufstandsbewegungen der Bauern gegen die Barone wurden unbarmherzig niedergeschlagen und die Nationalgarde gegen die Bauern geschaffen; typisch ist die Strafexpedition von Nino Bixio in die Region von Catania, wo die Aufstände am heftigsten waren. Und doch gibt es [auch] in den Notizen von G.C. Abba Elemente, die zeigen, dass die Agrarfrage die Triebfeder dafür war, die großen Massen in Bewegung zu setzen: es genügt, an die Gespräche Abbas mit dem Mönch zu erinnern, der den Garibaldinern sofort nach ihrer Landung in Marsala entgegengeht[16]. In einigen Novellen G. Vergas findet man pittoreske Elemente dieser Bauernunruhen, die von der Nationalgarde mit Terror und Massenerschießungen erstickt wurden[17]. (Diese Seite des Zuges der Tausend ist noch nie untersucht und analysiert worden.)

Das Nichtaufwerfen der Agrarfrage machte es nahezu unmöglich, die Frage des Klerikalismus und der gegen die Einheit gerichteten Haltung des Papstes zu lösen. Unter diesem Blickpunkt waren die

Moderati viel kühner als die Aktionspartei: zwar teilten sie nicht die Kirchengüter unter den Bauern auf, aber sie bedienten sich ihrer, um eine neue Schicht großer und mittlerer Grundbesitzer zu schaffen, die mit der neuen politischen Situation verwachsen waren, und sie zögerten nicht, Hand an den Grundbesitz zu legen, wenn auch nur an den der Kongregationen. Die Aktionspartei war außerdem in ihren Handlungen gegenüber den Bauern durch Mazzinis Anwandlungen [einer] religiösen Reform gelähmt, die die großen ländlichen Massen nicht nur unberührt ließ, sondern sie im Gegenteil für eine Aufwiegelung gegen die neuen Ketzer empfänglich machte. Das Beispiel der Französischen Revolution war dazu angetan, zu zeigen, dass die Jakobiner, denen es gelungen war, alle Rechtsparteien bis hin zu den Girondisten auf dem Terrain der Agrarfrage zu zerschlagen und nicht nur die ländliche Koalition gegen Paris zu verhindern, sondern in den Provinzen ihre Anhängerschar zu vergrößern, Schaden nahmen infolge der Versuche Robespierres, eine religiöse Reform einzuleiten, die im wirklichen Geschichtsprozess sehr wohl unmittelbare Bedeutung und Konkretheit besaß. (Man müsste aufmerksam die wirkliche Agrarpolitik der Römischen Republik und den wahren Charakter der Unterdrückungsmission in der Romagna und in den Marken untersuchen, die Felice Orsini von Mazzini übertragen worden war: in dieser Zeit und bis ⟨18⟩70 – auch danach – verstand man unter dem Namen Brigantentum fast immer die chaotische, tumulthafte und von Gräueln durchsetzte Bewegung der Bauern, sich des Landes zu bemächtigen.)

H. 13, § ⟨23⟩. ***Beobachtungen über einige Aspekte der Struktur der politischen Parteien in den Zeiten organischer Krise*** (zu verbinden mit den Anmerkungen über die Situationen und die Kräfteverhältnisse)[1]. An einem bestimmten Punkt ihres geschichtlichen Lebens lösen sich die gesellschaftlichen Gruppen von ihren traditionellen Parteien, das heißt, die traditionellen Parteien in dieser gegebenen Organisationsform, mit diesen bestimmten Männern, die sie bilden, sie vertreten oder führen, werden von ihrer Klasse oder Klassenfraktion nicht mehr als ihr Ausdruck anerkannt. Wenn diese Krisen eintreten, wird die unmittelbare Situation heikel und gefährlich, weil das Feld frei ist für die Gewaltlösungen, für die Aktivität obskurer Mächte, repräsentiert durch die Männer der Vorsehung oder mit Charisma. Wie bilden sich diese Situationen des Zwiespalts zwischen Repräsentierten und Repräsentanten heraus, die sich vom Terrain der Parteien aus (Parteiorganisationen im engeren Sinn, parlamentarisch-wahlbezogenes Feld, journalistische Organisation) im ganzen Staatsorganismus widerspiegeln und die relative Machtposition der (zivilen und militärischen) Bürokratie, der Hochfinanz, der Kirche und allgemein aller von den Fluktuationen der öffentlichen Meinung relativ unabhängigen Organe stärkt? In jedem Land ist der Prozess ein anderer, obwohl der Inhalt der gleiche ist. Und der Inhalt ist die Hegemoniekrise der führenden Klasse, die entweder eintritt, weil die führende Klasse in irgendeiner großen politischen Unternehmung gescheitert ist, für die sie den Konsens der großen Massen mit Gewalt gefordert oder durchgesetzt hat (wie der Krieg), oder weil breite Massen (besonders von Bauern und intellektuellen Kleinbürgern) urplötzlich von der politischen Passivität zu einer gewissen Aktivität übergegangen sind und Forderungen stellen, die in ihrer unorganischen Komplexität eine Revolution darstellen. Man spricht von »Autoritätskrise«, und das eben ist die Hegemoniekrise oder Krise des Staates in seiner Gesamtheit.

Die Krise schafft gefährliche unmittelbare Situationen, weil die verschiedenen Bevölkerungsschichten nicht dieselbe Fähigkeit besitzen, sich rasch zu orientieren und sich mit derselben Schnelligkeit zu reorganisieren. Die traditionell führende Klasse, die über ein zahlenmäßig starkes geübtes Personal verfügt, wechselt Menschen und Programme aus und gewinnt die Kontrolle wieder, die ihr mit größerer Geschwindigkeit zu entgleiten im Begriff war, als das bei den subalternen Klassen geschieht; sie bringt womöglich Opfer, setzt sich mit demagogischen Versprechungen einer ungewissen Zukunft aus, behält aber die Macht, verstärkt sie für den Augenblick und bedient sich ihrer, um den Gegner zu zerschmettern und sein Führungspersonal zu zersprengen, das zahlenmäßig nicht sehr stark und sehr geübt sein kann. Das Überwechseln der Truppen vieler Parteien unter die Fahne einer einzigen Partei, welche die Bedürfnisse der Gesamtklasse besser vertritt und zusammenfasst, ist eine organische und normale Erscheinung, auch wenn sein Tempo, verglichen mit ruhigen Zeiten, äußerst schnell und gleichsam blitzartig ist: es stellt die Verschmelzung einer ganzen gesellschaftlichen Gruppe unter einer einzigen Führung dar, die als einzige für fähig gehalten wird, ein existenziell dominantes Problem zu lösen und eine tödliche Gefahr abzuwenden. Wenn die Krise nicht diese organische Lösung, sondern die des charismatischen Führers findet, bedeutet dies, dass ein statisches Gleichgewicht besteht (dessen Faktoren disparat sein können, in welchem aber die Unreife der fortschrittlichen Kräfte den Ausschlag gibt), das zu überwinden keine Gruppe, weder die konservative noch die fortschrittliche, die für den ⟨Sieg⟩* erforderliche Kraft hat, und dass auch die konservative Gruppe einen Herrn braucht (vgl. *Der 18. Brumaire des Louis Bonaparte*)[2].

Diese Art von Erscheinungen steht in Verbindung mit einer der wichtigsten die politische Partei betreffenden Fragen, und zwar mit der Fähigkeit der Partei, dem Geist der Routine und den Tendenzen entgegenzuwirken, zu verknöchern und anachronistisch zu werden. Die Parteien entstehen und konstituieren sich als Organisation, um in Momenten, die für ihre Klassen geschichtlich lebensentscheidend sind, die Situation zu meistern; nicht immer aber vermögen sie sich den neuen Aufgaben und neuen Zeiten anzupassen, nicht immer verstehen sie es, sich in dem Maße zu entwickeln, wie sich die umfassenden Kräfteverhältnisse (und somit die relative Position ihrer Klassen) in dem betreffenden Land oder auf internationaler Ebene entwickeln. Bei der Analyse dieser Entwicklungen der Parteien gilt es zu unterscheiden: die gesellschaftliche Gruppe; die Parteimasse; die Bürokratie und den Generalstab der Partei. Die Bürokratie ist die gefährlichste Routine- und Beharrungsmacht; wenn sie schließlich eine solidarische Körperschaft bildet, die für sich steht und sich von der Masse unabhängig fühlt, wird die Partei schließlich anachronistisch, und in den Augenblicken akuter Krise wird sie ihres gesellschaftlichen Inhalts entleert und schwebt gleichsam in der Luft. Man kann sehen, was einer Reihe deutscher Parteien mit der Ausbreitung des Hitlerismus widerfährt. Die französischen Parteien sind ein für dergleichen Untersuchungen reiches Feld: sie sind allesamt verknöchert und anachronistisch, politisch-historische Dokumente der verschiedenen Phasen der vergangenen Geschichte Frankreichs, deren veraltete Terminologie sie wiederholen: ihre Krise kann noch katastrophaler als die der deutschen Parteien werden.

Bei der Untersuchung dieser Art von Ereignissen wird gewöhnlich außer Acht gelassen, dem bürokratischen Element, dem zivilen wie dem militärischen, einen richtigen Platz einzuräumen, und außerdem wird nicht beachtet, dass zu diesen Analysen nicht nur die aktiven militärischen und bürokratischen Elemente gehören, sondern die Gesellschaftsschichten, aus denen sich in den gegebenen Staatsgebilden die Bürokratie traditionsgemäß rekrutiert. Eine poli-

* Im Ms. unleserliches Wort, hier dem Kontext entsprechend eingefügt.

tische Bewegung kann militärischen Charakters sein, auch wenn die Armee als solche nicht offen daran beteiligt ist; eine Regierung kann militärischen Charakters sein, auch wenn sich die Armee als solche nicht an der Regierung beteiligt. In bestimmten Situationen kann es opportun werden, die Armee nicht »bloßzustellen«, sie nicht aus der Verfassungsmäßigkeit heraustreten zu lassen, die Politik nicht unter die Soldaten zu tragen, wie man sagt, um die Homogenität von Offizieren und Soldaten auf einem Terrain scheinbarer Neutralität und Überparteilichkeit zu erhalten; und doch ist es die Armee, das heißt der Generalstab und das Offizierskorps, welche die neue Situation bestimmt und beherrscht. Im Übrigen ist es nicht richtig, dass die Armee den Verfassungen zufolge niemals Politik machen darf*; die Armee müsste gerade die Verfassung, das heißt die legale Form des Staates mit den damit verbundenen Institutionen verteidigen; deshalb bedeutet die sogenannte Neutralität nur Unterstützung für die rückschrittliche Seite, aber es empfiehlt sich in solchen Situationen, die Frage so zu stellen, um zu verhindern, dass sich in der Armee der Dissens des Landes reproduziert und somit die bestimmende Macht des Generalstabs durch die Zersetzung des militärischen Instruments dahinschwindet. Alle diese Beobachtungselemente gelten gewiss nicht absolut, in den unterschiedlichen Momenten der Geschichte und in den verschiedenen Ländern haben sie sehr unterschiedliche Gewichtungen.

Die zuerst anzustellende Untersuchung ist folgende: Gibt es in einem bestimmten Land eine breitere Gesellschaftsschicht, für welche die bürokratische, zivile und militärische Laufbahn ein sehr wichtiges Element ökonomischen Lebens und politischer Selbstbehauptung ist (effektive Teilhabe an der Macht, sei es auch indirekt, durch »Erpressung«)? Im modernen Europa ist diese Schicht im mittleren und kleinen Landbürgertum auszumachen, das in den verschiedenen Ländern je nach der Entwicklung der industriellen Kräfte einerseits und der Agrarreform andererseits mehr oder weniger verbreitet ist. Gewiss ist die bürokratische (zivile und militärische) Laufbahn kein Monopol dieser Gesellschaftsschicht, dennoch passt sie besonders zu ihr wegen der gesellschaftlichen Funktion, die diese Schicht ausübt, und wegen der durch diese Funktion bestimmten oder begünstigten psychologischen Tendenzen; diese zwei Elemente verleihen der Gesamtheit der Gesellschaftsschicht eine gewisse Homogenität und Führungsenergie[2a] und damit eine

* Im Ms.: »dürfen«.

politische Bedeutung und eine häufig entscheidende Funktion im Ensemble des gesellschaftlichen Organismus. Die Elemente dieser Gruppe sind es gewohnt, Kerngruppen von Menschen, wenn auch geringe, direkt zu befehligen, und zwar »politisch«, nicht »ökonomisch« zu befehligen: das heißt, in ihrer Befehlskunst ist keine Haltung, die »Sachen« anzuordnen, »Menschen und Sachen« in einem organischen Ganzen anzuordnen, wie es in der Industrieproduktion geschieht, denn diese Gruppe hat keine ökonomischen Funktionen im modernen Wortsinn. Sie hat ein Einkommen, weil sie juristisch Eigentümer eines Teils des nationalen Bodens ist, und ihre Funktion besteht darin, es dem produzierenden Bauern »politisch« streitig zu machen, die eigene Existenz zu verbessern, weil jede Verbesserung der relativen Stellung des Bauern katastrophal für ihre gesellschaftliche Stellung wäre. Das chronische Elend und die lange Arbeitsdauer des Bauern mit der daraus folgenden Verrohung sind für sie eine erstrangige Notwendigkeit. Deshalb entfaltet sie die größte Energie im Widerstand und Gegenangriff gegen jeden kleinsten Versuch autonomer Organisierung der bäuerlichen Arbeit und gegen jede bäuerliche Kulturbewegung, die aus den Grenzen der offiziellen Religion heraustritt. Diese gesellschaftliche Gruppe findet ihre Grenzen und die Ursachen ihrer inneren Schwäche in ihrem territorialen Verstreutsein und ihrer »Inhomogenität«, die aufs Engste mit diesem Verstreutsein verbunden ist; das erklärt auch andere Charaktereigenschaften: die Unbeständigkeit, die Vielfalt der ideologischen Systeme, denen sie anhängt, selbst die Merkwürdigkeit der manchmal übernommenen Ideologien. Der Wille hat sich für ein Ziel entschieden, aber er ist zögerlich und braucht gewöhnlich einen langen Prozess, um sich organisatorisch und politisch zu zentralisieren. Der Prozess beschleunigt sich, wenn der spezifische »Wille« dieser Gruppe zusammenfällt mit dem Willen und den unmittelbaren Interessen der Oberklasse; nicht nur beschleunigt sich der Prozess, sondern es tritt sofort die »militärische Kraft« dieser Schicht zutage, die bisweilen, wenn sie sich organisiert hat, der Oberklasse ihre Vorstellungen aufzwingt, zumindest was die »Form« der Lösung betrifft, wenn nicht gar hinsichtlich des Inhalts. Man sieht hier dieselben Gesetze wirken, die zu den Stadt-Land-Beziehungen im Hinblick auf die subalternen Klassen angemerkt worden sind[3]: die Kraft[3a] der Stadt wird automatisch zur Kraft[3a] des Landes, da aber auf dem Land die Konflikte sogleich akute und »persönliche« Form annehmen, infolge des Fehlens ökonomischer Spielräume und infolge des normalerweise größeren

Drucks von oben nach unten, müssen so auch die Gegenangriffe auf dem Land rascher und entschiedener sein. Diese Gruppe versteht und sieht, dass der Ursprung ihrer Missgeschicke in den Städten, in der Kraft der Städte liegt, und darum versteht sie, dass sie den städtischen Oberklassen die Lösung diktieren »muss«, damit der Hauptbrandherd ausgetreten wird, auch wenn dies den städtischen Oberklassen nicht unmittelbar zusagt, oder weil es entweder zu kostspielig oder auf lange Sicht gefährlich ist (diese Klassen haben größere Entwicklungszyklen im Blick, innerhalb derer es möglich ist zu manövrieren, und nicht nur das unmittelbare »physische« Interesse). In diesem Sinn muss die Führungsfunktion dieser Schicht verstanden werden und nicht im absoluten Sinn; trotzdem ist das keine Kleinigkeit.

Einen Reflex dieser Gruppe sieht man in der ideologischen Aktivität der rechtskonservativen Intellektuellen. Gaetano Moscas Buch *Theorie der Regierungen und parlamentarische Regierung* (2. Aufl. von 1925, 1. Aufl. von 1883)[4] ist in dieser Hinsicht exemplarisch; seit 1883 war Mosca in panischem Schrecken vor einem möglichen Kontakt zwischen Stadt und Land. Aufgrund seiner Verteidigungsposition (des Gegenangriffs) verstand Mosca 1883 die politische Technik der subalternen Klassen besser, als es auch noch mehrere Jahrzehnte danach die Repräsentanten dieser subalternen Kräfte, auch der städtischen, verstanden.

(Es ist anzumerken, wie dieser »militärische« Charakter der betreffenden gesellschaftlichen Gruppe, der traditionell eine spontane Widerspiegelung bestimmter Existenzbedingungen war, jetzt bewusst anerzogen und organisch angelegt wird. Zu dieser bewussten Bewegung gehören die systematischen Bemühungen darum, verschiedene Vereinigungen von Reservisten und ehemaligen Frontkämpfern der unterschiedlichen Korps und Waffengattungen, besonders von Offizieren, entstehen zu lassen und stabil zu halten, die an die Generalstäbe gebunden und im Bedarfsfall mobilisierbar sind, ohne dass die Wehrpflichtigenarmee mobilisiert werden muss, die somit ihren Charakter einer Reserve in Alarmbereitschaft beibehielte, verstärkt und gegen politische Zersetzung immunisiert durch diese »privaten« Kräfte, die ihre »Moral« unweigerlich beeinflussen, stützen und kräftigen würden. Man kann sagen, dass eine Bewegung vom Typus »Kosaken« zustande kommt, nicht in Formationen, die längs der Nationalitätsgrenzen postiert sind, wie es bei den zaristischen Kosaken der Fall war, sondern längs der gesellschaftlichen Gruppen-»Grenzen«.)

In einer ganzen Reihe von Ländern bedeutet Einfluss des militärischen Elements im staatlichen Leben also nicht nur Einfluss und Gewicht des militärisch-technischen Elements, sondern Einfluss und Gewicht der gesellschaftlichen Schicht, aus der sich das militärisch-technische Element (besonders die Subalternoffiziere) speziell rekrutiert. Diese Reihe von Beobachtungen ist unerlässlich, um den innersten Aspekt jener bestimmten politischen Form zu analysieren, die man Cäsarismus oder Bonapartismus zu nennen pflegt, um sie von anderen Formen zu unterscheiden, bei denen das militärisch-technische Element als solches vorherrscht, möglicherweise in noch auffälligeren und ausschließlicheren Formen. Spanien und Griechenland bieten zwei typische Beispiele, mit gleichartigen und ungleichartigen Zügen. Bei Spanien gilt es einige Besonderheiten zu beachten: Größe ⟨des Territoriums⟩ und geringe Dichte der bäuerlichen Bevölkerung. Zwischen dem adligen Großgrundbesitzer und dem Bauern gibt es kein zahlreiches ländliches Bürgertum, somit geringe Bedeutung der subalternen Offiziersränge als Kraft für sich (eine gewisse antagonistische Bedeutung hatten dagegen die Offiziersränge der gelehrten Waffengattungen, Artillerie und Pioniere, die städtisch-bürgerlicher Herkunft waren, sich den Generälen widersetzten und eine eigene Politik zu haben versuchten). Die Militärregierungen sind deshalb Regierungen »großer« Generäle. Passivität der bäuerlichen Massen als Bürgerschaft und als Truppe. Wenn in der Armee politische Zersetzung eintritt, dann in vertikaler, nicht in horizontaler Richtung, infolge der Konkurrenz der Führungscliquen: die Truppe spaltet sich, um den gegeneinander kämpfenden Führern zu folgen. Die Militärregierung ist eine Parenthese zwischen zwei verfassungsmäßigen Regierungen; das militärische Element ist die ständige Reserve der Ordnung und der Konservation, es ist eine »öffentlich« wirkende politische Kraft, wenn die »Gesetzlichkeit« in Gefahr ist. Gleiches geschieht in Griechenland, mit dem Unterschied, dass das griechische Territorium in ein System von Inseln aufgesplittert ist und dass ein Teil der kraftvollsten und aktivsten Bevölkerung sich stets auf See befindet, was Intrige und militärisches Komplott erleichtert; der griechische Bauer ist passiv wie der spanische, aber da im Rahmen der Gesamtbevölkerung der kraftvollste und aktivste Grieche Seemann und beinahe immer weit von seinem Zentrum politischen Lebens entfernt ist, verlangt die allgemeine Passivität noch nach einer anderen Analyse und kann die Lösung des politischen Problems nicht die gleiche sein (die Erschießungen der Mitglieder einer gestürzten Regierung vor einigen Jahren in Griechenland sind wahrscheinlich als Wutausbruch dieses energischen und aktiven Elements zu erklären, das eine blutige Lektion erteilen wollte). Besonders bemerkenswert ist, dass in Griechenland und in Spanien die Erfahrung der Militärregierung keine dauerhafte und formal organische politische und gesellschaftliche Ideologie hervorgebracht hat, wie es hingegen in den sozusagen potenziell bonapartistischen Ländern geschieht. Aber die allgemeinen historischen Bedingungen der beiden Typen sind dieselben: Gleichgewicht der gegeneinander kämpfenden städtischen Gruppen, welches das Spiel der normalen »Demokratie«, den Parlamentarismus, verhindert; unterschiedlich ist aber der Einfluss des Landes auf dieses Gleichgewicht. In Ländern wie Spanien erlaubt das Land, das vollständig passiv ist, den Generälen des grundbesitzenden Adels, die Armee politisch zu benutzen, um die gefährdete Ordnung, das heißt die Überlegenheit der oberen Gruppen, wiederherzustellen. In anderen Ländern ist das Land nicht passiv, aber seine Bewegung ist nicht politisch mit der städtischen koordiniert: Die Armee muss neutral bleiben, weil sie sich sonst möglicherweise horizontal zersetzt (sie wird natürlich nur bis zu einem gewissen Punkt neutral bleiben), und es tritt hingegen die militärisch-bürokratische Klasse in Aktion, die mit militärischen Mitteln die (unmittelbar gefährlichere) Bewegung auf dem Land erstickt, in diesem Kampf einen gewissen politischen und ideologischen Zusammenschluss vollzieht, Verbündete in den städtischen Mittelschichten (mittlere im italienischen Sinn) findet, die durch die in den Städten befindlichen Studenten ländlicher Herkunft verstärkt werden, ihre politischen Methoden den Oberklassen aufzwingt, die ihr viele Zugeständnisse machen und eine bestimmte vorteilhafte Gesetzgebung zulassen müssen: kurz, sie schafft es, den Staat bis zu einem gewissen Punkt mit ihren Interessen zu durchdringen und einen Teil des Führungspersonals zu ersetzen, wobei sie in der allgemeinen Entwaffnung ihre Bewaffnung beibehält und ständig mit dem Bürgerkrieg zwischen ihren eigenen Waffenträgern und dem Wehrpflichtigenheer droht, falls die Oberklasse zu große Widerstandsgelüste zeigt.

Diese Bemerkungen dürfen nicht als starre Schemata verstanden werden, sondern nur als praktische Kriterien der historischen und politischen Interpretation. Bei den konkreten Analysen realer Ereignisse sind die historischen Formen individualisiert und quasi »einmalig«. Cäsar repräsentiert eine sehr andersartige Kombination realer Umstände als die durch Napoleon I. repräsentierten, wie Primo de Rivera im Vergleich zu Zivkovic usw.

Bei der Untersuchung der dritten Ebene bzw. des dritten Moments des Systems der Kräfteverhältnisse in einer bestimmten Situation kann man nützlicherweise auf den Begriff zurückgreifen, der in der Militärwissenschaft »strategische Konjunktur« oder, genauer, Grad der strategischen Vorbereitung des Kriegsschauplatzes genannt wird, dessen eines Hauptelement durch die qualitativen Bedingungen des Führungspersonals und der aktiven Kräfte gegeben ist, welche als die der ersten Linie (die des Angriffs einbegriffen) bezeichnet werden können. Der Grad strategischer Vorbereitung kann Kräften zum Sieg verhelfen, die den gegnerischen »anscheinend« (das heißt quantitativ) unterlegen sind. Man kann sagen, dass die strategische Vorbereitung danach strebt, die sogenannten »Unwägbarkeiten«, das heißt die unmittelbaren, in einem gegebenen Augenblick überraschenden Reaktionen der traditionell trägen oder passiven Elemente auf null zu reduzieren. Zu den Elementen der Vorbereitung einer günstigen strategischen Konjunktur sind eben diejenigen zu zählen, die in den Bemerkungen über das Vorhandensein und die Organisation einer militärischen Schicht neben dem technischen Organismus der nationalen Armee betrachtet worden sind.

Weitere Elemente lassen sich aus dem folgenden Fragment aus der am 19. Mai 1932 im Senat gehaltenen Rede des Kriegsministers General Gazzera herausarbeiten (vgl. »Corriere della Sera« vom 20. Mai): »Die disziplinarische Ordnung unserer Armee erscheint dank des Faschismus heute als eine Richtschnur, die für die ganze Nation Geltung hat. Andere Armeen haben eine formale, starre Disziplin gehabt und bewahren sie immer noch. Wir beachten immer das Prinzip, dass die Armee für den Krieg da ist und sich auf ihn vorbereiten muss; die Disziplin im Frieden muss daher dieselbe sein wie zu Zeiten des Krieges, der in Friedenszeiten seine geistige Grundlage finden muss. Unsere Disziplin beruht auf einem Geist des Zusammenhalts zwischen den Führern und den Gemeinen, der ein spontanes Ergebnis des Systems ist, dem wir folgen. Dieses System hat während eines langen und äußerst harten Krieges bis zum Sieg wunderbar standgehalten; es ist das Verdienst des faschistischen Regimes, auf das ganze italienische Volk eine so hervorragende Tradition der Disziplin ausgedehnt zu haben. Von der Disziplin der Einzelnen hängt der Erfolg der strategischen Konzeption und der taktischen Operationen ab. Der Krieg hat vieles gelehrt, und auch, dass eine tiefe Kluft zwischen der Vorbereitung im Frieden und der Wirklichkeit des Krieges besteht. Sicher ist, dass – ganz gleich mit welcher Vorbereitung – die Anfangsoperationen des Feldzuges die

Kriegführenden vor neue Probleme stellen, die auf der einen wie auf der anderen Seite zu Überraschungen Anlass geben. Man darf daraus jedoch nicht die Schlussfolgerung ziehen, dass es nicht nützlich sei, von vornherein eine Auffassung zu haben, und dass keinerlei Lehre aus dem vergangenen Krieg gezogen werden könne. Es kann daraus eine Kriegsdoktrin gewonnen werden, die mit intellektueller Disziplin und als Mittel verstanden werden muss, um widerspruchsfreie Argumentationsweisen und eine solche Einheitlichkeit der Sprache zu fördern, dass sie es allen erlaubt, zu verstehen und sich verständlich zu machen. Wenn manchmal die Einheit der Doktrin in Schematismus abzugleiten drohte, ist sofort und prompt darauf reagiert worden, indem die Taktik, auch der technischen Fortschritte wegen, einer raschen Erneuerung unterzogen wurde. Ein solches Reglement ist folglich nicht statisch, ist nicht traditionell, wie manch einer glaubt. Die Tradition wird nur als Kraft angesehen, und die Reglements sind immer in Revision begriffen, nicht aus einem Verlangen nach Veränderung heraus, sondern um sie der Wirklichkeit anpassen zu können«[5]. (Ein Beispiel für die »Vorbereitung der strategischen Konjunktur« lässt sich in Churchills *Memoiren* finden, wo er über die Schlacht von Jütland spricht[6].)

Ein dem Paragrafen zum Ökonomismus als Beispiel für die sogenannten Intransigenztheorien hinzuzufügendes Element ist das der rigiden prinzipiellen Abneigung gegen die sogenannten Kompromisse, der eine Erscheinungsform nachgeordnet ist, die man die »Angst vor Gefahren« nennen kann. Dass die prinzipielle Abneigung gegen Kompromisse eng mit dem Ökonomismus zusammenhängt, ist klar, insofern die Auffassung, auf welcher diese Abneigung beruht, nur die eiserne Überzeugung sein kann, dass es für die geschichtliche Entwicklung objektive Gesetze von derselben Art wie die Naturgesetze gibt, mit der zusätzlichen Überzeugung eines fatalistischen, in seiner Art dem religiösen ähnlichen Finalismus: da die günstigen Bedingungen schicksalhaft eintreten müssen und von ihnen auf irgendwie geheimnisvolle Weise wiederkehrende Ereignisse bestimmt sein werden, ergibt sich nicht nur die Nutzlosigkeit, sondern die Schädlichkeit jeder willentlichen Initiative, die darauf abzielt, diese Situationen nach einem Plan vorzubereiten. Neben diesen fatalistischen Überzeugungen steht gleichwohl die Tendenz, »in der Folge« blind und kriterienlos auf die regelnde Kraft der Waffen zu vertrauen, was jedoch nicht völlig einer Logik und eines Zusammenhangs entbehrt, weil man denkt, dass der Eingriff des Willens nützlich für die Zerstörung ist, nicht für den Neuaufbau (der im Moment der Zerstörung bereits im Gange ist). Die Zerstörung wird mechanisch, nicht als Zerstörung-Neuaufbau begriffen[7]. Bei solchen Denkweisen wird der Faktor »Zeit« nicht berücksichtigt, und selbst die »Ökonomie« wird in letzter Instanz nicht berücksichtigt, in dem Sinne, dass nicht verstanden wird, wie die ideologischen Fakten der Masse immer im Nachtrab zu den ökonomischen Erscheinungen der Masse sind und wie deshalb in gewissen Momenten der vom ökonomischen Faktor ausgehende automatische Anstoß durch traditionelle ideologische Elemente verlangsamt, behindert oder vorübergehend gebrochen wird, dass deshalb ein bewusster, vorbereiteter Kampf stattfinden muss, um die Forderungen der ökonomischen Massenposition »verständlich« zu machen, die im Gegensatz zu den Direktiven der traditionellen Führer stehen können. Eine angemessene politische Initiative ist immer notwendig, um den ökonomischen Anstoß von den Hindernissen der traditionellen Politik zu befreien, um also die politische Führung gewisser Kräfte zu verändern, die notwendig absorbiert werden müssen, um einen neuen, homogenen, innerlich widerspruchsfreien politisch-ökonomischen geschichtlichen Block zu schaffen, und da zwei »ähnliche« Kräfte in einem neuen Organismus nur über eine Reihe von Kompromissen oder durch Waffengewalt miteinander verschmelzen können, indem sie sich auf einer Ebene der Gleichheit[7a] miteinander verbünden *oder* indem eine Kraft sich die andere mit Zwang unterordnet, ist die Frage die, ob es diese Gewalt gibt und ob es »produktiv« ist, sie einzusetzen. Wenn die Einheit zweier Kräfte notwendig ist, um eine dritte zu besiegen, ist der Rückgriff auf die Waffen und den Zwang (vorausgesetzt, man verfügt darüber) eine rein methodologische Hypothese, und die einzige konkrete Möglichkeit ist der Kompromiss, da die Gewalt gegen die Feinde eingesetzt werden kann, nicht gegen einen Teil seiner selbst, den man rasch assimilieren will und dessen »guten Willen« und Begeisterung man braucht.

(In Bezug auf die »militärische Schicht« ist interessant, was T. Tittoni in den *Persönlichen Erinnerungen an die Innenpolitik*, »Nuova Antologia«, 1. April–16. April 1921, schreibt. Tittoni berichtet, er habe darüber nachgedacht, dass man, um die Polizeikräfte zusammenzubringen, die nötig waren, um der an einem Ort ausgebrochenen Tumulte Herr zu werden, andere Gegenden entblößen musste: Während der roten Woche im Juni 1914 war Ravenna, um den Aufruhr in Ancona zu unterdrücken, entblößt worden, wo sich der Präfekt dann, der Sicherheitskräfte beraubt, in die Präfektur einschließen musste und die Stadt den Aufständischen überließ.

»Mehrmals musste ich mich fragen, was die Regierung hätte machen können, wenn eine Aufstandsbewegung gleichzeitig auf der ganzen Halbinsel ausgebrochen wäre«. Tittoni schlug der Regierung die Einberufung der »Freiwilligen der Ordnung«, von Offizieren im Ruhestand aufgestellte alte Frontkämpfer, vor. Tittonis Plan schien der Beachtung würdig, hatte aber keinen Erfolg[8].)

H. 3, §⟨46⟩. *Vergangenheit und Gegenwart.* Der echt italienische Begriff des »Subversiven« kann folgendermaßen erklärt werden: eine nicht positive, sondern negative Klassenposition: das »Volk« spürt, dass es Feinde hat, und macht sie bloß empirisch in den sogenannten Herren aus (im Begriff des »Herrn« steckt viel von der alten Abneigung des Landes gegen die Stadt, und die Kleidung ist ein grundlegendes Unterscheidungselement; es gibt auch die Abneigung gegenüber der Bürokratie, in der man einzig den Staat sieht: der Bauer – auch der mittlere Eigentümer – hasst den »Beamten«, nicht den Staat, den er nicht versteht, und für ihn ist dieser der »Herr«, auch wenn der Bauer ihm ökonomisch überlegen ist; daher der scheinbare Widerspruch, dem gemäß für den Bauern der Herr oft ein »Hungerleider« ist). Dieser »unspezifische« Hass ist noch »halbfeudaler«, nicht moderner Art und kann nicht als Beleg für Klassenbewusstsein angeführt werden: er ist kaum der erste Schimmer davon, er ist bloß, wie gesagt, die elementare negative und polemische Position: nicht nur hat man kein genaues Bewusstsein von der eigenen historischen Persönlichkeit, sondern man hat nicht einmal ein Bewusstsein von der historischen Persönlichkeit und den genauen Grenzen des eigenen Gegners. (Die unteren Klassen können, da sie historisch in der Defensive sind, ein Bewusstsein von sich selbst nur über Negationen erlangen, durch das Bewusstsein von der Persönlichkeit und den Klassenschranken des Gegners; aber ebendieser Prozess dämmert erst, mindestens auf nationaler Ebene.)

Ein weiteres Element, um den Begriff des »Subversiven« zu verstehen, ist das der Schicht, die unter dem typischen Ausdruck der »Hungerleider« bekannt ist. Die »Hungerleider« sind keine homogene Schicht und man kann bei ihrer abstrakten Identifizierung schwere Fehler begehen. Auf dem Dorf und in den kleinen städtischen Zentren gewisser ländlicher Gegenden gibt es zwei verschiedenartige Schichten von »Hungerleidern«: eine ist die der »landwirtschaftlichen Tagelöhner«, die andere die der kleinen Intellektuellen. Diese Tagelöhner haben als wesentliches Merkmal nicht ihre wirtschaftliche Lage, sondern ihre geistig-moralische

Verfassung: sie sind Säufer, unfähig zu dauerhafter Arbeitsamkeit und Sinn fürs Sparen und daher oft biologisch belastet, entweder durch chronische Unterernährung oder durch halbe Idiotie und Einfältigkeit. Der typische Bauer dieser Gegenden ist der kleine Grundeigentümer oder der ursprüngliche Halbpächter (der die Pacht mit der Hälfte, dem Drittel oder auch zwei Dritteln der Ernte je nach Fruchtbarkeit und Lage des Bodens bezahlt), der ein paar Arbeitsinstrumente besitzt, das Ochsenjoch und das Häuschen, das er sich an den arbeitsfreien Tagen oft selbst gebaut hat, und der sich das notwendige Kapital entweder mit ein paar Jahren Auswanderung beschafft hat, oder indem er in der »Grube« arbeiten ging, oder mit ein paar Jahren Dienst bei den Carabinieri, oder indem er einige Jahre Bediensteter eines Großgrundbesitzers war, d. h., indem er »sich abmühte« und sparte. Der »Tagelöhner« hingegen konnte oder wollte sich nicht abmühen und besitzt nichts, er ist ein »Hungerleider«, weil die tageweise Arbeit knapp und unregelmäßig ist: er ist ein halber Bettler, der von Notbehelfen lebt und an die ländliche Verbrecherwelt grenzt.

Der kleinbürgerliche »Hungerleider« stammt aus dem ländlichen Bürgertum, das Eigentum wird in zahlreiche Familien aufgestückelt und schließlich liquidiert, aber die Glieder dieser Klasse wollen nicht manuell arbeiten: so bildet sich eine gierige Schicht von Anwärtern auf kleine Gemeindeämter, als Schreiber, Kommissionäre usw. usf. Diese Schicht ist ein störendes Element im Leben der ländlichen Gebiete, immer begierig auf Veränderungen (Wahlen usw.), und erzeugt den lokalen »Subversiven«, und da sie ziemlich verbreitet ist, hat sie eine gewisse Bedeutung: sie verbündet sich vor allem mit dem ländlichen Bürgertum gegen die Bauern und organisiert zu ihren Diensten auch die »Tagelöhner und Hungerleider«. In jeder Region gibt es diese Schichten, die auch in den Städten Ableger haben, wo sie in die professionelle Verbrecherwelt und die fluktuierende Verbrecherwelt einmünden. Viele kleine Angestellte in den Städten stammen sozial von diesen Schichten ab und bewahren davon die arrogante Denkart des gefallenen Adligen, des Grundbesitzers, der gezwungen ist, sich mit Arbeit abzumühen. Der »Subversivismus« dieser Schichten hat zwei Gesichter: nach links und nach rechts, aber das linke Gesicht ist ein Erpressungsmittel: sie gehen immer nach rechts in den entscheidenden Momenten und ihr verzweifelter »Mut« zieht es stets vor, die Carabinieri als Verbündete zu haben.

Ein weiteres Element, das zu untersuchen ist, ist der sogenannte »Internationalismus« des italienischen Volkes. Er steht in wechselseitiger Beziehung zum Begriff des »Subversivismus«. Es handelt sich in Wirklichkeit um einen vagen »Kosmopolitismus«, der an genau bestimmbare historische Elemente gebunden ist: an den mittelalterlichen und katholischen Kosmopolitismus und Universalismus, der seinen Sitz in Italien hatte und der sich wegen des Fehlens einer italienischen »politischen und nationalen Geschichte« gehalten hat. Geringer nationaler und staatlicher Geist im modernen Sinn. Andernorts habe ich angemerkt[1], dass es hingegen einen besonderen italienischen Chauvinismus gab und gibt, der viel verbreiteter ist, als es scheint. Die beiden Bemerkungen sind nicht widersprüchlich: In Italien hat die politische, territoriale, nationale Einheit eine geringe Tradition (oder vielleicht keine Tradition), weil vor 1870 Italien nie ein einheitliches Gebilde war, und auch der Name Italien, der zur Zeit der Römer Süd- und Mittelitalien bis zur Magra und zum Rubikon bezeichnete, büßte im Mittelalter gegenüber dem Namen Lombardei Terrain ein (die Untersuchung von C. Cipolla über den Namen »Italien«, veröffentlicht in den Akten der Akademie von Turin, ansehen)[2]. Italien hatte [und bewahrte] jedoch eine kulturelle Tradition, die nicht auf die klassische Antike, sondern auf die Zeit vom vierzehnten bis zum siebzehnten Jahrhundert zurückgeht und die vom Humanismus und der Renaissance mit dem klassischen Zeitalter verknüpft wurde. Diese kulturelle Einheit war die in der Tat sehr schwache Grundlage des Risorgimento und der Einheit, um die aktivsten und intelligentesten Schichten der Bevölkerung um das Bürgertum zu sammeln, und sie ist noch heute das Substrat des popularen Nationalismus: wegen des Fehlens des politisch-militärischen und politisch-ökonomischen Elements in diesem Gefühl, d. h. der Elemente, die der französischen, deutschen oder amerikanischen nationalistischen Denkart zugrunde liegen, kommt es, dass viele sogenannte »Subversive« und »Internationalisten« »Chauvinisten« in diesem Sinne sind, ohne zu glauben, im Widerspruch zu sein.

Was man sich merken muss, um die Virulenz zu verstehen, die dieser kulturelle Chauvinismus manchmal annimmt, ist dieses: dass in Italien eine bedeutendere wissenschaftliche, künstlerische, literarische Blüte zusammengefallen ist mit der Epoche des politischen, militärischen, staatlichen Zerfalls (sechzehntes und siebzehntes Jahrhundert). (Dieses Phänomen erklären: residenzhafte, höfische Kultur, d. h., als das Bürgertum der Kommunen im Niedergang und der Reichtum von einem produktiven zu einem des Wuchers geworden war, mit Anhäufungen von »Luxus«, Vorspiel zum vollständigen ökonomischen Zerfall.)

Die Begriffe* des Revolutionärs und des Internationalisten im modernen Wortsinn stehen im Wechselverhältnis zum genauen Begriff von Staat und Klasse: geringes Verständnis des Staates bedeutet geringes Klassenbewusstsein (Verständnis des Staates gibt es nicht nur, wenn man ihn verteidigt, sondern auch, wenn man ihn angreift, um ihn umzustürzen), folglich geringe Wirksamkeit der Parteien usw. Zigeunerbanden, politisches Nomadentum sind keine gefährlichen Angelegenheiten und so waren der italienische Subversivismus und Internationalismus nicht gefährlich.

Alle diese Bemerkungen können natürlich nicht kategorisch und absolut sein: sie dienen dem Versuch, bestimmte Aspekte einer Situation zu beschreiben, um die zu deren Veränderung entfaltete Tätigkeit besser einzuschätzen (oder die Untätigkeit, d.h. das Nichtverstehen der eigenen Aufgaben) und um die Gruppen mehr hervorzuheben, die aus dieser Situation hervorgingen, weil sie sie verstanden und in ihrem Umkreis verändert hatten. [Der populare ›Subversivismus‹ steht im Wechselverhältnis zum »Subversivismus« von oben, d.h. dazu, dass es nie eine »Herrschaft des Gesetzes«, sondern nur eine Politik der Willkür und der Cliquen von Personen oder Gruppen gegeben hat.]**

H.3, §⟨48⟩. *Vergangenheit und Gegenwart. Spontaneität und bewusste Führung.* Vom Ausdruck »Spontaneität« lassen sich verschiedene Definitionen geben, weil das Phänomen, auf das er sich bezieht, vielseitig ist. Jedoch muss hervorgehoben werden, dass es in der Geschichte die »reine« Spontaneität nicht gibt: sie würde mit der »reinen« Mechanizität zusammenfallen. In der »spontansten« Bewegung sind die Elemente »bewusster Führung« einfach unkontrollierbar, sie haben kein feststellbares Zeugnis hinterlassen. Man kann sagen, dass das Element der Spontaneität daher charakteristisch für die »Geschichte der subalternen Klassen« ist, ja sogar der marginalsten und periphersten Elemente dieser Klassen, die nicht das Bewusstsein der Klasse »für sich« erlangt haben und die daher nicht einmal ahnen, dass ihre Geschichte irgendeine Bedeutung haben könnte und dass es irgendeinen Wert haben könnte, dokumentarische Spuren zu hinterlassen.

Es gibt also eine »Vielfalt« von Elementen »bewusster Führung« in diesen Bewegungen, aber keines von ihnen ist vorherrschend oder

* Im Ms.: »Der Begriff«.

** Nachträglich hinzugefügt.

überschreitet das Niveau der »Populärwissenschaft« einer bestimmten sozialen Schicht, des »Alltagsverstandes« oder der [traditionellen] Weltauffassung dieser bestimmten Schicht.

Genau das ist das Element, das De Man empirisch dem Marxismus entgegensetzt, ohne (anscheinend) zu bemerken, dass er auf genau die Position derjenigen zurückfällt, die, nachdem sie die Folklore, die Hexerei usw. beschrieben und gezeigt haben, dass diese Anschauungen eine historisch kräftige Wurzel haben und sich in der Psychologie bestimmter Volksschichten zäh festgesetzt haben, nun glauben*, die moderne Wissenschaft »überwunden« zu haben, und die Artikelchen der populärwissenschaftlichen Zeitungen und der Veröffentlichungen in Fortsetzungen für die »moderne Wissenschaft« halten**; es ist dies ein wirklicher Fall von intellektueller Teratologie, wovon man andere Beispiele hat: die Bewunderer der Folklore etwa, die deren Konservierung vertreten, die Maeterlinck verpflichteten »Anhänger des Hexenkultes«, die behaupten, man müsse die gewalttätig unterbrochene Tradition der Alchemie und der Hexerei wiederaufnehmen, um die Wissenschaft auf einen an Entdeckungen reicheren Weg zurückzubringen usw. Dennoch hat De Man ein zufälliges Verdienst: er beweist die Notwendigkeit, die Elemente der Volkspsychologie zu studieren und auszuarbeiten, historisch und nicht soziologisch, aktiv (d. h., um sie, indem man sie erzieht, in eine moderne Geisteshaltung umzuwandeln) und nicht deskriptiv, wie er es tut; aber diese Notwendigkeit war zumindest impliziert (vielleicht auch explizit ausgesprochen) in der Lehre von Iljitsch, was De Man vollständig ignoriert[1].

Dass in jeder »spontanen« Bewegung ein primitives Element von bewusster Führung, von Disziplin steckt, zeigt indirekt die Tatsache, dass es Strömungen und Gruppierungen gibt, welche die Spontaneität als Methode vertreten. Diesbezüglich muss man unterscheiden zwischen rein »ideologischen« Elementen und Elementen praktischen Handelns, zwischen Forschern, welche die Spontaneität als immanente [und objektive] »Methode« des historischen Werdens vertreten, und Politikastern, die sie als »politische« Methode vertreten. Bei den Ersten handelt es sich um eine irrige Auffassung, bei den Zweiten handelt es sich um einen [unmittelbaren und engstirnigen] Widerspruch, der die offenbare praktische Ursache durchscheinen lässt, d. h. den [unmittelbaren] Willen, eine bestimmte Führung durch eine andere

* Bei Gramsci steht fälschlicherweise ›glaubt‹.

** Bei Gramsci steht fälschlicherweise ›hält‹.

zu ersetzen. Auch bei den Wissenschaftlern hat der Irrtum eine praktische Ursache, allerdings keine unmittelbare, wie bei den Zweiten. Der Apolitizismus der französischen Syndikalisten der Vorkriegszeit enthielt beide Elemente: er war ein theoretischer Irrtum und ein Widerspruch (es gab das »sorelianische« Element und das Element der Konkurrenz zwischen der anarchosyndikalistischen politischen Richtung und der sozialistischen Strömung). Sie war noch die Folge der schrecklichen Pariser Ereignisse von 71: die Fortsetzung – mit neuen Methoden und einer glänzenden Theorie – der dreißigjährigen Passivität (1870–1900) der französischen Arbeiter. Der rein »ökonomische« Kampf war nicht dazu angetan, der herrschenden Klasse zu missfallen, ganz im Gegenteil. Das gilt auch für die katalanische Bewegung, die nur deswegen der spanischen herrschenden Klasse »missfiel«, weil sie objektiv den katalanischen republikanischen Separatismus stärkte, indem sie Anlass bot zu einem richtiggehenden republikanischen industriellen Block gegen die Großgrundbesitzer, das Kleinbürgertum und das Heer, die monarchistisch waren.

Die Turiner Bewegung wurde gleichzeitig angeklagt, »spontaneistisch« und »voluntaristisch« oder bergsonianisch (!) zu sein. Die widersprüchliche Anklage zeigt, wenn man sie analysiert, die Fruchtbarkeit und die Richtigkeit der ihr aufgeprägten Führung. Diese Führung war nicht »abstrakt«, sie bestand nicht darin, mechanisch wissenschaftliche oder theoretische Formeln zu wiederholen: sie verwechselte die Politik, das wirkliche Handeln nicht mit der theoretischen Abhandlung. Sie wurde angewendet auf wirkliche historische Menschen, die sich in bestimmten historischen Verhältnissen gebildet haben, mit bestimmten Gefühlen, Sichtweisen, Bruchstücken von Weltauffassungen usw., die sich aus den »spontanen« Verbindungen eines gegebenen Milieus materieller Produktion mit der »zufälligen« Ansammlung disparater sozialer Elemente darin ergab. Dieses Element von »Spontaneität« wurde nicht vernachlässigt und viel weniger noch verschmäht: es wurde *erzogen*, wurde ausgerichtet, wurde gereinigt von all dem, was es als Nichtdazugehöriges trüben konnte, um es homogen zu machen, aber in lebendiger, historisch wirksamer Art, mit der modernen Theorie. Man sprach selbst vonseiten der Führenden von »Spontaneität« der Bewegung; es war richtig, dass man davon sprach: diese Aussage war ein Stimulans, ein Stärkungsmittel, ein Element der Tiefenvereinigung, sie war mehr als alles andere die Verneinung, dass es sich um etwas Willkürliches, Abenteuerliches, Künstliches [und nicht historisch Notwendiges] handele. Sie gab der Masse ein »theoretisches«

Bewusstsein einer Schöpferin historischer und institutioneller Werte, einer Staatsgründerin.

Diese Einheit der »Spontaneität« und der »bewussten Führung« oder auch der »Disziplin« ist ebendas wirkliche politische Handeln der subalternen Klassen, insofern es Politik der Masse und nicht einfach Abenteuer von Gruppen ist, die sich auf die Masse berufen. Es stellt sich eine grundsätzliche theoretische Frage zu diesem Thema: Kann die moderne Theorie in Gegensatz zu den »spontanen« Gefühlen der Masse stehen? (»Spontan« im Sinne, dass sie nicht einer systematischen Erziehungstätigkeit vonseiten einer schon bewussten Führungsgruppe geschuldet sind, sondern sich durch die vom »Alltagsverstand«, d. h. von der traditionellen popularen Weltauffassung erhellte tägliche Erfahrung gebildet haben, das, was man sehr platt »Instinkt« nennt und was seinerseits nur eine ursprüngliche und elementare historische Errungenschaft ist.) Sie kann nicht im Gegensatz stehen: zwischen ihnen gibt es einen »quantitativen«, gradmäßigen, keinen qualitativen Unterschied: eine sozusagen wechselseitige »Zurückführung« muss möglich sein, ein Übergang von den einen zur andern und umgekehrt. (In Erinnerung rufen, dass I. Kant daran gelegen war, dass seine philosophischen Theorien mit dem Alltagsverstand übereinstimmten; die gleiche Position findet man bei Croce: den Ausspruch von Marx in der *Heiligen Familie* erwähnen, dass die Formeln der französischen Revolutionspolitik auf die Prinzipien der klassischen deutschen Philosophie hinauslaufen[2].)

Die sogenannten »spontanen« Bewegungen zu vernachlässigen oder schlimmer, sie geringzuschätzen, d. h., darauf zu verzichten, ihnen eine bewusste Führung zu geben, sie auf eine höhere Stufe zu heben, indem man sie in die Politik eingliedert, kann oft sehr ernsthafte und schwerwiegende Folgen haben. Fast immer geht eine »spontane« Bewegung der subalternen Klassen mit einer reaktionären Bewegung der Rechten der herrschenden Klasse einher aufgrund von zusammenwirkenden Ursachen: eine ökonomische Krise zum Beispiel löst Unzufriedenheit in den subalternen Klassen und spontane Massenbewegungen auf der einen Seite aus, und auf der andern Seite bewirkt sie Komplotte der reaktionären Gruppen, die von der objektiven Schwächung der Regierung profitieren und Staatsstreiche versuchen. Zu den auslösenden Ursachen dieser Staatsstreiche muss man den Verzicht der verantwortungstragenden Gruppen zählen, den spontanen Bewegungen eine bewusste Führung zu geben und sie daher zu einem positiven politischen Faktor werden zu lassen. Beispiel der *Sizilianischen Vesper* und Auseinandersetzungen der Historiker, um festzustellen, ob es sich um spontane Bewegung oder verabredete Bewegung handelte: mir scheint, dass sich die beiden Elemente in der Sizilianischen Vesper verbunden haben, der spontane Aufstand des sizilianischen Volkes gegen die Provenzalen – der sich so rasch ausgedehnt hat, dass er den Eindruck der Gleichzeitigkeit und daher einer vorhandenen Verabredung erweckte, wegen der auf dem ganzen nationalen Territorium nunmehr unerträglich gewordenen Unterdrückung – und das bewusste Element von unterschiedlicher Bedeutung und Wirksamkeit, mit dem Hauptgewicht der Verschwörung Giovanni von Procidas mit den Aragoniern. Andere Beispiele lassen sich aus allen vergangenen Revolutionen entnehmen, in denen die subalternen Klassen zahlreich und durch die ökonomische Stellung und durch die Homogenität hierarchisch geordnet waren. Die »spontanen« Bewegungen der breitesten Volksschichten machen wegen der objektiven Schwächung des Staates das An-die-Macht-Kommen der am meisten fortgeschrittenen subalternen Klasse möglich. Dies ist noch ein »fortschrittliches« Beispiel, aber in der modernen Welt sind die rückschrittlichen Beispiele häufiger.

Die scholastische und akademische historisch-politische Auffassung, wonach nur jene Bewegung wirklich und würdig ist, die zu hundert Prozent bewusst ist, ja die durch einen im Voraus bis ins Kleinste ausgearbeiteten Plan bestimmt ist oder die (was dasselbe ist) der abstrakten Theorie entspricht. Aber die Wirklichkeit ist voll der wunderlichsten Verbindungen, und es ist am Theoretiker, in diesen Wunderlichkeiten die Probe auf seine Theorie zu machen, die Elemente des geschichtlichen Lebens in theoretische Sprache zu »übersetzen«, und nicht umgekehrt an der Wirklichkeit, sich nach dem abstrakten Schema darzustellen. Dies wird es nie geben, und daher ist jene Auffassung nichts als ein Ausdruck von Passivität. (Leonardo verstand in allen Erscheinungen des kosmischen Lebens die Zahl aufzufinden, auch wenn die profanen Augen nur Willkür und Unordnung sahen.)

H. 10, Teil II, §⟨56⟩. *Punkte für einen Aufsatz über B. Croce. Leidenschaft und Politik.* Dass Croce die Politik mit der Leidenschaft gleichgesetzt hat[1], lässt sich damit erklären, dass er sich der Politik ernsthaft genähert hat, wobei er sich fürs politische Handeln der subalternen Klassen interessierte, die, indem sie »unter Zwang stehen«, »in der Defensive« sind, sich in einer Situation höherer Gewalt befinden, sich von einem gegenwärtigen (sei es auch nur vermeintlichen) Übel zu befreien suchen oder wie man es sonst ausdrücken will, wirklich Politik mit Leidenschaft verwechseln (auch im etymologischen Sinn). Aber die Politische Wissenschaft muss (laut Croce) nicht nur einen Teil, die Handlung eines Teils erklären, sondern auch den anderen Teil, die Handlung des anderen Teils. Was erklärt werden muss, ist die politische Initiative, sei sie nun »defensiv«, folglich »leidenschaftlich«, oder auch »offensiv«, das heißt nicht auf die Vermeidung eines gegenwärtigen Übels gerichtet (sei es auch ein vermeintliches Übel, denn auch das vermeintliche macht leiden, und insofern es leiden macht, ist es ein wirkliches Übel). Prüft man genau diesen Croce'schen Begriff von »Leidenschaft«, der dazu gedacht ist, die Politik theoretisch zu begründen, sieht man, dass er seinerseits nur mit dem Begriff des permanenten Kampfes begründet werden kann, aufgrund dessen die »Initiative« immer »leidenschaftlich« ist, weil der Kampf ungewiss ist und weil fortwährend angegriffen wird, nicht nur um die Niederlage zu vermeiden, sondern um den Gegner in Unterwerfung zu halten, der »siegen könnte«, würde er nicht fortwährend davon überzeugt, der Schwächere zu sein, das heißt fortwährend besiegt zu werden. Kurz, es kann keine »Leidenschaft« geben ohne Antagonismus, und Antagonismus zwischen Menschengruppen, denn im Kampf zwischen dem Menschen und der Natur heißt die Leidenschaft »Wissenschaft« und nicht »Politik«. Man kann daher sagen, dass der Ausdruck »Leidenschaft« bei Croce ein Pseudonym für sozialen Kampf ist.

H. 13, §⟨17⟩. *Analyse der Situationen: Kräfteverhältnisse.* Das Problem der Beziehungen zwischen Struktur und Superstrukturen muss genau gestellt und gelöst werden, um zu einer richtigen Analyse der Kräfte zu gelangen, die in der Geschichte einer bestimmten Epoche wirken, und ihr Verhältnis zu bestimmen. Man muss sich im Umkreis zweier Prinzipien bewegen: 1. desjenigen, dass keine Gesellschaft sich Aufgaben stellt, für deren Lösung nicht bereits die notwendigen und zureichenden Bedingungen vorhanden oder nicht wenigstens im Erscheinen und in Entwicklung begriffen sind; 2. und desjenigen, dass sich keine Gesellschaft auflöst und ersetzt werden kann, bevor sie all die Lebensformen, die in ihren Verhältnissen enthalten sind, entwickelt hat (die genaue Formulierung dieser Prinzipien kontrollieren).

[»Eine Gesellschaftsformation geht nie unter, bevor alle Produktivkräfte entwickelt sind, für die sie weit genug ist, und neue, höhere Produktionsverhältnisse treten nie an die Stelle, bevor die materiellen Existenzbedingungen derselben im Schoß der alten Gesellschaft selbst ausgebrütet worden sind. Daher stellt sich die Menschheit immer nur Aufgaben, die sie lösen kann, denn genauer betrachtet wird sich stets finden, daß die Aufgabe selbst nur entspringt, wo die materiellen Bedingungen ihrer Lösung schon vorhanden oder wenigstens im Prozeß ihres Werdens begriffen sind.« (Vorwort von *Zur Kritik der Politischen Ökonomie*)][1]

Von der Reflexion über diese beiden Regeln kann man zur Entwicklung einer ganzen Reihe anderer Prinzipien historischer Methodologie gelangen. Beim Studium einer Struktur gilt es indessen, die organischen (relativ dauerhaften) Bewegungen von denen zu unterscheiden, die konjunkturell genannt werden können (und sich als gelegenheitsbedingt, unmittelbar, quasi beiläufig darstellen). Gewiss sind auch die konjunkturellen Erscheinungen von den organischen Bewegungen abhängig, aber ihre Bedeutung ist nicht von großer historischer Reichweite: sie geben Anlass zu einer politischen Kritik in Detailfragen, von Tag zu Tag, die sich auf die kleinen Führungsgruppen und die unmittelbar Verantwortlichen der Macht bezieht. Die organischen Erscheinungen geben Anlass zur gesellschaftlich-geschichtlichen Kritik, die sich auf die großen Gruppierungen jenseits der unmittelbar Verantwortlichen und des Führungspersonals bezieht. Beim Studium einer historischen Epoche zeigt sich die große Bedeutung dieser Unterscheidung. Es kommt zu einer Krise, die sich manchmal über Jahrzehnte hinzieht. Diese außergewöhnliche Dauer bedeutet, dass sich in der Struktur unheilbare Widersprüche offenbart haben (herangereift sind) und die positiv für die Konservierung und Verteidigung derselben Struktur wirkenden politischen Kräfte trotzdem bemüht sind, sie innerhalb gewisser Grenzen zu heilen und zu überwinden. Diese unablässigen und beharrlichen Anstrengungen (denn keine Gesellschaftsform wird je eingestehen wollen, dass sie überholt ist) bilden den Boden für das »Gelegenheitsbedingte«, auf dem sich die antagonistischen Kräfte organisieren, die zu beweisen suchen (ein Beweis, der in letzter Instanz nur gelingt und »wahr« ist, wenn er zu einer neuen Wirklichkeit wird, wenn die antagonistischen Kräfte triumphieren, sich aber unmittelbar in einer Reihe ideologischer, religiöser, philosophischer, politischer, juristischer usw. Auseinandersetzungen abspielt, deren Konkretheit sich danach bewerten lässt, inwieweit sie überzeugend wirken und die bestehende Verteilung der gesellschaftlichen Kräfte verschieben), dass die notwendigen und hinreichenden Bedingungen bereits dafür vorhanden sind, dass bestimmte Aufgaben geschichtlich gelöst werden können und folglich müssen (müssen, weil jede Vernachlässigung des geschichtlichen Sollens notwendig die Unordnung vergrößert und folgenschwerere Katastrophen vorbereitet).

Der Fehler, in den man bei den politisch-historischen Analysen oft verfällt, besteht darin, dass man das rechte Verhältnis zwischen dem Organischen und dem Gelegenheitsbedingten nicht zu finden vermag: dadurch kommt man entweder dazu, Ursachen als unmittelbar wirkend darzustellen, die stattdessen mittelbar wirken, oder zu behaupten, die unmittelbaren Ursachen seien die einzigen wirkenden Ursachen; in dem einen Fall gibt es ein Übermaß an »Ökonomismus«[2] oder doktrinärer Pedanterie, in dem anderen ein Übermaß an »Ideologismus«; in dem einen Fall werden die mechanischen Ursachen überschätzt, in dem anderen wird das »voluntaristische« und individuelle Element hervorgehoben. (Die Unterscheidung zwischen organischen »Bewegungen« und Tatsachen bzw. »konjunkturellen« oder gelegenheitsbedingten Bewegungen und Tatsachen muss auf alle Situationstypen angewandt werden, nicht nur auf diejenigen, bei denen eine regressive Entwicklung oder eine der akuten Krise stattfindet, sondern auch auf die, bei denen eine progressive Entwicklung oder eine der Prosperität stattfindet, sowie auf die, bei denen es eine Stagnation der Produktivkräfte gibt.) Den dialektischen Zusammenhang zwischen den beiden Arten der Bewegung und damit der Forschung genau festzulegen ist schwierig, und wenn der Fehler in der Geschichtsschreibung ein schwerwiegender ist, so wird er noch schwerwiegender in der politischen Kunst, wenn es sich nicht um die Rekonstruktion der vergangenen Geschichte handelt, sondern um die Konstruktion der gegenwärtigen und zukünftigen: die eigenen Wünsche und eigenen niederen und unmittelbaren Leidenschaften sind die Ursache des Fehlers, insofern sie die objektive und unparteiische Analyse ersetzen, und das tritt nicht auf als bewusstes »Mittel«, um zur Handlung anzuspornen, sondern als Selbstbetrug. Die Schlange beißt auch in diesem Fall den Gaukler, bzw. der Demagoge ist das erste Opfer seiner Demagogie.

[Das unmittelbare Moment der »Kräfteverhältnisse« nicht berücksichtigt zu haben, hängt mit Überresten der vulgärliberalen Auffassung zusammen, zu deren Äußerungen der Syndikalismus gehört, der fortgeschrittener zu sein glaubte, während er in Wirklichkeit einen Schritt zurück tat. Tatsächlich war die vulgärliberale Konzeption, indem sie dem Verhältnis der in den verschiedenen Parteiformen (Zeitungsleser, Parlaments- und Kommunalwahlen, Massenorganisation der Parteien und der Gewerkschaften im engeren Sinn) organisierten politischen Kräfte Bedeutung beimaß, fortgeschrittener als der Syndikalismus, der dem grundlegenden sozialökonomischen Verhältnis und nur diesem erstrangige Bedeutung beimaß. Die vulgärliberale Konzeption berücksichtigte implizit dieses Verhältnis (wie aus vielen Anzeichen hervorgeht) auch, insistierte aber noch mehr auf dem politischen Kräfteverhältnis, das ein Ausdruck des anderen war und es in Wirklichkeit umfasste. Diese Überreste der vulgärliberalen Konzeption lassen sich in einer ganzen Reihe von Abhandlungen auffinden, die sich angeblich der Philosophie der Praxis verbunden fühlen und zu infantilen Formen von Optimismus und Einfältigkeit Anlass gegeben haben.]

Diese methodologischen Kriterien können ihre ganze Bedeutung auf sichtbare und didaktische Weise erlangen, wenn sie auf die Untersuchung konkreter geschichtlicher Fakten angewandt werden. Das ließe sich nutzbringend im Hinblick auf die Ereignisse tun, die sich in Frankreich von 1789 bis 1870 abspielten. Mir scheint es um größerer Klarheit der Darstellung willen notwendig zu sein, diese gesamte Epoche zu erfassen. In der Tat erschöpfen sich geschichtlich erst 1870–71 mit dem kommunalistischen Versuch alle 1789 entstandenen Keime, das heißt, nicht nur besiegt die um die Macht kämpfende neue Klasse die Repräsentanten der alten Gesellschaft, die sich ihre endgültige Überlebtheit nicht eingestehen will, sondern sie besiegt auch die Repräsentanten der allerneuesten Gruppen[2a], welche die neue, aus der 1789 begonnenen Umwälzung hervorgegangene Struktur schon für überholt erklären, und beweist so ihre Lebenskraft sowohl im Vergleich zum Alten als auch im Vergleich zum Neuesten. Außerdem verliert mit 1870–71 das Ensemble von Prinzipien politischer Strategie und Taktik seine Wirksamkeit, die praktisch mit 1789 entstanden waren und ideologisch um 48 entwickelt wurden (diejenigen, die in der Formel der »permanenten Revolution« zusammengefasst werden: es wäre interessant zu untersuchen, wie viel von dieser Formel in die Strategie Mazzinis – zum Beispiel für den Mailänder Aufstand von 1853 – eingegangen ist und ob es bewusst geschehen ist oder nicht). Ein Element, das die Richtigkeit dieses Standpunkts zeigt, ist die Tatsache, dass sich die Historiker bei der Festlegung der Grenzen jener Gruppe von Ereignissen, welche die Französische Revolution bilden, keineswegs einig sind (und es unmöglich sein können). Für einige (z. B. für Salvemini)[3] ist die Revolution bei Valmy vollendet: Frankreich hat einen neuen Staat geschaffen und es verstanden, die militärisch-politische Kraft zu organisieren, die dessen territoriale Souveränität behauptet und verteidigt. Für andere geht die Revolution bis zum Thermidor weiter, sie sprechen sogar von mehreren Revolutionen (der 10. August sei eine Revolution für sich usw.; vgl. die *Französische Revolution* von A. Mathiez in der Sammlung Colin)[4]. Die Art und Weise, den Thermidor und das Werk Napoleons zu interpretieren, zeigt die schärfsten Gegensätze: Handelt es sich um Revolution oder um Konterrevolution? usw. Für andere wieder setzt sich die Geschichte der Revolution bis 1830, 1848, 1870 und sogar bis zum Weltkrieg von 1914 fort.

In allen diesen Sichtweisen ist ein Stück Wahrheit. In der Tat finden die inneren Widersprüche der französischen Gesellschaftsstruktur, die sich nach 1789 entwickeln, ihre relative Beilegung erst mit der Dritten Republik, und Frankreich hat nach 80 Jahren der Umwälzungen mit immer längeren Wellen – 89-94-99-1804-1815-1830-1848-1870 – für 60 Jahre ein ausgeglichenes politisches Leben. Gerade das Studium dieser »Wellen« mit unterschiedlicher Schwingung ermöglicht es, die Beziehungen zwischen Struktur und Superstruktur auf der einen Seite und auf der anderen zwischen dem Ablauf der organischen Bewegung und dem der konjunkturellen Bewegung der Struktur zu rekonstruieren. Man kann indessen sagen, dass die dialektische Vermittlung zwischen den beiden zu Beginn dieser Notiz referierten methodologischen Prinzipien in der geschichtlich-politischen Formel der permanenten Revolution zu finden ist.

Ein Aspekt desselben Problems ist die sogenannte Frage der Kräfteverhältnisse. Man liest in den Geschichtserzählungen oft den allgemein gehaltenen Ausdruck: für diese oder jene Tendenz günstige oder ungünstige Kräfteverhältnisse. Derart abstrakt erklärt diese Formulierung nichts oder fast nichts, weil damit nur die Tatsache wiederholt wird, die erklärt werden soll, indem sie einmal als Fakt und einmal als abstraktes Gesetz und als Erklärung hingestellt wird. Der theoretische Fehler besteht folglich darin, eine Forschungs- und Interpretationsregel als »geschichtliche Ursache« auszugeben. Indessen sollte man beim »Kräfteverhältnis« verschiedene Momente oder Ebenen unterscheiden, die hauptsächlich die folgenden sind:

1. Ein eng an die Struktur gebundenes gesellschaftliches Kräfteverhältnis, das objektiv und vom Willen der Menschen unabhängig ist und mit den Systemen der exakten oder physikalischen Wissenschaften gemessen werden kann. Auf der Basis des Entwicklungsgrades der materiellen Produktivkräfte treten die gesellschaftlichen Gruppierungen auf, deren jede eine Funktion in der Produktion selbst repräsentiert und eine bestimmte Stellung in ihr einnimmt.

Dieses Verhältnis ist, was es ist: eine widerspenstige Realität: niemand kann die Anzahl der Unternehmen und ihrer Beschäftigten, die Zahl der Städte mit ihrer gegebenen Stadtbevölkerung usw. verändern. Diese grundlegende Anordnung ermöglicht zu untersuchen, ob in der Gesellschaft die notwendigen und hinreichenden Bedingungen für ihre Umgestaltung vorhanden sind, ermöglicht also, den Grad an Realismus und Umsetzbarkeit der verschiedenen Ideologien zu kontrollieren, die auf ihrem eigenen Boden entstanden sind, dem Boden der Widersprüche, die sie bei ihrer Entwicklung hervorgebracht hat.

2. Ein darauf folgendes Moment ist das politische Kräfteverhältnis, das heißt die Einschätzung des Grades an Homogenität, Selbstbewusstsein und Organisation, den die verschiedenen gesellschaftlichen Gruppen erreicht haben. Dieses Moment kann seinerseits auf verschiedenen Ebenen analysiert und unterschieden werden, die den unterschiedlichen Momenten des politischen Kollektivbewusstseins entsprechen, wie sie sich bisher in der Geschichte gezeigt haben. Die erste und elementarste ist die korporativ-ökonomische: ein Kaufmann fühlt, dass er solidarisch mit einem anderen Kaufmann sein *muss*, ein Fabrikant mit einem anderen Fabrikanten usw., aber der Kaufmann fühlt sich noch nicht mit dem Fabrikanten solidarisch; es wird also die homogene Einheit gespürt und die Aufgabe, sie zu organisieren, die der Berufsgruppe, aber noch nicht die der breiteren gesellschaftlichen Gruppe. Ein zweites Moment ist dasjenige, in dem das Bewusstsein der Interessensolidarität zwischen allen Mitgliedern der gesellschaftlichen Gruppe erlangt wird, aber noch auf bloß ökonomischem Gebiet. Bereits in diesem Moment stellt sich die Staatsfrage, jedoch nur auf dem Gebiet der Herstellung einer politisch-rechtlichen Gleichheit mit den herrschenden Gruppen, da das Recht eingefordert wird, bei der Gesetzgebung und bei der Verwaltung mitzuwirken und sie womöglich zu verändern, sie zu reformieren, aber innerhalb des bestehenden grundlegenden Rahmens. Ein drittes Moment ist dasjenige, in dem das Bewusstsein erlangt wird, dass die eigenen korporativen Interessen in ihrer gegenwärtigen und künftigen Entwicklung den korporativen Umkreis, den einer bloß ökonomischen Gruppe, überschreiten und zu Interessen anderer untergeordneter Gruppen werden können und müssen. Dies ist die Phase, die am eindeutigsten politisch ist, die den klaren Übergang von der Struktur zur Sphäre der komplexen Superstrukturen markiert, es ist die Phase, in der die zuvor aufgekeimten Ideologien »Partei« werden, zur Konfrontation kommen und in den Kampf ein-

treten, bis eine einzige von ihnen oder zumindest eine einzige Kombination derselben dazu tendiert, das Übergewicht zu erlangen, sich durchzusetzen, sich über den gesamten gesellschaftlichen Bereich zu verbreiten, wobei sie über die Einheitlichkeit[4a] der ökonomischen und politischen Ziele hinaus auch die intellektuelle und moralische Einheit bewirkt, alle Fragen, um die der Kampf entbrannt ist, nicht auf die korporative, sondern auf eine »universale« Ebene stellt und so die Hegemonie einer grundlegenden gesellschaftlichen Gruppe über eine Reihe untergeordneter Gruppen herstellt. Wohl wird der Staat aufgefasst als der einer Gruppe zugehörige Organismus, der dazu bestimmt ist, die für die maximale Expansion der Gruppe selbst günstigen Bedingungen zu schaffen, jedoch werden diese Entwicklung und diese Expansion aufgefasst und dargestellt als die Triebkraft einer universellen Expansion, einer Entfaltung aller »nationalen« Energien, das heißt, die herrschende Gruppe wird konkret mit den allgemeinen Interessen der untergeordneten Gruppen abgestimmt, und das staatliche Leben wird als ein ständiges Sich-Bilden und Überwunden-Werden instabiler Gleichgewichte (im Rahmen des Gesetzes) zwischen den Interessen der grundlegenden Gruppe und denen der untergeordneten Gruppen aufgefasst, Gleichgewichte, in denen die Interessen der grundlegenden Gruppe überwiegen, aber nur bis zu einem gewissen Punkt, also nicht bis zum nackten korporativ-ökonomischen Interesse. In der wirklichen Geschichte bedingen sich diese Momente gegenseitig, sozusagen horizontal und vertikal, also je nach den sozialökonomischen (horizontalen) Aktivitäten und je nach den Territorien (vertikal), wobei sie sich wechselnd kombinieren und aufspalten: jede dieser Kombinationen kann durch einen eigenen organisierten politischen und ökonomischen Ausdruck repräsentiert werden. Ferner ist zu berücksichtigen, dass sich mit diesen inneren Beziehungen eines Nationalstaates die internationalen Beziehungen verflechten und dabei neue originelle und historisch konkrete Kombinationen hervorbringen. Eine in einem entwickelteren Land entstandene Ideologie verbreitet sich in weniger entwickelten Ländern und beeinflusst das lokale Spiel der Kombinationen. (Zum Beispiel ist die Religion immer eine Quelle derartiger nationaler und internationaler politisch-ideologischer Kombinationen gewesen, und mit der Religion die anderen internationalen Gebilde, das Freimaurertum, der Rotary Club, die Juden, die Berufsdiplomatie, die politische Mittel unterschiedlichen historischen Ursprungs einbringen und in bestimmten Ländern triumphieren lassen und damit als internationale politische Partei funktionieren, die in jeder Nation mit all ihren vereinten internationalen Kräften wirkt; aber Religion, Freimaurertum, Rotary, Juden usw. können zur gesellschaftlichen Kategorie der »Intellektuellen« gehören, deren Funktion im internationalen Maßstab darin besteht, zwischen den Extremen zu vermitteln, die technischen Mittel, die das Funktionieren jeglicher Führungstätigkeit sichern, zu »vergesellschaften«, Kompromisse und Auswege zwischen den extremen Lösungen auszudenken.) Dieses Verhältnis zwischen internationalen Kräften und nationalen Kräften verkompliziert sich noch durch die Existenz etlicher territorialer Sektoren von unterschiedlicher Struktur und unterschiedlichem Kräfteverhältnis auf allen Ebenen im Innern jedes Staates (so war in Frankreich die Vendée mit den internationalen reaktionären Kräften verbündet und repräsentierte diese innerhalb der territorialen Einheit Frankreichs; so repräsentierte Lyon in der Französischen Revolution einen besonderen Knotenpunkt von Beziehungen, usw.).

3. Das dritte Moment ist das des militärischen Kräfteverhältnisses, das jedes Mal unmittelbar entscheidend ist. (Die geschichtliche Entwicklung schwankt fortwährend zwischen dem ersten und dem dritten Moment, wobei das zweite vermittelt.) Aber auch dieses ist nichts Undifferenziertes und in schematischer Form unmittelbar Identifizierbares; auch bei diesem lassen sich zwei Ebenen unterscheiden: die militärische im engeren oder militärisch-technischen Sinn und die Ebene, die man militärisch-politisch nennen kann. Im Verlauf der Geschichte sind diese beiden Ebenen in einer großen Vielfalt von Kombinationen aufgetreten. Ein typisches Beispiel, das als Grenzfall-Demonstration dienen kann, ist das militärische Unterdrückungsverhältnis eines Staates gegenüber einer Nation, die ihre staatliche Unabhängigkeit zu erlangen sucht. Das Verhältnis ist nicht rein militärisch, sondern militärisch-politisch, und tatsächlich wäre ein solcher Typus der Unterdrückung ohne den Zustand sozialer Zersetzung des unterdrückten Volkes und die Passivität seiner Mehrheit nicht zu erklären; deshalb kann die Unabhängigkeit nicht mit rein militärischen Kräften erlangt werden, sondern mit militärischen und militärisch-politischen. Wenn die unterdrückte Nation, um den Unabhängigkeitskampf einzuleiten, tatsächlich darauf warten müsste, dass der Hegemonialstaat ihr erlaubt, eine eigene Armee im engen, technischen Sinn des Wortes zu organisieren, dann könnte sie lange warten (es kann vorkommen, dass die Forderung nach einer eigenen Armee von der hegemonialen Nation befriedigt wird, aber das bedeutet, dass bereits ein großer Teil

des Kampfes auf militärisch-politischem Gebiet ausgefochten und gewonnen worden ist). Die unterdrückte Nation wird folglich der militärischen Hegemonialkraft anfangs eine Kraft entgegensetzen, die bloß »militärisch-politisch« ist, das heißt, sie wird eine Form politischer Aktion entgegensetzen, die geeignet ist, Folgen militärischer Art in dem Sinn zu bewirken: 1. dass ihr die Wirkungskraft eignet, die Kriegstüchtigkeit der hegemonialen Nation innerlich zu zersetzen; 2. dass sie die militärisch hegemoniale Kraft zwingt, sich über einem großen Territorium auszudünnen und zu zerstreuen und dadurch einen Großteil ihrer Kriegstüchtigkeit zerstört. Im italienischen Risorgimento kann man das verhängnisvolle Fehlen einer militärisch-politischen Führung beobachten, besonders bei der Aktionspartei (aus angeborener Unfähigkeit), aber auch bei der piemontesisch-moderaten Partei sowohl vor als auch nach 1848, gewiss nicht aus Unfähigkeit, sondern aus »politisch-ökonomischem Malthusianismus«, weil man nämlich die Möglichkeit einer Agrarreform nicht einmal andeuten wollte, und weil man die Einberufung einer verfassunggebenden Nationalversammlung nicht wollte, sondern nur danach strebte, dass sich die piemontesische Monarchie ohne Bedingungen oder Einschränkungen vonseiten des Volkes, mit der bloßen Sanktion durch regionale Plebiszite, auf ganz Italien ausdehnte.[0a]

H. 13, §⟨18⟩. *Einige theoretische und praktische Aspekte des »Ökonomismus«.* Ökonomismus – theoretische Bewegung für den Freihandel – theoretischer Syndikalismus. Zu prüfen ist, in welchem Maße der theoretische Syndikalismus von der Philosophie der Praxis ausgegangen ist und wieweit von den ökonomischen Freihandelslehren, also in letzter Instanz vom Liberalismus. Und deshalb ist zu prüfen, ob der Ökonomismus in seiner vollendetsten Form nicht ein direkter Sprössling des Liberalismus ist und auch in seinen Ursprüngen herzlich wenige, allenfalls äußerliche und rein verbale Beziehungen zur Philosophie der Praxis gehabt hat. Unter diesem Gesichtspunkt ist die durch das neue Vorwort (von 1917) zum Band über den *Historischen Materialismus*[1] ausgelöste Auseinandersetzung Einaudi-Croce zu sehen: Der von Einaudi vorgebrachten Forderung, die von der klassischen englischen Ökonomie angeregte Literatur zur Ökonomiegeschichte zu berücksichtigen, kann in dem Sinne entsprochen werden, dass eine solche Literatur durch oberflächliche Ansteckung bei der Philosophie der Praxis den Ökonomismus hervorgebracht hat; wenn deshalb Einaudi (in Wahrheit ungenau) einige ökonomistische Entgleisungen kritisiert, dann beschmutzt er nur das eigene Nest. Der Zusammenhang zwischen Freihandelsideologien und theoretischem Syndikalismus ist besonders offensichtlich in Italien, wo die Bewunderung der Syndikalisten wie Lanzillo und Co. für Pareto bekannt ist*. Die Bedeutung dieser beiden Tendenzen ist jedoch sehr unterschiedlich: die erste gehört zu einer herrschenden und führenden Gesellschaftsgruppe, die zweite zu einer noch subalternen Gruppe, die noch nicht das Bewusstsein ihrer Kraft und der Möglichkeiten und Weisen ihrer Entfaltung erlangt hat und deshalb nicht aus der Phase des Primitivismus herauszufinden vermag. Der Ansatz der Freihandelsbewegung beruht auf einem theoretischen Irrtum, dessen praktischer Ursprung unschwer zu erkennen ist: nämlich auf der Unterscheidung von politischer Gesellschaft und Zivilgesellschaft, die aus einer methodischen Unterscheidung zu einer organischen gemacht und als solche dargestellt wird. So wird behauptet, die ökonomische Tätigkeit gehöre in die Zivilgesellschaft und der Staat dürfe nicht in ihre Regulierung eingreifen. Aber da in der Wirklichkeit der Tatsachen Zivilgesellschaft und Staat ein und dasselbe sind, ist festzuhalten, dass auch der Liberalismus eine »Regulierung« staatlicher Natur ist, eingeführt und aufrechterhalten auf dem Wege der Gesetzgebung und des Zwanges: er ist eine Tatsache des sich der eigenen Ziele bewussten Willens und nicht der spontane, automatische Ausdruck der ökonomischen Tatsache. Darum ist der Liberalismus ein politisches Programm, dazu bestimmt, bei seinem Triumph das Führungspersonal eines Staates und das Wirtschaftsprogramm des Staates selbst auszuwechseln, das heißt, die Verteilung des Nationaleinkommens zu verändern. Anders liegt der Fall beim theoretischen Syndikalismus, insofern dieser sich auf eine subalterne Gruppe bezieht, die man mit dieser Theorie daran hindert, jemals herrschend zu werden, sich über die korporativ-ökonomische Phase hinaus zu entwickeln, um sich zur Phase politisch-ethischer Hegemonie in der Zivilgesellschaft und Herrschaft im Staate zu erheben. Was den Liberalismus betrifft, so hat man es mit einer Fraktion der führenden Gruppe zu tun, die nicht die Struktur des Staates ändern will, sondern nur die Orientierung der Regierung, die also die Handelsgesetzgebung und nur indirekt die für die Industrie reformieren will (denn es lässt sich nicht leugnen, dass der Protektionismus, besonders in den Ländern mit armem und begrenztem Markt, die Freiheit industrieller Initiative einschränkt

* Im Ms.: »sind«.

und die Entstehung der Monopole in ungesunder Weise begünstigt): es geht um die Rotation der führenden Parteien an der Regierung, nicht um die Gründung und Organisation einer neuen politischen Gesellschaft und noch weniger eines neuen Typs von Zivilgesellschaft. In der Bewegung des theoretischen Syndikalismus stellt sich die Frage komplexer dar: es lässt sich nicht leugnen, dass bei ihm die Unabhängigkeit und die Autonomie der subalternen Gruppe, die er angeblich ausdrückt, stattdessen der intellektuellen Hegemonie der herrschenden Gruppe geopfert werden, da der theoretische Syndikalismus eben nur ein Aspekt des Liberalismus ist, der mit einigen verstümmelten und deshalb banalisierten Behauptungen der Philosophie der Praxis legitimiert wird. Warum und wie kommt es zu diesem »Opfer«? Die Transformation der untergeordneten Gruppe in eine herrschende wird ausgeschlossen, entweder weil das Problem gar nicht erst ins Auge gefasst wird (Fabianismus, de Man, beträchtlicher Teil des Labourismus), oder weil es in zusammenhangs- und wirkungslosen Formen gestellt wird (sozialdemokratische Tendenzen im Allgemeinen), oder weil man den unmittelbaren Sprung vom Gruppenregime[1a] zu dem der vollkommenen Gleichheit und der gewerkschaftlichen Ökonomie behauptet.

Zumindest merkwürdig ist die Einstellung des Ökonomismus zu den Äußerungen politischen und intellektuellen Willens, Handelns und Initiativreichtums, als ob diese nicht eine organische Emanation ökonomischer Notwendigkeit, ja sogar der einzige wirksame Ausdruck der Ökonomie wären; so ist es auch ungereimt, das konkrete Stellen der Hegemoniefrage als etwas zu interpretieren, das die hegemoniale Gruppe unterordnet. Die Tatsache der Hegemonie setzt zweifellos voraus, dass den Interessen und Tendenzen der Gruppierungen, über welche die Hegemonie ausgeübt werden soll, Rechnung getragen wird, dass sich ein gewisses Gleichgewicht des Kompromisses herausbildet, dass also die führende Gruppe Opfer korporativ-ökonomischer Art bringt, aber es besteht auch kein Zweifel, dass solche Opfer und ein solcher Kompromiss nicht das Wesentliche betreffen können, denn wenn die Hegemonie politisch-ethisch ist, dann kann sie nicht umhin, auch ökonomisch zu sein, kann nicht umhin, ihre materielle Grundlage in der entscheidenden Funktion zu haben, welche die führende Gruppe im entscheidenden Kernbereich der ökonomischen Aktivität ausübt.

Der Ökonomismus zeigt sich außer als theoretischer Liberalismus und theoretischer Syndikalismus in vielen anderen Formen. Dazu gehören alle Formen des Wahl-Abstentionismus (typisches Beispiel der Wahl-Abstentionismus der italienischen Klerikalen von 1870 bis 1919, nach 1900 immer mehr nachlassend, bis 1919 und bis zur Bildung des Partito Popolare: die von den Klerikalen getroffene organische Unterscheidung in reales Italien und legales Italien war eine Reproduktion der Unterscheidung in ökonomische Welt und legal-politische Welt), die in dem Sinne vielfältig sind, dass es einen Halb-, einen Viertelabstentionismus usw. geben kann. Mit dem Abstentionismus hängt die Formel »je schlimmer, desto besser« zusammen, ebenso die Formel der sogenannten parlamentarischen »Unnachgiebigkeit« einiger Fraktionen von Abgeordneten. Nicht immer ist der Ökonomismus gegen das politische Handeln und die politische Partei, die jedoch als rein erzieherischer Organismus gewerkschaftlichen Typs betrachtet wird.

Ein Ansatzpunkt für das Studium des Ökonomismus und das Verständnis der Beziehungen zwischen Struktur und Superstrukturen ist jene Passage im *Elend der Philosophie*, wo davon die Rede ist, dass eine wichtige Entwicklungsphase einer gesellschaftlichen Gruppe diejenige ist, in der die einzelnen Mitglieder einer Gewerkschaft nicht mehr nur für ihre ökonomischen Interessen kämpfen, sondern für die Verteidigung und die Entwicklung der Organisation selbst (die genaue Formulierung nachsehen[2]; das *Elend der Philosophie* ist ein wesentliches Moment in der Herausbildung der Philosophie der Praxis; es kann als die Entfaltung der *Thesen über Feuerbach* betrachtet werden, während die *Heilige Familie* eine undifferenzierte Zwischenphase gelegenheitsbedingten Ursprungs darstellt, wie man an den Abschnitten sieht, die Proudhon und besonders dem französischen Materialismus gewidmet sind. Der Abschnitt über den französischen Materialismus ist vor allem anderen ein Kapitel Kulturgeschichte und kein theoretischer Abschnitt, als der er oft interpretiert wird, und als Kulturgeschichte ist er bewundernswert. An die Beobachtung erinnern, dass die im *Elend der Philosophie* enthaltene Kritik an Proudhon und seiner Interpretation der Hegel'schen Dialektik auf Gioberti und den Hegelianismus der moderaten Liberalen Italiens im Allgemeinen ausgedehnt werden kann[3]. Die Parallele Proudhon-Gioberti kann, obwohl sie ungleichartige politisch-geschichtliche Phasen vertreten, sogar gerade deshalb interessant und fruchtbar sein). Man muss dabei zugleich an Engels' Aussage erinnern, dass die Ökonomie erst »in letzter Instanz« die Triebfeder der Geschichte ist (in den beiden Briefen zum historischen Materialismus, die auch auf Italienisch veröffentlicht worden sind)[4], die direkt mit der Stelle aus dem Vorwort von *Zur Kritik der Politischen Ökonomie* zusammenhängt, wo es heißt, dass die Menschen sich der Konflikte, die in der ökonomischen Welt auftreten, auf dem Terrain der Ideologien bewusst werden[5].

Bei verschiedenen Gelegenheiten ist in diesen Notizen geäußert worden, dass die Philosophie der Praxis viel verbreiteter ist, als man zugeben möchte[6]. Die Äußerung trifft zu, wenn man darunter versteht, dass der historische Ökonomismus, wie Prof. Loria jetzt seine mehr oder weniger unzusammenhängenden Auffassungen nennt, verbreitet ist und dass sich deshalb das kulturelle Umfeld seit der Zeit, als die Philosophie der Praxis ihren Kampf begann, völlig verändert hat; man könnte in der Terminologie Croces sagen, dass die größte, dem Schoße der »Religion der Freiheit« entsprungene Ketzerei ihrerseits, wie die orthodoxe Religion, eine Entartung durchgemacht hat, als »Aberglaube« verbreitet worden ist, das heißt, mit dem Liberalismus eine Verbindung eingegangen ist und den Ökonomismus hervorgebracht hat. Während nun aber die orthodoxe Religion verkümmert ist, ist zu untersuchen, ob der ketzerische Aberglaube nicht immer noch ein Ferment bewahrt hat, das ihn als höhere Religion wiedererstehen lassen wird, ob also die Schlacken des Aberglaubens nicht leicht zu entfernen sind.

Einige charakteristische Punkte des historischen Ökonomismus: 1. bei der Untersuchung der historischen Zusammenhänge wird nicht das »relativ Dauerhafte« von dem unterschieden, was gelegenheitsbedingte Fluktuation ist, und unter ökonomischer Tatsache wird das persönliche Interesse oder das einer kleinen Gruppe verstanden, im unmittelbaren und »schmutzig-jüdischen« Sinn.[7] Man beachtet also nicht die Formationen einer ökonomischen Klasse mit allen inhärenten Verhältnissen, sondern erfasst das rohe und wucherische Interesse, besonders, wenn es mit kriminellen, vom Strafgesetzbuch vorgesehenen Formen einhergeht; 2. die Lehre, der zufolge die ökonomische Entwicklung auf die Aufeinanderfolge der technischen Veränderungen bei den Arbeitsinstrumenten reduziert wird. Prof. Loria hat eine hochbrillante Darstellung dieser Lehre geliefert, die er im Artikel über den gesellschaftlichen Einfluss des Flugzeuges in der »Rassegna contemporanea« von 1912 angewandt hat[8]; 3. die Lehre, wonach die ökonomische und historische Entwicklung unmittelbar von den Veränderungen irgendeines wichtigen Elements der Produktion abhängig gemacht wird, die Entdeckung eines neuen Rohstoffs, eines neuen Brennstoffs usw., die die Anwendung neuer Methoden bei der Konstruktion und beim Betreiben der Maschinen mit sich bringen. In der letzten Zeit gibt es eine ganze Literatur über das Erdöl: als typisch dafür kann man einen Artikel von Antonino Laviosa in der »Nuova Antologia« von 1929 ansehen[9]. Die Entdeckung neuer Brennstoffe und neuer Antriebsenergien ebenso wie neuer zu verarbeitender Rohstoffe hat gewiss große Bedeutung, weil sie die Stellung der einzelnen Staaten verändern kann, aber sie bestimmt nicht den Gang der Geschichte usw.

Oft geschieht es, dass man im Glauben, den historischen Materialismus zu bekämpfen, den historischen Ökonomismus bekämpft. Dies trifft zum Beispiel auf einen Artikel des Pariser »Avenir« vom 10. Oktober 1930 zu (wiedergegeben in der »Rassegna Settimanale della Stampa Estera« vom 21. Oktober 1930, S. 2303–4), der als typisch wiedergegeben wird: »Man sagt uns seit geraumer Zeit, aber vor allem seit Kriegsende, dass die Fragen des Interesses die Völker beherrschen und die Welt voranbringen. Es sind die Marxisten, die diese These erfunden haben unter der etwas doktrinären Bezeichnung ›historischer Materialismus‹. Im reinen Marxismus gehorchen die als Massen gefassten Menschen nicht den Leidenschaften, sondern den ökonomischen Notwendigkeiten. Die Politik ist eine Leidenschaft. Das Vaterland ist eine Leidenschaft. Diese beiden fordernden Ideen genießen in der Geschichte nur eine Scheinfunktion, weil in Wirklichkeit das Leben der Völker im Laufe der Jahrhunderte mit einem wechselhaften und immer erneuerten Spiel von Ursachen materieller Ordnung erklärt wird. Die Ökonomie ist alles. Viele ›bürgerliche‹ Philosophen und Ökonomen haben diesen Refrain aufgenommen. Sie machen Miene, uns mit dem Kurs des Getreides, des Erdöls oder des Kautschuks die große internationale Politik zu erklären. Sie befleißigen sich, uns nachzuweisen, dass die gesamte Diplomatie von Fragen der Zolltarife und Kostpreise beherrscht wird. Diese Erklärungen stehen hoch im Kurs. Sie haben einen kleinen Anschein von Wissenschaft und gehen von einer Art höheren Skeptizismus aus, der als höchste Eleganz gelten möchte. Die Leidenschaft in der Außenpolitik? Das Gefühl in der nationalen Sache? Weg damit! Dieses Zeug ist gut für gewöhnliche Leute. Die großen Geister, die Eingeweihten wissen, dass alles von Soll und Haben beherrscht ist. Doch ist dies eine absolute Scheinwahrheit. Es ist vollständig falsch, dass die Völker sich nur von Interessenerwägungen leiten lassen, und es ist vollständig richtig, sie gehorchen ⟨mehr denn je den Gefühlen. Der historische Materialismus ist eine schöne Dummheit. Die Nationen gehorchen⟩ vor allem Erwägungen, die von einem brennenden Prestige-Verlangen und -Glauben diktiert sind. Wer das nicht begreift, begreift überhaupt nichts«[10].

Die Fortsetzung des Artikels (unter der Überschrift *Die Sucht nach Prestige*)[10a] illustriert anhand der deutschen und italienischen Politik, dass sie eine des »Prestiges« und nicht von materiellen Interessen diktiert sei. Der Artikel enthält kurzgefasst einen Großteil der banalsten polemischen Anwürfe gegen die Philosophie der Praxis, aber in Wirklichkeit richtet sich die Polemik gegen den inkohärenten Ökonomismus lorianischen Typus. Im Übrigen ist der Schreiber in der Thematik auch in anderer Hinsicht nicht sehr beschlagen: er begreift nicht, dass die »Leidenschaften« nichts anderes sein können als ein Synonym für die ökonomischen Interessen und dass es schwer ist zu behaupten, die politische Aktivität sei ein permanenter Zustand leidenschaftlicher Aufreizung und Verzückung; die französische Politik wird nachgerade als systematische, kohärente »Rationalität«, das heißt von jedem leidenschaftlichen Element gereinigt dargestellt usw.

In ihrer verbreitetsten Form als ökonomistischer Aberglaube verliert die Philosophie der Praxis einen Großteil ihrer kulturellen Ausstrahlungskraft in der höheren Sphäre der intellektuellen Gruppe, sosehr sie davon auch unter den Volksmassen und unter den Intellektuellen mittleren Kalibers gewinnt, die nicht die Absicht haben, sich das Gehirn zu zermartern, sondern als äußerst schlau erscheinen möchten usw. Wie Engels schrieb, ist es für viele sehr bequem zu glauben, sie könnten billig und ohne jede Mühe die gesamte Geschichte und die gesamte politische und philosophische Weisheit, in einer handlichen Formel konzentriert, in der Tasche haben[11]. Da man vergessen hat, dass die These, nach welcher die Menschen auf dem Terrain der Ideologien das Bewusstsein von den grundlegenden Konflikten erlangen[11a], nicht psychologischer oder moralischer Art ist, sondern einen organischen erkenntnistheoretischen Charakter besitzt, hat man die forma mentis* hervorgebracht, die Politik und folglich die gesamte Geschichte als einen einzigen marché de dupes**, ein Spiel von Illusionismen und Tricks zu betrachten. Die »kritische« Aktivität hat sich darauf reduziert, Betrügereien aufzudecken, Skandale herbeizuführen, in den Angelegenheiten der repräsentativen Leute herumzukramen.

So ist vergessen worden, dass – da auch der »Ökonomismus« eine objektive (wissenschaftlich-objektive) Interpretationsregel ist oder zu sein vorgibt – die Untersuchung auf die unmittelbaren Interessen

* Lat.: »Denkform«.

** Frz.: »Schwindel«.

hin für alle Seiten der Geschichte gelten müsste, für die Menschen, die die »These« vertreten, ebenso wie für diejenigen, die die »Antithese« vertreten. Außerdem ist noch ein anderer Satz der Philosophie der Praxis vergessen worden: dass die »Volksglauben« oder Glauben von der Art der Volksglauben die Wirksamkeit der materiellen Gewalt haben[12].

Die Interpretationsfehler im Sinne der Nachforschungen nach den »schmutzig-jüdischen« Interessen sind zuweilen grobschlächtig und komisch gewesen und haben dadurch negativ auf das Prestige der ursprünglichen Lehre zurückgewirkt. Deshalb muss man den Ökonomismus nicht nur in der Theorie der Geschichtsschreibung bekämpfen, sondern auch und besonders in der politischen Theorie und Praxis. Auf diesem Feld kann und muss der Kampf geführt werden, indem der Hegemoniebegriff entwickelt wird, so wie er praktisch bei der Entwicklung der Theorie der politischen Partei und bei der praktischen Entwicklung des Lebens bestimmter politischer Parteien geführt worden ist (der Kampf gegen die Theorie der sogenannten permanenten Revolution, welcher der Begriff der revolutionär-demokratischen Diktatur entgegengesetzt wurde[13], Bedeutung, die durch die Unterstützung der Verfassunggebungs-Ideologien erreicht wurde, usw.). Man könnte eine Untersuchung über die Beurteilungen anstellen, die im selben Maße abgegeben wurden, wie sich bestimmte politische Bewegungen entwickelten, indem man als Typus die boulangistische Bewegung (von 1886 bis etwa 1890) nimmt, oder den Dreyfus-Prozess oder sogar den Staatsstreich vom 2. Dezember (eine Analyse des klassischen Buchs über den 2. Dezember[14], um zu untersuchen, welche relative Bedeutung darin dem unmittelbaren ökonomischen Faktor beigemessen wird und welche Stellung dagegen das konkrete Studium der »Ideologien« einnimmt). Angesichts dieses Ereignisses stellt sich der Ökonomismus die Frage: wem nützt die betreffende Initiative unmittelbar? und antwortet mit einer ebenso simplifizierenden wie scheinlogischen Beweisführung. Sie nützt unmittelbar einer bestimmten Fraktion der herrschenden Gruppe, und da man sichergehen will, fällt die Wahl auf diejenige Fraktion, die offenkundig eine fortschrittliche Funktion und die Kontrolle über das Ensemble der ökonomischen Kräfte hat. Man kann sicher sein, nicht fehlzugehen, weil notwendigerweise, wenn die betreffende Bewegung an die Macht kommt, die fortschrittliche Fraktion der herrschenden Gruppe früher oder später schließlich die Regierung kontrollieren und sie zum Werkzeug dafür machen wird, den Staatsapparat zum eigenen Vorteil umzulenken. Es handelt sich somit um eine sehr billige Unfehlbarkeit, die nicht nur keine theoretische Bedeutung hat, sondern auch nur äußerst geringe politische Tragweite und praktische Wirksamkeit: im Allgemeinen bringt sie nichts als Moralpredigten und endlose persönliche Fragen hervor.

Wenn eine Bewegung boulangistischen Typs entsteht, müsste die Analyse realistischerweise auf folgender Linie durchgeführt werden: 1. sozialer Gehalt der Masse, die der Bewegung anhängt; 2. welche Funktion hatte die Masse im Kräftegleichgewicht, das im Begriff ist, sich zu wandeln, wie die neue Bewegung durch ihre Entstehung selbst zeigt? 3. die Forderungen, die von den Führern gestellt werden und auf Zustimmung stoßen, welche Bedeutung haben sie politisch und sozial? welchen tatsächlichen Erfordernissen entsprechen sie? 4. Prüfung der Angemessenheit der Mittel im Hinblick auf das angestrebte Ziel; 5. erst in letzter Instanz und dargestellt in politischer und nicht in moralistischer Form wird die *Hypothese* ins Auge gefasst, dass eine solche Bewegung notwendig entgleisen und ganz anderen Zwecken dienen wird, als die Anhängermassen sich von ihr versprechen. Stattdessen wird diese Hypothese vorbeugend behauptet, wenn noch kein konkretes Element (das heißt, das als solches mit der Evidenz des Alltagsverstands erscheint und nicht durch eine esoterische »wissenschaftliche« Analyse) zu ihrer Stützung existiert, so dass sie als eine moralistische Anklage von Doppelzüngigkeit und Böswilligkeit oder von mangelnder Gerissenheit, von Dummheit (was die Anhängerschaft betrifft) erscheint. Der politische Kampf wird so zu einer Reihe persönlicher Vorgänge zwischen denen, die immer alles besser wissen und den Teufel in die Flasche eingesperrt haben, und denen, die von den eigenen Führern zum Besten gehalten werden und es wegen ihrer unheilbaren Schafsköpfigkeit nicht wahrhaben wollen.

Solange übrigens diese Bewegungen noch nicht an die Macht gekommen sind, kann man immer denken, dass sie scheitern, und einige sind in der Tat gescheitert (der Boulangismus selbst, der als solcher gescheitert und dann endgültig mit der Dreyfus-Bewegung zerschlagen worden ist, die Bewegung von Georges Valois, die des Generals Gayda); die Untersuchung muss sich folglich der Identifizierung der Elemente der Kraft, aber auch der Elemente der Schwäche zuwenden, die sie in ihrem Innersten enthalten: die »ökonomistische« Hypothese behauptet ein unmittelbares Kraftelement, das heißt die Verfügbarkeit einer bestimmten direkten oder indirekten Finanzhilfe (auch eine große Zeitung, welche die Bewegung unterstützt, ist eine indirekte Finanzhilfe), und fertig. Zu wenig.

Auch in diesem Fall kann die Analyse der verschiedenen Ebenen von Kräfteverhältnissen nur im Bereich der Hegemonie und der politisch-ethischen Verhältnisse gipfeln.

H. 14, §⟨10⟩. *Vergangenheit und Gegenwart.* Vgl. die verstreuten Bemerkungen über jenes Merkmal des italienischen Volkes, das man als »Unpolitischsein« bezeichnen kann[1]. Natürlich ist dieses Merkmal den Volksmassen eigen, das heißt den subalternen Klassen. In den oberen und herrschenden Schichten entspricht ihm eine Denkweise, die »korporativ«, ökonomisch und eine des Standes genannt werden kann, und die übrigens in die italienische politische Begrifflichkeit mit dem Ausdruck »Consorteria«[1a] eingegangen ist, einer italienischen Variante der französischen »Clique« und der spanischen Kamarilla, die etwas anderes bezeichnen, etwas Partikularistisches zwar, aber im persönlichen Sinn oder im Sinne von eng politischer[-sektiererischer] Gruppe (gebunden an das politische Handeln von Gruppen im Militär oder am Hof), während in Italien mehr an ökonomische (besonders agrarische und regionale) Interessen gebunden. Eine Variante dieses popularen »Unpolitischseins« ist das »Ungefähre« in der Physiognomie der traditionellen Parteien, das Ungefähre der Programme und der Ideologien. Deshalb hat es auch in Italien ein besonderes »Sektierertum« gegeben, nicht jakobinischen Typs nach französischer oder russischer Art (das heißt fanatische Unnachgiebigkeit aufgrund allgemeiner Prinzipien und folglich die politische Partei, die zum Zentrum sämtlicher Interessen des individuellen Lebens wird); das Sektierertum bei den Volkselementen entspricht dem Geist der Consorteria bei den herrschenden Klassen, es gründet nicht auf Prinzipien, sondern auf auch niedrigen und verwerflichen Leidenschaften, und gerät schließlich in die Nähe der »Ehrensache« der Unterwelt und des Schweigegesetzes der Mafia und der Camorra.

Dieses Unpolitischsein in Verbindung mit den Repräsentativformen (besonders der lokalen Wahlkörperschaften) erklärt den Verfallszustand der politischen Parteien, die allesamt im Bereich der Wahlen entstanden sind (auf dem Kongress von Genua[1b] war die Grundfrage die der Wahlen); die Parteien waren also keine organische Fraktion der Volksklassen (eine Avantgarde, eine Elite), sondern ein Ensemble von Stimmenfängern und -machern, eine Ansammlung provinzieller Kleinintellektueller, die eine umgekehrte Auslese darstellten. Angesichts des allgemeinen Elends des Landes und der chronischen Arbeitslosigkeit dieser Schichten waren die ökonomischen Möglichkeiten, welche die Parteien boten, keineswegs zu verachten. Es ist bekannt geworden, dass an einigen Orten etwa ein Zehntel der Mitglieder linker Parteien einen Teil der Mittel für den Lebensunterhalt in den Polizeipräsidien zusammenkratzten, die den Informanten – weil sie so zahlreich waren – wenig Geld gaben oder sie mit Genehmigungen für halb landstreicherhafte Nebenbeschäftigungen beziehungsweise mit Straffreiheit für zweideutige Einkommen bezahlten.

In Wirklichkeit genügten, um zu einer Partei zu gehören, wenige vage, ungenaue, unbestimmte und verschwommene Ideen: jegliche Auslese war unmöglich, jeglicher Auslesemechanismus fehlte, und die Massen mussten diesen Parteien folgen, weil es keine anderen gab.

2.2 An den Rändern der Geschichte

Fünfundzwanzigstes Heft

An den Rändern der Geschichte
(Geschichte der subalternen gesellschaftlichen Gruppen)

H. 25, §⟨1⟩. ***Davide Lazzaretti.*** In einem in der »Fiera Letteraria« vom 26. August 1928 veröffentlichten Artikel erinnert Domenico Bulferetti an einige Elemente aus dem Leben und dem Bildungsweg von Davide Lazzaretti. Literatur: Andrea Verga, *Davide Lazzaretti und der sensorische Wahnsinn* (Mailand, Rechiedei, 1880); Cesare Lombroso, *Verrückte und Anormale* (dies war der kulturelle Brauch der Zeit: anstatt die Ursprünge eines kollektiven Ereignisses und die Gründe dafür zu untersuchen, dass es sich verbreitete und kollektiv war, isolierte man den Protagonisten und beschränkte sich darauf, seine Krankheitsgeschichte zu schreiben, wobei man allzu oft von unbewiesenen oder unterschiedlich interpretierbaren Motiven ausging: für eine gesellschaftliche Elite haben die Elemente der subalternen Gruppen immer etwas Barbarisches und Krankhaftes an sich). Eine *Geschichte David Lazzarettis, Prophet von Arcidosso* wurde 1905 in Siena von einem der angesehensten Schüler Lazzarettis, dem ehemaligen Philippinermönch Filippo Imperiuzzi, veröffentlicht: es gibt weitere apologetische Schriften, doch dies ist nach Bulferetti die bemerkenswerteste. Das »grundlegende« Werk über Lazzaretti ist indes das von Giacomo Barzellotti, das in der 1. und 2. Auflage (bei Zanichelli) den Titel *Davide Lazzaretti* trug und in den folgenden Auflagen (Treves) erweitert und teilweise umgearbeitet unter dem Titel *Monte Amiata und sein Prophet*[1] erschien. Bulferetti glaubt, Barzellotti habe behauptet, die Ursachen der lazzarettistischen Bewegung seien »alle speziell und nur vom Seelen- und Bildungszustand der Leute dort abhängig«, nur »ein wenig aus natürlicher Liebe zu den schönen Heimatorten (!) und ein wenig durch die Theorien von Hippolyte Taine angeregt«. Viel einleuchtender ist jedoch der Gedanke, dass Barzellottis Buch, das dazu beigetragen hat, die öffentliche Meinung in Italien über Lazzaretti zu prägen, nichts anderes als ein Ausdruck literarischen Patriotismus (– aus Vaterlandsliebe! – wie es heißt) ist, der zu dem Versuch führte, die Ursachen für das allgemeine Missbehagen, die es in Italien nach ⟨18⟩70 gab, zu verbergen, indem für die einzelnen Episoden, in denen dieses Missbehagen explodierte, restriktive, individuelle, folkloristische, pathologische usw. Erklärungen gegeben wurden. Dasselbe geschah in größerem Maßstab hinsichtlich des »Brigantentums« Süditaliens und der Inseln.

Die Politiker haben sich nicht mit dem Umstand befasst, dass Lazzarettis Ermordung von einer entsetzlichen Grausamkeit gewesen und kaltblütig geplant worden ist (in Wirklichkeit wurde Lazzaretti erschossen und nicht in der Auseinandersetzung getötet: es wäre interessant, die vertraulichen Instruktionen zu kennen, welche die Regierung an die Behörden geschickt hat): nicht einmal die Republikaner haben sich damit beschäftigt (nachforschen und überprüfen), obgleich Lazzaretti mit einem Hoch auf die Republik gestorben ist (der tendenziell republikanische Charakter der Bewegung, die so beschaffen war, dass sie unter den Bauern Verbreitung finden konnte, muss im Besonderen den Willen der Regierung, den Protagonisten zu vernichten, mitbestimmt haben), vielleicht aus dem Grund, weil in der Bewegung die republikanische Tendenz auf bizarre Weise mit dem religiösen und prophetischen Element vermischt war. Aber gerade dieses Gemisch stellt das Hauptmerkmal des Ereignisses dar, weil es seine Popularität und Spontaneität beweist. Außerdem ist festzuhalten, dass die lazzarettistische Bewegung mit dem non-expedit[1a] des Vatikans verbunden war und der Regierung gezeigt hatte, welch elementar-popular-subversive Tendenz unter den Bauern die politische Enthaltung des Klerus sowie der Umstand nach sich ziehen konnte, dass die ländlichen Massen angesichts des Fehlens regulärer Parteien sich lokale Führer suchten, die aus der Masse selbst auftauchten und die Religion und den Fanatismus mit der Gesamtheit der Forderungen vermischten, die in elementarer Form auf dem Lande gärten. Ein weiteres politisches Element, das es zu berücksichtigen gilt, ist folgendes: Zwei Jahre zuvor war die Linke an die Regierung gekommen, deren Aufstieg Hoffnungen und Erwartungen im Volk geschürt hatte, die enttäuscht werden mussten. Dass die Linke an der Regierung war, kann auch die Lauheit erklären, mit der ein Kampf wegen der verbrecherischen Ermordung eines Mannes unterstützt wurde, der als rückschrittlich, papistisch, klerikal usw. hingestellt werden konnte.

Bulferetti merkt an, Barzellotti habe keine Untersuchungen zum Bildungsweg Lazzarettis angestellt, auf den er sich aber bezieht. Andererseits habe er gesehen, dass auch nach Monte Amiata damals in großer Menge (!? woher weiß Bulferetti das? Im Übrigen hat derjenige, der das Leben der Bauern kennt, besonders von früher, die »große Menge« nicht nötig, um die Ausdehnung und die Tiefe einer Bewegung zu erklären) in Mailand gedruckte populäre Blättchen, Broschüren und Bücher gelangten. Lazzaretti war ein unersättlicher Leser derselben, und bei seinem Beruf als Fuhrmann fiel es ihm leicht, sie sich zu besorgen. Davide war am 6. November 1834 in Arcidosso geboren worden und hatte den väterlichen Beruf bis 1868 ausgeübt, als er sich vom Gotteslästerer bekehrte und, um Buße zu tun, sich in eine Grotte der Sabiner Berge zurückzog, wo er den Schatten eines Kriegers »sah«, der ihm »offenbarte«, der Stammvater seiner Familie zu sein, Manfredo Pallavicino, unehelicher Sohn eines Königs von Frankreich usw. Ein dänischer Wissenschaftler, Dr. Emil Rasmussen, fand heraus, dass Manfredo Pallavicino der Protagonist eines historischen Romans von Giuseppe Rovani mit ebendem Titel *Manfredo Pallavicino* ist. Die Handlung und die Abenteuer des Romans sind unverändert in die »Offenbarung« der Grotte übergegangen, und von diesen Offenbarungen an beginnt die religiöse Propaganda Lazzarettis. Barzellotti hatte hingegen geglaubt, Lazzaretti sei von den Sagen des 14. Jahrhunderts beeinflusst worden (den Abenteuern des Königs Giannino aus Siena), und Rasmussens Entdeckung veranlasste ihn nur, in der letzten Ausgabe seines Buches einen vagen Hinweis auf Lazzarettis Lektüren einzufügen, ohne jedoch auf Rasmussen hinzuweisen, wobei er den Teil des Buches unangetastet ließ, der von König Giannino handelt. Barzellotti untersucht allerdings die spätere Geistesentwicklung von Lazzaretti, seine Reisen nach Frankreich und den Einfluss, den auf ihn der Mailänder Priester Onorio Taramelli ausübte, »ein Mann von feinem Verstand und umfassender Bildung«, der, weil er gegen die Monarchie geschrieben hatte, in Mailand verhaftet worden und dann nach Frankreich geflüchtet war. Von Taramelli hatte Davide den republikanischen Impuls. Davides Fahne war rot und trug die Aufschrift: »Die Republik und das Reich Gottes«. In der Prozession vom 18. August 1878, in der Davide ermordet wurde, fragte er seine Anhänger, ob sie die Republik wollten. Auf das schallende »Ja« antwortete er: »die Republik beginnt von heute an in der ganzen Welt; aber es wird nicht die von '48 sein: es wird das Reich Gottes sein, das Gesetz des Rechts, das auf das der Gnade folgt«. In Davids Antwort gibt es einige interessante Elemente, die mit seinen Erinnerungen an Taramellis Worte in Zusammenhang gebracht werden müssen: der Wille, sich von ⟨18⟩48 abzuheben, das in der Toskana keine guten Erinnerungen unter den Bauern hinterlassen hatte, die Unterscheidung von Recht und Gnade.

Lazzarettis Drama muss mit den »Unternehmungen« der sogenannten Beneventer Banden verknüpft werden, die nahezu zeitgleich sind: die Priester und Bauern, die in den Malatesta-Prozess verwickelt waren, dachten in sehr ähnlicher Weise wie die Lazzarettisten, wie aus den Gerichtsprotokollen hervorgeht (vgl. zum Bsp. Nittis Buch über den *Katholischen Sozialismus*, wo er zu Recht die Beneventer Banden erwähnt: sehen, ob er Lazzaretti erwähnt)[2]. Jedenfalls ist Lazzarettis Drama bisher nur vom Standpunkt des literarischen Impressionismus gesehen worden, während es eine historisch-politische Analyse verdiente.

Giuseppe Fatini lenkt in der »Illustrazione Toscana« (vgl. »Marzocco« vom 31. Januar 1932) die Aufmerksamkeit auf das heutige Weiterleben des Lazzarettismus. Man glaubte, dass nach Lazzarettis Hinrichtung durch die Carabinieri jede Spur des Lazzarettismus sich auch an den Hängen des Amiata von Grosseto für immer verloren hätte. Hingegen sind die Lazzarettisten oder Christen davidischen Rechts, wie sie sich gerne nennen, weiterhin lebendig: zum größten Teil konzentriert im Dorf Zancona im Umland von Arcidosso, mit einigen verstreuten Anhängern in den angrenzenden Flecken, gewannen sie aus dem Weltkrieg neue Nahrung, um untereinander näher zusammenzurücken in Erinnerung an Lazzaretti, der nach Meinung der Anhänger alles, vom Weltkrieg bis Caporetto, vom Sieg des lateinischen Volkes bis zur Entstehung des Völkerbundes, vorausgesehen hatte. Hin und wieder treten jene Getreuen aus ihrem kleinen Kreis mit Propagandabroschüren hervor, die sie an die »Brüder des lateinischen Volkes« richten, und darin nehmen sie einige der vielen, auch poetischen Schriften auf, die der Meister unveröffentlicht hinterlassen hat und welche die Anhänger eifersüchtig hüten.

Aber was wollen die Christen davidischen Rechts? Für den, der noch nicht im Besitz der Gnade ist, in die Geheimnisse der Sprache der Heiligen eindringen zu können, ist es nicht einfach, das Wesentliche ihrer Lehre zu verstehen. Sie ist ein Gemisch von religiösen Lehren aus vergangenen Zeiten mit einer gehörigen Dosis sich sozialistisch gebender Maximen und mit allgemeinen Hinweisen auf die moralische Erlösung des Menschen, eine Erlösung, die nur durch die vollständige Erneuerung des Geistes und der Hierarchie der Katholischen Kirche verwirklicht werden kann. Artikel XXIV, der das »Symbol des Heiligen Geistes« abschließt und so etwas wie das »Credo« der Lazzarettisten darstellt, erklärt, dass »unser Stifter

David Lazzaretti, der Gesalbte des Herrn, von der Römischen Kurie gerichtet und verurteilt, tatsächlich Christus, der Führer und Richter in der wahren und lebendigen Gestalt der zweiten Ankunft unseres Herrn Jesus Christus auf der Welt ist, der als Menschensohn gekommen ist, damit die vollständige Erlösung des gesamten menschlichen Geschlechts sich erfülle, kraft des dritten göttlichen Gesetzes des Rechtes und der allgemeinen Reform des Heiligen Geistes, das alle Menschen mit dem Glauben an Christus im Schoße der Katholischen Kirche in einem einzigen Punkt und in einem einzigen Gesetz zur Bestätigung der göttlichen Versprechen vereinen muss«. Es schien in der Nachkriegszeit einen Moment lang, als ob die Lazzarettisten einen »gefährlichen Weg« eingeschlagen hätten, aber sie verstanden es, sich rechtzeitig zurückzuziehen, und gaben den Siegern ihre volle Zustimmung. Zweifellos nicht wegen ihrer Meinungsverschiedenheiten mit der katholischen Kirche – »der Sekte der päpstlichen Götzenanbetung« –, sondern wegen der Hartnäckigkeit, mit der sie den Meister und die Reform verteidigen, hält Fatini das religiöse Phänomen von Amiata als der Aufmerksamkeit und des Studiums für würdig[3].

H. 25, § ⟨2⟩. ***Methodologische Kriterien.*** Die Geschichte der subalternen gesellschaftlichen Gruppen ist notwendigerweise bruchstückhaft und episodisch. Zweifellos gibt es in der geschichtlichen Aktivität dieser Gruppen eine Tendenz zur Vereinigung, sei es auch nur auf provisorischen Ebenen, aber diese Tendenz wird durch die Initiative der herrschenden Gruppen fortwährend gebrochen, und deshalb kann sich erst bei Vollendung des geschichtlichen Zyklus zeigen, ob er erfolgreich abgeschlossen wird. Die subalternen Gruppen erleiden immer die Initiative der herrschenden Gruppen, auch wenn sie rebellieren und sich auflehnen: erst der »dauerhafte« Sieg bricht die Unterordnung, und auch nicht sofort. In Wirklichkeit sind die subalternen Gruppen, auch wenn sie zu triumphieren scheinen, nur in Alarmbereitschaft (diese Wahrheit lässt sich anhand der Geschichte der Französischen Revolution mindestens bis 1830 demonstrieren). Jede Spur autonomer Initiative seitens der subalternen Gruppen sollte deshalb für den integralen Historiker von unschätzbarem Wert sein; daraus ergibt sich, dass eine solche Geschichte nur durch Monografien behandelt werden kann und dass jede Monografie eine sehr große Anhäufung von Materialien verlangt, die häufig schwer zusammenzutragen sind.

H. 25, § ⟨4⟩. ***Einige allgemeine Notizen zur geschichtlichen Entwicklung der subalternen gesellschaftlichen Gruppen im Mittelalter und in Rom.*** In Ettore Ciccottis Aufsatz *Elemente von »Wahrheit« und von »Gewissheit« in der römischen historischen Tradition* (enthalten in dem Band *Historische Vergleiche*)[1] gibt es einige Hinweise auf die historische Entwicklung der Volksklassen in den italienischen Kommunen, die Aufmerksamkeit und separate Behandlung besonders verdienen. Die Kriege der Kommunen gegeneinander und folglich die Notwendigkeit, eine schlagkräftigere und zahlreichere Streitmacht zu rekrutieren, indem man zuließ, dass sich die Mehrheit bewaffnete, gaben den Leuten aus dem Volk das Bewusstsein ihrer Kraft und festigten zugleich ihre Reihen (d.h. fungierten als Anreize zur kompakten und solidarischen Gruppen- und Parteibildung). Die Kämpfer blieben auch in Friedenszeiten zusammen, sei es wegen des zu leistenden Dienstes, sei es in der Folgezeit, mit wachsender Solidarität, wegen besonderer Zweckmäßigkeit. Es gibt die Statuten der »Società d'armi«, die sich anscheinend um 1230 in Bologna bildeten, und hier taucht der Charakter ihrer Vereinigung und deren Bildungsweise auf. Um die Mitte des 13. Jahrhunderts waren es schon vierundzwanzig Gesellschaften, eingeteilt nach dem jeweiligen Stadtbezirk, in dem sie (die Mitglieder) wohnten. Über die politische Aufgabe der äußeren Verteidigung der Kommune hinaus hatten sie zum Ziel, jedem der Leute aus dem Volk den notwendigen Schutz vor den Übergriffen der Adligen und der Mächtigen zu gewähren. Die Kapitel ihrer Statuten – zum Beispiel der sogenannten Gesellschaft der Löwen – sind etwa überschrieben mit »Über die Hilfe, die den Männern der genannten Gesellschaft zu leisten ist …«*; »Dass den zu Unrecht Behelligten von den Männern der genannten Gesellschaft geholfen werden muss«*. Und zu den zivilen und gesellschaftlichen Sanktionen kam über den Eid hinaus noch eine religiöse Sanktion mit der gemeinsamen Beteiligung an der Messe und am Zelebrieren von Gottesdiensten hinzu, während andere gemeinsame Verpflichtungen wie die den frommen Bruderschaften gemeinsamen, den armen Mitgliedern beizustehen, die Verstorbenen zu beerdigen usw., die Vereinigung immer beständiger und enger machten. Für die Funktionen der Gesellschaften selbst entstanden dann Ämter und Räte – in Bologna z.B. vier oder acht »ministeriales«, den Ordnungen der Zünfte oder den älteren der Kommune nachgebildet –, die mit der Zeit über die Grenzen der

* Im Original Latein.

Gesellschaften hinaus Bedeutung gewannen und in die Verfassung der Kommune Aufnahme fanden.

Ursprünglich treten in diese Gesellschaften *milites* ebenso ein wie *pedites*, Adlige und Leute aus dem Volk, wenn auch in geringerer Zahl. Aber nach und nach neigen die *milites*, die Adligen, wie in Siena dazu, sich abzuschließen, oder sie können je nach Lage der Dinge ausgestoßen werden wie 1270 in Bologna. Und in dem Maße, in dem die Emanzipationsbewegung Fuß fasst und auch die Grenzen und die Form dieser Gesellschaften übersteigt, fordert und erlangt das populare Element die Teilnahme an den höheren öffentlichen Ämtern. Das Volk konstituiert sich immer mehr als wirkliche politische Partei, und um seinem Handeln eine größere Wirksamkeit und Zentralisierung zu geben, gibt es sich einen Führer, den »Capitano del popolo«, ein Amt, das Siena dem Anschein nach von Pisa übernommen hat und das dem Namen wie der Funktion nach zugleich militärische und politische Wurzeln und Funktionen aufweist. Das Volk, das sich schon früher immer wieder, aber sporadisch, bewaffnet, versammelt, konstituiert und eigene Entscheidungen getroffen hat, konstituiert sich als eine separate Körperschaft, die sich auch eigene Gesetze gibt. Eigene Glocke für seine Einberufungen, »weil die Glocke der Kommune nicht gut gehört wird«*. Es tritt zum Podestà in Gegensatz, dessen Recht, Verordnungen zu erlassen, es bestreitet und mit dem der Capitano del popolo »Friedensschlüsse« macht. Wenn es dem Volk nicht gelingt, von den kommunalen Behörden die gewollten Reformen zu erhalten, vollzieht es mit Unterstützung herausragender Männer der Kommune seine Sezession und beginnt, nachdem es sich als unabhängige Versammlung konstituiert hat, eigene Gerichtsbarkeiten nach dem Bild der in der Kommune üblichen aufzubauen, dem Capitano del popolo eine Gerichtsgewalt zuzuteilen und kraft eigener Autorität zu beschließen, wobei es (von 1255 an) ein ganzes Gesetzgebungswerk beginnt. (Diese Daten sind von der Kommune in Siena.) Dem Volk gelingt es, zunächst faktisch, dann auch formal, Bestimmungen in die allgemeinen Statuten der Kommune aufnehmen zu lassen, die anfangs nur für die zum »Volk« Zählenden verbindlich und für den internen Gebrauch waren. Das Volk bringt es folglich dazu, die Kommune zu beherrschen, indem es die vorher herrschende Klasse überwindet, wie in Siena nach 1270, in Bologna mit den Ordinamenti »Sacrati« und »Sacratissimi«, in Florenz mit den »Ordinamenti di giustizia«.

* Im Original Latein.

(Provenzan Salvani in Siena ist ein Adliger, der sich an die Spitze des Volkes stellt.)

Der größte Teil der Probleme römischer Geschichte, die Ciccotti in der bereits erwähnten Untersuchung darlegt (abgesehen von der Feststellung »persönlicher« Episoden, wie die von Tanaquilla usw.), beziehen sich auf Ereignisse und Institutionen der subalternen gesellschaftlichen Gruppen (Volkstribun usw.)[1]. Deshalb kann die von Ciccotti vertretene und theorisierte Methode der »Analogie« einige »indizienhafte« Ergebnisse bringen, denn da es den subalternen gesellschaftlichen Gruppen an politischer Selbständigkeit fehlt, unterliegen ihre »defensiven« Aktivitäten eigenen Gesetzen der Notwendigkeit, die einfacher, begrenzter und politisch verdichteter sind als die Gesetze historischer Notwendigkeit, welche die Initiativen der herrschenden Klasse leiten und bedingen. Oft sind die subalternen Gruppen ursprünglich anderer Rasse (anderer Kultur und anderer Religion) als die herrschenden, und oft sind sie eine Mischung verschiedener Rassen, wie im Falle der Sklaven. Die Frage der Bedeutung der Frauen in der römischen Geschichte ähnelt derjenigen der subalternen Gruppen, aber nur bis zu einem gewissen Punkt; der »Maskulinismus« kann nur in einem bestimmten Sinn mit einer Klassenherrschaft verglichen werden, er hat daher mehr Bedeutung für die Geschichte der Sitten als für die politische und Sozialgeschichte. Ein weiteres Forschungskriterium muss berücksichtigt werden, um die Gefahren offenzulegen, die der Methode der historischen Analogie als Kriterium der Interpretation innewohnen: im antiken Staat und in dem des Mittelalters war die Zentralisierung, sei es die territorialpolitische, sei es die gesellschaftliche (und schließlich ist die eine nur eine Funktion der anderen), minimal. Der Staat war in einem gewissen Sinn ein mechanischer Block aus gesellschaftlichen Gruppen und oft aus verschiedenen Rassen: im Bereich des militärisch-politischen Drucks, der in akuter Form nur in gewissen Momenten ausgeübt wurde, hatten die subalternen Gruppen ein eigenes Leben für sich, eigene Institutionen usw., und gelegentlich hatten diese Institutionen staatliche Funktionen, die aus dem Staat eine Föderation von gesellschaftlichen Gruppen mit unterschiedlichen, nicht untergeordneten Funktionen machten, was in Krisenzeiten am Phänomen der »Doppelregierung« unmittelbar evident wurde. Die einzige von jedem organisierten gemeinschaftlichen Eigenleben ausgeschlossene Gruppe war die der Sklaven (und die der Proletarier, die nicht Sklaven waren) in der klassischen Welt und die der Proletarier sowie die der Leibeigenen und der Kolonen in der mittelalterlichen Welt. Wenn auch in mancherlei Hinsicht die antiken Sklaven und die mittelalterlichen Proletarier dieselben Bedingungen hatten, war ihre Lage doch nicht identisch: der Versuch der Ciompi[1a] brachte gewiss nicht den Eindruck hervor, den ein ähnlicher Versuch der Sklaven hervorgebracht hätte (Spartakus, der verlangt, in Zusammenarbeit mit der Plebs in die Regierung aufgenommen zu werden, usw.). Während im Mittelalter ein Bündnis zwischen Proletariern und Volk und darüber hinaus die proletarische Unterstützung der Diktatur eines Fürsten möglich war, nichts dergleichen in der klassischen Welt hinsichtlich der Sklaven. Der moderne Staat ersetzt den mechanischen Block der gesellschaftlichen Gruppen durch ihre Unterordnung unter die aktive Hegemonie der führenden und herrschenden Gruppe, beseitigt folglich einige Selbständigkeiten, die jedoch in anderen Formen, als Parteien, Gewerkschaften, Bildungsvereine wiedererstehen. Die zeitgenössischen Diktaturen beseitigen auf legale Weise auch diese neuen Formen von Selbständigkeit und bemühen sich, sie der staatlichen Aktivität einzuverleiben: die legale Zentralisierung des gesamten nationalen Lebens in den Händen der herrschenden Gruppe wird »totalitär«.

H.25, §⟨5⟩. *Methodische Kriterien.* Die geschichtliche Einheit der führenden Klassen vollzieht sich im Staat, und ihre Geschichte ist im Wesentlichen die Geschichte der Staaten und der Staatengruppen. Man darf indes nicht glauben, dass diese Einheit rein rechtlich und politisch wäre, obwohl auch diese Form von Einheit ihre Bedeutung und keine bloß formale hat: die grundlegende geschichtliche Einheit ist in ihrer Konkretheit das Ergebnis der organischen Beziehungen zwischen Staat oder politischer Gesellschaft und »Zivilgesellschaft«. Die subalternen Klassen sind per definitionem keine vereinheitlichten und können sich nicht vereinheitlichen, solange sie nicht »Staat« werden können: ihre Geschichte ist deshalb verwoben in die der Zivilgesellschaft, ist eine »zersetzte« und diskontinuierliche Funktion der Geschichte der Zivilgesellschaft und, auf diese Weise, der Geschichte der Staaten oder Staatengruppen. Untersucht werden muss daher: 1. die objektive Herausbildung der subalternen gesellschaftlichen Gruppen aufgrund der Entwicklung und der Umwälzungen, die sich in der Welt der ökonomischen Produktion vollziehen, ihre quantitative Verbreitung und ihre Herkunft aus vorher bestehenden gesellschaftlichen Gruppen, deren Mentalität, Ideologie und Ziele sie eine gewisse Zeit lang beibehalten; 2. ihre aktive oder passive Zugehörigkeit zu den herrschenden politischen Formationen, die Versuche, auf die Programme dieser Formationen Einfluss zu nehmen, um eigene Forderungen durchzusetzen, und die Folgen, die solche Versuche bei der Bestimmung von Prozessen der Auflösung und Erneuerung oder der Neuformierung haben; 3. die Entstehung neuer Parteien der herrschenden Gruppen, um den Konsens und die Kontrolle der subalternen Gruppen aufrechtzuerhalten; 4. die eigenen Formationen der subalternen Gruppen für Forderungen beschränkter und partieller Art; 5. die neuen Formationen, welche die Selbständigkeit der subalternen Gruppen beanspruchen, jedoch in den alten Rahmen; 6. die Formationen, welche die völlige Selbständigkeit beanspruchen usw.

Die Auflistung dieser Phasen kann noch präzisiert werden durch Zwischenphasen oder durch die Kombination mehrerer Phasen. Der Historiker muss die Entwicklungslinie zur völligen Selbständigkeit hin bemerken und rechtfertigen, von den ursprünglichsten Phasen an, er muss jede Äußerung des Sorel'schen »Geistes der Abspaltung« bemerken. Daher ist auch die Geschichte der Parteien der subalternen Gruppen sehr komplex, insofern sie alle Rückwirkungen der Parteiaktivitäten auf den ganzen Bereich der subalternen Gruppen in ihrer Gesamtheit einschließen muss, auch auf die Haltungen der herrschenden Gruppen, und sie muss die Rückwirkungen der sehr viel wirksameren, weil vom Staat gestützten Aktivitäten der herrschenden auf die subalternen Gruppen und deren Parteien einschließen. Eine der subalternen Gruppen wird eine gewisse Hegemonie ausüben oder vermittels einer Partei danach streben, und das muss man festhalten, wenn man die Entwicklungen auch aller anderen Parteien untersucht, insofern sie Elemente der hegemonialen Gruppe oder der anderen subalternen Gruppen einschließen, die einer solchen Hegemonie unterliegen. Viele Regeln historischer Forschung lassen sich konstruieren, wenn man die Kräfte der Erneuerung in Italien untersucht, die das nationale Risorgimento leiteten: diese Kräfte haben die Macht ergriffen, haben sich im modernen italienischen Staat vereinigt, indem sie gegen bestimmte andere Kräfte kämpften, unterstützt von bestimmten Hilfstruppen oder Verbündeten; um Staat zu werden, mussten sie sich unterordnen bzw. die einen ausschalten und den aktiven oder passiven Konsens der anderen haben. Die Untersuchung der Entwicklung dieser Kräfte der Erneuerung von subalternen Gruppen zu führenden und herrschenden Gruppen muss deshalb die Phasen erforschen und bestimmen, durch welche sie die Selbständigkeit in den Auseinandersetzungen mit den zu schlagenden Feinden und die Anhängerschaft der Gruppen erreicht haben, die sie aktiv oder passiv unterstützt haben, inwieweit dieser ganze Prozess historisch notwendig war, um sich im Staat zusammenzuschließen. Der politisch-geschichtliche Bewusstseinsgrad, den diese Kräfte der Erneuerung nach und nach in den verschiedenen Phasen erreicht haben, bemisst sich genau nach diesen beiden Maßstäben und nicht nur nach dem seiner Loslösung von den vorher herrschenden Kräften. Gewöhnlich achtet man nur auf dieses Kriterium und hat so eine einseitige Geschichte oder versteht zuweilen gar nichts, wie im Fall der Geschichte der Halbinsel von der Zeit der Kommunen an. Das italienische Bürgertum vermochte das Volk nicht um sich zu vereinigen, und das war der Grund für seine Niederlagen und die Unterbrechungen seiner Entwicklung. Auch im Risorgimento verhinderte solch ein beschränkter Egoismus eine rasche und kraftvolle Revolution wie die französische. Hier liegt eine der wichtigsten Fragen und einer der schwerwiegendsten Gründe für die Schwierigkeiten beim Schreiben der Geschichte der subalternen gesellschaftlichen Gruppen und folglich überhaupt der (vergangenen) Geschichte der Staaten.

H.25, §⟨6⟩. *Die Sklaven in Rom.* 1. Eine beiläufige Bemerkung Cäsars (*Bello Gallico*, I, 40, 5) informiert darüber, dass der Kern der Sklaven, die mit Spartakus den Aufstand probten, sich aus kimbrischen Kriegsgefangenen zusammensetzte: diese Aufständischen wurden ausgelöscht. (Vgl. Tenney Frank, *Wirtschaftsgeschichte Roms*, italienische Übers., Verl. Vallecchi, S. 153[1].) Im selben Kapitel von Franks Buch sind die Bemerkungen und die Vermutungen über das unterschiedliche Schicksal der verschiedenen Nationalitäten von Sklaven und über ihr mutmaßliches Überleben, sofern sie nicht vernichtet wurden, anzusehen: entweder sie assimilierten sich an die einheimische Bevölkerung oder sie ersetzten sie regelrecht.

2. In Rom konnten die Sklaven äußerlich als solche nicht erkannt werden. Als ein Senator einmal vorschlug, den Sklaven ein Gewand zu geben, das sie kenntlich machen sollte, war der Senat gegen diese Maßnahme, aus Angst, die Sklaven würden gefährlich werden, wenn sie sich ihrer großen Anzahl bewusst werden könnten (vgl. Seneca, *De clem.*, I, 24, und Tacitus, *Annalen*, 4, 27)[2]. In dieser Episode sind die psychologisch-politischen Gründe enthalten, die eine Reihe von öffentlichen Veranstaltungen bestimmen: die religiösen Prozessionen, die Umzüge, die Volksversammlungen, die Paraden verschiedener Art und teilweise auch die Wahlen (die Wahlbeteiligung einiger Gruppen) und die Volksabstimmungen.

H.25, §⟨7⟩. *Indirekte Quellen. Die »Utopien« und die sogenannten »philosophischen Romane«.* Sie sind im Hinblick auf die geschichtliche Entwicklung der politischen Kritik studiert worden, aber einer der interessantesten Aspekte ist ihr unbewusstes Reflektieren der elementarsten und tiefsten Bestrebungen der subalternen gesellschaftlichen Gruppen, auch der niedrigsten, wenn auch vermittelt durch das Hirn von Intellektuellen, die mit anderen Dingen beschäftigt waren. Diese Art von Veröffentlichungen ist zahllos, wenn man zudem die Bücher berücksichtigt, die keinerlei literarische und künstlerische Bedeutung haben, d. h., wenn man von dem Standpunkt ausgeht, dass es sich um ein gesellschaftliches Phänomen handelt. Daher stellt sich als erstes Problem: Fällt die (relativ) massenhafte Veröffentlichung solcher Literatur mit bestimmten Perioden, mit den Anzeichen tiefgehender gesellschaftlich-politischer Umwälzungen zusammen? Kann man sagen, dass diese wie ein Ensemble unbestimmter und allgemeiner »cahiers de doléance«[0] sind, und zwar eines speziellen Typs? Indes lässt sich auch beobachten, dass ein Teil dieser Literatur die Interessen der herrschenden oder entmachteten Gruppen ausdrückt und rückständigen und scharfmacherischen Charakter hat. Es wäre interessant, eine Liste dieser Bücher zusammenzustellen, eigentliche »Utopien«, sogenannte philosophische Romane, Bücher, die fernen und wenig bekannten, aber existierenden Ländern bestimmte Gewohnheiten und Einrichtungen zuschreiben, die man denen des eigenen Landes gegenüberstellen will. Die *Utopia* von Th. Morus, Bacons *Nova Atlantis*, die *Insel der Freuden* und die *Salento* von Fénelon (aber auch der *Telemach*), *Gullivers Reisen* von Swift usw. Als von rückständigem Charakter in Italien ist zu erinnern an unvollendete Stücke von Federico De Roberto und Vittorio Imbriani (*Naufragazia*, unveröffentlichtes Romanfragment mit einer Vorbemerkung von Gino Doria, in der »Nuova Antologia« vom 1. August 1934)[1].

2. In einem Artikel von Giuseppe Gabrieli über *Federico Cesi*, Linceo-Mitglied, in der »Nuova Antologia« vom 1. August 1930[2] wird ein ideologisch-historischer Zusammenhang behauptet zwischen der Gegenreformation (die laut Gabrieli dem durch den Humanismus verschärften und durch den Protestantismus enthemmten Individualismus den römischen (!) Geist der Kollegialität, der Disziplin, der Korporation, der Hierarchie für den Neuaufbau (!) der Gesellschaft entgegensetzte), den Akademien (wie derjenigen der Lincei, wie sie Cesi gewollt hat, das heißt der kollegialen Arbeit der Wissenschaftler, die von einem ganz anderen Typus als die der

Universitätszentren ist, die in den Methoden und den Formen mittelalterlich geblieben sind) und den Ideen und den Kühnheiten der großen Theorien, der palingenetischen Reformen und der utopischen Rekonstruktionen des menschlichen Zusammenlebens (der *Sonnenstaat, Nova Atlantis* usw.).

In diesem Zusammenhang liegt zu viel Gezwungenes, Einseitiges, Mechanisches und Oberflächliches. Mit größerem Recht lässt sich behaupten, dass die berühmtesten Utopien in den protestantischen Ländern entstanden sind und dass auch in den Ländern der Gegenreformation die Utopien eher eine Äußerung – die einzig mögliche und in gewissen Formen – des der Gegenreformation wesentlich konträren »modernen« Geistes sind (Campanellas gesamtes Werk ist ein Dokument dieser »hinterlistigen« Arbeit, die Gegenreformation von innen aus dem Sattel zu heben, welche im Übrigen, wie alle Restaurationen, kein homogener Block war, sondern eine substanzielle, wenn nicht formelle Kombination zwischen dem Alten und dem Neuen). Die Utopien sind einzelnen Intellektuellen zu verdanken, die sich formell dem sokratischen Rationalismus des Platon'schen *Staates* wieder annähern und der Sache nach, sehr verzerrt, die von Instabilität und latenter Rebellion geprägte Lage der großen Volksmassen der Epoche reflektieren; sie sind im Grunde politische Manifeste von Intellektuellen, die den besten Staat erreichen wollen. Zu berücksichtigen sind ferner die wissenschaftlichen Entdeckungen der Zeit und der szientistische Rationalismus, der gerade zur Zeit der Gegenreformation erstmals auf den Plan trat. Auch Machiavellis *Fürst* war auf seine Weise eine Utopie (vgl. hierzu einige Notizen in anderem Heft)[3]. Man kann sagen, dass gerade der Humanismus, das heißt ein bestimmter Individualismus, das geeignete Terrain für das Aufkommen der Utopien und der philosophisch-politischen Konstruktionen war: die Kirche löste sich mit der Gegenreformation endgültig von den Massen der »Niedrigen« ab, um den »Machthabern« zu dienen; einzelne Intellektuelle versuchten mittels der Utopien eine Lösung für eine Reihe von lebenswichtigen Problemen der Niedrigen zu finden, suchten also nach einer Verbindung zwischen Intellektuellen und Volk: sie müssen deshalb als die ersten historischen Vorläufer der Jakobiner und der Französischen Revolution gelten, des Ereignisses also, das der Gegenreformation ein Ende setzte und die liberale Häresie verbreitete, die sehr viel wirksamer gegen die Kirche als die protestantische war.

3. Artikel von Ezio Chiòrboli in der »Nuova Antologia« vom 1. Mai 1928 über Anton Francesco Doni: interessantes Charakterbild

dieses zu seiner Zeit, im 16. Jahrhundert, sehr populären Publizisten, geistvoll, kaustisch, mit modernen Gedanken. Doni befasste sich mit unendlich vielen Problemen jeder Art und nahm dabei viele wissenschaftliche Neuerungen vorweg. Von Tendenzen, die man heute (vulgär-)materialistisch nennen würde; weist zweihundert Jahre vor Camper (Pieter, Holländer, 1722–1789) auf die Bedeutung des Gesichtswinkels und die spezifischen Anzeichen der Kriminalität hin und sprach zweieinhalb Jahrhunderte vor Lavater (Johann Kaspar, Schweizer, geboren in Zürich, 1741–1801) und Gall (Franz Joseph, Deutscher, 1758–1828) über die Funktionen des Verstandes und die diesen zugeordneten Teile des Hirns. Verfasste mit der *Närrischen oder weisen Welt*[3a] eine Utopie – »erfindungsreiche Gesellschaftsrekonstruktion, die mit vielen der schillernden Farben und der Befürchtungen getönt ist, an denen sich der heutige Sozialismus erhitzt hat« –, die er vielleicht aus Morus' *Utopia* entnahm. Kannte Morus' Buch und veröffentlichte es selbst in der italienischen Übersetzung von Lando. »Doch die Vorstellung ist nicht mehr dieselbe, wie sie auch nicht die Platos im *Staat* noch beliebig anderer, Obskurer und Unbekannter, ist; denn nach seinem Belieben führte er sie aus, setzte sie um und gestaltete sie neu, so dass er eine andere, eigene, eben die seine zum Leben berief, welcher sehr viel entnommen ist, was sowohl in den *Marmi* als auch nach und nach in weiteren Werken und kleineren Schriften in diesem oder jenem Detail, in diesem oder jenem Gefühl zutage tritt«. Zur Bibliografie Donis vgl. die von Chiòrboli in den »Scrittori d'Italia« bei Laterza herausgegebene Ausgabe der *Marmi* und die von Doni veröffentlichte Anthologie in den »Piú belle pagine« von Treves[4].

4. Shakespeares *Sturm* (der Gegensatz von Caliban und Prospero usw.; utopischer Charakter der Reden Gonzalos). Vgl. Achille Loria, *Ökonomische Gedanken und Gegenstände bei Shakespeare*, in der »Nuova Antologia« vom 1. August 1928, das als erste Auswahl von Stellen gesellschaftlich-politischen Charakters bei Shakespeare und als indirektes Dokument der damaligen Denkweise der Leute aus dem Volk Verwendung finden kann. Im Hinblick auf den *Sturm* sind der *Caliban* und der *Jungbrunnen* von Renan[5] anzusehen.

H. 25, §⟨8⟩. *Szientismus und Hinterlassenschaften der Spätromantik.* Anzusehen ist die Tendenz der linken Soziologie in Italien, sich intensiv mit dem Problem der Kriminalität zu befassen. Ist sie damit verbunden, dass der linken Tendenz Lombroso und viele der »glänzendsten« Anhänger angehört hatten, die damals als höchster Ausdruck der Wissenschaft galten und die mit allen ihren professionellen Deformationen und ihren spezifischen Problemen Einfluss ausübten? Oder handelt es sich um eine Hinterlassenschaft der Spätromantik von ⟨18⟩48 (Sue und seine in Romane umgesetzten strafrechtlichen Tüfteleien)? Oder ist sie damit verbunden, dass in Italien gewisse Intellektuellengruppen über die große Menge von Gewaltverbrechen ⟨erschrocken waren⟩* und glaubten, nicht darüber hinweggehen zu können, ohne diese Erscheinung von »Barbarei« »wissenschaftlich« (d. h. naturwissenschaftlich) erklärt zu haben?

H. 27, §⟨1⟩. ***Giovanni Crocioni*** (in dem Band *Grundprobleme der Folklore*, Bologna, Zanichelli, 1928) kritisiert die Einteilung des folkloristischen Materials, die Pitrè 1897 im Vorwort zur *Bibliographie der Volkstraditionen* vorschlägt, als verworren und ungenau und schlägt eine eigene Einteilung in vier Sektionen vor: Kunst, Literatur, Wissenschaft, Moral des Volkes[1]. Aber auch diese Einteilung wird als ungenau, nicht trennscharf und zu weit kritisiert. In der »Fiera Letteraria« vom 30. Dezember 1928 fragt Raffaele Ciampini: »Ist sie wissenschaftlich? Wie soll man z. B. die abergläubischen Vorstellungen darin aufnehmen? Und was soll Moral des Volkes heißen? Wie soll man sie wissenschaftlich studieren? Und warum dann nicht ⟨auch⟩ von einer Religion des Volkes sprechen?« Man kann sagen, dass die Folklore bisher vorwiegend als »pittoreskes« Element studiert worden ist (in Wirklichkeit ist bisher nur Material für Gelehrsamkeit gesammelt worden, und die Wissenschaft von der Folklore bestand überwiegend aus Studien zur Methode des Sammelns, der Auswahl und der Klassifizierung dieses Materials, also im Studium der praktischen Vorkehrungen und der empirischen Prinzipien, die notwendig sind, um einen Einzelaspekt der Gelehrsamkeit nutzbringend zu entfalten, womit die Wichtigkeit und die historische Bedeutung einiger großer Folkloreforscher nicht verkannt werden soll). Man müsste sie hingegen als weitgehend implizite »Auffassung von der Welt und vom Leben« bestimmter (in der Zeit und im Raum bestimmter) Schichten der Gesellschaft studieren, im (zumeist auch impliziten, mechanischen, objektiven) Gegensatz zu den »offiziellen« Weltauffassungen (oder in weiterem Sinne zu denen der historisch bestimmten gebildeten Teile der Gesellschaft), die in der geschichtlichen Entwicklung aufeinander folgten. (Daher das enge Verhältnis zwischen

* Die Ergänzung beruht auf dem A-Text.

Folklore und »Alltagsverstand«, der die philosophische Folklore ist.) Weltauffassung, die nicht nur nicht ausgearbeitet und systematisiert ist, weil das Volk (das heißt das Ensemble der subalternen und instrumentellen Klassen jeder Gesellschaftsform, die es bisher gegeben hat) per definitionem keine ausgearbeiteten, systematischen und politisch organisierten und zentralisierten Auffassungen in ihrer durchaus widersprüchlichen, jedoch vielfältigen Entwicklung – nicht nur im Sinne von verschieden und nebeneinanderstehend, sondern auch im Sinne einer Schichtung vom ganz Groben zum weniger Groben – haben kann, wenn man nicht gar von einem unverdaulichen Gemenge von Bruchstücken aller Welt- und Lebensauffassungen sprechen muss, die in der Geschichte aufeinander folgten, von deren größtem Teil sich sogar nur in der Folklore die verstümmelten und verderbten Dokumente finden.

Auch das moderne Denken und die moderne Wissenschaft liefern der »modernen Folklore« ständig neue Elemente, insofern gewisse wissenschaftliche Begriffe und gewisse Meinungen, aus ihrem Zusammenhang gerissen und mehr oder weniger entstellt, dem Volk fortwährend anheimfallen und ins Mosaik der Tradition »eingebaut« werden (die *Entdeckung Amerikas* von C. Pascarella zeigt, wie die von den Schulbüchern und den »Volksuniversitäten« verbreiteten Begriffe über Christoph Kolumbus und über eine ganze Reihe wissenschaftlicher Meinungen* auf bizarre Weise angeeignet werden können)[2]. Die Folklore kann nur als ein Widerschein der kulturellen Lebensbedingungen des Volkes verstanden werden, obwohl bestimmte, der Folklore eigene Auffassungen auch fortbestehen, nachdem die Bedingungen verändert sind (oder scheinen) oder wenn sie zu bizarren Kombinationen führen.

Gewiss gibt es eine »Volksreligion«, vor allem in den katholischen und orthodoxen Ländern, die sich von derjenigen der Intellektuellen (falls sie religiös sind) und speziell von der durch die kirchliche Hierarchie organisch systematisierten stark unterscheidet – obwohl man behaupten kann, dass alle Religionen, auch die geschliffensten und raffiniertesten, im Verhältnis zum modernen Denken »Folklore« sind, mit dem kapitalen Unterschied, dass die Religionen, und die katholische an erster Stelle, eben von den Intellektuellen (wie oben[2a]) und der kirchlichen Hierarchie »ausgearbeitet und systematisiert« worden sind und deshalb spezielle Probleme bieten (es ist zu prüfen, ob eine solche Ausarbeitung und Systematisierung nicht

* Im Ms. eine Variante zwischen den Zeilen: »Hypothesen«.

notwendig ist, um die Folklore verstreut und vielfältig zu halten: die Bedingungen der Kirche vor und nach der Reformation und dem Konzil von Trient und die unterschiedliche kulturgeschichtliche Entwicklung der reformierten Länder und der orthodoxen nach der Reformation und Trient sind sehr bedeutsame Elemente). So stimmt es, dass es eine »Moral des Volkes« gibt, verstanden als ein (in der Zeit und im Raum) bestimmtes Ensemble von Maximen für das praktische Verhalten und von Gewohnheiten, die sich davon ableiten oder sie hervorgebracht haben, eine Moral, die wie der Aberglaube eng mit den wirklichen religiösen Glaubensformen verbunden ist: es gibt Imperative, die sehr viel stärker, zäher und wirksamer sind als die der offiziellen »Moral«. Auch in diesem Bereich müssen verschiedene Schichten unterschieden werden: die zu Fossilien gewordenen, die vergangene Lebensbedingungen widerspiegeln und daher konservativ und reaktionär sind, und diejenigen, die eine Reihe von oft schöpferischen und fortschrittlichen Neuerungen darstellen, die von im Entwicklungsprozess begriffenen Lebensformen und -bedingungen spontan bestimmt werden und im Widerspruch zur Moral der führenden Schichten stehen oder einfach nur anders als diese sind.

Ciampini hält die von Crocioni befürwortete Notwendigkeit, Folklore in den Schulen zu unterrichten, wo die künftigen Lehrkräfte ausgebildet werden, für sehr richtig, bestreitet dann aber, dass sich die Frage der Nützlichkeit der Folklore stellen könnte (es liegt zweifellos eine Verwechslung vor zwischen »Wissenschaft von der Folklore«, »Kenntnis der Folklore« und »Folklore«, das heißt »Existenz der Folklore«; Ciampini scheint hier gerade »Existenz der Folklore« sagen zu wollen, so dass die Lehrkraft nicht die ptolemäische Auffassung bekämpfen müsste, die der Folklore eigen ist). Für Ciampini ist die Folklore (?) Selbstzweck oder ist einzig nützlich, um einem Volk die Elemente zu einer tieferen Kenntnis seiner selbst zu bieten (hier müsste Folklore »Kenntnis und Wissenschaft von der Folklore« bedeuten). Die abergläubischen Vorstellungen zu studieren, um sie auszurotten, wäre für Ciampini, als tötete sich die Folklore selbst, während die Wissenschaft nichts ist als interessenfreie Erkenntnis, Selbstzweck! Aber warum dann die Folklore in den lehrerbildenden Schulen unterrichten? Um die interessenfreie Bildung der Lehrer zu vermehren? Um ihnen zu zeigen, was sie nicht zerstören dürfen?

Wie deutlich wird, sind Ciampinis Ideen sehr wirr und sogar in sich inkohärent, da Ciampini selbst an anderer Stelle anerkennen wird, dass der Staat nicht agnostisch ist, sondern eine eigene Auffassung vom Leben hat und die Pflicht hat, sie zu verbreiten, indem er die nationalen Massen erzieht. Aber diese Bildungstätigkeit des Staates, die sich über die allgemeine politische Tätigkeit hinaus besonders in der Schule ausdrückt, wirkt nicht auf das Nichts und aus dem Nichts heraus: in Wirklichkeit steht sie in Konkurrenz und im Widerspruch zu anderen expliziten und impliziten Auffassungen, und unter diesen gehört die Folklore nicht zu den geringsten und am wenigsten zähen, weshalb sie »überwunden« werden muss. Die »Folklore« kennen heißt für den Lehrer deshalb, zu erkennen, welche anderen Auffassungen von der Welt und vom Leben tatsächlich an der intellektuellen und moralischen Bildung der jüngeren Generationen mitwirken, um sie auszurotten und durch als überlegen geltende Auffassungen zu ersetzen. Von den Elementarschulen bis zu den ... Lehrstühlen für Landwirtschaft war die Folklore in Wirklichkeit schon systematisch widerlegt worden: der Unterricht in Folklore für die Lehrer müsste diese systematische Arbeit noch verstärken. Um dieses Ziel zu erreichen, müsste allerdings der Geist der folkloristischen Forschungen verändert und nicht nur vertieft und erweitert werden. Die Folklore darf nicht als etwas Bizarres, Fremdes oder als pittoreskes Element aufgefasst werden, sondern als eine sehr ernste und ernst zu nehmende Sache. Nur so wird der Unterricht wirksamer sein und wirklich zur Entstehung einer neuen Kultur unter den großen Volksmassen führen, das heißt, die Kluft zwischen moderner Kultur und Volkskultur oder Folklore wird verschwinden. Eine Tätigkeit von dieser Art entspräche, wenn sie gründlich betrieben würde, auf intellektueller Ebene dem, was die Reformation in den protestantischen Ländern gewesen ist.

H. 6, §⟨158⟩. *Geschichte der subalternen Klassen.* Vgl. den Artikel von Armando Cavalli, *Messianische Strömungen nach '70*, »Nuova Antologia« vom 16. November 1930[1]. Cavalli hat sich auch andere Male mit ähnlichen Themen beschäftigt (nachzusehen seine Artikel in den Zeitschriften von Gobetti, »Rivoluzione Liberale« und »Baretti«, und anderswo[2]), wenn auch sehr oberflächlich. In diesem Artikel verweist er auf Davide Lazzaretti, auf die Banden von Benevento, auf die republikanischen (Barsanti) und internationalistischen Bewegungen in der Romagna und im Süden. Sie »messianische Strömungen« zu nennen, ist übertrieben, weil es sich um einzelne und isolierte Erscheinungen handelt, die eher die »Passivität« der großen ländlichen Massen zeigen als ihr Verlangen danach, sich von »Strömungen« durchzogen zu fühlen. So übertreibt Cavalli die Bedeutung gewisser »protestantischer« oder in Bezug auf die Religion »allgemein reformatorischer« Äußerungen, die es nicht erst seit 70 gibt, sondern auch vorher, seitens R. Bonghis und anderer Liberaler (es ist bekannt, dass die »Perseveranza« vor 70 mit diesen Drohungen einer italienischen Hinwendung zum Protestantismus Druck aufs Papsttum auszuüben glaubte)[3], und sein Fehler ist ungeheuerlich, wenn er anscheinend diese reformatorischen Äußerungen und Davide Lazzaretti auf der gleichen Ebene ansiedeln will. Die Schlussfolgerung ist formal richtig: Diktatur der Rechten, Ausschluss der republikanischen und der klerikalen Partei aus dem politischen Leben, Gleichgültigkeit der Regierung gegenüber dem Elend der bäuerlichen Massen.

Der bei den linken Massen entstandene Begriff von »Ideal«; in seiner formalen Leere dient er gut zur Charakterisierung der Situation: keine konkreten und klar umrissenen politischen Ziele und Programme, sondern ein vager und schwankender Gemütszustand, der seine Befriedigung in einer leeren Formel fand, geeignet, weil leer, jede noch so disparate Sache in sich aufzunehmen. Das Wort »Ideal« ist komplementär zu »Umstürzler«: es ist die Formel, die den kleinen Intellektuellen, welche die Organisation der Linken bildeten, dazu nützt, Phrasen zu dreschen. Das »Ideal« ist ein Überbleibsel des popularen Mazzinianismus, in den sich der Bakuninismus einpflanzt, und es schleppte sich bis in die modernsten Zeiten fort und zeigte so, dass sich keine wirkliche politische Führung der Massen herausgebildet hatte.

H. 14, §⟨39⟩. *Popularliteratur. Manzoni und die »Einfachen«.* Die »demokratische« Einstellung Manzonis gegenüber den Einfachen (in den *Verlobten*), insofern sie »christlichen« Ursprungs und insofern sie mit den historiografischen Interessen in Zusammenhang zu bringen ist, die Manzoni von Thierry und dessen Theorien über den zum Klassengegensatz gewordenen Gegensatz zwischen den Rassen (der erobernden und der eroberten) hergeleitet hat. Prüfen, inwiefern diese Theorien Thierrys an die Romantik und deren historisches Interesse für das Mittelalter und die Ursprünge der modernen Nationen gebunden sind, das heißt an die Beziehungen zwischen eindringenden germanischen Rassen und überwältigten neolateinischen Rassen usw.[1] (Zu diesem Thema des »Demokratismus« oder »Popularismus« Manzonis siehe andere Notizen[2].) Auch zu diesem Punkt der Beziehungen zwischen der Einstellung Manzonis und den

Theorien Thierrys ist Zottolis Buch *Einfache und Mächtige in der Poetik A. Manzonis*[3] anzusehen.

Diese Theorien Thierrys komplizieren sich bei Manzoni oder weisen zumindest neue Aspekte in der Diskussion über den »historischen Roman« auf, insofern dieser Gestalten aus den »subalternen Klassen« zur Darstellung bringt, die »keine Geschichte haben«, das heißt, deren Geschichte in den historischen Dokumenten der Vergangenheit keine Spuren hinterlässt. (Dieser Punkt ist mit der Rubrik »Geschichte der subalternen Klassen«[4] zu verbinden, wo auf Thierrys Lehren eingegangen werden kann, die im Übrigen große Bedeutung für die Entstehung der Geschichtsschreibung der Philosophie der Praxis gehabt haben[5].)

H.11, ⟨§12⟩. Man muss das weitverbreitete Vorurteil zerstören, die Philosophie sei etwas sehr Schwieriges aufgrund der Tatsache, dass sie die spezifische intellektuelle Tätigkeit einer bestimmten Kategorie von spezialisierten Wissenschaftlern oder professionellen und systematischen Philosophen ist. Man muss daher vorab zeigen, dass alle Menschen »Philosophen« sind[0], indem man die Grenzen und die Wesenszüge dieser »spontanen Philosophie« definiert, die »jedermann«[0a] eigen ist, nämlich der Philosophie, die enthalten ist: 1. in der Sprache selbst, die ein Ensemble von bestimmten Bezeichnungen und Begriffen ist und nicht etwa nur von grammatikalisch inhaltsleeren Wörtern; 2. im Alltagsverstand und gesunden Menschenverstand; 3. in der Popularreligion und folglich auch im gesamten System von Glaubensinhalten, Aberglauben, Meinungen, Sicht- und Handlungsweisen, die sich in dem zeigen, was allgemein »Folklore« genannt wird.

Nachdem man gezeigt hat, dass alle ⟨Menschen⟩ Philosophen sind, sei es auch auf ihre Weise, unbewusst, weil schon allein in der geringsten Äußerung einer wie immer gearteten intellektuellen Tätigkeit, der »Sprache«, eine bestimmte Weltauffassung enthalten ist, geht man zum zweiten Moment über, zum Moment der Kritik und der Bewusstheit, das heißt zu der Frage: Ist es vorzuziehen, »zu denken«, ohne sich dessen kritisch bewusst zu sein, auf zusammenhangslose und zufällige Weise, das heißt, an einer Weltauffassung »teilzuhaben«, die mechanisch von der äußeren Umgebung »auferlegt« ist, und zwar von einer der vielen gesellschaftlichen Gruppen, in die jeder automatisch von seinem Eintritt in die bewusste Welt an einbezogen ist (und die das eigene Dorf oder die Provinz sein kann, ihren Ursprung in der Pfarrgemeinde und in der »intellektuellen Tätigkeit« des Pfarrers oder des patriarchalischen großen Alten haben kann, dessen »Weisheit« Gesetz ist, in dem Weiblein, welches das Wissen von den Hexen geerbt hat, oder im Kleinintellektuellen, der in der eigenen Dummheit und Handlungsunfähigkeit versauert ist), oder ist es vorzuziehen, die eigene Weltauffassung bewusst und kritisch auszuarbeiten und folglich, im Zusammenhang mit dieser Anstrengung des eigenen Gehirns, die eigene Tätigkeitssphäre zu wählen, an der Hervorbringung der Weltgeschichte aktiv teilzunehmen, Führer seiner selbst zu sein und sich nicht einfach passiv und hinterrücks[0b] der eigenen Persönlichkeit von außen den Stempel aufdrücken zu lassen?

Anmerkung I. Durch die eigene Weltauffassung gehört man immer zu einer bestimmten Gruppierung, und genau zu der aller gesellschaftlichen Elemente, die ein und dieselbe Denk- und Handlungsweise teilen. Man ist Konformist[0c] irgendeines Konformismus, man ist immer Masse-Mensch oder Kollektiv-Mensch. Die Frage ist folgende: Von welchem geschichtlichen Typus ist der Konformismus, der Masse-Mensch, zu dem man gehört? Wenn die Weltauffassung nicht kritisch und kohärent, sondern zufällig und zusammenhangslos ist, gehört man gleichzeitig zu einer Vielzahl von Masse-Menschen, die eigene Persönlichkeit ist auf bizarre Weise zusammengesetzt: es finden sich in ihr Elemente des Höhlenmenschen und Prinzipien der modernsten und fortgeschrittensten Wissenschaft, Vorurteile aller vergangenen, lokal bornierten geschichtlichen Phasen und Intuitionen einer künftigen Philosophie, wie sie einem weltweit vereinigten Menschengeschlecht zu eigen sein wird. Die eigene Weltauffassung kritisieren heißt mithin, sie einheitlich und kohärent zu machen und bis zu dem Punkt anzuheben, zu dem das fortgeschrittenste Denken der Welt gelangt ist. Es bedeutet folglich auch, die gesamte bisherige Philosophie zu kritisieren, insofern sie verfestigte Schichtungen in der Popularphilosophie hinterlassen hat. Der Anfang der kritischen Ausarbeitung ist das Bewusstsein dessen, was wirklich ist, das heißt ein »Erkenne dich selbst« als Produkt des bislang abgelaufenen Geschichtsprozesses, der in einem selbst eine Unendlichkeit von Spuren hinterlassen hat, übernommen ohne Inventarvorbehalt[0d]. Ein solches Inventar gilt es zu Anfang zu erstellen.

Anmerkung II. Man kann die Philosophie nicht von der Geschichte der Philosophie und die Kultur nicht von der Geschichte der Kultur trennen. Im unmittelbarsten und engsten Sinn kann man kein Philosoph[0e] sein, das heißt, eine kritisch kohärente Weltauffassung haben, ohne sich ihrer Geschichtlichkeit, der von ihr repräsentierten Entwicklungsphase und der Tatsache bewusst zu sein, dass sie im Widerspruch zu anderen Auffassungen oder zu Elementen anderer Auffassungen steht. Die eigene Weltauffassung antwortet auf bestimmte von der Wirklichkeit gestellte Probleme, die in ihrer Aktualität ganz bestimmt und »originell« sind. Wie ist es möglich, die Gegenwart zu denken, und eine ganz bestimmte Gegenwart, mit einem Denken, das für Probleme der oft sehr fernen und überholten Vergangenheit ausgearbeitet worden ist? Wenn das geschieht, bedeutet es, dass man im Verhältnis zu seiner eigenen Zeit »anachronistisch« ist, dass man Fossil[0f] und kein modern lebendes Wesen ist. Oder zumindest, dass man bizarr »zusammengesetzt« ist. Und in der Tat kommt es vor, dass gesellschaftliche Gruppen, die unter gewissen Gesichtspunkten die entwickeltste Modernität ausdrücken, unter anderen hinter ihrer gesellschaftlichen Stellung zurückgeblieben und daher unfähig zu vollständiger geschichtlicher Autonomie sind.

Anmerkung III. Wenn es wahr ist, dass jede Sprache die Elemente einer Weltauffassung und einer Kultur enthält, wird es ebenfalls wahr sein, dass man von der Sprache eines jeden aus die größere oder geringere Komplexität seiner Weltauffassung beurteilen kann. Wer nur Dialekt spricht oder die Nationalsprache in unterschiedlichen Graden versteht, hat notwendig teil an einer mehr oder minder beschränkten und provinziellen, zum Fossil gewordenen Intuition der Welt, die anachronistisch ist im Vergleich zu den großen Gedankenströmungen, welche die Weltgeschichte beherrschen. Seine Interessen werden beschränkt sein, mehr oder minder korporativ oder ökonomistisch, nicht universell. Wenn es nicht immer möglich ist, mehrere Fremdsprachen zu lernen, um mit andersartigen kulturellen Lebensformen in Berührung zu kommen, muss man wenigstens die Nationalsprache gut erlernen. Eine große Kultur lässt sich in die Sprache einer anderen großen Kultur übersetzen, das heißt, eine große, historisch reiche und komplexe Nationalsprache vermag jegliche andere große Kultur zu übersetzen, also eine weltweite Ausdrucksweise zu sein. Aber ein Dialekt vermag nicht dasselbe.

Anmerkung IV. Eine neue Kultur zu schaffen bedeutet nicht nur, individuell »originelle« Entdeckungen zu machen, es bedeutet auch und besonders, bereits entdeckte Wahrheiten kritisch zu verbreiten, sie sozusagen zu »vergesellschaften« und sie dadurch Basis vitaler Handlungen, Element der Koordination und der intellektuellen und moralischen Ordnung werden zu lassen. Dass eine Masse von Menschen dahin gebracht wird, die reale Gegenwart kohärent und auf einheitliche Weise zu denken, ist eine »philosophische« Tatsache, die viel wichtiger und »origineller« ist, als wenn ein philosophisches »Genie« eine neue Wahrheit entdeckt, die Erbhof kleiner Intellektuellengruppen bleibt.

Zusammenhang zwischen dem Alltagsverstand, der Religion und der Philosophie. Die Philosophie ist eine intellektuelle Ordnung, was weder die Religion noch der Alltagsverstand sein können. Sehen, wie in der Wirklichkeit auch Religion und Alltagsverstand nicht zusammenfallen, sondern die Religion ein Element des zusammenhangslosen Alltagsverstands ist. Im Übrigen ist »Alltagsverstand« eine Kollektivbezeichnung wie »Religion«: es gibt nicht einen einzigen Alltagsverstand, denn auch dieser ist ein historisches Produkt und ein geschichtliches Werden. Die Philosophie ist die Kritik sowie die Überwindung der Religion und des Alltagsverstands und fällt in diesem Sinn mit dem »gesunden Menschenverstand« zusammen, der sich dem Alltagsverstand entgegensetzt. Beziehungen zwischen Wissenschaft – Religion – Alltagsverstand. Die Religion und der Alltagsverstand können keine intellektuelle Ordnung bilden, weil sie sich nicht auf Einheit und Kohärenz zurückführen lassen, nicht einmal im individuellen Bewusstsein, ganz zu schweigen vom kollektiven Bewusstsein: sie lassen sich nicht »frei« auf Einheit und Kohärenz reduzieren, denn »autoritativ« könnte es dazu kommen, wie es in der Tat in der Vergangenheit innerhalb gewisser Grenzen dazu gekommen ist. Das Problem der Religion, nicht im konfessionellen, sondern im laizistischen Sinn von Glaubenseinheit zwischen einer Weltauffassung und einer dieser konformen Verhaltensnorm verstanden[0g]; aber wieso diese Glaubenseinheit »Religion« nennen und sie nicht »Ideologie« oder gar »Politik« nennen?

Es gibt in der Tat nicht die Philosophie im Allgemeinen: es gibt unterschiedliche Philosophien oder Weltauffassungen, und man trifft immer eine Wahl zwischen ihnen. Wie kommt diese Wahl zustande? Ist diese Wahl eine rein intellektuelle Tatsache oder komplexer? Und kommt es nicht oft vor, dass zwischen der intellektuellen Tatsache und der Verhaltensnorm ein Widerspruch besteht? Welches wird dann die wirkliche Weltauffassung sein: die logisch als intellektuelle Tatsache behauptete oder diejenige, die aus der wirklichen Tätigkeit eines jeden hervorgeht, die seinem Handeln innewohnt? Und kann man, da das Handeln immer ein politisches Handeln ist, nicht sagen, dass die wirkliche Philosophie eines jeden gänzlich in seiner Politik enthalten ist? Dieser Gegensatz zwischen dem Denken und dem

Handeln, das heißt die Koexistenz zweier Weltauffassungen, einer mit Worten behaupteten und der andern, die sich im effektiven Handeln ausdrückt, beruht nicht immer auf Unaufrichtigkeit[0h]. Die Unaufrichtigkeit kann eine befriedigende Erklärung bei einigen einzeln betrachteten Individuen sein oder auch bei mehr oder minder zahlreichen Gruppen, sie ist jedoch unbefriedigend, wenn der Gegensatz in der Lebensäußerung breiter Massen auftritt: dann kann er nur der Ausdruck tieferer Gegensätze gesellschaftlich-geschichtlicher Art sein. Was bedeutet, dass eine gesellschaftliche Gruppe, die eine eigene, wenn auch embryonale Weltauffassung hat, die sich in der Aktion und folglich unregelmäßig, gelegenheitsbedingt äußert, wenn also eine solche Gruppe sich als organische Gesamtheit bewegt, hat sie, aus Gründen intellektueller Unterwerfung und Unterordnung, eine Auffassung, die nicht die ihre ist, von einer anderen Gruppe übernommen, behauptet diese in Worten und glaubt auch, ihr zu folgen, weil sie ihr zu »normalen Zeiten« folgt, das heißt, wenn das Verhalten nicht unabhängig und autonom ist, sondern eben unterworfen und untergeordnet. Deshalb also lässt sich die Philosophie nicht von der Politik trennen, und es lässt sich sogar zeigen, dass die Wahl und die Kritik einer Weltauffassung ihrerseits eine politische Tatsache ist.

Man muss folglich erklären, wie es kommt, dass zu jeder Zeit viele Systeme und Strömungen der Philosophie koexistieren, wie sie entstehen, wie sie sich verbreiten, warum sie bei der Verbreitung gewissen Bruchlinien und gewissen Richtungen folgen usw. Dies zeigt, wie sehr es nötig ist, die eigenen Intuitionen von der Welt und vom Leben kritisch und kohärent zu systematisieren und genau festzulegen, was unter »System« verstanden werden soll, damit es nicht im pedantischen und professoralen Sinn des Wortes verstanden wird. Aber diese Ausarbeitung darf und kann nur im Rahmen der Philosophiegeschichte gemacht werden, die zeigt, welche Ausarbeitung der Gedanke im Laufe der Jahrhunderte erfahren hat und welche kollektive Anstrengung unsere aktuelle Denkweise gekostet hat, die diese gesamte vergangene Geschichte resümiert und umfasst, auch in ihren Irrtümern und ihren Wahngebilden, wobei im Übrigen, auch wenn sie in der Vergangenheit begangen und berichtigt worden sind, nicht ausgemacht ist, dass sie sich in der Gegenwart nicht wiederholen und erneut berichtigt zu werden verlangen.

Welches ist die Idee, die das Volk sich von der Philosophie macht? Sie lässt sich rekonstruieren über die Redeweisen der Alltagssprache. Eine der verbreitetsten, »die Dinge philosophisch nehmen«, ist, wenn man sie analysiert, nicht völlig über Bord zu werfen. Zwar ist in ihr eine implizite Einladung zur Resignation und zur Geduld enthalten, aber es scheint, dass der wichtigere Punkt vielmehr die Einladung zur Reflexion ist, dazu, sich klarzumachen, dass das, was geschieht, im Grunde rational ist und dass man ihm als solchem begegnen muss, indem man die eigenen rationalen Kräfte konzentriert und sich nicht von instinktiven und heftigen Impulsen hinreißen lässt. Man könnte diese popularen Redeweisen zusammenstellen mit ähnlichen Formulierungen der Schriftsteller populärer Ausprägung, sie den großen Wörterbüchern entnehmend, in denen die Termini »Philosophie« und »philosophisch« vorkommen[0i], und man wird sehen können, dass sie eine genau umschriebene Bedeutung haben, der Überwindung der tierischen und elementaren Leidenschaften in einer Auffassung der Notwendigkeit, die dem eigenen Handeln eine bewusste Richtung gibt. Es ist dies der gesunde Kern des Alltagsverstands, das, was eben gesunder Menschenverstand genannt werden könnte, und das es verdient, entwickelt und einheitlich und kohärent gemacht zu werden. So zeigt sich, dass es auch deshalb nicht möglich ist, das, was sich »wissenschaftliche« Philosophie nennt, von der »vulgären« und popularen Philosophie abzukoppeln, die nur ein zusammenhangsloses Ensemble von Ideen und Meinungen ist.

Aber an diesem Punkt stellt sich das Grundproblem jeder Weltauffassung, jeder Philosophie, die zu einer kulturellen Bewegung, einer »Religion«, einem »Glauben« geworden ist, das heißt, die eine praktische Aktivität und einen Willen hervorgebracht hat und in diesen als implizite theoretische »Prämisse« enthalten ist (eine »Ideologie«, könnte man sagen, wenn man dem Terminus Ideologie genau die höhere Bedeutung einer Weltauffassung gibt, die sich implizit in der Kunst, im Recht, in der ökonomischen Aktivität, in allen individuellen und kollektiven Lebensäußerungen manifestiert), das heißt das Problem, die ideologische Einheit in dem gesamten gesellschaftlichen Block zu bewahren, der durch ebendiese bestimmte Ideologie zementiert und vereinigt wird. Die Stärke der Religionen und besonders der katholischen Kirche bestand und besteht darin, dass sie die Notwendigkeit der doktrinären Vereinigung der gesamten »religiösen« Masse aufs Lebhafteste spüren und dafür kämpfen, dass die intellektuell höheren Schichten sich nicht von den niederen ablösen. Die römische Kirche war immer die beharrlichste im Kampf zur Verhinderung, dass sich »offiziell« zwei Religionen bilden, die der »Intellektuellen« und die der »einfachen Gemüter«. Dieser Kampf war nicht ohne schwere Nachteile für die Kirche selbst, aber diese Schattenseiten hängen mit dem geschichtlichen Prozess zusammen, der die gesamte Zivilgesellschaft umgestaltet und der en bloc eine zersetzende Kritik der Religionen enthält; desto mehr fällt die organisatorische Fähigkeit des Klerus in der Sphäre der Kultur auf und das abstrakt rationale und richtige Verhältnis, das die Kirche in ihrem Umkreis zwischen Intellektuellen und Einfachen zu etablieren vermochte. Die Jesuiten sind zweifellos die wichtigsten Urheber dieses Gleichgewichts gewesen, und zu seiner Erhaltung haben sie der Kirche eine progressive Bewegung aufgeprägt, die den Anforderungen der Wissenschaft und der Philosophie gewisse Befriedigungen zu geben sucht, aber in derart langsamem und methodischem Tempo, dass die Veränderungen von der Masse der Einfachen nicht wahrgenommen werden, auch wenn sie den »Integralisten« »revolutionär« und demagogisch vorkommen.

Eine der größten Schwächen der Immanenzphilosophien[0j] im Allgemeinen besteht gerade darin, dass sie es nicht verstanden haben, eine ideologische Einheit zwischen dem Unten und dem Oben zu schaffen, zwischen den »Einfachen« und den Intellektuellen. In der Geschichte der westlichen Zivilisation ist dieses Faktum in europäischem Maßstab eingetreten mit dem unmittelbaren Scheitern der Renaissance und teilweise auch der Reformation gegenüber der römischen Kirche[0k]. Diese Schwäche äußert sich in der Schulfrage, indem von den Immanenzphilosophien nicht einmal versucht worden ist, eine Auffassung zu konstruieren, welche die Religion in der Kindererziehung ablösen könnte, daher der pseudo-historistische Sophismus, nach dem areligiöse (akonfessionelle) und in Wirklichkeit atheistische Pädagogen den Religionsunterricht zugestehen, weil die Religion die Kindheitsphilosophie der Menschheit ist, die sich in jeder nicht metaphorischen Kindheit wiederholt. Der Idealismus hat sich gleichfalls den kulturellen Bewegungen des »Zum-Volke-Gehens« abgeneigt gezeigt, die sich in den sogenannten Volksuniversitäten und ähnlichen Institutionen manifestierten, und nicht nur wegen ihrer schlechteren Seiten, weil sie in diesem Fall nur hätten versuchen müssen, es besser zu machen. Diese Bewegungen waren jedoch das Interesse wert und verdienten, dass man sie studierte: sie hatten Erfolg in dem Sinne, dass sie vonseiten der »Einfachen« eine aufrichtige Begeisterung und einen starken Willen bewiesen, sich zu einer höheren Form von Kultur und Weltauffassung zu erheben. Es fehlte jedoch bei ihnen jeder organische Charakter sowohl philosophischen Denkens als auch organisatorischer Festigkeit und kultureller Zentralisierung; man hatte den Eindruck, dass sie den ersten Kontakten zwischen den englischen Händlern und den Schwarzen

Afrikas glichen: gegeben wurde Schundware, um Goldklumpen zu erhalten. Im Übrigen hätten der organische Charakter des Denkens und die kulturelle Festigkeit nur erlangt werden können, wenn es zwischen den Intellektuellen und den Einfachen dieselbe Einheit gegeben hätte, die es zwischen Theorie und Praxis geben muss; wenn also die Intellektuellen organisch die Intellektuellen dieser Massen gewesen wären, das heißt, wenn sie also die Prinzipien und die Probleme ausgearbeitet und kohärent gemacht hätten, die diese Massen mit ihrer praktischen Tätigkeit aufstellten, dergestalt einen kulturellen und gesellschaftlichen Block bildend. Es stellte sich erneut die bereits angedeutete Frage: Ist eine philosophische Bewegung eine solche nur insofern, als sie sich daranmacht, eine spezialisierte Kultur für begrenzte Intellektuellengruppen zu entwickeln, oder ist sie vielmehr eine solche nur insofern, als sie bei der Arbeit der Ausbildung eines dem Alltagsverstand überlegenen und wissenschaftlich kohärenten Denkens niemals vergisst, mit den »Einfachen« in Kontakt zu bleiben, und gerade in diesem Kontakt die Quelle der zu untersuchenden und zu lösenden Probleme entdeckt? Nur durch diesen Kontakt wird eine Philosophie »geschichtlich«, reinigt sie sich von den intellektualistischen Elementen individueller Art und wird »Leben«.

(Vielleicht ist es nützlich, die Philosophie vom Alltagsverstand »praktisch« zu unterscheiden, um den Übergang vom einen zum andern Moment besser aufzuzeigen: bei der Philosophie sind die Eigenschaften individueller Ausarbeitung des Denkens besonders ausgeprägt, beim Alltagsverstand dagegen die verbreiteten und zusammenhangslosen Eigenschaften eines allgemeinen Denkens einer bestimmten Epoche in einem bestimmten Volksmilieu. Aber jede Philosophie ist bestrebt, zum Gemeinsinn[01] eines sei es auch begrenzten Milieus – aller Intellektueller – zu werden. Es handelt sich deshalb darum, eine Philosophie auszuarbeiten, die, indem sie bereits eine Verbreitung oder eine Verbreitungstendenz besitzt, weil sie mit dem praktischen Leben verbunden und ihm implizit ist, zu einem erneuerten Alltagsverstand wird, mit der Kohärenz und der Kraft der individuellen Philosophien: dazu kann es nicht kommen, wenn nicht ständig das Erfordernis des kulturellen Kontakts mit den »Einfachen« verspürt wird.)

Eine Philosophie der Praxis kann anfänglich nicht anders als in polemischer und kritischer Haltung auftreten, als Aufhebung der vorhergehenden Denkweise und des konkreten bestehenden Denkens (oder der bestehenden kulturellen Welt). Mithin vor allem als

Kritik des »Alltagsverstands« (nachdem sie sich auf den Alltagsverstand gestützt hat, um zu zeigen, dass »alle« Philosophen sind und dass es nicht darum geht, ex novo* eine Wissenschaft ins Individualleben »aller« einzuführen, sondern eine bereits bestehende Aktivität zu erneuern und »kritisch« zu machen) und folglich ⟨als Kritik⟩ der Philosophie der Intellektuellen, die Anlass zur Philosophiegeschichte gegeben hat und die als individuelle (und sie entwickelt sich in der Tat wesentlich in der Aktivität einzelner besonders begabter Individuen) als die »Spitzen« des Fortschritts des »Alltagsverstands« betrachtet werden kann, zumindest des Alltagsverstands der gebildetsten Schichten der Gesellschaft und über diese auch des popularen Alltagsverstands. Das ist mithin der Grund, warum eine Einleitung ins Studium der Philosophie die Probleme zusammenfassend darlegen muss, die im Entwicklungsprozess der allgemeinen Kultur entstanden sind, der sich nur teilweise in der Philosophiegeschichte widerspiegelt, jedoch mangels einer Geschichte des Alltagsverstands (die sich wegen des Fehlens dokumentarischen Materials unmöglich erstellen lässt) die Hauptbezugsquelle bleibt, um sie zu kritisieren, ihre wirkliche Bedeutung (wenn sie diese noch haben) oder die Bedeutung, die sie als überwundene Glieder einer Kette gehabt haben, aufzuweisen und die aktuellen neuen Probleme oder die aktuelle Fassung der alten Probleme festzustellen.

Die Beziehung zwischen »höherer« Philosophie und Alltagsverstand wird von der »Politik« gewährleistet, so wie von der Politik die Beziehung zwischen dem Katholizismus der Intellektuellen und dem der »Einfachen« gewährleistet wird. Die Unterschiede in den beiden Fällen sind jedoch grundlegend. Dass die Kirche sich mit einem Problem der »Einfachen« auseinandersetzen muss, bedeutet eben, dass es einen Bruch in der Gemeinschaft der »Gläubigen« gegeben hat, einen Bruch, der nicht geheilt werden kann, indem die »Einfachen« aufs Niveau der Intellektuellen gehoben werden (die Kirche stellt sich diese Aufgabe nicht einmal, die ideell und ökonomisch über ihre gegenwärtigen Kräfte geht), sondern mit einer eisernen Disziplin gegenüber den Intellektuellen, damit sie gewisse Grenzen bei der Unterscheidung nicht überschreiten und diese nicht katastrophal und irreparabel machen. In der Vergangenheit wurden diese »Brüche« in der Gemeinschaft der Gläubigen durch starke Massenbewegungen geheilt, die bei der Bildung neuer religiöser Orden um starke Persönlichkeiten (Dominikus, Franziskus) bestimmend

* Lat.: »von neuem«.

waren oder zusammengefasst wurden. (Die Ketzerbewegungen des Mittelalters als Reaktion auf das Politikastertum der Kirche und gleichzeitig auf die scholastische Philosophie, die ein Ausdruck davon war, sind – auf Basis der durch die Entstehung der Kommunen bedingten gesellschaftlichen Konflikte – ein Bruch zwischen Masse und Intellektuellen in der Kirche gewesen, der durch die Entstehung religiöser Volksbewegungen »geschlossen« wurde, welche die Kirche mit der Bildung der Bettelorden und durch eine neue religiöse Einheit reabsorbierte.) Aber die Gegenreformation hat dieses Hervorsprießen popularer Kräfte abgetötet: die Gesellschaft Jesu ist der letzte große religiöse Orden, reaktionären und autoritären Ursprungs, mit repressivem und »diplomatischem« Charakter, der mit seiner Entstehung die Erstarrung des katholischen Organismus angezeigt hat. Die danach entstandenen neuen Orden haben äußerst dürftige »religiöse« Bedeutung und eine große »disziplinarische« Bedeutung gegenüber der Masse der Gläubigen, sie sind Verzweigungen und Fangarme der Gesellschaft Jesu, oder sie sind dazu geworden, Werkzeuge des »Widerstands«, um die errungenen politischen Positionen zu bewahren, keine Erneuerungskräfte der Entwicklung. Der Katholizismus ist zum »Jesuitismus« geworden. Der Modernismus hat keine »religiösen Orden« hervorgebracht, sondern eine politische Partei, die Christdemokratie. (An die von Steed in seinen *Memoiren* erzählte Anekdote von dem Kardinal erinnern, der dem katholikenfreundlichen englischen Protestanten erklärt, die Wunder des heiligen Gennaro seien gut* für das neapolitanische Kleinvolk, nicht für die Intellektuellen, auch das Evangelium enthalte »Übertreibungen«, und auf die Frage »Aber sind wir keine Christen?« antwortet: »Wir sind Prälaten«, das heißt »Politiker« der Kirche Roms[1].)

Die Position der Philosophie der Praxis ist antithetisch zu dieser katholischen: die Philosophie der Praxis strebt nicht danach, die »Einfachen« in ihrer primitiven Philosophie des Alltagsverstands zu belassen, sondern sie stattdessen zu einer höheren Lebensauffassung zu führen. Wenn sie das Erfordernis des Kontakts zwischen Intellektuellen und Einfachen bejaht, so geschieht das nicht, um die wissenschaftliche Aktivität einzuschränken und um eine Einheit auf dem niedrigen Niveau der Massen aufrechtzuerhalten, sondern gerade um einen moralisch-intellektuellen Block zu errichten, der einen massenhaften intellektuellen Fortschritt und nicht nur einen von spärlichen Intellektuellengruppen politisch möglich macht.

* Im Ms. eine Variante zwischen den Zeilen: »als Glaubensartikel«.

Der aktive Mensch der Masse wirkt praktisch, hat aber kein klares theoretisches Bewusstsein dieses seines Wirkens, das dennoch ein Erkennen der Welt ist, da er sie umgestaltet. Sein theoretisches Bewusstsein kann geschichtlich sogar im Gegensatz zu seinem Wirken stehen. Man kann beinahe sagen, dass er zwei theoretische Bewusstseine hat (oder ein widersprüchliches Bewusstsein), eines, das in seinem Wirken impliziert ist, das ihn auch wirklich mit all seinen Mitarbeitern bei der praktischen Umgestaltung der Realität verbindet, und ein oberflächlich explizites oder verbales, das er von der Vergangenheit ererbt und ohne Kritik übernommen hat. Dennoch ist diese »verbale« Auffassung nicht ohne Konsequenzen: sie knüpft bei einer bestimmten gesellschaftlichen Gruppe[1a] an, wirkt auf das moralische Verhalten, auf die Ausrichtung des Willens auf mehr oder weniger energische Weise, die bis zu einem Punkt kommen kann, wo die Widersprüchlichkeit des Bewusstseins keinerlei Handlung erlaubt, keinerlei Entscheidung, keinerlei Wahl, und einen Zustand moralischer und politischer Passivität hervorbringt. Zum kritischen Selbstverständnis kommt es daher über einen Kampf politischer »Hegemonien«, kontrastierender Richtungen, zuerst im Feld der Ethik, dann der Politik, um zu einer höheren Ausarbeitung der eigenen Auffassung des Wirklichen zu gelangen. Das Bewusstsein, Teil einer bestimmten hegemonischen Kraft zu sein (das heißt das politische Bewusstsein), ist die erste Phase eines darüber hinausgehenden progressiven Selbstbewusstseins[1b], in dem Theorie und Praxis schließlich eine Einheit bilden. Auch die Einheit von Theorie und Praxis ist mithin keine mechanische Gegebenheit, sondern ein geschichtliches Werden, dessen elementare und primitive Phase im Gespür[1c] für »Unterscheidung«, »Loslösung«, gerade erst instinktive Unabhängigkeit besteht und das bis zum wirklichen und vollständigen Besitz einer kohärenten und einheitlichen Weltauffassung fortschreitet. Eben deshalb ist hervorzuheben, wie die politische Entfaltung des Hegemoniebegriffs außer einem praktisch-politischen einen großen philosophischen Fortschritt darstellt, weil er notwendigerweise eine intellektuelle Einheit mitumfasst und unterstellt, und eine Ethik, die einer Auffassung des Wirklichen entspricht, die den Alltagsverstand aufgehoben hat und, sei es auch noch innerhalb enger Grenzen, kritisch geworden ist.

Jedoch ist in den jüngsten Entwicklungen der Philosophie der Praxis die Vertiefung des Begriffs der Einheit von Theorie und Praxis erst in einer Anfangsphase: noch gibt es Reste von Mechanizismus, denn man spricht von Theorie als »Ergänzung«, »Zubehör« der

Praxis, von Theorie als Magd der Praxis. Es scheint richtig, dass auch diese Frage geschichtlich gestellt werden muss, und das heißt, als ein Aspekt der politischen Frage der Intellektuellen. Kritisches Selbstbewusstsein bedeutet geschichtlich und politisch Schaffung einer Elite von Intellektuellen: eine menschliche Masse »unterscheidet« sich nicht und wird nicht »per se« unabhängig, ohne sich (im weiten Sinn) zu organisieren, und es gibt keine Organisation ohne Intellektuelle, das heißt ohne Organisatoren und Führer, das heißt, ohne dass die theoretische Seite des Theorie-Praxis-Nexus sich konkret ausdifferenziert[1d] in einer Schicht von Personen, die auf die begriffliche und philosophische Ausarbeitung »spezialisiert« sind. Aber dieser Prozess der Schaffung der Intellektuellen ist lang, schwierig, voll von Widersprüchen, von Vorstößen und Rückzügen, von Zersplitterungen und Neugruppierungen[1e], in denen die »Treue« der Masse (und die Treue und die Disziplin sind anfänglich die Form, welche die Unterstützung der Masse und ihre Mitarbeit bei der Entwicklung des gesamten kulturellen Phänomens annehmen) mitunter auf eine harte Probe gestellt wird. Der Entwicklungsprozess ist an eine Dialektik Intellektuelle–Masse gebunden; die Intellektuellenschicht entwickelt sich quantitativ und qualitativ, aber jeder Sprung zu einer neuen »Ausdehnung« und Komplexität der Intellektuellenschicht ist an eine entsprechende Bewegung der Masse von Einfachen gebunden, die zu höheren Kulturniveaus aufsteigt und zugleich ihren Einflussbereich ausweitet, mit individuellen Vorstößen oder auch solchen von mehr oder weniger wichtigen Gruppen in Richtung auf die Schicht der spezialisierten Intellektuellen. Bei diesem Prozess wiederholen sich jedoch fortgesetzt Momente, in denen es zwischen Masse und Intellektuellen (oder bestimmten von ihnen oder einer Gruppe von ihnen) zu einem Abstand, einem Kontaktverlust kommt, daher der Eindruck des »Zubehörs«, des Komplementären, Untergeordneten. Das Insistieren auf dem »praktischen« Element des Theorie-Praxis-Nexus, nachdem die beiden Elemente gespalten, voneinander getrennt und nicht nur unterschieden worden sind (eine eben rein mechanische und konventionelle Operation), bedeutet, dass man eine relativ primitive geschichtliche Phase durchläuft, eine noch korporativ-ökonomische Phase, in der sich der allgemeine Rahmen der »Struktur«[1f] quantitativ verändert und die entsprechende Superstruktur-Qualität im Entstehen begriffen, aber noch nicht organisch geformt ist. Man muss die Wichtigkeit und die Bedeutung hervorheben, die in der modernen Welt die Parteien bei der Ausarbeitung und Verbreitung der Weltauffassungen haben, da sie wesentlich die diesen konforme Ethik und Politik ausarbeiten[1g], also quasi als geschichtliche »Experimentatoren« dieser Auffassungen fungieren. Die Parteien lesen die handelnde Masse individuell aus, und die Auslese erfolgt zusammen auf praktischem wie auf theoretischem Gebiet, mit einem desto engeren Verhältnis zwischen Theorie und Praxis, je mehr die Auffassung vital und radikal erneuernd und antagonistisch zu den alten Denkweisen ist. Daher kann man sagen, dass die Parteien die Erzeugerinnen der neuen integralen und ganzheitlichen[1h] Intellektualitäten, das heißt der Schmelztiegel der als wirklicher geschichtlicher Prozess verstandenen Vereinigung von Theorie und Praxis sind, und es wird klar, wie notwendig die Bildung über individuelle Mitgliedschaft und nicht nach dem »Labour«-Typ ist, denn wenn es sich darum handelt, organisch »die gesamte ökonomisch aktive Masse« zu führen, handelt es sich darum, sie nicht nach alten Mustern zu führen, sondern indem man erneuert, und die Erneuerung kann in ihren ersten Stadien die Masse nur vermittels einer Elite ergreifen, bei der die der menschlichen Tätigkeit innewohnende Auffassung bereits zu einem gewissen Grad aktuelles kohärentes und systematisches Bewusstsein und genauer und entschlossener Wille geworden ist. Eine dieser Phasen lässt sich an der Diskussion studieren, über welche die jüngsten Entwicklungen der Philosophie der Praxis erfolgt sind, einer Diskussion, die in einem Artikel von D.S. Mirski, einem Mitarbeiter der »Cultura«[2], zusammengefasst wird. Man kann sehen, wie sich der Übergang von einer mechanistischen und rein äußerlichen Auffassung zu einer aktivistischen Auffassung vollzogen hat, die sich, wie bemerkt worden ist, eher einem richtigen Verständnis der Einheit von Theorie und Praxis annähert, auch wenn sie deren gesamte synthetische Bedeutung noch nicht erreicht hat. Es lässt sich beobachten, wie das deterministische, fatalistische, mechanistische Element ein unmittelbares ideologisches »Aroma« der Philosophie der Praxis war, eine Form von Religion und von Reizmittel (aber in der Art der Drogen), historisch notwendig geworden und gerechtfertigt durch den »subalternen« Charakter bestimmter gesellschaftlicher Schichten. Wenn man nicht die Initiative im Kampf hat und der Kampf selbst folglich am Ende mit einer Reihe von Niederlagen identifiziert wird, dann wird der mechanische Determinismus zu einer erstaunlichen Kraft moralischen Widerstands, Zusammenhalts, geduldiger und unbeirrbarer Beharrlichkeit. »Ich bin momentan besiegt, aber die Macht der Dinge arbeitet langfristig für mich usw.« Der wirkliche Wille verkleidet sich in einen Glaubensakt, in eine gewisse Rationalität der

Geschichte, in eine empirische und primitive Form von leidenschaftlichem Finalismus, der als ein Ersatz für die Prädestination, für die Vorsehung usw. der konfessionellen Religionen erscheint. Man muss darauf bestehen, dass auch in diesem Fall in Wirklichkeit eine starke Willensaktivität existiert, ein direktes Einwirken auf die »Macht der Dinge«, jedoch eben in impliziter, verschleierter Form, die sich ihrer selbst schämt, und das Bewusstsein ist daher widersprüchlich, es mangelt ihm an kritischer Einheit usw. Aber wenn der »Subalterne« führend und verantwortlich für die ökonomische Massenaktivität wird, erscheint der Mechanizismus an einem gewissen Punkt als drohende Gefahr, kommt es zu einer Revision der gesamten Denkweise, weil es zu einer Veränderung in der gesellschaftlichen Seinsweise gekommen ist. Die Grenzen und die Herrschaft der »Macht der Dinge« werden eingeschränkt, warum? Weil im Grunde, wenn der Subalterne gestern noch ein »Ding« war, er heute kein Ding mehr ist, sondern eine geschichtliche Person, ein Protagonist, wenn er gestern unverantwortlich war, weil einem fremden Willen »widerstehend«, so fühlt er sich heute verantwortlich, weil nicht mehr widerstehend, sondern Akteur und notwendig aktiv und unternehmend. Aber war er überhaupt auch gestern bloßer »Widerstand«, bloßes »Ding«, bloße »Unverantwortlichkeit« gewesen? Gewiss nicht, und es ist sogar hervorzuheben, dass der Fatalismus nur eine Verkleidung eines aktiven und wirklichen Willens in der Art von Schwachen ist.[2a] Deshalb muss man immer auf die Nichtigkeit des mechanischen Determinismus hinweisen, der – als naive Philosophie der Masse erklärbar und nur als solche inneres Kraftelement –, wenn er zu reflektierter und kohärenter Philosophie vonseiten der Intellektuellen erhoben wird, Ursache von Passivität, von dummer Selbstgenügsamkeit wird, und das, ohne darauf zu warten, dass der Subalterne führend und verantwortlich geworden ist. Ein Teil auch der subalternen Masse ist immer führend und verantwortlich, und die Philosophie des Teils geht der Philosophie des Ganzen immer voraus, nicht nur als theoretische Antizipation, sondern als aktuelle Notwendigkeit.

Dass die mechanistische Auffassung eine Religion von Subalternen gewesen ist, geht aus einer Analyse der Entwicklung der christlichen Religion hervor, die in einer gewissen geschichtlichen Periode und unter bestimmten historischen Bedingungen eine »Notwendigkeit« war und weiterhin ist, eine notwendige Form des Willens der Volksmassen, eine bestimmte Form von Rationalität der Welt und des Lebens, und die den allgemeinen Rahmen für die reale praktische Tätigkeit abgab. An folgender Stelle eines Artikels der »Civiltà

Cattolica« (*Heidnischer Individualismus und christlicher Individualismus*, Nummer vom 5. März 1932) scheint mir diese Funktion des Christentums gut zum Ausdruck gebracht: »Der Glaube an eine sichere Zukunft, an die Unsterblichkeit der zur Glückseligkeit bestimmten Seele, an die Gewissheit, zu ewiger Freude gelangen zu können, ward zur Triebfeder einer Arbeit intensiver innerer Vervollkommnung und geistiger Erhebung. Der wahre christliche Individualismus hat hier den Anstoß zu seinen Siegen erhalten. Alle Kräfte des Christen wurden um dieses edle Ziel versammelt. Befreit von den spekulativen Schwankungen, welche die Seele im Zweifel entnerven, und erleuchtet von unsterblichen Prinzipien, spürte der Mensch die Hoffnungen wiederaufleben; in der Gewissheit, dass eine höhere Macht ihn im Kampf gegen das Böse unterstützte, tat er sich selbst Gewalt an und überwand die Welt«[3]. Aber auch in diesem Fall ist es das naive Christentum, das man vernimmt; nicht das jesuitisierte Christentum, das zu einem reinen Rauschmittel für die Volksmassen geworden ist.

Aber die Position des Kalvinismus mit seiner ehernen Auffassung von der Prädestination und der Gnadenwahl, die einen breiten Aufschwung von Unternehmensgeist bewirkt (oder zur Form dieser Bewegung wird), ist noch aussagekräftiger und bezeichnender. (Zu diesem Thema kann angesehen werden: Max Weber, *Die protestantische Ethik und der Geist des Kapitalismus*, veröffentlicht in den »Nuovi Studi«, Nummern von 1931 und ff.[4], und das Buch von Groethuysen über die religiösen Ursprünge des Bürgertums in Frankreich[5].)

Warum und wie verbreiten sich die neuen Weltauffassungen, werden populär? Beeinflussen sie bei diesem Verbreitungsprozess (der gleichzeitig ein Prozess der Ersetzung des Alten und sehr oft der Kombination zwischen dem Neuen und dem Alten ist) und wie und in welchem Maße die rationale Form, in der die neue Auffassung dargestellt[5a] und präsentiert wird, die Autorität (soweit sie zumindest generell anerkannt und geschätzt wird) des Darstellenden und der Denker und Wissenschaftler, auf die der Darstellende sich zu seiner Unterstützung beruft, die Zugehörigkeit dessen, der die neue Auffassung vertritt, zur selben Organisation (nachdem man jedoch aus einem anderen Motiv als dem, die neue Auffassung zu teilen, der Organisation beigetreten ist)? In Wirklichkeit variieren diese Elemente je nach der gesellschaftlichen Gruppe und dem kulturellen Niveau der jeweiligen Gruppe. Doch interessiert die Untersuchung besonders hinsichtlich der Volksmassen, die ihre Auffassung nicht so leicht ändern, und die sie auf jeden Fall niemals so ändern, dass sie sie in der sozusagen »reinen« Form annehmen, sondern einzig und allein als mehr oder weniger heteroklitische und bizarre Kombination. Die rationale, logisch kohärente Form, die Vollständigkeit des Gedankengangs, die kein positives oder negatives Argument von einigem Gewicht vernachlässigt, hat ihre Bedeutung, ist aber bei weitem nicht entscheidend; sie kann auf untergeordnete Weise entscheidend sein, wenn die betreffende Person sich bereits in einer intellektuellen Krisensituation befindet, zwischen dem Alten und dem Neuen schwankt, den Glauben ans Alte verloren und sich noch nicht fürs Neue entschieden hat usw. Gleiches lässt sich über die Autorität der Denker und Wissenschaftler sagen. Sie ist sehr groß im Volk, aber tatsächlich hat jede Auffassung ihre Denker und Wissenschaftler als Aushängeschild[5b], und die Autorität ist geteilt[5c]; darüber hinaus hat jeder Denker die Möglichkeit, zu unterscheiden, zu bestreiten, es gerade auf diese Weise gesagt zu haben, usw. Man kann daraus schließen, dass der Verbreitungsprozess der neuen Auffassungen aus politischen, das heißt in letzter Instanz aus gesellschaftlichen Gründen erfolgt, dass aber das formale Element der logischen Kohärenz, das autoritative Element und das organisatorische Element in diesem Prozess eine sehr wichtige Funktion haben, unmittelbar nachdem die allgemeine Orientierung erfolgt ist, sei es bei einzelnen Individuen oder bei zahlreichen Gruppen. Daraus wird jedoch geschlossen, dass in den Massen als solchen die Philosophie nur als Glaube gelebt werden kann. Man stelle sich im Übrigen die intellektuelle Position eines Mannes aus dem Volk vor; er hat sich Meinungen, Überzeugungen, Unterscheidungskriterien und Verhaltensnormen gebildet. Jeder Vertreter eines dem seinen widersprechenden Standpunkts kann, sofern er intellektuell überlegen ist, seine Gründe besser als er argumentativ verfechten, steckt ihn logisch in die Tasche usw.; sollte der Mann aus dem Volk deswegen seine Überzeugungen ändern? Weil er sich in der unmittelbaren Diskussion nicht zur Geltung zu bringen vermag? Aber dann könnte es ihm passieren, dass er sie jeden Tag einmal ändern müsste, nämlich jedes Mal, wenn er auf einen intellektuell überlegenen ideologischen Gegner trifft. Auf welche Elemente gründet sich also seine Philosophie? Und besonders seine Philosophie in der Form, die für ihn höhere Bedeutung als Verhaltensnorm hat? Das wichtigste Element hat unzweifelhaft nichtrationalen Charakter, ist Glaube. Aber an wen und an was? Besonders an die gesellschaftliche Gruppe, der er angehört, insofern sie in allen Einzelheiten so denkt wie er: der

Mann aus dem Volk denkt, dass sich so viele nicht irren können, so im Block, wie der argumentierende Gegner gerne glauben machen möchte; dass er zwar unfähig ist, die eigenen Gründe so zu vertreten und darzulegen, wie der Gegner die seinen, dass es aber in seiner Gruppe jemanden gibt, der es tun könnte, und zwar besser als dieser bestimmte Gegner, und er entsinnt sich in der Tat, die Gründe für seinen Glauben ausgiebig, kohärent darstellen gehört zu haben, auf eine Weise, dass er davon überzeugt worden ist. Er entsinnt sich der Gründe nicht konkret und wüsste sie nicht zu wiederholen, aber er weiß, dass es sie gibt, denn er hat gehört, wie sie dargestellt worden sind, und er ist davon überzeugt worden. Einmal blitzartig überzeugt worden zu sein ist der bleibende Grund, bei der Überzeugung zu bleiben, auch wenn man sie nicht mehr argumentativ zu vertreten vermag.

Aber diese Betrachtungen führen zur Schlussfolgerung einer extremen Labilität in den neuen Überzeugungen der Volksmassen, besonders wenn diese neuen Überzeugungen den (ebenfalls neuen) orthodoxen, gemäß den allgemeinen Interessen der herrschenden Klassen gesellschaftlich konformistischen Überzeugungen zuwiderlaufen. Man kann dies sehen, wenn man über die Schicksale[5d] der Religionen und der Kirchen nachdenkt. Die Religion – und eine bestimmte Kirche – hält ihre Gemeinschaft von Gläubigen (in gewissen Grenzen Erfordernisse der allgemeinen geschichtlichen Entwicklung) in dem Maße aufrecht, in dem sie permanent und organisiert den eigenen Glauben unterhält, unermüdlich dessen Apologie wiederholt, jeden Augenblick und immer mit ähnlichen Argumenten kämpft und eine Hierarchie von Intellektuellen aufrechterhält, die dem Glauben wenigstens den Anschein der Würde des Denkens verleihen. Jedes Mal, wenn die Kontinuität der Beziehungen zwischen Kirche und Gläubigen aus politischen Gründen gewaltsam unterbrochen wurde, wie es während der Französischen Revolution geschehen ist, waren die Verluste der Kirche unermesslich, und wenn die Bedingungen erschwerter Ausübung der gewohnten Gebräuche sich über gewisse zeitliche Grenzen hingezogen hätten, lässt sich denken, dass derartige Verluste endgültig gewesen wären und eine neue Religion entstanden wäre, wie sie im Übrigen in Frankreich in Kombination mit dem alten Katholizismus entstanden ist. Daraus leiten sich bestimmte Notwendigkeiten für jede kulturelle Bewegung ab, die danach strebt, den Alltagsverstand und die alten Weltauffassungen im Allgemeinen zu ersetzen: 1. niemals müde zu werden, die eigenen Argumente zu wiederholen (und dabei literarisch ihre Form abzuwandeln):

die Wiederholung ist das wirksamste didaktische Mittel, um auf die Mentalität des Volkes einzuwirken; 2. unablässig daran zu arbeiten, immer breitere Volksschichten intellektuell zu heben, das heißt, dem amorphen Massenelement Persönlichkeit zu geben, was bedeutet, daran zu arbeiten, Eliten von Intellektuellen eines neuen Typs hervorzurufen, die direkt aus der Masse hervorgehen und gleichwohl mit ihr in Kontakt bleiben, um zu »Korsettstangen« derselben zu werden. Diese zweite Notwendigkeit ist, wenn man ihr gerecht wird, diejenige, die wirklich das »ideologische Panorama« einer Epoche verändert. Auch können diese Eliten sich im Übrigen nicht bilden und entwickeln, ohne dass es in ihrem Innern zu einer Hierarchisierung von Autorität und intellektueller Kompetenz kommt, die in einem großen individuellen Philosophen gipfeln kann, wenn dieser fähig ist, die Erfordernisse der massiven ideologischen Gemeinschaft konkret neu zu durchleben, zu begreifen, dass diese nicht die Beweglichkeit haben kann, die einem individuellen Gehirn eigen ist, und wenn es ihm deshalb gelingt, die kollektive Lehre formell in der Weise auszuarbeiten, die den Denkweisen eines Kollektivdenkers am nächsten kommt und am adäquatesten ist.

Es ist offensichtlich, dass es zu einer derartigen Konstruktion von Masse nicht »willkürlich«, um eine beliebige Ideologie herum, kommen kann, durch den formal konstruktiven Willen einer Persönlichkeit oder einer Gruppe, die es sich aus dem Fanatismus ihrer eigenen philosophischen oder religiösen Überzeugungen heraus vornimmt. Die Massenzustimmung zu einer Ideologie oder die Nichtzustimmung ist die Weise, in der die wirkliche Kritik der Rationalität und Geschichtlichkeit der Denkweisen stattfindet. Die willkürlichen Konstruktionen werden mehr oder weniger rasch aus dem geschichtlichen Wettkampf ausgeschieden, auch wenn es ihnen manchmal glückt, aufgrund einer Kombination günstiger unmittelbarer Umstände eine gewisse Popularität zu genießen, während die Konstruktionen, die den Erfordernissen einer komplexen und organischen Geschichtsperiode entsprechen, sich schließlich immer durchsetzen und die Oberhand gewinnen, auch wenn sie viele Zwischenphasen durchlaufen, in denen sie sich nur in mehr oder minder bizarren und heteroklitischen Kombinationen behaupten.

Diese Ausführungen werfen viele Probleme auf, deren wichtigste sich in der Weise und in der Qualität der Beziehungen zwischen den verschiedenen intellektuell qualifizierten Schichten zusammenfassen lassen, das heißt in der Bedeutung und in der Funktion, die der schöpferische Beitrag der höheren Gruppen im Zusammenhang mit der organischen Fähigkeit zur Diskussion und Ausführung neuer kritischer Begriffe vonseiten der intellektuell untergeordneten Schichten haben soll und kann. Es geht also darum, die Grenzen von Diskussions- und Propagandafreiheit festzulegen, einer Freiheit, die nicht im administrativen und polizeilichen Sinn verstanden werden darf, sondern im Sinn von Selbstbeschränkung, welche die Führenden ihrer eigenen Aktivität auferlegen, bzw. im eigentlichen Sinne der Festlegung einer Orientierung der Politik des Kulturellen.[5e] Mit anderen Worten: Wer wird die »Rechte der Wissenschaft« und die Grenzen der wissenschaftlichen Forschung festlegen, und können diese Rechte und diese Grenzen überhaupt festgelegt werden? Es scheint notwendig, dass die Mühsal der Suche nach neuen Wahrheiten und besseren, kohärenteren und klareren Formulierungen der Wahrheiten selbst der freien Initiative der einzelnen Wissenschaftler überlassen bleibt, auch wenn diese fortwährend selbst diejenigen Prinzipien, die als die wesentlichsten erscheinen, aufs Neue zur Diskussion stellen. Im Übrigen wird sich unschwer klarstellen lassen, wann solche Diskussionsanstöße durch Interessen motiviert sind, die nicht wissenschaftlicher Art sind. Es ist im Übrigen nicht unmöglich, sich vorzustellen, dass die individuellen Initiativen dergestalt diszipliniert und geordnet werden, dass sie das Sieb von Akademien oder kulturellen Institutionen verschiedener Art passieren und erst, nachdem sie ausgewählt worden sind, öffentlich werden usw.

Es wäre interessant, konkret, für ein einzelnes Land, die kulturelle Organisation zu studieren, welche die ideologische Welt in Bewegung hält, und das praktische Funktionieren derselben zu untersuchen. Eine Untersuchung des zahlenmäßigen Verhältnisses zwischen dem professionell der aktiven Kulturarbeit sich widmenden Personal und der Bevölkerung der einzelnen Länder wäre ebenfalls nützlich, mit annähernder Berechnung der freien Kräfte. Die Schule in all ihren Stufen und die Kirche sind in jedem Land die beiden größten kulturellen Organisationen nach der zahlenmäßigen Stärke des von ihnen beschäftigten Personals. Die Zeitungen, die Zeitschriften und der Buchhandel, das Privatschulwesen, sei es als Ergänzung der staatlichen Schule, sei es als Kulturinstitutionen vom Typ der Volkshochschule. Andere Berufe umschließen in ihrer spezialisierten Tätigkeit einen nicht unerheblichen kulturellen Anteil, wie derjenige der Ärzte, der Armeeoffiziere, des Richterstandes. Doch ist anzumerken, dass in allen Ländern, wenn auch in unterschiedlichem Ausmaß, ein großer Bruch zwischen den Volksmassen und den Intellektuellengruppen existiert, auch den zahlenmäßig größten und dem nationalen Umkreis nächsten[5f] wie den Lehrern und den Priestern. Und dass das der Fall ist, weil der Staat als solcher, auch wo die Regierenden es in Worten behaupten, keine einheitliche, kohärente und homogene Auffassung hat, so dass die intellektuellen Gruppen von Schicht zu Schicht und im Bereich ein und derselben Schicht auseinandergefallen sind. Die Universität übt mit Ausnahme einiger Länder keinerlei vereinheitlichende Funktion aus; oft hat ein freier Denker mehr Einfluss als die gesamte universitäre Institution usw.

Anmerkung I. Was die von der fatalistischen Auffassung der Philosophie der Praxis ausgeübte geschichtliche Funktion betrifft, könnte man ihr eine Grabrede halten, wobei man ihre Nützlichkeit für einen gewissen Geschichtsabschnitt einfordert, jedoch genau deswegen die Notwendigkeit vertritt, sie mit allen angebrachten Ehren zu begraben. Ihre Funktion ließe sich wahrhaftig mit derjenigen der Theorie der Gnadenwahl und der Prädestination für die Anfänge der modernen Welt vergleichen, die dann jedoch mit der klassischen deutschen Philosophie und mit deren Auffassung von der Freiheit als Bewusstsein von der Notwendigkeit[5g] ihren Gipfel erreicht hat. Sie war ein populäres Surrogat für den Ruf »Gott will es so«, jedoch äußerte sich auch auf dieser primitiven und elementaren Ebene der Beginn einer moderneren und fruchtbareren Auffassung als die in dem »Gott will es so« oder in der Theorie der Gnadenwahl enthaltene. Ist es möglich, dass sich eine neue Auffassung »formell« anders als in diesem groben und ungeschlachten Gewand einer Plebs darstellt? Und dennoch ist der Historiker imstande, mit der ganzen erforderlichen perspektivischen Sicht festzustellen und zu verstehen, dass die Anfänge einer neuen Welt, die immer rau und steinig sind, dem Niedergang einer sterbenden Welt und den Schwanengesängen, die sie hervorbringt, überlegen sind. Das Absterben des »Fatalismus« und des »Mechanizismus« markiert eine große geschichtliche Wende; daher der große Eindruck, den Mirskis zusammenfassende Studie gemacht hat[6]. Erinnerungen, die sie geweckt hat; an die Diskussion mit dem RA. Mario Trozzi in Florenz im November 1917 erinnern und an den ersten Hinweis auf Bergsonismus, Voluntarismus usw.[7] Man könnte ein halbernstes Bild davon machen, wie diese Auffassung sich wirklich darstellte. Auch an die Diskussion mit Prof. Presutti in Rom im Juni 1924[8] erinnern. Von G.M. Serrati* angestellter Vergleich mit dem Hauptmann Giulietti, der für ihn entscheidend und ein Todesurteil war[9]. Für G.M. Serrati* war

* Im Ms.: »G. M. S.«.

Giulietti wie der Konfuzianer für den Taoisten, der Südchinese, ein aktiver und geschäftiger Händler für den gelehrten Mandarin des Nordens, der auf diese Knirpse aus dem Süden, die meinten, mit ihren ruhelosen, ameisenhaften Bewegungen den »Weg« erzwingen zu können, mit der höchsten Verachtung eines Aufgeklärten und eines Weisen schaute, für den das Leben keine Geheimnisse mehr hat. Rede von Claudio Treves über die Sühne[10]. In dieser Rede war ein gewisser Geist von der Art eines biblischen Propheten: wer den Krieg gewollt und gemacht hatte, wer die Welt aus den Angeln gehoben hatte und daher verantwortlich war für die Unordnung der Nachkriegszeit, musste sühnen, indem er die Verantwortung für diese Unordnung selbst auf sich nahm. Sie hatten die Sünde des »Voluntarismus« begangen, mussten in ihrer Sünde bestraft werden usw. Es war eine gewisse priesterliche Großartigkeit in dieser Rede, ein Ausstoßen von Verwünschungen, die vor Schrecken versteinern lassen sollten und stattdessen ein großer Trost waren, weil sie anzeigten, dass der Totengräber noch nicht bereit war und Lazarus wiedererstehen konnte.

H. 3, §⟨49⟩. *Kulturthemen. *Ideologisches Material.*** Eine Untersuchung darüber, wie die ideologische Struktur[1] einer herrschenden Klasse tatsächlich organisiert ist: das heißt die materielle Organisation, die darauf gerichtet ist, die theoretische oder ideologische »Front« zu bewahren, zu verteidigen und zu entfalten. Der beträchtlichste und dynamischste Teil derselben ist die Presse im Allgemeinen: Verlagshäuser (die implizit und explizit ein Programm haben und sich auf eine bestimmte Strömung stützen), politische Zeitungen, Zeitschriften jeder Art, wissenschaftliche, literarische, philologische, populärwissenschaftliche usw., unterschiedliche Periodika bis zu den Mitteilungsblättern der Kirchengemeinden. Eine derartige Untersuchung wäre riesenhaft, wenn im nationalen Maßstab durchgeführt: daher könnte man für eine Stadt oder für eine Reihe von Städten eine Reihe von Untersuchungen machen. Ein Zeitungs-Leitartikler müsste diese Untersuchung als allgemeines Schema für seine Arbeit haben, müsste sie sich sogar auf eigene Faust von neuem machen: wie viel glänzende Leitartikel ließen sich über das Thema schreiben!

Die Presse ist der dynamischste Teil dieser ideologischen Struktur, aber nicht der einzige: all das, was die öffentliche Meinung direkt

* Im Ms. ersetzt der Titel »Kulturthemen« den ursprünglichen, dann gestrichenen Titel »Typen von Zeitschriften«.

oder indirekt beeinflusst oder beeinflussen kann, gehört zu ihr: die Bibliotheken, die Schulen, die Zirkel und Clubs unterschiedlicher Art, bis hin zur Architektur, zur Anlage der Straßen und zu den Namen derselben. Die Stellung, welche die Kirche in der modernen Gesellschaft bewahrt hat, ließe sich nicht erklären, wüsste man nichts von den täglichen und geduldigen Anstrengungen, die sie macht, um fortwährend ihren besonderen Abschnitt in dieser materiellen Struktur der Ideologie zu entwickeln. Eine solche Untersuchung, ernsthaft betrieben, hätte eine gewisse Bedeutung: außer dass sie ein lebendiges historisches Modell einer solchen Struktur lieferte, würde sie an eine vorsichtigere und genauere Berechnung der in der Gesellschaft wirkenden Kräfte gewöhnen. Was lässt sich vonseiten einer erneuernden Klasse diesem phantastischen Komplex von Schützengräben und Befestigungen der herrschenden Klasse entgegensetzen? Der Geist der Abspaltung, das heißt der fortschreitende Erwerb des Bewusstseins der eigenen geschichtlichen Persönlichkeit, ein Geist der Abspaltung, der bestrebt sein muss, sich von der protagonistischen Klasse auf die potenziellen verbündeten Klassen auszuweiten: all das verlangt eine komplexe ideologische Arbeit, deren erste Bedingung die genaue Kenntnis des Feldes ist, das leergemacht werden muss von seinem menschlichen Massenelement.

Anmerkungsapparat

Hinweis: Ergänzungen im Anmerkungsapparat der Herausgeber der deutschen Ausgabe der Gefängnishefte, welche über die Edition des Gramsci-Instituts hinausreichen, sind durch Buchstaben (z.B. 1a) bzw. »0« kenntlich gemacht.

1. Die Frage des Südens

H. 1, § 52. *Soziale Herkunft des Klerus.*
B-Text (bereits in MACH, 295).

1 Der Inhalt dieses Paragrafen entspricht, bis auf einige Zusätze und Veränderungen, einer Passage aus der Studie von 1926 über die *Südfrage* (s. S. 75 in der vorliegenden Ausgabe).

2 Vgl. Gennaro Avolio, *Le condizioni del Clero*, in: »La Voce«, 16. März 1911 (3. Jg., Nr. 11; der Südfrage gewidmet), 534. Zwar finden sich in diesem Artikel keine Hinweise auf die Forderung nach Abschaffung des kirchlichen Zölibats, dafür aber in einem Bericht desselben Avolio bei einem Treffen zur Sexualfrage, veröffentlicht in »La Voce« vom 17. November 1910 (2. Jg., Nr. 49), 336–39; zur selben Frage siehe Romolo Murri, *Il celibato ecclesiastico*, in: »La Voce«, 7. Dezember 1911 (3. Jg., Nr. 49), 704f.

3 Gramsci hatte den Verlauf des Wahlkampfs in Sardinien im Herbst 1913 sehr aufmerksam verfolgt; viele haben bezeugt, dass die politische Erfahrung dieser Wahlen ein wichtiges Moment in seiner sozialistischen Bildungsgeschichte darstellte. Vgl. z.B. Angelo Tasca, *I primi dieci anni del PCI,* Bari 1971, 88: »Antonio Gramsci befand sich während der Wahlperiode in Ferien auf seinem Sardinien und war stark beeindruckt von der in jener Umgebung durch die Teilnahme der Bauernmassen an den Wahlen hervorgerufenen Veränderung, obwohl sie sich der neuen Waffe noch nicht selbständig zu bedienen wussten und das auch nicht konnten. Dieses Schauspiel und das Nachdenken darüber machten Gramsci endgültig zum Sozialisten. Als er zu Beginn des neuen Schuljahres nach Turin zurückkehrte, hatte ich die Bestätigung der entscheidenden Bedeutung, die diese Erfahrung für ihn gehabt hatte, die er mir in einem langen Brief schilderte und die er allein, auf eigenständige und originelle Weise, entwickelt hatte.«

H. 1, § 50. *Ein Dokument der Amma zur Nord-Süd-Frage.*
B-Text (bereits in R, 208f.).

1 Der Vorfall wird auch im Brief an Tanja vom 21. März 1932 erwähnt: »im September 1920 wurde ein geheimes Rundschreiben der Vereinigung der metallverarbeitenden Industrien im Piemont veröffentlicht, mit dem, während des Krieges, angeordnet wurde, dass in den Fabriken keine ›unterhalb von Florenz‹ geborenen Arbeiter, d.h. aus Süd- und Mittelitalien, einzustellen seien« (LC, 591). Einige der vertraulichen Dokumente der

Unternehmensorganisation Amma (Associazione Metallurgici, Meccanici e Affini), aufgefunden in den Büros von Fiat und anderen Turiner Betrieben während der Besetzung der Fabriken, wurden in der Piemonteser Ausgabe des »Avanti!« vom 6. September 1920 an veröffentlicht; die Veröffentlichung dieser Dokumente erstreckte sich über den ganzen Monat September, aber es ist nicht bekannt, dass bei dieser Gelegenheit das von Gramsci hier erwähnte Rundschreiben veröffentlicht worden wäre.

2 Hinweise in diesem Sinn finden sich auch in der zeitgenössischen kommunistischen Presse. Vgl. z.B. »l'Unità« vom 10. Dezember 1925, aus der Rede von Repossi vor der Abgeordnetenkammer in der Sitzung vom 9. Dezember: »Im Jahre 1925 erleben wir diese einzigartige Tatsache: während im Norden die Arbeiter entlassen werden, greift die Unternehmerschaft des Nordens auf den Aufkauf der Arbeitskräfte aus dem Süden zurück«.

3 Es handelt sich vielleicht um die Novelle *Fortezza*, in der die Foltern beschrieben werden, die einem von einer Gruppe Banditen gefangenen Carabiniere zugefügt werden (es fehlt indes das Detail der verstümmelten Zunge): vgl. Edmondo De Amicis, *Novelle*, Treves, Mailand 1909, 327–65.

4 Die erwähnte Episode findet sich in Pirandellos Novelle *L'altro figlio* (dt. *Der andere Sohn*), geschrieben und erstmals veröffentlicht 1905 (jetzt in *Novelle per un anno*, Bd. 2, Mondadori, Mailand 1937, 226–45). Diese Novelle legte Pirandello auch einem Einakter zugrunde, der erstmals 1923 aufgeführt wurde.

5 Vgl. Giovanni D'Adamo, *Il gran mascherone della civiltà*, Morano, Neapel 1897; eine Passage dieses Buches, in dem die Gräuel der Unterdrückung des Bandenwesens beschrieben werden, war unter der Rubrik »Bruchstücke aus dem italienischen Leben« in »l'Unità«, 30. Dezember 1911 (1. Jg., Nr. 3), im Zusammenhang mit einem Kommentar von Gaetano Salvemini (*Berberi d'Italia*, unterzeichnet g.s.) zu den rassistischen Haltungen einer gewissen italienischen Presse angesichts der Massaker an italienischen Gefangenen in Libyen wiederabgedruckt worden; Salvemini, der unter anderem das Buch von D'Adamo zitiert, erinnerte an die Grausamkeit, die die italienischen »Ehrenmänner« fünfzig Jahre früher bewiesen hatten (Aufstand von Palermo, Bandenwesen).

6 Vgl. Giulio Bechi, *Caccia grossa. Scene e figure del banditismo sardo*, Mailand 1919. Ein Hinweis auf dieses Buch Bechis findet sich in Gramscis Artikel *Il lanzo ubriaco*, veröffentlicht im »Avanti!« vom 18. Februar 1920 (jetzt in ON, 86f.).

7 In einem Artikel aus *Sotto la Mole*, veröffentlicht im »Avanti!« vom 24. Mai 1916 (jetzt in SM, 148–50), war dasselbe Büchlein – von dem es nicht möglich war, die genauen Angaben festzustellen – mit einigen Abweichungen bereits erwähnt worden: »Siehe da: Die Sarden gelten meistens als unzivilisiert, barbarisch, blutrünstig usw., aber sie sind es offensichtlich nicht genug, um die Entdecker guten Willens zum Teufel zu jagen. Ein Offizier, der 1910 nach Cagliari gegangen war, um einen Streik niederzuschlagen, beklagt die sardischen Frauen, die dazu bestimmt sind, die legitimen besseren Hälften der mit ungegerbten Fellen bekleideten großen Affen zu werden, und er fühlt in sich (wörtlich) den Geist der Gattung (jener nicht

mit Fellen bekleideten) erwachen, der sich ans Werk machen will, um die Rasse zu veredeln« (ebd., 149). Ein weiterer Hinweis auf dieses Buch findet sich in einem Artikel des »Avanti!« vom 13. Juli 1919 (vgl. Gramsci, *Per la verità. Scritti 1913–1926*, hg. v. Renzo Martinelli, Editori Riuniti, Rom 1974, 81).

H. 1, § 57. *Reaktionen des Nordens auf die Vorurteile gegenüber dem Süden.*
B-Text (bereits in R, 209f.).

1 In Form schematischer Notizen werden hier die bedeutsamsten Themen zusammengefasst, die in dem Aufsatz von 1926 zur *Südfrage* bereits entwickelt wurden.
2 S. S. 60f. in der vorliegenden Ausgabe.
3 S. S. 61ff. in der vorliegenden Ausgabe.
4 S. S. 63ff. in der vorliegenden Ausgabe.
5 S. S. 66ff. in der vorliegenden Ausgabe.
6 S. S. 7f. in der vorliegenden Ausgabe.
7 Vgl. Giovanni Zibordi, *Saggio sulla storia del movimento operaio in Italia. Camillo Prampolini e i lavoratori reggiani*, 2. Aufl., Laterza, Bari 1930 [FG, C.carc., Turi II].
8 Der Hinweis bezieht sich auf das Buch von Guido Dorso, *La rivoluzione meridionale*; zur Beurteilung der Kommunisten vgl. das Kap. 12, Teil 2. Auch dieser Hinweis auf Gobetti und Dorso geht zurück auf den Aufsatz von 1926 über die Südfrage (vgl. besonders S. 81f. in der vorliegenden Ausgabe).
9 Hier handelt es sich um eine Anspielung auf einen Artikel Gramscis von 1919, *Agnelli e conigli* ⟨Lämmer und Kaninchen⟩ (jetzt in SG, 350–52), in Polemik gegen die protektionistische Politik der Turiner Stadtverwaltung zum Schaden Sardiniens. Es scheint, dass Gramsci sich dieser Episode auch in seiner Propaganda unter den Soldaten der Brigade Sassari bedient hat; vgl. in diesem Sinn einen Hinweis des Briefes an Tanja vom 30. April 1928: »In Turin habe ich 1919 eine breite Untersuchung durchgeführt, weil die Stadtverwaltung die sardischen Lämmer und Ziegenböckchen zugunsten der piemontesischen Kaninchen boykottierte: etwa 4000 sardische Hirten und Bauern waren in besonderer Mission in Turin, und ich wollte sie über dieses Thema aufklären« (LC, 205). Die Abkürzung B. S. im Text spielt folglich auf die Brigade Sassari an. Unklar erscheint indes der Bezug auf »Bergwerke-Eisenbahnen«.

H. 1, § 58. *Emigration und intellektuelle Bewegungen.*
B-Text (bereits in R, 214f.).

1 Auch der Inhalt dieses Kapitels stimmt zum großen Teil mit einigen Seiten des Aufsatzes von 1926 über die *Südfrage* überein.
2 Vgl. »Atti parlamentari«, Abgeordnetenkammer, 23. Legislaturperiode, 1. Abteilung, Diskussionen, Sitzung vom 11. März 1911, 13202–11 (Beitrag des Abgeordneten Enrico Ferri in der Diskussion der Bilanz des Emigrationsfonds). Ein Bericht über diese Rede Ferris findet sich im »Avanti!«, 12. März 1911. Über Ferri und das Emigrationsproblem vgl. auch Heft 3 (XX), §124.

3 Über die Rede Pascolis *La grande proletaria si è mossa* in Verbindung mit dem Begriff der »proletarischen Nation« von Corradini vgl. Heft 2 (XXIV), §51.

4 Der Überblick der »Riforma sociale«, auf den Gramsci sich hier bezieht, ist nicht aufgefunden worden; die 50-prozentige Zunahme der Zahl der Tagelöhner, nach den Daten der Zählung von 1911, wird auch im Aufsatz über die Südfrage erwähnt (s. S. 68 in der vorliegenden Ausgabe); aber schon in den Thesen von Lyon (unter Nr. 13, s. S. 46 in der vorliegenden Ausgabe) findet sich ein Hinweis auf diese Frage: »Zwischen 1900 und 1910 kommt es jedoch zu einer Phase der industriellen und agrarischen Konzentration. Das Landproletariat wächst um 50 Prozent zu Lasten der Schuldverpflichteten, der Halbpächter und Pächter«.

5 Die »Azione« aus Cesena war Organ der Lega democratica cristiana, gegründet 1911 von Eligio Cacciaguerra (1878–1918) nach der Auflösung der Lega democratica nazionale von Romolo Murri.

6 Vgl. Gramscis Beurteilung des »Resto del Carlino« in einem Artikel des »Grido del Popolo« vom 19. Oktober 1918 (jetzt in *Scritti 1915–1921*, hg. v. Sergio Caprioglio, I quaderni de »Il Corpo«, Mailand 1968, 86).

7 Der Kapitän Giuseppe Giuletti, Gründer des italienischen Verbands der Seeleute, Auszeichnung in Gold im Ersten Weltkrieg, Unterstützer D'Annunzios in Fiume, Verbannter während des Faschismus, war 1879 in Rimini geboren worden.

H. 28. *Vorbemerkung vor dem ersten Paragrafen:*
»Zu einigen schlechten und bizarren Seiten ...«
B-Text (bereits in INT, 169).

0 Vgl. dazu Gramscis Analysen zur »bizarren« Zusammensetzung der Persönlichkeit, »wenn die Weltauffassung nicht kritisch und kohärent, sondern zufällig und zusammenhangslos ist« (Heft 11, §12, Bd. 6, 1376, *Anmerkung I*).

H. 28, §6. *Alberto Lumbroso.*
C-Text (bereits in INT, 176f.): unter Verwendung eines A-Textes aus Heft 1, §32: *Loria und Lumbroso*, vgl. Bd. 1, 85f.

1 Mit den Schriften von Tomaso Sillani und Filippo Carli, auf die hier Bezug genommen wird, hatte sich Gramsci ausgiebig in einem Artikel im »Grido del Popolo« vom 8. Juni 1918, *Le nuove energie intellettuali*, befasst (jetzt in SG, 250–54). Die Lektüre jenes Artikels klärt die Anspielungen des Textes: »Ein junger Mann, der sich der Berühmtheit nähert, ist zweifelsohne Dr. Filippo Carli, Sekretär der Handelskammer von Brescia. Er hat die ökonomischen Vorstellungen des französischen Nationalisten Charles Maurras auf Italien angewandt, hat lange Zeit in den Spalten der ›Idea Nazionale‹ zelebriert und dem Prof. Alfredo Rocco den Vorrang bei der Begründung einer neuen italienischen nationalistischen Wirtschaftswissenschaft streitig gemacht: seit einiger Zeit zieht er es vor, Bücher zu schreiben und *kühne* Ideen zu lancieren, wie die von der Gewinnbeteiligung und von den Belegschaftsaktien. Die *Ideen* sind kühn bei Carli, gewiss: aber die Informationen und die Bildung sind noch

kühner. In der »Perseveranza« vom 16. März 1916 schreibt er in der Tat einen Artikel, um sich schmerzensreich darüber zu beklagen, dass die Italiener sich von den Engländern die Ausbeutung des *in den Wäldern von Vallombrosa produzierten Gummis* aus der Hand haben reißen lassen. Die ideelle Kühnheit des Dr. Carli gründete sich auf die Tatsache, dass es eine ›Valombrosa Rubber Company‹ gibt, die den Kautschuk der Halbinsel von Malakka ausbeutet; Carli hat geglaubt, der Gummi entstehe in den Wäldern von Vallombrosa, da die Kenntnis der Wirtschaftsgeografie für einen Nationalisten der Ökonomie, der nur die Aufgabe hat, kühn geniale Ideen zu lancieren, nicht Pflicht ist [...]. Dem Dr. Filippo Carli in ökonomischem Nationalismus steht der Dr. Tomaso Sillani in politischem Nationalismus ebenbürtig zur Seite. Tomaso Sillani war ein Jüngling aus den Abruzzen, Dichter des Landlebens, unschuldiger Schreiberling künstlerischer Dinge in Zeitschriften wie dem ›Emporium‹, den ›Cronache letterarie‹ und ähnlichen ›Lektüren‹. Keiner bemerkte seine Person, sein rhetorischer und aufgeblasener Ästhetizismus regte angenehm zum Lachen an wie die Lektüre einer humoristischen Wochenzeitung. Als dank dem wohltuenden Verschwinden des *Dumping* und der lästigen germanisierenden Bildung wie üblich die genialen Stammeswerte auftauchten, rückte Tomaso Sillani in die erste Reihe. Er wurde Sekretär des Herzogs von Cesarò (oder Herzog von Verderame) in der Vereinigung für Dalmatien, brachte beim Verlag Treves Bände mit Politik und patriotischem Überschwang unter; zuletzt hat er einen gefunden, der ihm das Geld verschaffte, um eine große Monatszeitschrift zu lancieren (›La Rassegna italiana‹), an der Senator Francesco Ruffini und andere Zierden der Wissenschaft und der Literatur mitarbeiten. ›La Rassegna italiana‹ verfolgt natürlich das Ziel, die italienische Tradition zu erneuern, die *wahren* intellektuellen Energien der wiederauferstandenen Nation bekannt zu machen. Eine dieser Energien ist Tomaso Sillani selbst, wie sich wohl verstehen lässt. Dieser hat im ›Emporium‹ vom Oktober 1913 einen Artikel veröffentlicht: *La passeggiata archeologica di Roma: sulla via delle vestigia inghirlandate*, sehr poetisch, wie schon der Titel zeigt. – Er spricht von der ›Casa dei Parti‹, einem römischen Gebäude, das seinen Namen von dem asiatischen Volk der Parther hatte, und beschreibt dessen Ruinen. Aber die Bildung von Dr. Tomaso Sillani ist derart erlesen und kühn, dass ihr hören sollt, was aus den armen Parthern wird: ›Und das ist alles, was von der ›Casa dei Parti‹ bleibt: die Frauenklinik des Römerreichs. Auch wer die chirurgische Kunstfertigkeit der Römer kennt – hätte irgendjemand die Existenz eines Operationssaales vermutet, erbaut nach denselben Kriterien und der gleichen Zweckmäßigkeit wie die modernsten Amphitheater? Und in welchem Traum wäre um den auf die blutige Behandlung konzentrierten Wissenschaftler der Kreis der über seine Akte wachenden Schüler erschienen?‹ O Größe der alten Römer! Und es ist sicher, dass die Germanen keine gynäkologischen Kliniken hatten, wie es mehr als sicher ist, dass die Deutschen von der ›Casa dei Parti‹ die Pläne für ihre modernen experimentellen Bauten gestohlen haben! Genau hierbei hatte der Dr. Tomaso Sillani die *Parti*, das asiatische Volk ⟨der Parther⟩, mit den ›parti‹, der Entbindung der schwangeren Frauen verwechselt.

Und trotzdem ist er eine Berühmtheit geworden, hat sich der delikaten Aufgabe unterzogen, die Italiener in Politik, Geschichte und Geografie zu bilden und findet den Senator Ruffini, der ihn bei dem Geschäft unterstützt. Dies sind die neuen intellektuellen Energien Italiens, aufgeblüht im Gegensatz zur germanischen Pedanterie und Methode, um die nationale Kultur zu erneuern. Diese haben die Märkte mit ihrem Geschrei erfüllt, haben die Errungenschaften, die zu verwirklichen doch in fünfzig Jahren gelungen war, ins finstere Chaos zurückgestoßen. Die wissenschaftliche Disziplin, die Ernsthaftigkeit und Genauigkeit in der Forschung, der kritische Geist werden verspottet und verhöhnt. Die Zweckfreiheit in den Untersuchungen wird gegeißelt. Und alles im Hass auf Deutschland, ohne zu bedenken, dass diese Eigenschaften vom menschlichen Geist errungen worden sind, der über jeder Grenze und jeder Rasse steht« (SG, 252–54).

2 Giuseppe Belluzzo (1867–1952), Lehrer am Polytechnikum von Mailand, wurde 1924 auf der faschistischen »Einheitsliste« zum Abgeordneten gewählt. Von Juli 1925 bis Juli 1928 war er Wirtschaftsminister und danach, bis September 1929, Bildungsminister. Zu den Schriften von Belluzzo, auf die Gramsci sich bezieht, gehört wahrscheinlich der Artikel *L'Italia è povera di materie prime?*, veröffentlicht in der Zeitschrift »Gerarchia«, Januar 1927 (7. Jg., H. 1), 4–11 (nachgedruckt in Giuseppe Belluzzo, *Economia fascista*, Libreria del Littorio, Rom 1928, 143–56), wo in hyperbolischen Tönen auf dem im Text vertretenen Motiv der Rohstoffarmut Italiens insistiert wird (»wir ignorieren so gut wie ganz, was die Alpen und die Apenninen in ihrem Busen verbergen«). Vielleicht hatte Gramsci aber auch eine Reihe von Belluzzo 1920 veröffentlichter Artikel im Sinn, die von Mussolini während der Kämpfe um die Fabrikbesetzungen im »Popolo d'Italia« benutzt worden waren (vgl. Benito Mussolini, *Opera Omnia*, hg. v. Eduardo und Duilio Susmel, 15. Bd., La Fenice, Florenz 1954, 133–37).

3 Hier klingt eine Erinnerung an die Wahlkampagne von Mai–Juni 1914 für den IV. Wahlkreis in Turin an, der nach dem Tod des sozialistischen Abgeordneten Pilade Gay vakant geblieben war. Im Essay von 1926 über die Südfrage erinnert Gramsci an die Initiative der Gruppe der Turiner Sozialisten, zu der er gehörte, Gaetano Salvemini bei dieser Gelegenheit die Kandidatur anzutragen, der sie jedoch ausschlug (vgl. S. 60f. in dieser Ausgabe). Gegen den Nationalisten Giuseppe Bevione und den Liberalen Felice Paniè stellten die Sozialisten Mario Bonetto auf. Eine vierte, völlig marginale Kandidatur ergab sich infolge einer Initiative des Unabhängigen Arturo Lenzi, der das pittoreske Element in dieser Wahlkampagne darstellte. In der Abstimmung vom 21. Juni 1914 waren die Stimmen folgendermaßen verteilt: Bonetto 9444, Bevione 6589, Paniè 3064, Lenzi 86. In der folgenden Stichwahl zwischen dem Sozialisten Bonetto und dem Nationalisten Bevione siegte Letzterer mit wenigen Stimmen Mehrheit.

4 Dieser Bezug auf Kropotkin rührt von einer eher vagen und ungefähren Erinnerung her. Auch an den Titel des Buches erinnert Gramsci sich nur verschwommen: es handelt sich gewiss um Pjotr Kropotkins Werk *La conquista del pane*, das in Italien seit 1892 in zahlreichen Auflagen Verbreitung gefunden hat (vgl. P. Kropotkin, *La conquista del pane*, Vorw. v. Elysée

Réclus, übers. v. Giuseppe Ciancabilla, Druckerei der Volksuniversität, Mailand 1892; dt.: Peter A. Kropotkin, *Die Eroberung des Brotes*, neu hg. v. Wolfgang Hazg, Bern-Grafenau 1989 [= Gesammelte Werke, Bd. 1]). In einem Kapitel dieses Werkes werden die Vorteile erörtert, welche die Revolution für die Landbevölkerung bedeuten würde, und es wird allgemein auf die moderne Technik hingewiesen, um den Boden zu verbessern und steile und steinige Grundstücke für die landwirtschaftliche Nutzung zu erschließen; von einem Projekt, die »Steine zu zermahlen«, ist hier jedoch keine Rede; vermutlich handelt es sich um eine polemische Verzeichnung in Gramscis Erinnerung.

5 Zu Giacomo Lumbroso vgl. Heft 3, § 22, Bd. 2, 348.

6 Das Titelzitat ist nicht ganz genau; vgl. Alberto Lumbroso, *Le origini economiche e diplomatiche della guerra mondiale*, Bd. 1: *La vittoria dell'imperialismo anglosassone*; Bd. 2: *L'imperialismo britannico dagli albori dell'Ottocento allo scoppio della guerra*, Mondadori, Mailand 1926 und 1928, 544, 611 (»Collezione italiana di diari, memorie, studi e documenti per servire alla storia della guerra del mondo«, hg. v. Angelo Gatti). Bd. 2 ist in FG, C.carc., Turi I.

7 Vgl. Heft 1, § 41, Bd. 1, 90.

8 In Wirklichkeit von 1915: vgl. Luigi Luzzatti, *La scoperta di un nuovo Fioretto di S. Francesco*, in »Corriere della Sera«, 6. April 1915. Die Episode war von Gramsci bereits in einer Glosse in »Sotto la Mole« verzeichnet, in der piemontesischen Ausgabe des »Avanti!«, 21. September 1916, *Inviti al risparmio* (jetzt in SM, 244f.). Der Hinweis auf diese Polemik kehrt auch in einem Brief an Tanja vom 10. März 1930 wieder (vgl. LC, 331).

9 Vgl. Riccardo Bacchelli, *Lo sa il tonno, ossia gli esemplari marini (favola mondana e filosofica)*, Bottega di poesia, Mailand 1923.

H. 22, § 2. *Rationalisierung der demografischen Zusammensetzung Europas.*
C-Text (bereits in MACH, 312–18): unter Verwendung eines A-Textes aus Heft 1, § 61: *Amerikanismus*, vgl. Bd. 1, 130–33.

1 Vgl. Giustino Fortunato, *Le lettere da Napoli di V. Goethe*, Bibliotheca editrice (Kritische Hefte, gesammelt von D. Petrini), Rieti 1928. (Vgl. J. W. v. Goethe, *Italienische Reise*, Teil II: die mit »Neapel, 28. Mai 1787« datierte Eintragung. Anm. d. Übers.)

2 Die Angabe ist ungenau; die Schrift von Giustino Fortunato wurde zum ersten Mal 1917 veröffentlicht: vgl. Volfgango Goethe, *Lettere da Napoli*, übers. v. G. Fortunato, Ricciardi, Neapel 1917 (nicht im Handel; zusammen mit der Übersetzung der Briefe Goethes, beinhaltet eine Einleitung desselben Fortunato). Die Rezension von Luigi Einaudi (*Goethe, la leggenda del lazzarone napoletano ed il valore del lavoro*) ist in »La Riforma sociale«, März/April 1918 (25. Jg., Bd. 3–4), 192–202, enthalten; wiederveröff. in L. Einaudi, *Le lotte del lavoro*, Verlag P. Gobetti, Turin 1924, 267–76.

3 Gramsci kann diese Information einer der statistischen Veröffentlichungen entnommen haben, über die er im Gefängnis und später in Formia verfügen konnte. Zum Beispiel aus einer der folgenden vom Istituto Centrale di Statistica herausgegebenen Publikationen: *Annuario statistico italiano*,

Jg. 1929, Bd. III, Istituto Poligrafico dello Stato, Rom 1929; *Compendio statistico italiano*, 1934, Bd. 8, Istituto Poligrafico dello Stato, Rom 1934 [FG].

4 Aller Wahrscheinlichkeit nach hat Gramsci hier einen Artikel von Niccolò Rodolico vor Augen: *Il ritorno a la terra nella storia d'Italia* (*Die Rückkehr zum Boden in der Geschichte Italiens*), in »Nuova Antologia«, 16. Februar 1934, 543–55.

5 Gramsci nimmt hier annäherungsweise einige Daten aus einem Buch von Renato Spaventa auf, das er in einem anderen Heft bereits einmal genannt hat: vgl. Heft 9, §71, Bd. 5, 1128. Die Hinweise zu Renato Spaventas Band *Burocrazia, ordinamenti amministrativi e Fascismo*, Mailand 1928, wurden dem Artikel von Salvatore Alessi, *Intorno all'ordinamento burocratico* (*Über die Ordnung der Bürokratie*), in »Critica fascista«, 15. August 1932, 308f., entnommen.

6 Giorgio Mortara, *Prospettive economiche 1922*, hg. unter der Schirmherrschaft der Università Bocconi di Milano, Typogr. Ges. »Leonardo da Vinci«, Città di Castello 1922. Zur Aufmerksamkeit, mit der Gramsci die verschiedenen Jahrgänge verfolgte, vgl. LC 23, 94, 175, 198, 200, 283, 410, 421, 459, 812.

7 Vgl. Mario Camis, *Intorno alle condizioni alimentari del popolo italiano. Considerazioni statistico-fisiologiche*, in »La Riforma Sociale«, Jan./Febr. 1926 (33. Jg., Bd. 1–2), 52–81.

8 Bei der Einfügung des A-Textes erinnert Gramsci hier an die Rede des Senators Ugo Ancona (vgl. *Atti parlamentari. Senato*, 1136–48; siehe bes. 1144: »Zu viel Neigung zum Ausgeben, wo immer, in erster Linie, immer und bei allem«), gegen die Senator Mayer in der bereits zitierten Rede vor allem polemisiert hatte: vgl. »Atti parlamentari«, Senato, Legislatura XXVIII, 1a sessione 1929, Sitzung vom 22. Juni 1929 (Diskussion des Gesetzesentwurfs »stato die previsione della spesa del ministero delle finanze per l'esercizio finanziario dal 1° luglio 1929 al 30 giugno 1930«), 1158. Eine Rede des Senators Theodor Mayer unterbrechend, der die Notwendigkeit unterstrich, den Lebensstandard des italienischen Volkes nicht zu senken, erklärte Mussolini: »Man muss anerkennen, dass dieser Lebensstandard nicht übertrieben hoch ist. Es gibt Gemeinden in Sardinien und in Süditalien, wo die Leute sich monatelang von Grünzeug ernähren.« Im November 1929 hatte Gramsci einige Bände Parlamentsprotokolle erhalten (vgl. LC, 290 u. 304).

9 Zu dem »Gesetz der bestimmten Proportionen« vgl. Heft 9, §62, Bd. 5, 1118f.

10 Vgl. Henry Ford (unter der Mitarbeit von Samuel Crowther), *Ma vie et mon œuvre*, Vorw. v. Victor Cambon, Payot, Paris 1926 [FG, C.carc., Turi I]; v.a. Kap. 11: *La politique commerciale*, 161–78. Von Henry Ford hatte Gramsci auch einen andern ins Französische übersetzten Band gelesen: Henry Ford (unter der Mitarbeit von Samuel Crowther), *Aujourd'hui et demain*, übers. aus dem Englischen von L.P. Alaux u. P. Hollard, Payot, Paris 1926 [FG, C.carc., Mailand]; zu diesen Bänden vgl. LC, 95 u. 264.

11 Vgl. Lucien Romier, *Qui sera le Maître, Europe ou Amérique?*, Hachette, Paris 1927 [FG, C.carc., Turi I]; zit. auch in LC, 264.

12 Es ist nicht gelungen, die von Gramsci hier erwähnte Episode genau zu datieren; vermutlich geht sie auf die Ordine-Nuovo-Zeit zurück. In den unmittelbaren Nachkriegsjahren entfachte die katholische Hierarchie eine Kampagne gegen das Eindringen des CVJM in Italien. Davon zeugen zahlreiche Artikel der »Civiltà Cattolica«. Vgl. z. B. folgende ungezeichneten Artikel: *Il lavoro protestante in Italia* (*Die protestantische Arbeit in Italien*), in »La Civiltà Cattolica«, 3. Mai 1919 (70. Jg., Nr. 2), 230–44; *Ancora sull'opera protestante in Italia* (*Noch einmal zur protestantischen Arbeit in Italien*), ebd., 4. September 1920 (71. Jg., Nr. 3), 427–37.

13 Spielt höchstwahrscheinlich auf den von der Gruppe des »Ordine Nuovo« zurückgewiesenen Vorschlag an, Fiat in eine Genossenschaft umzugestalten. Auf diesen Vorgang, mit dem Gramsci sich ausführlich in dem Essay von 1926 über die Südfrage befasst, wird auch in Heft 1, § 57, Bd. 1 verwiesen (vgl. Anm. 5 zu Heft 1, § 57, s. S. 245 in dieser Ausgabe). Was den vom »Ordine Nuovo« vertretenen »Amerikanismus« betrifft, vgl. die Artikelfolge von Carlo Petri, *Il sistema Taylor e i Consigli dei produttori*, in »L'Ordine Nuovo«, 25. Okt., 1. Nov., 8. Nov., 15. Nov., 22. Nov. 1919 (1. Jg., H. 23, 24, 25, 26, 27), 178, 188, 197f., 205f., 209f..

14 Vgl. Anm. 3 zu Heft 1, § 51, Bd. 1: André Philip, *Le problème ouvrier aux États-Unis*, Alcan, Paris 1927 [FG, C.carc., Turi II]. Siehe besonders 226f.: »In der amerikanischen Meinung, die ganz und gar vom Pragmatismus durchdrungen und unfähig ist, zwischen den Begriffen Wahrheit und Nützlichkeit zu unterscheiden, gelten Moral und Religion in der Tat als mächtiger Ansporn für die Produktion und somit für die Bereicherung. Die Großunternehmer im Süden und Westen betreiben unter ihren Arbeitern eine intensive religiöse Propaganda und organisieren Erweckungsversammlungen, denn, erklärte man mir des Öfteren, ›nach der Durchreise des Predigers steigt die Produktivität der Arbeiter um 10 bis 15 Prozent‹. Die Zeitschrift eines großen Textilunternehmens in Carolina gibt ihren Arbeitern folgende erbauliche Ratschläge: ›Der große Statistiker Babson hat wissenschaftlich (!) bewiesen, dass Pfarrerssöhne 77,22 mal mehr Chancen haben, Millionär zu werden, als Söhne aus anderen Familien; ganz einfach deshalb, weil die religiöse Erziehung den Charakter bildet und der Charakter die wesentliche Ursache für den Erfolg ist.‹ ›Eltern, erziehen Sie Ihre Kinder religiös, sonst nehmen Sie ihnen eine Chance auf ein erfolgreiches Leben.‹ Bei einer Versammlung des Rotary Clubs in Denver hörte ich persönlich die Rede des Präsidenten der Vereinigung für den Ausbau von Sonntagsschulen, die sich in folgende vier Punkte zusammenfassen lässt:

1. Hochindustrialisierte Länder wie die Vereinigten Staaten brauchen Industriekapitäne;
2. Um Industriekapitän zu werden, muss man energisch, enthaltsam, mutig und keusch sein;
3. Das Christentum bringt diese Tugenden hervor;
4. Daher müssen wir unsere Kinder christlich erziehen.

Gott ist also nurmehr ein fordisierter Arbeiter, der die zur Herrschaft des Kapitals notwendigen Tugenden serienmäßig herstellt.

Der utilitaristische Moralismus hat die Masse der amerikanischen Industriellen so sehr erfasst, dass die meisten von ihnen nicht in der Lage sind, die Begriffe Wahrheit und Nützlichkeit unabhängig voneinander zu denken; da ich bei einer kurzen Ansprache in einer Versammlung von Personalleitern gesagt hatte, dass das Christentum nicht notwendig zu geschäftlichem Erfolg führen müsse, antwortete mir der Vorsitzende, indem er die Wahrheit der christlichen Lehre behauptete; für ihn war ich offensichtlich ein Ungläubiger, weil ich an die Nützlichkeit des Christentums nicht glaubte; der Gedanke, dass eine wahre Lehre nicht dienstbar sein könnte, ist für diese pragmatischen Gehirne unvorstellbar.
Die Religion wird nicht nur als ein Mittel zur Bereicherung betrachtet, sie dient zugleich der Rechtfertigung der enormen Profite bestimmter Unternehmen. Mit dem Evangelium verkündend, dass, ›wenn man sich zuerst auf die Suche nach dem Reich Gottes und seiner Gerechtigkeit macht, einem alles andere gegeben werden wird‹, schließen die amerikanischen Industriellen daraus, dass sie alles andere (die dicken Dividenden) nur deshalb erhalten, weil sie zuerst das Reich Gottes und seine Gerechtigkeit gesucht haben. Diese Auffassung, die in sämtlichen in den Rotary Clubs und anderen Unternehmer-Vereinigungen gehaltenen Reden vertreten wird, betrachtet den Profit als das *Zeichen* des Dienstes, den der Unternehmer der Gesellschaft erweist, als *Maßstab* seines Moralitätsgrades.«

15 Vgl. insbesondere Alessandro Schiavi, *Impulsi, remore e soste nell'attività dei comuni italiani*, in: »La Riforma Sociale«, Juli–Aug. 1929 (36. Jg., H. 7–8), 355–88.

16 Es handelt sich um die 1928 gegründete Scuola di Scienze Corporative der Kgl. Universität Pisa. 1933 war dort mit der Veröffentlichung einer Schriftenreihe beim Verlag Sansoni begonnen worden, deren erste Bände Gramsci in Formia erhielt. Vgl. *La crisi del capitalismo*, mit Beiträgen von G. Pirou, W. Sombart, E.F.M. Durbin, E. M. Patterson, U. Spirito, Florenz 1933 [FG]; *L'economia programmatica*, mit Beiträgen von L. Brocard, C. Landauer, J. A. Hobson, L. L. Lorwin, G. Dobbert, U. Spirito, Florenz 1933 [FG]; Ugo Spirito, *Capitalismo e Corporativismo*, Florenz 1933 [FG].

17 Vgl. Henri de Man, *Il superamento del marxismo*, hg. v. Alessandro Schiavi, 2 Bde., Bari 1929 [FG, C.carc., Turi II]. Dieser Band war von Gramsci im Juni 1929 verlangt worden (vgl. LC, 279).

H. 7, § 54. *Vergangenheit und Gegenwart. Die Bodenfrage.*
B-Text (bereits in PP, 99f.).

0 Engl.: »Heimstätte«; bodenrechtlicher Begriff.

1 Zu den Überlegungen dieses Paragrafen wurde Gramsci wahrscheinlich von einem Artikel Silvio Longhis, *Il bene di famiglia* (*Das Familiengut*), in »Gerarchia«, August 1931, 651–54, angeregt.

H. 1, § 125. *1919.*
B-Text (bereits in MACH, 208).

1 Vgl. *Südfrage*, s. S. 71 in der vorliegenden Ausgabe.

H. 1, § 149. *Nord und Süd.*
B-Text (bereits in R, 210f.).

H. 12, § 1. Sind die Intellektuellen eine autonome und unabhängige gesellschaftliche Gruppe ...
C-Text (bereits in INT, 3–19, 97–103, wo jedoch einige Stellen aus anderen Paragrafen eingeschoben sind; drei Stellen sind jedoch aus diesem C-Text herausgestrichen und ins Vorwort des gleichen Bandes aufgenommen worden, S. XIII, XIV, XIVf.): unter Verwendung zweier A-Texte aus Heft 4, § 49: *Die Intellektuellen*, und § 50: *Die Einheitsschule*, vgl. Bd. 3, 513–28.
0a Im Original: »elaborazione«; K: »Stufe«; Ri: »Form«; Z 1980: »Kategorie«; im Folgenden als »Ausarbeitung«, »Bearbeitung« übersetzt, wenn die Tätigkeit, als »Ausformung«, wenn eher das Produkt betont ist; bezogen auf Personen (Intellektuelle) als »Heranbildung«. Dasselbe gilt sinngemäß für das Verb »elaborare«.
0b Im Original: »istruzione«; K: »Bildung«; Ri: »Ausbildung«; Z 1980: »Bildung«. Das Wort bezeichnet im Italienischen sowohl den pädagogischen Grundbegriff der Vermittlung von Kenntnissen und Fähigkeiten und ihr Resultat als auch die Institutionen, die diese Vermittlung leisten. Hier ist es wohl in letzterem Sinne gemeint und daher im Unterschied zum A-Text mit »Bildungswesen« übersetzt. Zur ersten Bedeutung: Im Original: »le prime nozioni ›strumentali‹ dell'istruzione«; K: »den ersten ›instrumentalen‹ Begriffen der Ausbildung«; Z 1987: »den grundlegenden ›instrumentellen‹ Kenntnissen«; »Istruzione«, hier und im Folgenden meist mit »Ausbildung« übersetzt, bezeichnet einerseits den Transfer von Fähigkeiten und Kenntnissen mittels Unterricht, andererseits ihr Resultat; hier liegt der Akzent eher auf Wissenstransfer, wie das in Gramscis Unterscheidung von »unterrichtet« (»istruito«) und »gebildet« (»colto«) zum Ausdruck kommt.
0c Gramsci meint hier wohl die neulateinischen, d. h. romanischen Sprachen, die aus dem Lateinischen und nicht, wie im Text steht, dem Neulateinischen hervorgegangen sind.
0d Giovanni Agnelli, Gründer der FIAT 1899, unterstützte seit 1920 faschistische Organisationen und wurde 1923 von Mussolini zum Senator ernannt. Mit Antonio Stefano Benni zusammen unterzeichnete er für den italienischen Unternehmerverband Confindustria den Pakt von Palazzo Chigi, der das Ende des faschistischen Syndikalismus besiegelte und den Beginn der Allianz der Industriellen mit Mussolinis Regime bedeutete. Antonio Stefano Benni (1880–1945), seit 1922 Leiter der FIMM (größter Magnetproduzent Italiens) war Mitbegründer der Confindustria und deren Präsident von Januar 1923 bis Dezember 1933. 1921 mit Unterstützung der Faschisten zum Abgeordneten gewählt, war er eine der wichtigsten Figuren, die Mussolini den Weg zur Macht bahnten. 1925 trat er der faschistischen Partei bei und wurde Mitglied des Großen Rats des Faschismus (vgl. *Historical Dictionary of Fascist Italy*, hg. v. Philip V. Cannistraro, Westport, London 1982).
0e Croce reagierte 1949 beim Erscheinen von INT mit Empörung auf diese Stelle: »Dieser Satz ist so abwegig, dass ich einen Fehler in der

Transkription von Gramscis Manuskript vermutet habe: weil 1. ich nie die Gelegenheit hatte, die Senatoren Agnelli und Benni kennenzulernen, und wenn ich auch wusste, dass der eine an der Spitze der FIAT stand, so wusste ich doch keineswegs, an welcher Spitze der andere stand oder steht; 2. es mir nie in den Sinn gekommen ist, zu sagen oder zu schreiben, dass ich ›ihnen verbunden‹ war; 3. ich nicht sehen kann, wie dies, im Guten oder im Schlechten, das ›hervorstechendste‹ Merkmal meiner Philosophie sein kann. Das sind Ausdrücke, die mir keinen Sinn zu haben scheinen, und Gramsci schrieb mit Sinn.« (B. Croce, *Antonio Gramsci – Gli intellettuali e l'organizzazione della cultura …*, in »Quaderni della Critica« IV, 13. März 1949, 95f.)

1 Dieser Ausdruck von Taylor ist dem Band von André Philip, *Le problème ouvrier aux États-Unis*, Alcan, Paris 1927, 224, entnommen: »Der Arbeiter wird absorbiert von einem mechanischen Getriebe, das er ertragen muss, ohne dass er es zu verstehen sucht; das führt zu einer Degradierung der Funktion des Arbeiters im industriellen Leben des Landes, zu einer Persönlichkeitsminderung, die außerordentlich schwerwiegend werden könnte. Ist Taylor nicht so weit gegangen zu sagen, dass bald ein dressierter Gorilla die Arbeit machen könnte, die gegenwärtig von einem Arbeiter ausgeführt wird«. Der »dressierte Gorilla« von Taylor wird auch in einer Rezension dieses Buches von Philip zitiert, die in der »Nuova Rivista Storica«, Januar–Februar 1929 (13. Jg., Nr. 1), 124, veröffentlicht ist.

1a Im Original: »mondo culturale«; K/Ri/Z 1980: »kulturelle Welt«.

1b Im Original: »civiltà«; K/Ri/Z 1980: »Zivilisation«; die Bedeutung des Begriffs entspricht bei Gramsci meist dem dt. »Kultur«; »cultura« wird, wenn es nicht im Kontext von Schule und Bildungswesen als »Bildung« übersetzt werden muss, bei Gramsci meist synonym verwendet (vgl. Heft 23, §3 und §6).

1c Im Original: »il piú civile«; K: »am weitesten zivilisierte«; Ri/Z 1980: »zivilisierteste«; unsere Übersetzung hält den linguistischen Kontakt mit der »società civile« (»Zivilgesellschaft«); mitzudenken ist immer auch die wesentlich größere Bedeutungsbreite des Wortes im Italienischen von der öffentlichen Tugend bis zu Lebensgestaltung, Gewohnheiten und Kultur (vgl. auch W.F. Haug, *Gramsci und die Politik des Kulturellen*, in: Argument 167, 1988, Heft 1, 36f.).

1d Im Original: »preparazione«; K: »Vorbereitung«; Ri/Z 1980: »Ausbildung«; neben anderen Bedeutungskomponenten enthält das Wort, oft fast synonym zu »istruzione« (»Ausbildung«) verwendet, die Komponente intellektuelle »Vorbereitung«, »Schulung« und deren Resultat, die erlangte »Ausbildung«, das »Wissen« und die »Qualifikation«. Das Partizip »preparato« steht dann für die durch Ausbildung erlangten Qualifikationen.

1e Vgl. *Südfrage*, s. S.74 in der vorliegenden Ausgabe.

1f Im Original: »gruppi sociali fondamentali«; im A-Text ungenau als »gesellschaftliche Hauptgruppen« übersetzt; K: »grundlegende Gruppen der Gesellschaft«; Ri: »gesellschaftliche Hauptklassen«; Z 1980: »grundlegende gesellschaftliche Gruppen«.

1g Als »verbindend« (»connettivo«) bezeichnet auch Loria die Funktion des unproduktiven Arbeiters. Wie weit aber Gramscis Auffassung der verbindenden Funktion des Intellektuellen von derjenigen Lorias entfernt ist, zeigt der Vergleich des vorliegenden Paragrafen mit Croces Zusammenfassung von Lorias Ansicht (vgl. die folgende Anm. 1i).

1h Im Original: »gruppo fondamentale dominante«; Ri: »herrschende Hauptklasse«; Ri übersetzt im Folgenden »gruppo« meist mit »Klasse«.

1i Lorias Theorie des unproduktiven Arbeiters, ein krudes Missverständnis von Marx' Theorie der produktiven und unproduktiven Arbeit, fasst Croce folgendermaßen zusammen: »Die Ausbeuter (Sklavenhalter, Herren der Leibeigenen, Käufer der Lohnarbeiter) brauchen eine Reihe von ›verbindenden Institutionen‹, wie er [Loria] sie tauft, um sich die Unterwerfung der Ausgebeuteten zu sichern. Diese ›verbindenden‹ Institutionen seien der Staat, das Recht, die Religion, ferner die Wissenschaft und die Kunst: [...] Aber die Ausbeuter können nicht die direkten Verwalter dieser Institutionen sein; daher bedienen sie sich einer Klasse von Beauftragten, die Loria, indem er eine alte und umstrittene ökonomische Bezeichnung wieder aufgreift, ›unproduktive Arbeiter‹ nennt. Es sind auf dem Gebiet der Moral und der Religion die Priester und Sittenrichter; auf dem des Rechts die Juristen, Richter und Rechtsanwälte; auf dem des Staates einmal die absoluten Herrscher, dann die Abgeordneten, welche die Ausbeuter gewählt haben oder durch Gewalt oder Bestechung wählen ließen; und auf den andern Gebieten die Dichter, die Künstler, die Wissenschaftler, die Philosophen.« (*Le teorie storiche del prof. Loria*, in: *Materialismo storico ed economia marxistica*, Bari [3]1978, 27)

2 Vgl. zum selben Thema *Südfrage*, s. S. 74ff. in der vorliegenden Ausgabe.

2a Im Original: »gruppo fondamentale economico«; K: »ökonomisch grundlegende Gruppe«; Ri: »ökonomische Hauptklasse«; Z 1987: »ökonomische Hauptgruppe«.

2b Im A-Text: »costituzione« (»Konstitution«), Heft 4, § 49, Bd. 3, 518.

2c Die Stelle erinnert an die Formierung der Führungsgruppe der Bolschewiki. Vgl. dazu Gramscis Brief an die Genossen vom 9. Februar 1924: »In erster Linie hat sich die politische Auffassung der russischen Kommunisten international entwickelt und nicht national.« (A. Gramsci, *Briefe 1908–1926*, hg. v. A. A. Santucci, Wien-Zürich, 1992, 157)

3 Max Weber, *Parlamento e Governo nel nuovo ordinamento della Germania. Critica politica della burocrazia e della vita dei partiti.* Dieses 1919 bei Laterza erschienene Buch ist nicht erhalten unter den Büchern aus dem Gefängnis. Es ist jedoch sehr wahrscheinlich, dass Gramsci es kannte. Möglicherweise sind die bibliografischen Angaben einem Verlagsverzeichnis von Laterza entnommen. – Die Originalausgabe des Buches von Max Weber erschien 1918 bei Duncker & Humblot (München-Leipzig). Vgl. Heft 3, § 119, Bd. 2, 423.

3a Im Original: »tipo di civiltà«; K: »Typ von Zivilisation«.

3b Im Original: »civiltà«; K: »Zivilisation«.

3c Im Original: »borghese«; im A-Text hingegen »civile« (zivil).

3d Nach dem Muster des Katholizismus organisierte Kirche eines Teils der Anhänger von Auguste Comte (1798–1857). Dieser hatte in seiner Spätphase die positivistische Lehre von der sozialen Physik in einer Menschheitsreligion gipfeln lassen. Comtes Lehre fand im lateinamerikanischen städtischen Bürgertum eine starke Resonanz, da man sie als Ideologie der europäischen Zivilisation und des materiellen Fortschritts gegen Zurückgebliebenheit, Unterentwicklung und klerikale Reaktion begriff (vgl. Heft 3, §5, Bd. 2, 335). In Brasilien spielte der Positivismus, der vor allem in der Armee Fuß fasste, eine wichtige Rolle beim Kampf für die Aufhebung der Sklaverei (1888), bei der Trennung von Kirche und Staat und der Einführung der Republik (1889). Die positivistische Devise »ordre et progrès« wurde zu der der brasilianischen Republik; ein Teil der Anhänger Comtes verwandelte die positivistische Bewegung in eine Kirche (positivistisches Apostolat von Brasilien). (Vgl. *Dictionary of Brazilian Literature*, hg. v. Irvin Stern, New York, Westport, London 1988, Art. »Positivism and Literature«.)

3e Nach Paris spielt Gramsci hier auf die antiklerikale Politik an, die P. Eliás Calles, den Gründer der mexikanischen Staatspartei PNR (später PRI), in Gegensatz zu der von der katholischen Hierarchie mobilisierten bäuerlichen Bevölkerung, den *Cristeros*, brachte; ferner auf den Staatsstreich des Generals Uriburu in Argentinien (6. September 1930); den von Getulio Vargas in Brasilien (25. Oktober 1930); den Putsch des peruanischen Generals Sánchez Cerro (24. August 1930); den Staatsstreich, der den Sturz des bolivianischen Präsidenten Hernando Siles am 22. Juni 1930 besiegelte, und schließlich den Sturz des Diktators Ibañez am 26. Juli 1931 in Chile. Bei dem Hinweis auf die popular-militärische Bewegung in Chile, die Gramsci erst in die C-Fassung aufnimmt, könnte es sich aber auch um die Meuterei der chilenischen Flotte vom September 1931, den von der sozialpopulistischen Fraktion des Militärs angeführten Staatsstreich vom 6. Juni 1932 und die darauffolgende »Sozialistische Republik« der hundert Tage (6. Juni–16. Juli 1932) handeln (vgl. F. Espinoza, *Gesellschaftliche Krise, Streitkräfte und direkte Militärintervention*, Münster 1983, 223), was auch einen Hinweis auf das Datum der Textredaktion geben könnte (vgl. dazu BH 12).

0f Hier wurde das Original gekürzt. Es folgt ein längerer Passus zur Schule, vgl. Bd. 7, 1513–21.

H. 15, §44. *Italienisches Risorgimento.*
B-Text (bereits in R, 175f.).

1 Vgl. Salvatore Valitutti, *La grande industria in Italia*, in »Educazione fascista«, Februar 1933 (11. Jg., Nr. 2), 134–48, vgl. bes. 135.

2 Gramsci spielt hier auf Engels' Brief an Turati vom 26. Januar 1894 an, veröffentlicht unter dem Titel *Die künftige italienische Revolution und die Sozialistische Partei*, in »Critica sociale«, 1. Februar 1894 (4. Jg., Nr. 3), 35f. (vgl. MEW 22, 439–42).

3 Vgl. den erwähnten Artikel Valituttis, 139: »Es ist bemerkt worden, dass der Syndikalismus in vieler Hinsicht ein Abkömmling des Meridionalismus war und dass seine Führer fast alle aus dem Süden kamen. Gewiss gedieh er in den ökonomisch rückständigeren Zonen besser«. Gramsci dachte, dass dieser Hinweis sich darauf beziehen könnte, was er selbst in seinem Aufsatz über die Südfrage zum Syndikalismus geschrieben hatte (s. S. 67 in der vorliegenden Ausgabe). Gramscis Aufsatz von 1926 über die Südfrage

war bekanntlich erstmals im Januar 1930 in der in Paris erscheinenden Theoriezeitschrift der KPI »Lo Stato operaio« (»Der Arbeiterstaat«) veröffentlicht worden. Eine gewisse Anzahl von Exemplaren der Zeitschrift wurde in einer speziellen Ausgabe auf Reispapier unter den in Italien wirkenden kommunistischen Gruppen und unter einigen Intellektuellen antifaschistischer Orientierung, die mit diesen Gruppen in Kontakt standen, illegal verbreitet. Aus mündlichen Zeugnissen ergibt sich, dass mit einer dieser Gruppen auch Salvatore Valitutti einige Jahre lang Kontakt hatte. Speziell Pietro Grifone, der damals zu einer kommunistischen Gruppe in Rom gehörte, hat uns erklärt, dass er Valitutti ein Exemplar des »Stato operaio« mit Gramscis Aufsatz zu lesen gegeben hatte.

4 Vgl. Ivanoe Bonomi, *Le vie nuove del socialismo* (*Die neuen Wege des Sozialismus*), Sandron, Palermo 1907; aller Wahrscheinlichkeit nach hatte Gramsci Bonomis Buch seinerzeit gelesen, hatte aber nicht die Möglichkeit, es im Gefängnis noch einmal durchzusehen. Das Buch enthält keine Bezugnahmen auf Croce.

H. 15, § 52. *Italienisches Risorgimento.*
B-Text (bereits in R, 114f.).

1 Nello Rosselli, *Carlo Pisacane nel Risorgimento italiano*, Bocca, Turin 1932. Erhalten unter den Gefängnisbüchern [FG, C.carc., Turi IV]. Das Buch wird in einem Brief an Tanja vom 8. Mai 1933 angefordert (LC, 777).

2 Das Heranrücken Pisacanes an Sorel findet sich auf S. 287 des zitierten Bandes von Rosselli.

3 Vgl. Leone Ginzburg, *Garibaldi e Herzen*, in »La Cultura«, Oktober–Dezember 1932 (11. Jg., Nr. 4), 726–49.

4 Gramsci unterläuft hier eine Ungenauigkeit: der Brief ist abgedruckt bei Giacomo Curatulo, *Il dramma d'amore di Carlo Pisacane – con documenti inediti* (*Carlo Pisacanes Liebesdrama – mit unveröffentlichten Dokumenten*), in »Nuova Antologia«, 16. Februar 1933 (68. Jg., Nr. 1462), 559–74 (bes. 561ff.).

H. 15, § 59. *Italienisches Risorgimento.*
B-Text (bereits in R, 105ff.).

1 In dieser Analyse der politisch-gesellschaftlichen Lage im Königreich Jugoslawien werden wahrscheinlich Hinweise verwendet, die einem außenpolitischen Überblick von Umberto Nani entnommen sind, in »Educazione fascista«, Februar 1933, 165f. (*La crisi dell'Europa centro-orientale – Die Krise Ostmitteleuropas*).

2 Das Stichwort für diesen zweiten Teil des Paragrafen ist wahrscheinlich Giorgio Candeloros Rezension des Buches von Carlo Capasso entnommen, *La Unione Europea e la Grande Alleanza del 1814–15 – Die Europäische Union und die Große Allianz von 1814–15* (La Nuova Italia, Florenz 1932), in »Educazione fascista«, April 1933 (11. Jg., Nr. 4), 373ff.

H. 13, § 29. *Voluntarismus und gesellschaftliche Massen.*
C-Text (bereits in R, 197f.): unter Verwendung eines A-Textes aus Heft 9, § 142: *Machiavelli. Voluntarismus und »gesellschaftliche Masse«*, vgl. Bd. 5, 1186.

0 Im Original: »volontarismo«, bei dem man sowohl an den »Voluntarismus« als auch an die »Freiwilligenbewegung« im Sinne Garibaldis denken muss. Vgl. Heft 8, §6 und §244 sowie Heft 9, §96.

1 Vgl. Anm. 1 zu Heft 9, §142, Bd. 5, A534.: vgl. Roberto Michels, *Il proletariato e la borghesia nel movimento socialista italiano*, Bocca, Turin 1908. Der Band, den Gramsci zweifellos kannte, aber nicht im Gefängnis hatte, wird hier aus dem Gedächtnis zitiert.

2 Vgl. Anm. 2, ebd.: Amadeo Bordiga (Gottlieb = Amadeo).

H. 8, §119. *Vergangenheit und Gegenwart. Ereignisse vom Juni 1914.*
B-Text (bereits in PP, 39f.).

1 Es handelt sich hier um den Artikel von Salvemini, *Una rivoluzione senza programma*, in »l'Unità«, 19. Juni 1914 (2. Jg., Nr. 25), 531; wiederabgedruckt in Gaetano Salvemini, *Il ministro della malavita e altri scritti dell'Italia giolittiana*, hg. v. Elio Apih, Feltrinelli, Mailand [2]1966, 382ff. Auf diesen Artikel bezieht sich Gramsci ausführlicher in Heft 8 (XXVIII), §119.

2 Vgl. Adolfo Omodeo, *Momenti della vita di guerra. Dai diari e dalle lettere dei caduti*, IX (*Momente des Kriegslebens. Aus den Tagebüchern und Briefen der Gefallenen*, IX), in »La Critica«, 20. Januar 1932 (30. Jg., Nr. 1), 27–42; das Zitat findet sich auf S. 29f. Das Werk erschien ursprünglich in zwölf Folgen in »La Critica« vom 20. Januar 1929 (27. Jg., Nr. 1), 36–46, bis 20. November 1933 (31. Jg., Nr. 6), 431–54.

3 Wegen der vom »Avanti!« geführten Pressekampagne über die Ereignisse von Roccagorga (6. Januar 1913) wurden Mussolini als dessen Herausgeber und weitere Redakteure oder Mitarbeiter der Zeitung (Eugenio Guarino, Giuseppe Scalarini, Francesco Ciccotti, Silvano Fasulo und Aurelio Galassi) angeklagt. In dem Prozess, der vom 26. März bis zum 1. April 1914 in Mailand stattfand, wurden einige der dem Massaker Entkommenen von den Verteidigern der Angeklagten als Zeugen geladen. Ihre Aussagen, über die der »Avanti!« in seinen Prozessberichten bereits umfassend informiert hatte, erschienen dann in der Gramsci zweifellos bekannten Broschüre *L'eccidio di Roccagorga*, Verlagsges. Avanti!, Mailand 1914.

4 Adolfo Omodeo, *L'età del Risorgimento italiano*, durchgesehene und erweiterte Aufl., Messina 1931 [FG, C.carc., Turi III]; dt.: *Die Erneuerung Italiens und die Geschichte Europas. 1700–1920*, übers. v. D. Mitzky und G. Weiß, Zürich 1951.

H. 19, §24. *Das Problem der politischen Führung in der Formierung und in der Entwicklung der Nation und des modernen Staates in Italien.*
C-Text (bereits in R, 69–89): unter Verwendung eines A-Textes aus Heft 1, §44: *Politische Führung durch eine Klasse vor und nach Regierungsantritt*, vgl. Bd. 1, 101–16.

1 Die Quelle dieser Vittorio Emanuele von Gramsci aufgrund einer im Übrigen eher vagen (»oder so ähnlich«) und wahrscheinlich aus weit zurückliegenden Lektüren stammenden Erinnerung zugeschriebenen Behauptung konnte nicht aufgefunden werden. Man kann die Hypothese wagen, dass

es sich um eine – vielleicht indirekte – Erinnerung an einen Brief von 1861 handelt, in welchem Vittorio Emanuele II. seine Gleichgültigkeit gegenüber parlamentarischen Verfahrensweisen hervorhob, als er schrieb: »ich habe alle Parteien in der Hand und pfeife drauf«. Die Bemerkung, die sich auf alle Parteien bezog, betraf offensichtlich *auch* die Aktionspartei, die jedoch nicht eigens erwähnt wurde. Die Episode konnte Gramsci durch die Memoiren des Generals E. Della Rocca, *Autobiografia di un veterano*, Bologna 1897, 2. Bd., 117, oder durch ein indirektes Zitat bekannt sein (siehe jetzt auch das Buch von Denis Mack Smith, *Vittorio Emanuele II*, Laterza, Bari 1972, 153).

1a Zur Erklärung des Begriffs Transformismus (trasformismo) durch Gramsci vgl. Heft 1, §44, Bd. 1, 101f. der deutschen Ausgabe. Vgl. auch die *Editorische Vorbemerkung*, ebd., 20. (Anm. d. Hg. der GH.)

2 Gramsci bezieht sich in Heft 4, §57, Bd. 3 zum ersten Mal auf den Begriff »passive Revolution« bei Vincenzo Cuoco: die Bezugnahme in Heft 1 (XVI), §44 ist ein späterer Zusatz. Dem Tenor der Notiz nach (besonders im Schlusssatz »Bei Cuoco nachsehen, wie er den Begriff für Italien entwickelt«) scheint die Anregung dazu nicht aus einer direkten Lektüre des *Saggio storico sulla rivoluzione di Napoli* zu stammen. Es handelt sich aller Wahrscheinlichkeit nach auch in diesem Fall um eine indirekte Quelle, evtl. Croces Vorwort zu dem Band *La rivoluzione napoletana del 1799* (4. durchges. Aufl., Laterza, Bari 1926), wo der Ausdruck »passive Revolution« im Sinne Cuocos zu finden ist (IXf.). In Heft 8 (XXVIII) wird in einer Liste von Büchern aus verschiedenen Quellen ein Auswahlband von Vincenzo Cuoco aufgeführt, *Storia, Politica e Pedagogia* aus der Reihe »Italienische Schriftsteller«, »mit historischen Bemerkungen und ästhetischen Analysen von Domenico Bulferetti«, Paravia, Turin o.J. (vgl. BH); es ist jedoch nicht bekannt, ob Gramsci das Buch später angefordert und erhalten hat.

2b *Piccolo Mondo Antico.*

3 Auf die Romane von Eugène Sue kommt Gramsci in den anderen Heften mehrmals zurück. Auch in einem Artikel in »Sotto la Mole« von 1916 (vgl. SM, 213) wird der Name der Gestalt aus *Piccolo mondo antico*, Franco Maironi, ungenau als Piero zitiert, welches hingegen der Protagonist der beiden nachfolgenden Romane der Tetralogie Fogazzaros, *Piccolo mondo moderno* und *Il santo*, ist.
Auch die in diesem Text erwähnte Episode ist nicht ganz genau erinnert: Im Roman Fogazzaros (Teil II, Kap. 5) erhält Franco Maironi die *Geheimnisse des Volkes* nicht heimlich aus der Schweiz, sondern von dem befreundeten Professor Gilardoni. Was die Haltung Gramscis Fogazzaro gegenüber angeht, vgl. außer dem bereits zitierten Artikel einen weiteren Artikel in »Sotto la Mole« vom 29. Januar 1917 (SM, 289).

4 Adolfo Omodeo, *Primato francese e iniziativa italiana*, in: »La Critica«, 20. Juli 1929 (27. Jg., H. 4), 223–40, jetzt in ders., *Difesa del Risorgimento*, Einaudi, Turin 1951, 17–38.

5 Vgl. Heft 1, §10, Bd. 1, 70f.

6 Vgl. Spectator [M. Missiroli], *Luigi Cadorna*, in: »Nuova Antologia«, 1. März 1929 (64. Jg., H. 1367), 43–65.

7 Vgl. Giuseppe Ferrari, *Opuscoli politici e letterari*, Capolago 1852. Gramsci hatte im Gefängnis erhalten: Giuseppe Ferrari, *Le piú belle pagine*, ausgewählt von Pio Schinetti, Treves, Mailand 1927, mit einem Anhang, der biografische und bibliografische Angaben enthielt [FG, C.carc., Mailand]. Es steht jedoch außer Zweifel, dass Gramsci eine eingehendere Kenntnis der Werke Ferraris besaß: vgl. z.B. weiter unten Anm. 26.

8 Es handelt sich hier wahrscheinlich um die Erinnerung an ein berühmtes Bild, das Lenin benutzt hat, um das Wesen der politisch-revolutionären Methode zu beschreiben: »Es genügt nicht, Revolutionär und Anhänger des Sozialismus oder Kommunist überhaupt zu sein. Man muss es verstehen, in jedem Augenblick jenes besondere Kettenglied zu finden, das mit aller Kraft angepackt werden muss, um die ganze Kette zu halten und den Übergang zum nächsten Kettenglied mit fester Hand vorzubereiten, wobei die Reihenfolge der Glieder, ihre Form, ihre Verkettung, ihr Unterschied voneinander in der historischen Kette der Ereignisse, nicht so einfach und nicht so simpel sind wie in einer gewöhnlichen, von einem Schmied hergestellten Kette«. Diese Bestimmung Lenins findet sich in der Broschüre *Die nächsten Aufgaben der Sowjetmacht*, LW 27, 265), die Gramsci erstmals durch die Zusammenfassung Max Eastmans in dem Artikel *Uno Statista dell'Ordine Nuovo* kennenlernte, der in Fortsetzungen von »L'Ordine Nuovo«, 1. Reihe, veröffentlicht wurde. Vgl. besonders die letzte Folge in »L'Ordine Nuovo«, 7. Juni 1919 (1. Jg., Nr. 5).

9 Es handelt sich um das phantomatische Abkommen, mit dem die Führer der sizilianischen Fasci – einem von dem Beauftragten für öffentliche Sicherheit von Bisacquino übersandten Bericht vom Oktober 1893 zufolge – mit Frankreich und mit Russland (nach anderen Versionen mit England) übereingekommen sein sollten, von dort Hilfe im Austausch für Entschädigungen auf Kosten Italiens zu erhalten. Obwohl der Präfekt von Palermo die Informationen des Beauftragten von Bisacquino als unbegründet erachtet hatte, zeigte Crispi in einer Debatte in der Kammer im Februar 1894, dass er die Existenz dieses angeblichen Abkommens ernst nahm. Später, bei dem Prozess von Palermo gegen die Führer der Fasci, fiel ein Versuch, den Bericht des Beauftragten von Bisacquino als Beweismittel der Anklage auszugraben, der Lächerlichkeit anheim. Umfangreiche Hinweise über diese Episode finden sich in dem bekannten Band von Napoleone Colajanni (*Gli avvenimenti di Sicilia e le loro cause*, Sandron, Palermo 1895), der lange Zeit eine der Hauptinformationsquellen über die Bewegung der Fasci war und aus dem auch Gramsci zu seiner Zeit geschöpft hatte.

10 Vgl. Anm. 9.

11 Der hier erwähnte Fall des Herzogs von Bivona, Grande Spaniens und Feudalherr in Sizilien, hängt mit der sizilianischen Bauernbewegung der Landbesetzungen von 1920 zusammen. Ein Hinweis auf ein vom Herzog veranlasstes diplomatisches Eingreifen, um auf die Unterdrückung der Bauernbewegung in Ribera, Provinz Agrigent (damals Girgenti) zu drängen, findet sich in einem Bericht des »Avanti!« vom 11. Februar 1920, *»La verità sui fatti di Ribera«*.

12 Im Rahmen der Initiativen und Vorkehrungen, die das faschistische Regime ergriff, um die gesamte italienische Presse zu »faschisieren«, wurden die Brüder Scarfoglio (Paolo, Carlo, Michele und Salvatore) praktisch seit Januar 1926 aus der Redaktion der neapolitanischen Tageszeitung »Il Mattino« ausgeschlossen. Die Familie Scarfoglio blieb jedoch Eigentümerin des Verlagsunternehmens des »Mattino«, bis sie 1928 auf Druck des Regimes gezwungen wurde, die Aktien zu verkaufen, und so definitiv aus dem Unternehmen ausgeschlossen war. Einige Dokumente über den Ausschluss der Scarfoglio aus dem »Mattino« sind im Anhang des Bandes von Valerio Castronovo, *La stampa italiana dall'Unità al fascismo*, Laterza, Bari 1970, 372–95, veröffentlicht.

13 Gramsci bezieht sich hier auf die journalistische Kampagne, die der »Mattino« gegen den Vertrag geführt hatte, der dank des Eingreifens von Giovanni Preziosi in der Eigenschaft eines Vertrauensmannes der Führung des Partito fascista von den Cotonerie Meridionali mit den faschistischen Gewerkschaften abgeschlossen wurde. Kurz nach dem Abschluss dieses Vertrages, der große Opfer für die Arbeiter der Cotonerie Meridionali und für die Interessen des Mezzogiorno nach sich zog, wurde Preziosi zum Direktor des »Mezzogiorno«, Eigentum eben der Cotonerie Meridionali, ernannt. Die Kampagne des »Mattino« hatte in der Nummer vom 6.–7. September 1923 mit einem Artikel begonnen, der überschrieben war: *Come si va smembrando una industria meridionale. Il Concordato Preziosi*. In diesem Artikel, in dem u. a. an eine frühere Kampagne zur Verteidigung der Industrie des Südens erinnert wird, sind die von Gramsci erwähnten Bezugnahmen auf die Bourbonen enthalten: »Die Leser des ›Mattino‹ werden sich an die lebhafte Kampagne erinnern, die von uns im Mai 1922 unternommen wurde, um zu verhindern, dass die älteste Textilindustrie Italiens, Baumwollspinn- und Webindustrie, die mehr als hundertdreißig Jahre alt ist, die die Bourbonen mit jenem intelligenten Geist, den ihnen nunmehr niemand mehr abspricht, beschützten und förderten, zerstört und vernichtet würde, um den Interessen des Nordens entgegenzukommen«. Eine weitere Bezugnahme auf die Bourbonen findet sich im Verlauf desselben Artikels in Bezug auf den Transport der Maschinen in den Norden: »Werden sie später nicht in einer lombardischen Baumwollspinnerei wieder beginnen zu arbeiten, während die durch die bourbonische Weisheit gegründete Industrie zerstört sein wird?« Die Zeitung rühmte sich gleichzeitig, die von den faschistischen Gewerkschaften verratenen Arbeiter zu unterstützen: »Damit eine konservative Zeitung wie die unsere eine Forderung der Arbeiter unterstützt, ist es nötig, dass die Arbeiter ganz und gar recht haben«. Diese Kampagne des »Mattino«, die eine Woche lang täglich fortgesetzt wurde, war dann plötzlich in der Nummer vom 14.–15. September mit der Ankündigung, die Regierung habe sich der Frage angenommen, abgebrochen worden. Der Vorfall des Vertrags der Cotonerie Meridionali trat jedoch, zusammen mit anderen Skandalen, in die Preziosi verwickelt war, 1925 wieder in den Vordergrund, anlässlich einer journalistischen Polemik, die die Zeitung »Il Mondo« begonnen hatte und der dann ein Prozess wegen Verleumdung und Beleidigung folgte, der zwischen Anfang Juni und

Anfang August 1925 in Neapel stattfand: vgl. *Gli scandali dell'affarismo borghese: Appunti sul processo »Mondo« – »Mezzogiorno«*, in »l'Unità« vom 6. August 1925.

14 Vgl. »Il Mattino« von Neapel, 21.–22. Januar 1925. Mit einer dicken, die ganze Seite einnehmenden Schlagzeile *Maria Sofia, l'ex regina di Napoli, è morta*, veröffentlichte die Zeitung, zusammen mit einer Fotografie Maria Sofias, zwei Gedenkartikel in hagiografischem Ton, wobei der eine von der Redaktion, der andere von Giovanni Anguissola gezeichnet war.

15 Es handelt sich um ein ganz kurzes polemisches Stück, das in der »Unità« Salveminis, nicht von 1914–15, sondern in der Nummer vom 29. November 1917 (6. Jg., Nr. 48) erschienen ist. Nach einer Glosse (*Una genealogia caratteristica*), in der auf mögliche Beziehungen des »Einvernehmens mit dem Feind«, die der italienische Generalstab durch verwandtschaftliche Verbindungen gehabt haben soll, angespielt wird (doch sind die Anspielungen wegen des Eingriffs der Zensur kaum verständlich), wird in einer folgenden Glosse (*Un altro filo conduttore*) unterstellt, dass auch Malatesta aufgrund seiner Beziehungen zu Maria Sofia im Juni 1914 vom österreichischen Generalstab gelenkt gewesen sein könnte: »Errico Malatesta, der Führer der roten Woche, war ebenfalls mit Maria Sofia von Bayern, Ex-Königin von Neapel, befreundet. Wir beginnen also, die Ursprünge der roten Woche zu begreifen.«

15a *Uomini e cose della vecchia Italia.*

16 Vgl. Benedetto Croce, *Uomini e cose della vecchia Italia*, 2. Serie, Laterza, Bari 1927, 406f.: »Man weiß wenig […] über die Gedanken und Empfindungen und Absichten, die die entmachteten Herrscher in ihren Zufluchtsorten Frankreich und Bayern hegten, denn jene, die sie umgaben, haben diesbezüglich Schweigen bewahrt; und vielleicht hatten sie nichts zu erzählen, da vom Nichts nichts zu berichten ist. Es scheint, dass die Königin Maria Sofia, wie es ihrem Wesen entspricht, von Zeit zu Zeit zu verrückten Hoffnungen bereit und Intrigen nicht abgeneigt war; und gewiss war jener gewisse Insogna, Biograf Franz II., ihr Agent und kam 1904 mit Briefen des Anarchisten Malatesta nach Italien, um mit italienischen Anarchisten Vereinbarungen zur Befreiung Brescis, des Mörders von König Umberto von Savoyen, zu treffen, und wurde auf Veranlassung Giolittis festgenommen und daraufhin ausgewiesen, wobei man gleichzeitig auf diplomatischen Wegen erwirkte, dass sowohl der Kaiser von Österreich als auch die Französische Republik Maria Sofia mahnten, sich ruhig zu verhalten«. Croces Schrift (*Gli ultimi borbonici*), in der dieser Abschnitt enthalten ist, war bereits in einer Artikelserie veröffentlicht worden, die in »La Stampa« von Turin erschien (vgl. insbesondere die Nummer vom 3. Juni 1926); und bereits damals hatte sie aller Wahrscheinlichkeit nach die Aufmerksamkeit Gramscis auf sich gezogen, da sich ein Echo davon in einem in »l'Unità« vom 11. Juni 1926 veröffentlichten Kommentar, *Chi spinse Bresci al regicidio?*, findet – gezeichnet von Ettore Ferrari (aber vielleicht durch Gramsci selber angeregt). Der Kommentar der »Unità«, in dem der zitierte Passus Croces wiedergegeben ist, drängte auf weitere Klärungen des Vorfalls und schloss mit der Feststellung, dass, »wenn es weder vonseiten Croces noch vonseiten Malatestas klare Erklärungen ge-

ben wird, viel trübes Licht auf die Tat des *Anarchisten* Gaetano Bresci fiele«. Croce hat indessen weder jemals irgendeine Aufklärung der dunklen Seiten dieser Angelegenheit geliefert, noch hat er die Quelle seiner Informationen bekanntgegeben; als er den Aufsatz über *Gli ultimi borbonici* im zweiten Band von *Uomini e cose della vecchia Italia* wieder abdruckte, hat er sich nicht einmal um eine Berichtigung des offensichtlichen Versehens bemüht, den angeblichen Versuch der Befreiung Brescis 1904 anzusiedeln, da dieser bereits 1901 durch Selbstmord im Gefängnis gestorben war. Auf den Artikel der »Unità« antwortete hingegen Errico Malatesta, *Per fatto personale: manovre borboniche e malignità comuniste*, in der Genfer anarchistischen Halbmonatszeitschrift »Il Risveglio«, italienische Ausgabe, 30. Juli 1926 (26. Jg., Nr. 698): »Ich weiß natürlich von gar nichts; und wenn ich etwas wüsste, würde ich es der Polizei nicht erzählen, auch nicht über den Abg. Enrico Ferrari. Und indessen mache ich auf die einzigartige Psychologie gewisser Kommunisten aufmerksam: immer bereit, jegliche Waschweibgeschichte aufzugreifen (man kann sich wie ein Waschweib benehmen, auch wenn man Benedetto Croce heißt), wenn ihnen scheint, dass sie zum Schlechtmachen der Anarchisten dienen könnte«. Von diesem Artikel Malatestas wusste Gramsci nichts, wie aus einem im C-Text des vierten Paragrafen hinzugefügten Hinweis hervorgeht, wo behauptet wird, Malatesta habe nie auf diese Anschuldigungen geantwortet. Nach der Veröffentlichung der ersten Ausgabe der *Gefängnishefte* ist die Polemik über diese Episode von der römischen anarchistischen Zeitschrift »Umanità Nova«, 20. März 1949 (29. Jg., Nr. 12), wiederaufgenommen worden; *Una vecchia storiella contro Bresci e Malatesta nuovamente riferita in una opera di A. Gramsci*. Zum selben Gegenstand vgl. auch Heft 7 (VII), § 100.

17 In Wirklichkeit reagierte Malatesta auf die Äußerungen Croces in einem Artikel des Genfer »Il Risveglio«: vgl. den letzten Teil von Anm. 16 zum vorliegenden Paragrafen.

18 Vgl. *Südfrage*, s. S. 59 in der vorliegenden Ausgabe.

19 Die »Rivista popolare di Politica, Lettere e Scienze sociali« wurde von 1895 bis 1921 von Napoleone Colajanni herausgegeben. Durch diese Zeitschrift und gleichzeitig von der parlamentarischen Tribüne und in Büchern und Broschüren führte Colajanni jahrelang eine lebhafte Kampagne gegen die rassistische Interpretation der Unterlegenheit des Südens und gegen die Theorie von den »minderwertigen Rassen«, in Auseinandersetzung mit Cesare Lombroso, Enrico Ferri, Raffaele Garofalo, Alfredo Niceforo und Paolo Orano. Unter den wichtigsten Dokumenten dieser Polemik vgl. *Per la razza maledetta*, Rom 1898 (einige Auszüge in *Il Sud nella storia d'Italia*, Anthologie der Südfrage, hg. v. Rosario Villari, Laterza, Bari 1966, 2. Bd., 431–44); *Settentrionali e meridionali*, Rom 1898; *Il dissidio tra Nord e Sud – Esortazioni di un parricida*, Palermo 1899; *In difesa del Mezzogiorno* (Rede vor der Abgeordnetenkammer vom 11. Dezember 1901), Rom 1902; *Latini e Anglosassoni – Razze superiori e razze inferiori*, Rom 1903.

20 Auch dieses Ereignis, das bereits zu verschiedenen Gelegenheiten in Artikeln Gramscis oder in von ihm angeregten Dokumenten verwendet

worden ist, wurde hier auf der Grundlage einer alten Erinnerung aufgezeichnet. Erstmals wurde es in einem in der piemontesischen Ausgabe des »Avanti!« vom 16. April 1919 veröffentlichten Artikel erwähnt (jetzt in *Scritti 1915–21*, aaO., 103f.): »Warum ist es verboten, auf das hinzuweisen, was auf dem letzten, in Rom abgehaltenen sardischen Kongress ein sardischer General gesagt hat: dass nämlich in den fünfzig Jahren 1860–1910 der italienische Staat, in welchem immer das piemontesische Bürgertum und der piemontesische Adel vorgeherrscht haben, den sardischen Bauern und Schäfern 500 Millionen Lire abgenommen hat, die er der nicht-sardischen italienischen Führungsklasse geschenkt hat?« Der Name des sardischen Generals (Rugiu), der in diesem Text weggelassen ist, wird hingegen, im Zusammenhang mit derselben Erklärung, explizit in einer Parlamentsrede des kommunistischen Abgeordneten Ferrari, der gewiss durch Gramsci inspiriert war (vgl. den Bericht in »l'Unità« vom 19. Juni 1925), und im Begrüßungswort der Krestintern auf dem V. Parteitag des Partito sardo d'azione (vgl. »l'Unità« vom 29. September 1925) erwähnt. Es ist jedoch nicht möglich gewesen, Dokumente aufzufinden, welche die Genauigkeit dieser wiederholten Bezugnahme Gramscis bestätigten. Im Artikel von 1919 ist vom »letzten, in Rom abgehaltenen sardischen Kongress« die Rede, aber das in den Heften hinzugefügte Datum 1911 ist wahrscheinlich falsch. Ein I. nationaler sardischer Kongress wurde 1914 in Rom abgehalten, aber aus den veröffentlichten Akten geht nicht hervor, dass General Rugiu dort das Wort ergriffen hätte oder auch nur anwesend gewesen wäre. Es ist möglich, dass der Vorfall, vielleicht in den Einzelheiten abgeändert, sich Gramsci durch Unterhaltungen oder Reden eingeprägt hat, die er in den Kreisen der Sardisti, in denen er 1919 in Turin verkehrte, gehört hatte (siehe die Erinnerung Gramscis daran in der Abhandlung über die *Südfrage*, s. S. 62f. in der vorliegenden Ausgabe). General Vittorio Rugiu (1836–1926), geboren in Sassari, hatte an den Feldzügen von 1859 und 1866 teilgenommen, in Magenta und San Marino und als Feldherr des Generalstabs in Custoza gekämpft; als Kommandant des Armeekorps war er von 1896 bis 1898 in Bari und von 1898 bis 1902 in Alessandria ansässig. Nachdem er 1902 aus dem aktiven Dienst ausgeschieden war, lebte er elf Jahre lang, bis 1913, in Turin und zog dann nach Sardinien. Es ist nicht bekannt, dass er sich jemals aktiv mit Politik beschäftigt hat, und es erscheint wenig wahrscheinlich, dass Gramsci ihn persönlich kennengelernt hat.

21 Das Sonderheft der Zeitschrift »La Voce«, das der Südfrage gewidmet war, ist vom 16. März 1911 (3. Jg., Nr. 11); es arbeiteten Giustino Fortunato, Giuseppe Carboni, Guglielmo Zagari, Agostino Lanzillo, Roberto Palmarocchi, Francesco Nitti, Alberto Caroncini, Giuseppe Donati, Gaetano Salvemini, Gennaro Avolio, Ettore Ciccotti, Luigi Einaudi, Giuseppe Prezzolini daran mit. Die erste Nummer der Zeitschrift »l'Unità«, hg. v. Salvemini, erschien am 16. Dezember 1911; in den vorangehenden Monaten, vor allem im August und September, hatte Salvemini verstärkt an »La Voce« mitgearbeitet.

22 Vgl. *Südfrage*, s. S. 79 in der vorliegenden Ausgabe, wo bereits der Einfluss der süditalienischen Intellektuellen auf die hier erwähnten Veröffentli-

chungen unterstrichen wird. Die »Borellianer« sind die von Giovanni Borelli organisierten Gruppen der »Giovani Liberali«. Der genaue Titel der Mailänder Zeitschrift, hier als »Azione liberale« angeführt, ist »L'Azione« (»Rassegna liberale e nazionale«): im Mai 1914 gegründet, waren Paolo Arcari und Alberto Caroncini ihre Herausgeber (im zitierten Abschnitt der *Südfrage* ist der Titel dieser Zeitschrift richtig wiedergegeben).

23 Vgl. Giuseppe Prezzolini, *La coltura italiana*, Soc. An. Editrice »La Voce«, Florenz 1923, 162, wo betont wird, dass Salvemini der Titel der Zeitschrift »l'Unità« von Giustino Fortunato vorgeschlagen worden war, »in Sorge um jene ›Einheit Italiens‹, die nach seinem Verständnis als Historiker nicht vollständig und zuverlässig erreicht worden war«. Dieses Werk Prezzolinis befindet sich unter den Büchern, die Gramsci in Rom vor der Verhaftung besaß (vgl. LC, 265), aber es ist nicht ersichtlich, ob es ihm ins Gefängnis zurückgeschickt worden ist. Unter den Büchern im Gefängnis ist dagegen die zweite, 1930 erschienene und von Gramsci seinerzeit angeforderte Auflage dieses Bandes erhalten (vgl. LC, 320): vgl. Giuseppe Prezzolini, *La cultura italiana*, Corbaccio, Mailand 1930 [FG, C.carc., Turi II].
Der Hinweis auf den Text kann mit Gramscis Betrachtungen in Heft 1, §90 in Zusammenhang gebracht werden.

24 Es wird auf den Artikel angespielt, den Giovanni Ansaldo in »Il Lavoro« von Genua vom 1. Oktober 1925 anlässlich der ersten Ausgabe des Buches von Guido Dorso, *La rivoluzione meridionale*, P. Gobetti, Turin 1925, veröffentlicht hat (eine zweite Ausgabe dieses Buches, hg. v. Autor, ist von 1950, Einaudi, Turin). In diesem Artikel, auf den Gramsci auch in Heft 3 (XX), §40 hinweist, polemisiert Ansaldo nicht nur gegen Dorso, sondern auch gegen Gramsci, mit dem sich Dorso in dem Buch weitläufig in positiven Worten beschäftigt hatte. Bezüglich dessen, was Gramsci über den »besessenen Einheitsgedanken« in der Polemik Ansaldos und über eine »gewisse Komik« in seinen Haltungen schreibt, können einige Passagen des zitierten Artikels verglichen werden: »Für ein Spiel – ach, lasst es mich sagen! – ideeller Schemata, für die Suche nach einer Lösung für einen dialektischen Begriffsgegensatz verliert ihr so die Wirklichkeit des Italienischen Königreiches, die immer noch lebendige Wirklichkeit des Reiches von Neapel, aus den Augen, die Wirklichkeit der immer noch drohenden bourbonischen Banden und Scharen! [...] Gramsci! Gramsci, der den Kern des italienischen Problems entdeckt! Aber was für einen Kern soll er denn eurer Meinung nach entdecken, dieser Mann, der alle Kerne verschluckt, die des Obstes, wenn er isst, und die der philosophischen Systeme, wenn er denkt! Oder was glaubt ihr, dass er der Demiurg der italienischen Geschichte sei, und nicht etwa ein Intellektueller wie ich und du, der morgen, wenn die Situation eine andere ist, von den in unserem Land wirkenden Kräften eines Jahrhundertumsturzes, die man zwar beschwören, aber nicht bändigen kann, mit fortgerissen würde? [...] Und wer versichert euch, dass nicht plötzlich, wenn man den armen ›Bauern‹ ⟨cafoni⟩ freie Hand ließe, das zu tun, was ihr mit dem Luxus vager Worte Revolution des Südens nennt, hinter den materiellen Forderungen von 1860 auch die politischen Forderungen in engerem Sinn wieder auftauch-

ten? Glaubt ihr, dass Gramsci wirklich stärker ist als Bruder Teufel? Dass etwa keine Gefahr die italienische Einheit mehr bedroht?«
Zum Beitrag von Francesco Ciccotti zu Ansaldos Polemik gegen Dorso vgl. den mit Calcante gezeichneten Artikel *Discussioni. La Rivoluzione Meridionale* (*Diskussionen. Die Revolution des Südens*), in »Il Lavoro« vom 13. Oktober 1925. In diesem Artikel findet sich auch ein Hinweis auf Gramsci.

25 Vgl. *Südfrage*, s. S. 83f. in der vorliegenden Ausgabe.

26 Unter den Büchern, die Gramsci vor der Verhaftung besaß, die ihm aber nicht ins Gefängnis geschickt wurden, befindet sich das Werk Giuseppe Ferraris *Filosofia della rivoluzione*, 2. Aufl., Vorwort von Luigi Fabbri, Casa Editrice Sociale, Mailand 1923 [FG]. Die erste Ausgabe, mit demselben Vorwort von Luigi Fabbri, war 1921 vom Verleger F. Manini (nicht Monanni) in Mailand veröffentlicht worden. Beim Verleger Monanni war hingegen 1929 eine Neuausgabe von *Corso sugli scrittori politici italiani* von Ferrari herausgekommen, auf das Gramsci in Heft 2 (XXIV), §102 hinweist. Zu Ferrari und der Agrarfrage vgl. Heft 8 (XXVIII), §35.

27 Zur Polemik Tanari-Bassini von 1917 vgl. Giuseppe Tanari, *La terra ai contadini?*, in »Il Resto del Carlino« vom 22. April 1917; Edoardo Bassini, *La terra ai contadini? Lettera aperta al senatore Tanari*, in »Il Resto del Carlino« vom 4. Mai 1917; Giuseppe Tanari, *La terra ai contadini? Replica del sen. Tanari al sen. Bassini*, in »Il Resto del Carlino« vom 7. Mai 1917. Die ganze Polemik wurde auch von der Mailänder Zeitung »La Perseveranza« in den Nummern vom 13. April, 6. Mai und 8. Mai 1917 fast vollständig wiederaufgenommen. Herausgeber der »Perseveranza« war zu dieser Zeit Giangaleazzo Arrivabene. In Gramscis Erinnerung verschieben sich die Artikel der Polemik Tanari-Bassini um einige Monate ans Ende des Jahres 1917 oder an den Anfang des Jahres 1918, aber Gramscis Argumentation gegen den Versuch, den Gedanken mit der Atmosphäre der Nachkriegszeit zu rechtfertigen, bleibt gültig.

28 Vgl. das Buch von Tullio Martello, *Storia della Internazionale dalle sue origini al Congresso dell'Aja*, F.lli Salmin - G. Marghieri, Padua-Neapel 1873. Ein Hinweis auf dieses Werk (neu aufgelegt 1921 vom Verleger Perrella, Florenz) ist auch in dem zitierten Brief an Giuseppe Berti vom 8. August 1927 enthalten (vgl. LC, 112).

29 Es handelt sich um eine Reihe von 1862 von Proudhon verfassten und teilweise in einer belgischen Zeitung veröffentlichten Artikeln, die dann im selben Jahr mit Ergänzungen und neuen polemischen Zusätzen in einem Band gesammelt wurden: vgl. Pierre-Joseph Proudhon, *La Fédération et l'unité en Italie*, E. Dentu, Paris 1862. Zur »demokratisch-gallizistischen« Tendenz und zum Arbeiter-»Gallizismus« Proudhons vgl. einen weiteren Hinweis in Heft 7 (XII), §51.

30 Vgl. Bainville, *Heur et malheur des Français*, Nouvelle Librairie Nationale, Paris 1924; es enthält folgende, bereits in Einzelbänden oder in Zeitschriften erschienene Schriften Bainvilles: *L'Avenir de la Civilisation* (1922), *Histoire de deux peuples* (1915), *Histoire de trois générations* (1918), *Histoire de France* (1924). Die Kritik an der Politik der beiden Napoleons findet sich insbesondere in *Histoire de trois générations*, 160f., 172, 221.

31 Vgl. *Lettere inedite di F. D. Guerrazzi* (in der Rubrik »Marginalia«), in »Il Marzocco«, 24. November 1929 (34. Jg., Nr. 47); Hervorhebungen von Gramsci.

0a Hier wurde das Original gekürzt. Es folgt ein längerer Passus zum Jakobinismus, vgl. Bd. 8, 1962–1969.

H. 6, § 92. *Vergangenheit und Gegenwart.*

B-Text (bereits in PP, 118f.).

1 Es war nicht möglich, eine vollständige Sammlung der von Mario Giampaoli herausgegebenen Zeitschrift »19« einzusehen; der Artikel von Antonio Aniante wurde daher nicht gefunden.

2 Em. Lu. = Emilio Lussu; C. Bell. ist aller Wahrscheinlichkeit nach Camillo Bellieni.

H. 10, Teil II, § 38. *Gesichtspunkte für einen Aufsatz über Croce.*

C-Text (bereits in MS, 208f. und 292): unter Verwendung eines A-Textes aus Heft 7 (VII), § 42, Bd. 4, 896.

1 Der Ausdruck »elliptischer Vergleich« war von Croce benutzt worden, um die Bedeutung der Werttheorie bei Marx zu definieren. Vgl. Benedetto Croce, *Materialismo storico ed economia marxistica*, 4. durchges. Aufl., Laterza, Bari 1921 [FG, C.carc., Turi I], 32: »Was also ist die Wertauffassung im *Kapital* von Marx? Es ist die Bestimmung jener besonderen Wertbildung, welche in einer gegebenen (kapitalistischen) Gesellschaft stattfindet, *insofern sie abweicht* von der, die in einer hypothetischen und *typischen* Gesellschaft stattfinden würde. Kurz, es ist der *Vergleich zwischen zwei besonderen Werten.* Dieser *elliptische Vergleich* bildet eine der Hauptschwierigkeiten für das Verständnis von Marx' Werk.« Diese Interpretation der Marx'schen Werttheorie durch Croce wird von Gramsci in Heft 7 (VII), § 42 kritisiert.

2 Vgl. Croce, *Materialismo storico ed economia marxistica*, aaO., 55–69.

3 Vgl. Antonio Graziadei, *Sindacati e salari*, L. Trevisini, Mailand 1929, 10 [FG, C.carc., Turi III]. Auf Croces Buch *Materialismo storico ed economia marxistica* in einer Anmerkung verweisend, schrieb Graziadei: »Die Gelegenheit der Diskussion einiger Ideen von Croce bietet uns den Ausgangspunkt für einen Hinweis auch auf Kritiken, die er gegen unsere Jugendschriften vorbrachte. Wir haben immer geglaubt, dass die Auseinandersetzungen um die eigenen Bücher – vor allem wenn diese nur Teil eines Ganzen sind – einen zufälligen und negativen Charakter haben, der sie allgemein unfruchtbar macht. Wenn ein Autor trotz der Einwände der Gegner meint, einen wahren und nützlichen Begriff dargelegt zu haben, verwendet er seine Zeit besser darauf, ihn nicht abstrakt zu verteidigen, sondern konkret in allen seinen Konsequenzen zu entwickeln. Da die Meinungen eines Mannes wie Croce immer die größte Aufmerksamkeit verdienen, halten wir dafür, dass die beste Antwort auf die meisten seiner Anmerkungen von damals in unseren letzten Untersuchungen besteht. Wenn wir uns dort ausgiebig mit den Tauschwerten oder Preisen befasst haben, so um noch einmal auf den Problemen zu insistieren, die es nötig machen, dem Blick auf einzelne

Unternehmen – in deren Beziehungen der Rekurs auf den Tauschwert unvermeidlich ist – den Blick auf die Totalität von Unternehmen hinzuzufügen, und wir haben gezeigt, wie der zweite Blick jene Betrachtung der Produkte einzig unter der Gebrauchswertkategorie impliziert, wovon Croce – der vergisst, dass auch der Gebrauchswertbegriff zur Politischen Ökonomie gehört – unterstellt, dass es geradezu aus dem Gebiet derselben herausfällt (aaO., 145–48). Was schließlich die Beziehungen zwischen dem sogenannten ›konstanten‹ Kapital und der kapitalistischen Rendite angeht, so hat sich auch unsere von ihm kritisierte Jugendschrift in verschiedene Bändchen ausgeweitet und übertragen, u. a. in *Die Werttheorie und das Problem des (technischen) konstanten Kapitals.* Die dort erreichten Entwicklungen widerlegen positiv das, was uns als offenbarer Fehler Croces erscheint (aaO., 147, Anm.): die apriorische Ablehnung einer unserer Grenz-Annahmen, um zu versuchen, die Tür zu verschließen vor den Tatsachen, die jene Hypothese – sei es auch ein bisschen im Groben – ans Licht zu heben beitrug und beiträgt«. Im Ms. ist der Titel dieses Bandes von Graziadei irrtümlich als *Kapital und Löhne* angegeben. Es handelt sich eindeutig um ein Versehen, das im vorliegenden Text berichtigt worden ist. In Graziadeis Buch *Kapital und Löhne* (*Capitale e salari*), das von 1928 und nicht von 1929 ist und das Gramsci gleichfalls im Gefängnis hatte [FG, C.carc., Mailand], gibt es keinerlei Auseinandersetzung mit Croce. Diese selben polemischen Punkte zu Graziadei werden dann auch in Heft 7 (VII), § 23, aufgenommen.

3a Gramsci hatte in Rom die acht Bände der französischen Übersetzung der *Theorien über den Mehrwert*: vgl. Karl Marx, *Histoire des doctrines socialistes*, publiée par Karl Kautsky, traduit par J. Molitor, 8 Bde., Costes, Paris 1924–25 [FG]. Es ist eines der Werke, die Gramsci im Gefängnis angefordert hatte (vgl. LC, 264); da die Bände aber keinen Vermerk der Gefängnisleitung aufweisen, dürften sie ihm nicht übergeben worden sein.

4 Croces Aufsatz *Per la interpretazione e la critica di alcuni concetti del marxismo* (*Zur Interpretation und Kritik einiger Begriffe des Marxismus*) erschien erstmalig 1897; das von Gramsci erwähnte postume Werk von Marx wurde von Kautsky zwischen 1905 und 1910 in drei Bänden unter dem Titel *Theorien über den Mehrwert* veröffentlicht (vgl. MEW 26, Teilbände 1 bis 3).

5 Vgl. Croce, *Materialismo storico ed economia marxistica*, aaO., 163–76 (VII: *Marxismo ed economia pura – Marxismus und reine Ökonomie*).

6 Vgl. ders., *Francesco De Sanctis e la cultura napoletana (1860–1885) – F. De Sanctis und die neapolitanische Kultur (1860–1885)*, Verlag »La Nuova Italia«, Venedig 1928. Der Band war ursprünglich unter dem von Gramsci zitierten Titel *Francesco De Sanctis e l'Università di Napoli* angekündigt worden.

7 Vgl. Ardengo Soffici, *Giornale di Bordo* (*Bordtagebuch*), Vallecchi, Florenz [3]1921, 76ff. Bevor es als Buch erschien, war Sofficis *Bordtagebuch* 1913 in Fortsetzungen in der Zeitschrift »Lacerba« erschienen: Auf Papinis Artikel *Gesú peccatore* (*Der sündige Jesus*) in »Lacerba« hatte Gramsci schon in § 60 (vgl. Anm. 1) hingewiesen. Der Artikel *Viva il maiale* (*Es lebe das Schwein*) war in Nr. 10 vom 15. Mai 1914 erschienen. Dagegen ist

Contro la famiglia (*Gegen die Familie*) kein Artikel von Giovanni Papini; anscheinend ist er mit dem Artikel *Appunti sulla famiglia* (*Anmerkungen zur Familie*) von Ardengo Soffici, veröffentlicht in Nr. 14 vom 15. Juli 1914, verwechselt worden. Das *Giornale di Bordo* (*Bordbuch*) von Soffici war 1913 in Fortsetzungen von Nr. 2 bis 24 erschienen. In Nr. 9 desselben Jahrganges (1. Mai) findet sich der Artikel *Elogio della prostituzione* (*Lob der Prostitution*) von Italo Tavolato.

H. 10, Teil II, § 59.I. *Notizen für einen Aufsatz über B. Croce.*
B-Text (bereits in MS, 172f.).

1 Vgl. Croce, *Il partito come giudizio e come pregiudizio*, in Benedetto Croce, *Cultura e vita morale. Intermezzi polemici*, 2. erweiterte Aufl., Laterza, Bari 1926, 191–98. Dieser Artikel Croces war zuerst in »l'Unità«, 6. April 1912 (1. Jg., Nr. 17) erschienen.

1a Zum Partito Popolare, der katholischen Volkspartei, vgl. etwa Heft 1, § 38, Bd. 1, 89; ebd., § 43, 91, § 52 (S. 95 im vorliegenden Band), § 107, 156f., § 130, 175.

2 Croce wirkte an der Zeitschrift »Politica« mit drei *Politischen Glossen* mit, die in den Heften vom 19. Januar 1919 (1. Jg., Bd. 1, Nr. 2), 206–12, vom 24. April 1919 (1. Jg., Bd. 2, Nr. 1), 48–59, vom 24. November 1919 (1. Jg., Bd. 3, Nr. 1), 13–17, erschienen. Die ersten beiden dieser *politischen Glossen* wurden dann von Croce aufgenommen in *Pagine sulla guerra*, 2. Aufl., Laterza, Bari 1928, 250–55, 218–29, 263–70, 287–90 (dt. in: B. Croce, *Randbemerkungen eines Philosophen zum Weltkrieg 1914–1921*, übers. von Julius Schlosser, Zürich, Leipzig, Wien 1922; die Übersetzung beruht auf der Ausgabe der *Pagine sparse*, 2. Folge, *Pagine sulla guerra*, Napoli 1919). Die Glossen erscheinen dort unter den Titeln *Sopravvivenze ideologiche* (*Ideologische Überbleibsel*, 238–44); *La guerra italiana, l'esercito e il socialismo* (*Der Krieg Italiens, das Heer und der Sozialismus*, 213–23); *Disegni di riforma nazionale* (*Nationale Verbesserungspläne. Gegen die sogenannten allgemeinen Reformen*, 251–59); *La vittoria* (*Der Sieg*, 281–85); die dritte in *Etica e politica*, Laterza, Bari 1931, 165–69, 169–73 (unter den Titeln: *L'onestà politica; La nausea per la politica*).
Anm. d. Übers.: Der Aufsatz *La guerra italiana* … wurde nicht für die »Politica«, sondern für den »Giornale d'Italia« geschrieben, erschien dort aber nicht.

2a Vgl. Heft 1, §§ 43 und 44, Bd. 1, 96, 108f.

3 Vgl. ebd., § 44, besonders 108f. (vgl. *Südfrage*, s. S. 79 in der vorliegenden Ausgabe).

4 Vgl. *Südfrage*, s. S. 82f. in der vorliegenden Ausgabe.

H. 6, § 59. *Süditalien.*
B-Text (bereits in PP, 137).

1 Die Anekdote findet sich in einem Artikel von Carlo Segré, *Il viaggio dell'Addison in Italia*, II, in »Nuova Antologia«, 16. März 1930 (65. Jg., Nr. 1392), 164–80, hier 171 (und wurde von Segré aus Addisons *Osservazioni su alcune parti d'Italia* übernommen).

2. Subalterne

2.1 Subalterne als »Klasse«

H. 19, § 26. *Das Verhältnis Stadt-Land im Risorgimento und in der nationalen Struktur Italiens.*

C-Text (bereits in R, 95–104): unter Verwendung eines Teils des A-Textes aus Heft 1, § 43: *Typen von Zeitschriften*, vgl. Bd. 1, 91–101.

1 Vgl. den Bericht Gramscis an den 3. Parteitag der KPI, veröffentlicht in »l'Unità« vom 24. Februar 1926: »Die Beziehungen, die zwischen dem italienischen Kapitalismus und den Bauern des Südens unterhalten werden, bestehen nicht nur in den normalen historischen Beziehungen zwischen Stadt und Land, wie sie von der Entwicklung des Kapitalismus in allen Ländern der Welt geschaffen worden sind; im Rahmen der nationalen Gesellschaft haben sich diese Beziehungen durch die Tatsache verschlimmert und radikalisiert, dass die ganze Zone des Südens und der Inseln wirtschaftlich und politisch wie ein riesiges Landgebiet gegenüber Norditalien funktioniert, das wie eine riesige große Stadt funktioniert. Eine solche Situation bewirkt in Süditalien die Herausbildung und Entwicklung bestimmter Aspekte einer nationalen Frage, wenn sie auch unmittelbar nicht die explizite Form einer solchen Frage in ihrer Gesamtheit annehmen, sondern nur die eines heftigen Kampfes regionalistischen Charakters und starker Strömungen hin zur Dezentralisation und zu lokaler Autonomie« (CPC, 107).

2 Vgl. *Südfrage*, s. S. 74 in der vorliegenden Ausgabe.

3 Zum politischen Plan Giolittis vgl. *Südfrage*, besonders S. 66ff. in der vorliegenden Ausgabe.

4 Spectator [Mario Missiroli], *Giovanni Giolitti*, in »Nuova Antologia«, 1. August 1928 (63. Jg., Nr. 1353), 365–79; vgl. besonders 371: »In dieser Politik [Giolittis] waren die doktrinalen Voraussetzungen nichts, die Methode alles. Es hieß, dass er in der Sorge, liberal zu sein und zu scheinen, die Natur walten zu lassen, sich oft von den Ereignissen leiten ließ und Kräfte entfesselte, die er dann nicht mehr zu bändigen vermochte. Zu seiner Verteidigung wurde erwidert, dass dieselben Widersprüche, die in seiner Regierung festgestellt und ihm vorgeworfen wurden, zu einem Plan seines Geistes gehörten und sich in der Dialektik einer persönlichen Methode ausglichen. Er begünstigte zum Beispiel den Sozialismus in der Po-Ebene und griff nicht in den Streit zwischen Kapital und Arbeit ein, wachte aber mit größter Sorgfalt darüber, dass sich der Sozialismus nicht im Mezzogiorno ausbreitete, wo die Carabinieri auf die revoltierenden Streikenden schossen und der Brigadier Centanni mit der Silbermedaille ausgezeichnet wurde.«

5 Vgl. Giuseppe Prezzolini, *La coltura italiana*, Soc. An. Editrice »La Voce«, Florenz 1923, 162, wo betont wird, dass Salvemini der Titel der Zeitschrift »l'Unità« von Giustino Fortunato vorgeschlagen worden war, »in Sorge um jene ›Einheit Italiens‹, die nach seinem Verständnis als Historiker nicht vollständig und zuverlässig erreicht worden war«. Dieses

Werk Prezzolinis befindet sich unter den Büchern, die Gramsci in Rom vor der Verhaftung besaß (vgl. LC, 265), aber es ist nicht ersichtlich, ob es ihm ins Gefängnis zurückgeschickt worden ist. Unter den Büchern im Gefängnis ist dagegen die zweite, 1930 erschienene und von Gramsci seinerzeit angeforderte Auflage dieses Bandes erhalten (vgl. LC, 320): vgl. Giuseppe Prezzolini, *La cultura italiana*, Corbaccio, Mailand 1930 [FG, C.carc., Turi II].

6 Auf die Bedeutung der Pais-Serra-Untersuchung über Sardinien hatte Gramsci schon in einem Artikel vom 23. Oktober 1918 hingewiesen (vgl. SG, 331). Der Bericht dieser Untersuchung, die im Dezember 1894 von der Regierung Crispi beschlossen worden war, wurde 1896 nach der Demission Francesco Crispis unter dem Kabinett Antonio di Rudinís übergeben und veröffentlicht; vgl. *Relazione dell'inchiesta sulle condizioni economiche e della sicurezza pubblica in Sardegna promossa con decreto ministeriale del 12 dicembre 1894*, Tipografia della Camera dei deputati, Rom 1896, 501 S. Einige Auszüge aus jenem Bericht sind enthalten in *Antologia storica della questione sarda*, hg. v. Lorenzo Del Piano, Cedam, Padua 1959, 213–55.

7 Vgl. Heft 1, §43, Bd. 1, 97 (A-Text).

8 Es handelt sich um Benedetto Croces Rezension von Luigi Natolis Buch *Rivendicazioni attraverso le rivoluzioni sociali del 1848–60*, Treviso 1927, in »La Critica«, 20. Juli 1928 (26. Jg., Nr. 4), 287f. In diesem Buch polemisiert Natoli jedoch gegen einige Behauptungen Croces in seiner *Geschichte des Königreichs Neapel* und nicht in der *Geschichte Italiens* (die 1927 noch nicht veröffentlicht war). Zu Natolis Buch vgl. auch Heft 3 (XX), §24.

8a Wahlhelfer der Giolitti-Ära, die insbesondere in Süditalien – auch mit gewaltsamen Einschüchterungsversuchen und zuweilen in Zusammenarbeit mit der Polizei – Propaganda für die Regierungsparteien betreiben sollten.

9 Vgl. *Südfrage*, s. S. 69 in der vorliegenden Ausgabe.

10 Die Episode von Molfetta während der allgemeinen Wahlen von 1913 erhielt eine nationale Dimension durch die Initiative Gaetano Salveminis, der als Kandidat in diesem Wahlkreis eine lebhafte Kampagne der öffentlichen Meinung entfachte, um das Klima von Einschüchterung und Gewalttätigkeiten, in dem sich die Wahlen im Mezzogiorno abspielten, ans Licht zu bringen. Der »Corriere della Sera« beteiligte sich an dieser Kampagne außer mit laufenden Nachrichten vor allem mit einem Zeugenbericht von Ugo Ojetti (vgl. *Ricordi di una domenica di passione. L'elezione del 26 ottobre a Molfetta*, in »Corriere della Sera«, 6. November 1913). Der Artikel von Ugo Ojetti wurde in vollem Wortlaut von Gaetano Salvemini in der zweiten Auflage seines Buches *Il ministro della mala vita*, La Voce, Rom 1919 [FG], 63–80, abgedruckt.

11 Vgl. bereits in dem Artikel *Il Mezzogiorno e il fascismo* von 1924: »Der ›Corriere‹ hat Salandra und Nitti, die beiden ersten Ministerpräsidenten des Mezzogiorno, unterstützt (die sizilianischen Ministerpräsidenten vertraten Sizilien, nicht den Mezzogiorno, weil die sizilianische Frage bekanntlich von der Frage des Mezzogiorno unterschieden ist)« (CPC, 173); vgl. auch *Südfrage*, s. S. 69f. in der vorliegenden Ausgabe.

12 Vgl. den genannten Bericht an den dritten Parteitag der KPI: »Infolge des Krieges und der Arbeiterunruhen der Nachkriegszeit, die den Staatsapparat zutiefst geschwächt und das gesellschaftliche Ansehen der genannten oberen Klassen nahezu zerstört hatten, sind die Bauernmassen des Mezzogiorno zum eigenen Leben erwacht und haben mühsam nach einer Eingliederung gesucht. So gab es Bewegungen der ehemaligen Kriegsteilnehmer und die verschiedenen sogenannten ›Erneuerungs‹parteien, die dieses Erwachen der Bauernmasse auszunutzen trachteten, indem sie ihnen manchmal sekundierten, wie in der Zeit der Landbesetzungen, häufiger aber versuchten, sie abzulenken und daher in einer Position des Kampfes für die sogenannte Demokratie zu bestärken, wie es letzthin mit der Gründung der ›Unione nazionale‹ geschehen ist« (CPC, 107).
Vgl. auch *Südfrage*, s. S. 75f. in der vorliegenden Ausgabe. Die Zeitschrift »Volontà« erschien von 1918 bis 1922 unter der Leitung von Vincenzo Torraca; ein Versuch, die Veröffentlichung 1924 wiederaufzunehmen, dauerte nur wenige Monate (Hinweise zu dieser Zeitschrift sind nachzulesen auch bei Leo Valiani, *Dall'antifascismo alla Resistenza*, Feltrinelli, Mailand 1959, 24–38).
Ein weiterer Hinweis auf die Zeitschrift »Sicilia Nuova« ist in Heft 5, § 157, Bd. 3, 701, enthalten.

13 Vgl. *Südfrage*, S. 76 in der vorliegenden Ausgabe.

13a Die Legationen waren von einem päpstlichen Legaten geleitete Verwaltungseinheiten des Kirchenstaates.

14 Die Ehrenbezeigung der Mailänder Adligen für Franz Joseph im Jahre 1853 erwähnt Gramsci bereits in einem Brief vom 8. August 1927 (vgl. LC, 112). Zu dieser Episode, die auch in anderen Notizen der Hefte erwähnt ist – vgl. Heft 3 (XX), § 125, Heft 6 (VIII), § 1, Heft 19 (X), § 5 –, vgl. die Schrift Salveminis *Moderati e democratici milanesi dal 1848 al 1859*, erschienen zuerst 1899 in der »Critica sociale« mit der Unterschrift »Rerum Scriptor« (auf diese Schrift weist Gramsci auch in Heft 1, § 44 hin: vgl. Rerum Scriptor [Gaetano Salvemini], *Moderati e democratici milanesi dal 1848 al 1859*, in »Critica Sociale«, 16. November 1899 (8. Jg., Nr. 19), 297–99; 1. Dezember 1899 (8. Jg., Nr. 20), 317–19 (es ist ein Kapitel des kurz darauf, immer noch unter dem Pseudonym Rerum Scriptor veröffentlichten Buches mit dem Titel *I partiti politici milanesi nel secolo XIX*, Bibliothek der »Educazione politica«, Mailand 1899; jetzt in Salvemini, *Scritti sul Risorgimento*, hg. v. Piero Pieri u. Carlo Pischedda, Feltrinelli, Mailand 1961, 27–123). Salvemini polemisiert hier gegen Bonfadini, der selbst die Schwächen der Moderati verteidigt hatte: vgl. Romualdo Bonfadini, *Mezzo secolo di patriottismo*, 2. Aufl., Treves, Mailand 1866.): »... die Mailänder Adligen unterschrieben am 2. März 1853 – also zwei Tage nach der Bekanntgabe des Urteilsspruches, mit dem 23 Italiener wegen der Ereignisse vom 6. Februar zum Tode verurteilt wurden, und einen Tag, bevor Tito Speri, Carlo Montanari und Bartolomeo Grazioli in Mantua hingerichtet wurden und eine andere Verurteilung von 8 bis 16 Jahren Zuchthaus für mehrere andere Liberale bekanntgemacht wurde – am 2. März 1853 also unterschrieben die moderaten Mailänder Adligen anlässlich eines gescheiterten Attentats auf Kaiser Franz Joseph eine

Huldigungsadresse für diesen. Der Platzmangel erlaubt es uns nicht, sie vollständig wiederzugeben; es genügt, daran zu erinnern, dass sie nicht nur der Vorsehung danken, ›die über die Monarchen und die Völker wacht‹, weil sie ›die Ausführung der schauerlichen Missetat vereitelt hat‹, sondern sie protestieren auch ›gegen die abscheulichen Ruchlosigkeiten, die auch in unserem entsetzten Mailand von den ewigen Feinden der Ordnung begangen werden‹, und bringen dem Kaiser, ›der den Hoffnungen, der Liebe, den Wünschen seiner Untertanen erhalten geblieben ist, die Beteuerung treuen Untertanengeistes und einer freimütigen und loyalen Unterstützung dieser Bevölkerungen entgegen, die durch eigene Mitarbeit die fürsorglichen Maßnahmen dessen erwidern, der dieses Land regiert, das so sehr nach jener Ordnung und jener Ruhe dürstet, die es allein zu Wohlstand und Blüte zurückführen können‹. Die Unterzeichner sind etwa zweihundert an der Zahl, fast alles Adlige, Grafen, Marquis und anderes ähnliches Pack« (»Critica sociale«, 1. Dezember 1899, 8. Jg., Nr. 20, 318f.; jetzt auch in Gaetano Salvemini, *Scritti sul Risorgimento*, aaO., 104).

15 Wir haben es hier wahrscheinlich mit einer Reminiszenz an die *Lettere di G. Mazzini alle Società Operaie Italiane* (Rom 1873) zu tun, die in einem nicht gezeichneten Artikel in »l'Unità« vom 26. Februar 1926, *Due lettere di Marx su Mazzini e i contadini in Italia*, zitiert wurde. In diesem Artikel wird unterstrichen, dass aus den Briefen Mazzinis an die italienischen Arbeitergesellschaften unter anderem »die nahezu absolute Vernachlässigung der Bauernmassen durch Mazzini« durchscheint, »die völlig fehlende Behandlung der ungeheuren Probleme, die diese Massen zu lösen hatten, um eine freie Entfaltung der entstehenden kapitalistischen Gesellschaft zu garantieren und – folglich – die bei ihm völlig fehlende Berücksichtigung der wesentlichen Funktion, die die Bauernbewegung im Kampf um die italienische Unabhängigkeit besaß«. »Dieser kapitale Vorwurf«, fährt der Artikel der »Unità« fort, »der Mazzini von Karl Marx in den Briefen gemacht wird, die wir im Folgenden wiedergeben, erscheint als völlig gerechtfertigt, wenn man die Briefe Mazzinis an die italienischen Arbeitergesellschaften liest. Nur in zweien dieser Briefe wird auf die Verbrüderung mit den Landwirten und auf die Vereinigung der ›Arbeiter auf dem Lande‹ verwiesen. Und es handelt sich noch dazu um beiläufig hingesagte Sätze. Mazzini weist in seinem Brief niemals auf die Enteignung der Grundherren und auf den Kampf gegen die feudalen Überreste in der Landwirtschaft hin«. Im selben Artikel werden ein Brief von Marx an Engels vom 13. September 1851 (das im Artikel angegebene Datum des 3. September ist unrichtig) und ein weiterer Brief von Marx an Weydemeyer vom 11. September desselben Jahres wiedergegeben; die Drohung der österreichischen Regierung mit der »galizischen Arznei«, auf die Gramsci im Text anspielt, wird in diesen beiden Briefen erwähnt. Im ersten schreibt Marx unter anderem: »Wenn Mazzini oder wer sonst an die Spitze der italienischen Agitation sich stellt, diesmal nicht franchement und immédiatement die Bauern aus métaires in freie Grundeigentümer verwandelt – die Lage der italienischen Bauern ist scheußlich, ich habe die Scheiße jetzt gründlich durchgeochst – so wird die östreichische

Regierung im Falle der Revolution zu galizischen Mitteln ihre Zuflucht nehmen. Schon hat sie im ›Lloyd‹ gedroht mit ›gänzlicher Umwandlung des Besitzstandes‹ und ›Vernichtung des unruhigen Adels‹. Wenn Mazzini noch nicht die Augen aufgehen, so ist er ein Rind.« (MEW, 27. Bd., 340). In dem Brief am Weydemeyer (in dem Artikel der »Unità« durch Druck- oder Transkriptionsfehler zu Beidemaier geworden) heißt es: »Ich halte Mazzinis Politik für grundfalsch. Er arbeitet ganz im Interesse Östreichs, indem er Italien zum jetzigen Losbruch sollizitiert. Andrerseits versäumt er es, sich an den seit Jahrhunderten unterdrückten Teil Italiens zu wenden, an die Bauern, und bereitet damit der Konterrevolution neue Ressourcen vor. Herr Mazzini kennt nur die Städte mit ihrem liberalen Adel und *ihren citoyens éclairés*. Die materiellen Bedürfnisse des italienischen Landvolks – so ausgesogen und systematisch entnervt und verdummt wie das irische – liegen natürlich unter dem Phrasenhimmel seiner kosmopolitisch-neokatholisch-ideologischen Manifeste. Aber allerdings gehörte Mut dazu, den Bürgern und dem Adel zu erklären, daß der erste Schritt zur Unabhängigkeitsmachung Italiens die völlige Emanzipation der Bauern und die Verwandlung ihres Halbpachtsystems in freies bürgerliches Eigentum ist.« (ebd., 579)

16 Vgl. Giuseppe Cesare Abba, *Da Quarto al Volturno. Noterelle di uno dei Mille*, Universale economica, Mailand 1949, 65f.: »Ich habe einen Freund gefunden. Er ist siebenundzwanzig Jahre alt, aber sieht wie vierzig aus: er ist Mönch und heißt Pater Carmelo. Wir saßen in halber Höhe des Hügels, der den Kalvarienberg mit den drei Kreuzen darstellt, oberhalb dieses Dorfes, in der Nähe des Friedhofs. Vor uns lag Monreale in der Üppigkeit seiner Gärten ausgebreitet; es war eine stille Stunde, und wir sprachen über die Revolution. Pater Carmelos Seele war im Widerstreit. Er wäre gern auf unserer Seite gewesen, um sich mit seiner ganzen Großmut in das Abenteuer zu stürzen, aber etwas hält ihn davon ab.
›Kommen Sie mit uns, alle werden Sie gern haben.‹
›Ich kann nicht.‹
›Vielleicht, weil Sie Mönch sind? Wir haben schon einen bei uns. Und außerdem haben andere Mönche auch schon in unserer Kompanie gekämpft, ohne Angst vor dem Blut.‹
›Ich würde mitkommen, wenn ich wüsste, dass Ihr etwas wahrhaft Großes vollbringt: Aber ich habe mit vielen der Euern gesprochen, und sie haben mir nichts weiter sagen können, als dass Ihr Italien vereinigen wollt.‹
›Gewiss; um es zu einem großen und einigen Volk zu machen.‹
›Ein einziges Territorium ...! Das Volk, einig oder geteilt, wenn es leidet, dann leidet es; und ich spüre nicht, dass Ihr es glücklich machen wollt.‹
›Glücklich! Das Volk wird Freiheit und Schulen haben.‹
›Und nichts weiter!‹, unterbrach der Mönch. ›Denn die Freiheit ist kein Brot, und die Schule ebenso wenig. Diese Dinge sind vielleicht genug für Euch Piemontesen: für uns hier nicht.‹
›Was braucht Ihr dann also?‹
›Einen Krieg nicht gegen die Bourbonen, sondern der Unterdrückten gegen die Unterdrücker, die großen und kleinen, die nicht nur am Hofe zu finden sind, sondern in jeder Stadt, in jedem Gutshaus.‹

›Also auch gegen Euch Mönche, die Ihr überall Klöster und Ländereien habt, wo es Häuser und Land gibt!‹
›Auch gegen uns; sogar zu allererst gegen uns! Aber mit dem Evangelium und dem Kreuz in der Hand. Dann würde ich mitkommen. So aber ist es zu wenig. Wenn ich Garibaldi wäre, würde ich jetzt nicht fast nur mit Euch allein dastehen.‹
›Aber die Truppen?‹
›Wer sagt Euch, dass sie nicht mehr erwarten?‹
Ich wusste nicht, was ich darauf noch antworten sollte, und erhob mich. Er umarmte mich, wollte mich küssen und sagte mir, indem er mir die Hände fest drückte, ich solle nicht lachen, er empfähle mich Gott, und morgen früh würde er die Messe für mich lesen. Ich fühlte eine große Bewegung in meinem Herzen und wäre gern noch bei ihm geblieben. Er aber machte sich auf, stieg den Hügel hinan, drehte sich noch einmal von oben nach mir um, und dann verschwand er.«

17 Vgl. die Novelle *Libertà* in der Sammlung *Novelle rusticane* (Giovanni Verga, *Tutte le novelle*, 1. Bd., Mondadori, Mailand 1942, 367–73).

H. 13, § 23. *Beobachtungen über einige Aspekte der Struktur der politischen Parteien in den Zeiten organischer Krise.*

C-Text (bereits in MACH, 50–58 und 36f.): unter Verwendung von A-Texten aus Heft 4, § 69: *Über die Parteien*, vgl. Bd. 3, 553; Heft 7, § 77: *Die Intellektuellen. Die politischen Parteien*, vgl. Bd. 4, 913; Heft 4, § 66: *Das militärische Element in der Politik*, vgl. Bd. 3, 549–52; Heft 9, § 40: *Machiavelli. Kräfteverhältnisse usw.*, vgl. Bd. 5, 1106f.; Heft 9, § 22: *Vergangenheit und Gegenwart*, vgl. Bd. 5, 1098.

1 Vgl. § 17 in demselben Heft, s. S. 182ff. in der vorliegenden Ausgabe.

2 Vgl. Karl Marx, *Der achtzehnte Brumaire des Louis Bonaparte.* Gramsci hatte die französische Übersetzung zur Hand, in *Œuvres complètes de Karl Marx, Herr Vogt*, Bd. 3: *Le 18 Brumaire de Louis Bonaparte*, Costes, Paris 1928 [FG, C.carc., Turi I], 147. – Gramsci hatte wahrscheinlich folgende Passage aus dem *18. Brumaire* vor Augen: »Frankreich scheint also nur der Despotie einer Klasse entlaufen, um unter die Despotie eines Individuums zurückzufallen, und zwar unter die Autorität eines Individuums ohne Autorität. Der Kampf scheint so geschlichtet, daß alle Klassen gleich machtlos und gleich lautlos vor dem Kolben niederknien.« (MEW 8, 196) Anm. d. Übers.: Gramsci benutzt hier die in Abweichung von Marx in der durch Weydemeyer besorgten Erstausgabe des Werkes anzutreffende Namensform *Louis Napoleon* statt *Louis Bonaparte*.

2a Im Original: »energia di direttive«; P: »une certaine énergie dans son orientation«.

3 Vgl. Heft 1, § 43, Bd. 1, besonders 95f.

3a Im Original: »forza«; Ri: »Macht«.

4 Obwohl dieses Buch Moscas (*Teorica dei governi e governo parlamentare*) nicht unter den Büchern aus dem Gefängnis erhalten ist, geht aus den in Heft 9, § 89 zum Ausdruck gebrachten Urteilen sowie aus der Verwendungsweise der im Band enthaltenen bibliografischen Angaben hervor, dass Gramsci es direkt gekannt hat. Das von Gramsci für die erste

Auflage angegebene Datum 1883 ist das des Vorworts; das Buch wurde jedoch erstmals 1884 veröffentlicht.

5 Vgl. »Corriere della Sera«, 20. Mai 1932; der Passus aus der Rede von General Gazzera ist dem Bericht über die Diskussion im Senat zur Kriegsbilanz entnommen (unter dem Titel *Il saldo spirito dell'Esercito esaltato dal Ministro Gazzera – Minister Gazzera verherrlicht den unerschütterlichen Geist des Heeres*).

6 Vgl. den folgenden §39.

7 Vgl. dazu den vorhergehenden §1 sowie Heft 6, §30, Bd. 4, 733f.

7a Im Ms. tautologisch »Bündnis«, offenbar ein Versehen Gramscis, da im A-Text »Gleichheit« steht, vgl. Bd. 5, 1107.

8 Diese Abschweifung zu Tommaso Tittonis Erinnerungen ist einem vorhergehenden B-Text aus Heft 5, §44, Bd. 3, 611, entnommen.

H. 3, §46. *Vergangenheit und Gegenwart.*
B-Text (teilweise bereits in PP, 14ff.).

1 Vgl. Heft 2 (XXIV), §25.

2 Es handelt sich aller Wahrscheinlichkeit nach um eine Erinnerung aus der Studienzeit. Mit dem von Gramsci erwähnten Thema hatte sich Carlo Cipolla, Professor an der Universität von Turin von 1882 bis 1906, in einem Vortrag aus dem Jahre 1900 beschäftigt, der jedoch nicht in den Akten der Akademie der Wissenschaften von Turin veröffentlicht ist (wo viele andere Beiträge von Cipolla enthalten sind). Vgl. Carlo Cipolla, *Intorno alla costituzione etnografica della nazione italiana*, Vortrag gehalten am 19. November 1900 anlässlich der feierlichen Semestereröffnung an der Königlichen Universität von Turin, Paravia, Turin 1900.

H. 3, §48. *Vergangenheit und Gegenwart. Spontaneität und bewusste Führung.*
B-Text (bereits in PP, 55–59).

1 Diese Hinweise auf Henri De Man betreffen das bereits in der italienischen Übersetzung zitierte Werk *Il superamento del marxismo* (vgl. ders., *Die sozialistische Idee*, Jena 1933, 3–12).

2 Dieser Bezug auf die *Heilige Familie* in dem im Text angezeigten Sinn kehrt in den Heften häufig wieder und findet sich auch in einem Brief Gramscis vom 30. Mai 1932 (vgl. LC, 629). In der zitierten französischen Ausgabe der *Heiligen Familie*, die Gramsci vor sich hatte, ist der entsprechende Abschnitt auf S. 67 des 2. Bandes der *Œuvres philosophiques*: »Wenn Herr Edgar einen Augenblick die französische *Gleichheit* mit dem deutschen Selbstbewusstsein vergleicht, wird er finden, dass das letztere Prinzip *deutsch*, d.h. im abstrakten Denken, ausdrückt, was das erstere *französisch*, d.h. in der Sprache der Politik und der denkenden Anschauung, sagt« (MEW 2, 40).

H. 10, Teil II, §56. *Punkte für einen Aufsatz über B. Croce. Leidenschaft und Politik.*
B-Text (bereits in MS, 244f.).

1 Vgl. Heft 7, §39, Bd. 4, 894f.; wiederaufgenommen im vorliegenden Heft, §41.V.

H. 13, § 17. *Analyse der Situationen: Kräfteverhältnisse.*

C-Text (bereits in MACH, 41–50): unter Verwendung eines Teils des zitierten A-Textes aus Heft 4, § 38, Bd. 3, 493–503, und eines A-Textes aus Heft 8, § 163. *Machiavelli. Kräfteverhältnisse*, vgl. Bd. 5, 1033.

1 MEW 13, 9. Dieses Zitat aus Marx' Vorwort von *Zur Kritik der Politischen Ökonomie*, das auf dem Rand des Manuskripts hinzugefügt worden ist, hat Gramsci aus den Marx-Texten entnommen, die er selbst in Heft 7 übersetzt hatte; vgl. auch Anm. 1 zu Heft 4, § 38, Bd. 3: »Aus Marx' Vorwort von *Zur Kritik der Politischen Ökonomie*: ›Eine Gesellschaftsformation geht nie unter, bevor alle Produktivkräfte entwickelt sind, für die sie weit genug ist, und neue höhere Produktionsverhältnisse treten nie an die Stelle, bevor die materiellen Existenzbedingungen derselben im Schoß der alten Gesellschaft selbst ausgebrütet worden sind. Daher stellt sich die Menschheit immer nur Aufgaben, die sie lösen kann, denn genauer betrachtet wird sich stets finden, daß die Aufgabe selbst nur entspringt, wo die materiellen Bedingungen ihrer Lösung schon vorhanden oder wenigstens im Prozeß ihres Werdens begriffen sind.‹ (MEW 13, 9)« Die Passagen, die Gramsci diesem Textstück entnimmt, sind hier aus dem Kopf zitiert; im entsprechenden C-Text fügt Gramsci das genaue Zitat des gesamten Textstücks hinzu, und zwar in einer von ihm zwischenzeitlich selbst angefertigten Übersetzung (vgl. Anm. 5 des nachfolgenden § 18, sowie BH zu Heft 7, Band 4 dieser Ausgabe). In der (in Anm. 6 zu Heft 13, § 15) erwähnten ersten Folge der »Internen Parteischule« (1925), wo ein umfangreicher Auszug des Marx'schen Vorworts wiedergegeben ist, wurde dieser Abschnitt ausgelassen.

2 Der Ausdruck »Ökonomismus« wird in dem Sinn benutzt, in dem Lenin ihn in *Was tun?* gebrauchte (LW 5, 357–551; vgl. auch *Eine Auseinandersetzung mit Verteidigern des Ökonomismus*, LW 5, 319–27). Unter den Büchern, die Gramsci vor seiner Verhaftung besaß, gab es eine französische Übersetzung dieses Werkes von Lenin, die jedoch nicht unter den Büchern aus dem Gefängnis ist: vgl. N. Lénine, *Que faire?*, Librairie de l'»Humanité«, Paris 1925 (FG).

2a Ri: hier wie an mehreren anderen Stellen, aber nicht durchgängig: »Klassen«.

3 Der Band von Gaetano Salvemini, *La Rivoluzione francese (1788–1792)*, gehört zu den Texten, die Gegenstand des Studiums im »Club di vita morale« waren, von dem Gramsci in dem bereits erwähnten Brief von 1918 an Giuseppe Lombardo Radice spricht. Vermutlich hatte Gramsci die dritte Auflage dieses Werkes von Salvemini gekannt (Signorelli, Mailand 1913); die vierte Auflage (La Voce, Florenz 1919) war erst nach der Niederschrift des erwähnten Briefes an Lombardo Radice erschienen.

4 Vgl. Albert Mathiez, *La Révolution française*, I, 217; deutsch: *Die Französische Revolution*, autorisierte Übertragung von E. Frisch, Hamburg 1950, Band I, 232: »Doch nicht allein die Partei der Feuillants, das Großbürgertum und der freiheitlich gesinnte Adel, wurde unter den Kanonaden des 10. August zusammen mit dem Königtum zerschmettert, auch die Partei der Gironde, die bis zum letzten Augenblick mit dem Hof sich zu verständigen suchte und bemüht war, den Aufstand zu vermeiden, ging

aus dem Sieg, der nicht ihr Werk war, sondern ihr aufgedrängt wurde, sehr geschwächt hervor.
Handwerker und Passivbürger, nämlich die von Robespierre und der Bergpartei eingereihten Proletarier, hatten für das Gemetzel auf dem Marsfelde ein Jahr zuvor reichlich Vergeltung geübt. Der Sturz des Thrones erhielt die Bedeutung einer neuen Revolution. Die Demokratie war im Anzug.«

4a Im Original: »unicità«; Ri: »Einzigartigkeit«; P: »unité«.

0a Hier wurde das Original gekürzt, vgl. Bd. 7, 1563–1565.

H. 13, § 18. *Einige theoretische und praktische Aspekte des »Ökonomismus«.*
C-Text (bereits in MACH, 29-36): unter Verwendung eines Teils des zitierten A-Textes aus Heft 4, § 38, vgl. Bd. 3, bes. 498–503.

1 Vgl. »La Riforma Sociale«, Juli-August 1918 (25. Jg., Nr. 7–8), 415. Es handelt sich um eine kurze Rezension zur dritten Auflage von Croces Band *Materialismo storico ed economia marxistica*, aaO.; auf diesen Text Einaudis hatte sich Gramsci bereits in einem Artikel der piemontesischen Ausgabe des »Avanti!« vom 25. Mai 1919 bezogen, *Einaudi oder von der liberalen Utopie* (jetzt in ON, 232–35).

1a Ri: »Klassengesellschaft«.

2 Vgl. Karl Marx, *Das Elend der Philosophie*, MEW 4, 180: »Die ersten Versuche der Arbeiter, *sich* untereinander *zu assoziieren*, nehmen stets die Form von Koalitionen an. Die Großindustrie bringt eine Menge einander unbekannter Leute an einem Ort zusammen. Die Konkurrenz spaltet sie in ihren Interessen; aber die Aufrechterhaltung des Lohnes, dieses gemeinsame Interesse gegenüber ihrem Meister, vereinigt sie in einem gemeinsamen Gedanken des Widerstandes – *Koalition*. So hat die Koalition stets einen doppelten Zweck, den, die Konkurrenz der Arbeiter unter sich aufzuheben, um dem Kapitalisten eine allgemeine Konkurrenz machen zu können. Wenn der erste Zweck des Widerstandes nur die Aufrechterhaltung der Löhne war, so formieren sich die anfangs isolierten Koalitionen in dem Maß, wie die Kapitalisten ihrerseits sich behufs der Repression vereinigen zu Gruppen, und gegenüber dem stets vereinigten Kapital wird die Aufrechterhaltung der Assoziationen notwendiger für sie als die des Lohnes. Das ist so wahr, daß die englischen Ökonomen ganz erstaunt sind zu sehen, wie die Arbeiter einen großen Teil ihres Lohnes zugunsten von Assoziationen opfern, die in den Augen der Ökonomen nur zugunsten des Lohnes errichtet wurden. In diesem Kampfe – ein veritabler Bürgerkrieg – vereinigen und entwickeln sich alle Elemente für eine kommende Schlacht. Einmal auf diesem Punkte angelangt, nimmt die Koalition einen politischen Charakter an.« Gramsci kannte die italienische Übersetzung dieses Werkes von Marx, die 1922 vom Verlag Avanti! veröffentlicht wurde und auch in Marx-Engels-Lassalle, *Opere*, aufgenommen worden ist, Bd. 1, 2. durchgesehene und verbesserte Auflage, Verlag Avanti!, Mailand 1922 (FG).

3 Vgl. Heft 9, § 97, und Heft 10, Teil II, § 41.XIV, Bd. 5, 1145, und Bd. 6, 1329–1332.

4 Es handelt sich um zwei Briefe von Engels zur materialistischen Geschichtsauffassung, die 1895 vom »Sozialistischen Akademiker« veröffentlicht worden sind: an Joseph Bloch, vom 21. September 1890 (vgl. MEW 37, 462–5), und an W. Borgius (Gerratana: Heinz Starkenburg), vom 25. Januar 1894 (MEW 39, 205ff.). Auf Italienisch erschienen die beiden Briefe zuerst in der Broschüre *Due lettere di Federico Engels sulla interpretazione materialistica della storia*, Mongini, Rom 1906; später wurden sie aufgenommen in Band IV der *Opere* von Marx-Engels-Lassalle, 2. Auflage, Verlag Avanti!, Mailand 1922 (FG). – Die beiden Briefe werden auch von Croce in *Materialismo storico ed economia marxistica* zitiert (aaO., 11f.).

5 Vgl. Anm. 6 zu Heft 4, § 15, Bd. 3, A223: Gramsci bezieht sich hier auf eine bekannte Passage aus Marx' Vorwort von *Zur Kritik der Politischen Ökonomie*: »Mit der Veränderung der ökonomischen Grundlage wälzt sich der ganze ungeheure Überbau langsamer oder rascher um. In der Betrachtung solcher Umwälzungen muß man stets unterscheiden zwischen der materiellen, naturwissenschaftlich treu zu konstatierenden Umwälzung in den ökonomischen Produktionsbedingungen und den juristischen, politischen, religiösen, künstlerischen oder philosophischen, kurz, ideologischen Formen, worin sich die Menschen dieses Konflikts bewußt werden und ihn ausfechten.« (MEW, 13, 9) Später hat Gramsci diese Marx-Passage auf S. 3a von Heft 7 (VII) übersetzt: vgl. BH, aber auch Q, 2358f.

6 Vgl. besonders Heft 4, § 3, Bd. 3, 459–63.

7 Gramsci bezieht sich hier auf einen Passus der (von ihm in Heft 7 (VII) übersetzten, vgl. Anm. 17 zu Heft 7, § 1, A380) *Feuerbachthesen* von Marx. Bei Marx lautet die Stelle: »Er [Feuerbach] betrachtet daher im ›Wesen des Christenthums‹ nur das theoretische Verhalten als das echt menschliche, während die Praxis nur in ihrer schmutzig-jüdischen Erscheinungsform gefaßt und fixiert wird« (MEW 3, 533). Im Brief vom 28. März 1932 an seine Frau, in dem Gramsci die Marx'sche Formulierung »in ihrer schmutzig-jüdischen Erscheinungsform« in einem anderen Zusammenhang gebraucht, fügt er in einem Postskriptum hinzu: »Ich hoffe, Du missverstehst nicht den Ausdruck ›schmutzig-jüdisch‹, den ich verwendet habe. Ich sage das, weil ich neulich mit Tanja eine briefliche Diskussion über den Zionismus hatte und wegen dieses Zitats nicht für antisemitisch gehalten werden möchte. Und war sein Autor nicht Jude?« (LC, 598f.; zitiert in der Übersetzung von Ursula Apitzsch aus: Gramsci, *Gefängnisbriefe*, Bd. 1).
Anm. d. Übers.: Im Brief an seine Frau vom 11. April 1932 kommt Gramsci auf die Formulierung zurück: »Außerdem scheint es mir, dass Du dem Begriff und der Tatsache des ›Nützlichen‹ und des ›Praktischen‹ einen zu engen und kleinlichen Inhalt gegeben hast (ein theoretischer Irrtum, den ich mit dem Ausdruck ›schmutzig-jüdisch‹ bezeichnete)«. – Marx parodiert in dieser von Gramsci aufgegriffenen Formulierung antijüdische Äußerungen Feuerbachs, in denen dieser die (von Marx und Gramsci geteilte) Hochschätzung des Praktisch-Nützlichen als typisch jüdisch angreift und ihr die vermeintliche griechisch-germanische inter-

essefreie Anschauung gegenüberstellt (vgl. *Wesen des Christentums*, Kap. XII).

8 Der genannte Artikel von A. Loria stammt in Wirklichkeit von 1910: vgl. Achille Loria, *Le influenze sociali dell'aviazione*, in »Rassegna contemporanea«, Januar 1910 (3. Jg., H. 1), 20–28; nachgedruckt (mit dem zusätzlichen Untertitel *Verità e fantasia*) in *Verso la giustizia sociale (Idee, battaglie ed apostoli)*, Bd. 2: *Nell'alba di un secolo (1904–1915)*, Libraria, Mailand 1915, 379–86. Dieser Artikel von Loria wird mehrfach hervorgehoben in den alten Polemiken Gramscis, zit. in Anm. 1 zu Heft 1, §25, Bd. 1 unter 3.: *La scala d'oro di Achille Loria*, in der Rubrik »Sotto la Mole«, piemontesische Ausgabe des »Avanti!« vom 17. Mai 1917 (jetzt in SG, 112–14); unter 5.: *Achille Loria*, in »Il Grido del Popolo«, 19. Januar 1918 (jetzt in Gramsci, *Scritti 1915–1921*, neue Beiträge, hg. v. Sergio Caprioglio, »I quaderni del ›Corpo‹«, Mailand 1968, 48–50) und unter 14.: *Un avventuriero della scienza*, in »l'Unità« vom 16. März 1926 (jetzt in CPC, 422f.); im letztgenannten Text wird der folgende Passus der Schrift von Loria zitiert: »Gleich den Schutzbindungen (*Protektionismus*) wird die neue Erfindung (*die Luftfahrt*) alle Bindungen niederreißen, die bis jetzt den Menschen verbarrikadierten, und wird ihm so zum ersten Mal eine volle und tätige Freiheit zugestehen! Vor allem wird dadurch jene unsichtbare und dennoch allmächtige Bindung gebrochen, die den Arbeiter ans Kapital kettet. Heute hat ja der Arbeiter, der sich weigern würde, als Lohnarbeiter für den Profit eines Kapitalisten zu dienen, keine andere Perspektive außer dem Hungertod oder der Einschließung ins Asyl oder ins Gefängnis. Aber all das wird sich unversehens ändern, wenn der Arbeiter, dem es widerstrebt, in die Fabrik zu gehen, oder der aus ihr verbannt ist, *ein Flugzeug finden wird oder ein Luftschiff, das ihn zwischen die Räume erhebt*. Gewiss werdet ihr sagen, mit jenem ironischen Lächeln, das alles erstarren lässt und tötet, dass die freien Räume nicht zu essen geben. Und warum nicht? *Aber warum kann man die künftigen Flugzeuge nicht mit Blattpflanzen und Vogelleim ausstatten, um außergewöhnliche Vogelherde zu schaffen, die den Luftreisenden eine köstliche und kostenlose Nahrung sichern?* Und schon kann der Arbeiter, der den Fabrikdienst verweigert, sich üppig sättigen und siegreich den Imperien des kapitalistischen Unternehmers entfliehen. Was wird dann aus dem ökonomischen Dogma, wonach der Kapitalist nötig ist für den Arbeiter und dieser nicht ohne jenen leben kann? Auch diese theoretische Konstruktion wird zusammenbrechen wie morsches Holz und wird der neuen und gänzlich anderen Theorie der Beziehungen zwischen Kapital und Arbeit Platz machen müssen …« (vgl. »Rassegna contemporanea«, aaO., 22; Hervorhebung von Gramsci). Dieser Artikel von Loria wird auch in einem Brief an Julia vom 2. Mai 1927 erwähnt (vgl. LC, 88).

9 Vgl. Antonino Laviosa, *L'estrazione del petrolio*, in »Nuova Antologia«, 16. Mai 1929 (64. Jg., Nr. 1372), 254–62.

10 Vgl. »Rassegna settimanale della stampa estera« (»Wöchentliche Auslands-Presseschau«), 21. Oktober 1930 (5. Jg., Nr. 42), 2303f. Einige beim Abschreiben des Zitats in diesem C-Text versehentlich weggelassene Wörter sind in spitzen Klammern ergänzt worden.

10a *La mania del prestigio.*

11 Vermutlich dachte Gramsci hier an folgenden (in der marxistischen Literatur häufig zitierten) Passus aus einem Brief von Engels an C. Schmidt vom 5. August 1890: »Überhaupt dient das Wort ›materialistisch‹ in Deutschland vielen jüngeren Schriftstellern als eine einfache Phrase, womit man alles und jedes ohne weiteres Studium etikettiert, d.h. diese Etikette aufklebt und dann die Sache abgetan zu haben glaubt. Unsere Geschichtsauffassung aber ist vor allem eine Anleitung beim Studium, kein Hebel der Konstruktion à la Hegelianertum. Die ganze Geschichte muß neu studiert werden, die Daseinsbedingungen der verschiednen Gesellschaftsformationen müssen im einzelnen untersucht werden, ehe man versucht, die politischen, privatrechtlichen, ästhetischen, philosophischen, religiösen etc. Anschauungsweisen, die ihnen entsprechen, aus ihnen abzuleiten. Darin ist bis jetzt nur wenig geschehn, weil nur wenige sich ernstlich darangesetzt haben. Darin können wir Hülfe in Massen brauchen, das Gebiet ist unendlich groß, und wer ernstlich arbeiten will, kann viel leisten und sich auszeichnen. Statt dessen aber dient die Phrase des historischen Materialismus (man kann eben *alles* zur Phrase machen) nur zu vielen jüngeren Deutschen nur dazu, ihre eignen relativ dürftigen historischen Kenntnisse – die ökonomische Geschichte liegt ja noch in den Windeln! – schleunigst systematisch zurechtzukonstruieren und sich dann sehr gewaltig vorzukommen.« (MEW 37, 436f.)

11a Vgl. Anm. 5 zu diesem Paragrafen und Anm. 2 zu Heft 4, §37: »Anm. d. Übers.: Gramscis im Gefängnis angefertigte Übersetzung (vgl. Q, 2358, sowie MEW 13, 9) des *Vorworts* von 1859 ist an dieser Stelle doppelt ungenau. Marx spricht von den »ideologischen Formen, worin sich die Menschen dieses Konflikts bewußt werden und ihn ausfechten«. Aus »ausfechten« macht Gramsci »lösen« (risolvono); und nach »ideologischen Formen« fügt er ein: »auf deren Terrain« (nel cui terreno). Wenn diese beiden Operationen den Sinn des Originals bereits verschieben, so erfolgt eine weitere Verschiebung beim Zitat in diesem Paragrafen.«

12 Vgl. Marx, *Kapital I*, MEW 23, 74, wo Marx im Anschluss an die Wertformanalyse von Aristoteles sagt: »Das Geheimnis des Wertausdrucks, die Gleichheit und gleiche Gültigkeit aller Arbeiten, weil und insofern sie menschliche Arbeit überhaupt sind, kann nur entziffert werden, sobald der Begriff der menschlichen Gleichheit bereits die Festigkeit eines Volksvorurteils besitzt«. Vielleicht hatte Gramsci einen Passus von Croce im Kopf, wo diese Stelle aus dem *Kapital* zitiert ist: »Man bedenke jene Stelle, wo Marx sagt, dass die Natur und der Wert einzig in einer Gesellschaft klar erscheinen kann, in welcher ›der Begriff der menschlichen Gleichheit die Festigkeit einer Überzeugung des Volkes erreicht hat‹« (Croce, *Materialismo storico ed economia marxistica*, aaO., 32, Anm.).

13 Vgl. Heft 1, §44. Anspielung auf die alte Formel Trotzkis von der »permanenten Revolution«, die in den sowjetischen Auseinandersetzungen von 1924–26 infrage gestellt worden ist. Für die Dokumentation dieser Auseinandersetzungen vgl. *La »rivoluzione permanente« e il socialismo in un paese solo*, Schriften von Nikolai Bucharin, Jossif Stalin, Leo Trotzki,

Grigori Sinowjew, hg. v. Giuliano Procacci, Editori Riuniti, Rom 1963; und Leo Trotzki, *La rivoluzione permanente*, Einaudi, Turin 1963.

14 Anspielung auf Marx' Werk *Der 18. Brumaire des Louis Bonaparte*.

H. 14, § 10. *Vergangenheit und Gegenwart.*
B-Text (bereits in PP, 11).

1 Vgl. Heft 6, § 162, Bd. 4, 827f., und Heft 9, § 36 und § 141, Bd. 5, 1104f. und 1184.

1a Vgl. Heft 8, § 5, Bd. 5, 945. Im Original: »consorteria«, was Sonderinteressen im Gegensatz zur Allgemeinheit bezeichnen kann und sich hier auf die »Destra Storica« bezieht, die Rechte, die in Italien von der Gründung des Einheitsstaats bis zum Sturz des Kabinetts Minghetti im März 1876 regierte.

1b Der Kongress von Genua (14.–15. August 1892), bei dem sich die »Arbeiterpartei Italiens« konstituierte (später »Sozialistische Partei Italiens«), fand im Anschluss an die allgemeinen Wahlen statt, bei denen sich die Zahl gewählter Sozialisten auf zehn erhöht hatte (vgl. Paul Guichonnet, »Der italienische Sozialismus von seinen Anfängen bis 1914«, in J. Droz (Hg.), *Geschichte des Sozialismus*, Bd. 6, Frankfurt/M u. a. 1975, 128).

2.2 An den Rändern der Geschichte

H. 25, § 1. *Davide Lazzaretti.*
C-Text (bereits in R, 199–203): unter Verwendung zweier A-Texte aus Heft 3, § 12: *David Lazzaretti*, und einem A-Text aus Heft 9, § 81: *Geschichte der subalternen Klassen. David Lazzaretti*, vgl. Bd. 2, 341ff., und Bd. 5, 1132.

1 Die Angaben zu den im Text zitierten Werken stammen aus dem Artikel von Domenico Bulferetti, *David Lazzaretti e due milanesi*, in »La Fiera letteraria«, 26. August 1928. – Die Titel lauten im Original: Andrea Verga, *David Lazzaretti e la pazzia sensoria*; Cesare Lombroso, *Pazzi e anormali*; Filippo Imperiuzzi, *Storia di David Lazzaretti Profeta di Arcidosso*; Giacomo Barzellotti, *David Lazzaretti*; ders., *Monte Amiata e il suo Profeta*.

1a Vgl. Anm. 7a zu Heft 14, § 47, Bd. 7, A690: In Anlehnung an 1.Kor. 10,23: »Omnia mihi licent, sed non omnia expediunt.« (»Alles ist erlaubt, aber nicht alles dient zum Guten«; nach der Übersetzung Luthers in der revidierten Fassung von 1984.) Formel für das an die italienischen Katholiken ergangene päpstliche Verbot, sich am politischen Leben des Einheitsstaates zu beteiligen.

2 Es handelt sich sehr wahrscheinlich um eine Notiz aus dem Gedächtnis. Vgl. Francesco Saverio Nitti, *Il socialismo cattolico* (*Der katholische Sozialismus*), 2. Aufl., Roux u. Co., Turin-Rom 1891; der Hinweis auf die Beneventer Banden und David Lazzaretti findet sich auf S. 342ff.

3 Der ganze Paragraf wurde stellenweise wörtlich aus der Rubrik »Marginalia« (*Il profeta dell'Amiata* – Der Prophet vom Amiata), in »Il Marzocco«, 31. Januar 1932 (37. Jg., Nr. 5) übernommen.

H. 25, § 2. *Methodologische Kriterien.*
C-Text (bereits in R, 193): unter Verwendung eines A-Textes aus Heft 3, § 14: *Geschichte der herrschenden Klasse und Geschichte der subalternen Klassen*, vgl. Bd. 2, 344.

H. 25, § 4. *Einige allgemeine Notizen zur geschichtlichen Entwicklung der subalternen gesellschaftlichen Gruppen im Mittelalter und in Rom.*
C-Text (bereits in R, 193–96): unter Verwendung zweier A-Texte aus Heft 3, § 16: *Politische Entwicklung der Volksklasse in der mittelalterlichen Kommune*, und § 18: *Geschichte der subalternen Klassen*, vgl. Bd. 2, 345ff.
1 Gramscis Angabe muss berichtigt werden. Der Aufsatz von Ettore Ciccotti, *Elementi di »verità« e di »certezza« nella tradizione storica romana*, war in zwei Folgen in »Rivista d'Italia« erschienen: 15. Juli 1927 (30. Jg., H. 7), 414–51, und 15. August 1927 (30. Jg., H. 8), 585–616.
1a Gemeint ist der sogenannte Ciompi-Aufstand der Florentiner Wollkämmer von 1378, einer der »ersten, wenn auch noch recht aussichtslosen, Aufstände von Proletariern der neuzeitlichen Geschichte« (Leo Kofler, *Zur Geschichte der bürgerlichen Gesellschaft*, Neuwied und Berlin 1966, 84; Anm. d. Übers.).

H. 25, § 5. *Methodische Kriterien.*
C-Text (bereits in R, 191ff.): unter Verwendung eines A-Textes aus Heft 3, § 90: *Geschichte der subalternen Klassen*, vgl. Bd. 2, 410f.

H. 25, § 6. *Die Sklaven in Rom.*
C-Text (bereits in R, 196): unter Verwendung zweier A-Texte aus Heft 3, § 98: *Spartakus*, und § 99: *Das Gesetz der Zahl*, vgl. Bd. 2, 414.
1 Tenney Frank, *Storia economica di Roma. Dalle origini alla fine della Repubblica*, übersetzt von Bruno Lavagnini, Vallecchi, Florenz [FG, C.carc., Turi II].
2 Abgesehen vom Inhalt der Klammer, die auf den Titel folgt, wurde der Text wörtlich aus einer Anmerkung des zitierten Bandes von Frank, *Storia economica di Roma*, 147, übernommen.

H. 25, § 7. *Indirekte Quellen. Die »Utopien« und die sogenannten »philosophischen Romane«.*
C-Text (bereits in R, 217–20): unter Verwendung einiger A-Texte aus Heft 3, §§ 69, 71 und 75, unter demselben Titel: *Utopien und philosophische Romane*, sowie § 113: *Utopien*, vgl. Bd. 2, 387f., 392, 419.
0 »Beschwerdehefte«, die in Frankreich zur Vorbereitung auf die Generalstände von 1789 in allen Gemeinden verfasst wurden und die wichtigsten politischen und sozialen Forderungen enthielten.
1 Vgl. Vittorio Imbriani, *Naufragazia* (unveröffentlichtes Romanfragment), in »Nuova Antologia«, 1. August 1934 (69. Jg., H. 1497), 369–81. Die unvollendeten Stücke von De Roberto, auf die Gramsci sich bezieht, waren postum 1928 in »La Fiera letteraria« veröffentlicht worden: vgl. besonders *L'arcipelago della fortuna* (*Der Archipel des Glücks*), ein Kapitel aus

einem unvollendeten allegorischen Roman, in »La Fiera letteraria«, 1. Juli 1928 (4. Jg., Nr. 27); zwei weitere Stücke aus einer postumen Novelle, *L'Ebrezza* (*Der Rausch*), waren von derselben Wochenzeitung in den Nummern vom 15. und 22. Januar 1928 (4. Jg., Nr. 3 u. 4) veröffentlicht worden.

2 Vgl. »Nuova Antologia«, 1. August 1930 (65. Jg., H. 1401), 352–69.

3 Zum utopischen Charakter des *Fürsten* vgl. bes. Heft 8, § 21, Bd. 5, 955–58.

3a *Il mondo pazzo o savio*; eigentlich *I mondi*, »Die Welten«.

4 Vgl. Ezio Chiòrboli, *Anton Francesco Doni*, in »Nuova Antologia«, 1. Mai 1928, 43–48. Die von Gramsci zitierten Passagen befinden sich S. 46f. Die von Chiòrboli besorgte Ausgabe der *Marmi* Donis (Laterza, Bari 1928) wird S. 43, Anm. 1, genannt.

5 Vgl. Achille Loria, *Pensieri e soggetti economici in Shakespeare*, in »Nuova Antologia«, 1. August 1928, 315–29. Auch der Hinweis auf Renans Dramen *Caliban* und *Eau de jouvence* ist in diesem Artikel Lorias enthalten (317f.).

H. 25, § 8. *Szientismus und Hinterlassenschaften der Spätromantik.*

C-Text (bereits in LVN, 129): unter Verwendung eines A-Textes aus Heft 1, § 27: *Hinterlassenschaften der Spätromantik?*, vgl. Bd. 1, 83.

H. 27, § 1. *Giovanni Crocioni …*

C-Text (bereits in LVN, 215–18): unter Verwendung zweier A-Texte aus Heft 1, § 86: Giovanni Crocioni, *Grundprobleme der Folklore*, und § 89: *Folklore*, vgl. Bd. 1, 147, 148f.

1 Der Hinweis ist mit größter Wahrscheinlichkeit der Rezension von Raffaele Ciampini entnommen, die in der Rubrik »Bücher der Woche« (*Folklore*) der »Fiera letteraria«, 30. Dezember 1928 (4. Jg., Nr. 53) erschienen ist und von Gramsci im folgenden § 89 zitiert wird.
Die von Giuseppe Pitrè zusammengestellte *Bibliographie der volkstümlichen Traditionen in Italien* wurde erstmals 1894 veröffentlicht (C. Clausen, Turin-Palermo).

2 Gramsci hatte im Gefängnis die *Sonette* von Cesare Pascarella, Editrice Nazionale, Neuausgabe Turin 1926 [G. Ghilarza, C.carc.], darunter die *Scoperta dell'America*. Die *Sonette* gehören zu den Bänden, die Carlo am 11. November 1929 übergeben wurden; vgl. DQ, Heft 1 (XVI), 94.

2a Im Ms. »c. s.«, Abkürzung für »come sopra«. P deutet sie als »clero secolare«, d. h. »Weltgeistlichkeit, Säkularklerus«.

H. 6, § 158. *Geschichte der subalternen Klassen.*

B-Text (bereits in R, 198f.).

1 Armando Cavalli, *Correnti messianiche dopo il '70*, in »Nuova Antologia«, 16. November 1930 (65. Jg., Nr. 1408), 209–15.

2 Zur Mitarbeit von Armando Cavalli an Gobettis Zeitschriften vgl. »La Rivoluzione liberale«, 2. Jg (1923), Nr. 18, 20, 25, 38; 3. Jg. (1924), Nr. 11, 16, 30, 31, 39, 41, 42, 44, 45, 46; 4. Jg. (1925), Nr. 7, 14, 18, 22, 23, 24, 26, 29, 30, 31, 36, 38; »Il Baretti«, 2. Jg. (1925), Nr. 1; 3. Jg. (1926), Nr. 1, 2, 4, 8, 11; 4. Jg. (1927), Nr. 4, 8; 5. Jg. (1928), Nr. 3.

3 Zu dieser Frage ergänzt Gramsci die Hinweise des Artikels von Cavalli, der sich darauf beschränkt, einige religiöse Reformbestrebungen in Italien seitens gemäßigter Gruppen nur für die Zeit nach '70 zu erwähnen.

H. 14, § 39. *Popularliteratur. Manzoni und die »Einfachen«.*
B-Text (bereits in LVN, 72f.).
1 Zur Beziehung zwischen Manzonis Auffassungen und Thierrys Lehren vgl. Heft 7, §§ 50 und 51, Bd. 5, 900ff.
2 Vgl. Heft 3, § 148, Bd. 2, 436f.; Heft 6, § 9, Bd. 4, 715; Heft 7, § 50, Bd. 4, 900f.; Heft 8, § 9, Bd. 5, 948.
3 Zu Zottolis Buch vgl. Heft 7, § 50, Bd. 4, 900f.
4 Einige Notizen zu diesem Thema hat Gramsci später in Heft 25 unter dem Titel *Am Rande der Geschichte (Geschichte der subalternen gesellschaftlichen Gruppen)* gesammelt.
5 Aller Wahrscheinlichkeit nach dachte Gramsci hierbei direkt oder indirekt an einige Hinweise von Engels in *Ludwig Feuerbach und der Ausgang der klassischen deutschen Philosophie* (vgl. MEW 21, 299): »Seit der Durchführung der großen Industrie, also mindestens seit dem europäischen Frieden von 1815, war es keinem Menschen in England ein Geheimnis mehr, daß dort der ganze politische Kampf sich drehte um die Herrschaftsansprüche zweier Klassen, der grundbesitzenden Aristokratie (landed aristocracy) und der Bourgeoisie (middle class). In Frankreich kam mit der Rückkehr der Bourbonen dieselbe Tatsache zum Bewußtsein; die Geschichtsschreiber der Restaurationszeit von Thierry bis Guizot, Mignet und Thiers sprechen sie überall aus als den Schlüssel zum Verständnis der französischen Geschichte seit dem Mittelalter.« Vgl. auch Engels' Brief an Starkenburg vom 25. Januar 1894 (MEW 39, 207): »Wenn Marx die materialistische Geschichtsauffassung entdeckte, so beweisen Thierry, Mignet, Guizot, die sämtlichen englischen Geschichtsschreiber bis 1850, daß darauf angestrebt wurde, und die Entdeckung derselben Auffassung durch Morgan beweist, daß die Zeit für sie reif war und sie eben entdeckt werden *mußte*.« Ein Urteil von Marx über Thierry (»le père des ›Klassenkampfes‹ in der französischen Geschichtsschreibung«) findet sich in seinem Brief an Engels vom 27. Juli 1854 (vgl. MEW 28, 381). Vgl. auch Marx' Brief an Weydemeyer vom 5. März 1852 (ebd., 504).

H. 11, § 12. *Man muss das weitverbreitete Vorurteil zerstören …*
C-Text (bereits in MS, 3–20): unter Verwendung und Weiterentwicklung einiger A-Texte aus Heft 8 (XXVIII), § 204: *Eine Einführung ins Studium der Philosophie*; § 213: *Eine Einführung ins Studium der Philosophie. Das Problem der »Einfachen«*; § 220: *Eine Einführung ins Studium der Philosophie*; § 169: *Einheit der Theorie und der Praxis*; § 205: *Mechanischer Determinismus und Tätigkeit-Wille*; und eines A-Textes aus Heft 10 (XXXIII), Teil II, § 21: *Einführung ins Studium der Philosophie* (Bd. 5, 1055f., 1063f., 1072f., 1036f., 1056f.).
0 Vgl. Heft 10, Teil II, § 52 und Anm. 0: Gramsci greift ein Stichwort Croces auf: »Jeder Mensch hat seine mehr oder weniger rudimentäre oder entwickelte und mehr oder weniger lückenhafte Philosophie, und es gibt kei-

nen Menschen, der ganz ohne Philosophie wäre.« (*Philosophie der Praxis. Ökonomik und Ethik* [1908], nach der 3. revidierten Ausgabe übers. v. Hans Feist u. Richard Peters, Tübingen 1929, 60). – Vgl. auch Heft 10, Teil II, § 17.

0a Im Original: »tutto il mondo«, wörtlich: »alle Welt«.

0b Im Original: »supinamente«, was im übertragenen Sinn auch »sklavisch« heißt; Paris übersetzt dagegen mit »lâche« (»feige«).

0c Im Original: »conformisti«, weiter dann »uomini-massa o uomini-collettivi«, in *Anmerkung II* »filosofi«, also jeweils Plural, was sich im Deutschen mit »man« nicht konstruieren lässt. Der Sinn tendiert zu: »Wir sind immer Konformisten usw.«.

0d Im Original: »accolte senza beneficio d'inventario«, in der Sprache des Erbrechts: eine Erbschaft mit der Rechtswohltat des Inventars annehmen.

0e Vgl. die vorhergehende Anm. 0c.

0f Vgl. die vorhergehende Anm. 0c.

0g Gemeint ist Croces Religionsbegriff. Vgl. Anm. 0 zu Heft 10, Teil I, § 5: In der *Geschichte Europas* geht Croce davon aus, dass der Kern »bei jeder Religion in einem Wirklichkeitsbewusstsein mit entsprechender Ethik besteht« (Benedetto Croce, *Geschichte Europas im neunzehnten Jahrhundert*, übers. von Karl Vossler [Kap. 1–3] und Richard Peters [Kap. 4–11], Insel, Frankfurt/M 1979 [1. Aufl. Zürich 1935], 18). Entsprechend fasst er seine historisch-idealistische Position als »Philosophie und Religion der Freiheit« (vgl. etwa ebd., 45). In den *Grundlagen der Politik*, übers. von Hans Feist, München 1924, sagt er gegen Hegel, »dass gerade der Liberalismus in Italien zu einer Religion wurde« (44). Von »Religion« spricht er hier »im Sinne eines jeden geistigen Systems, eines jeden Wirklichkeitsbegriffs, der zu Glauben gewordene Grundlage des Handelns und Licht des moralischen Lebens ist« (60). – Vgl. auch § 17 in Teil II des zehnten Heftes.

0h Im Original: »malafede« (Gegenbegriff zu »bona fide«, »guten Glaubens«), dessen französisches Äquivalent (»mauvaise foi«) wie die im Kontext wichtige »Wahl« zu den Zentralbegriffen Jean-Paul Sartres gehört.

0i Paris übersetzt: »On pourrait mettre ces façons populaires de parler dans le même groupe que les expressions similaires des écrivains populaires – en les prenant dans les grands dictionnaires – où entrent les termes ›philosophie‹ et ›philosophique‹«.

0j »Immanentistisch« im Sinne von diesseitig, innerweltlich, im Gegensatz zu transzendent-religiös. Vgl. die 2. Feuerbachthese von Marx: »In der Praxis muß der Mensch die Wahrheit, i. e. Wirklichkeit und Macht, Diesseitigkeit seines Denkens beweisen« (MEW 3, 5). In Gramscis Übersetzung: »È' nella attività pratica che l'uomo deve dimostrare la verità, cioè la realtà e il potere, il carattere terreno del suo pensiero« (vgl. Q, III, 2355). – »Immanenz« ist für Croce ein wichtiges Stichwort. Der Liberalismus des beginnenden 19. Jahrhunderts, heißt es in seiner *Geschichte Europas* (aaO., 31), bekannte sich wie der Kommunismus »zu einer diesseitigen, immanentistischen Weltanschauung und strebte nach Genuss und Vermehrung der Güter, förderte die Wissenschaften und die technischen Erfindungen, die maschinellen und sonstigen Mittel des wirtschaftlichen Fortschritts.«

Die Berufung auf den Geist und die Ethik haben die Funktion, ein innerweltliches Darüberhinaus, eine Art Diesseitsreligion zu entwerfen. »Wenn wir nicht vermögen«, heißt es in Croces *Philosophie der Praxis* (aaO., 194), »in dem Zufälligen das Ewige, in der Lust die Pflicht zu erfassen«, weiche jede Befriedigung rasch der Enttäuschung; »denn dann nur erwirbt man den inneren Frieden, der nicht der Zukunft, sondern der Gegenwart angehört, denn im Augenblick ist die Ewigkeit für den, der sie zu erfassen versteht.« Für eine psychologische Illusion erklärt er die verbreitete Meinung, »dass ein immanenter Geist im Vergleich zu einem transzendenten Geiste eines allmächtigen Gottes außerhalb der Welt unterlegen und in Verlegenheit ist« (ebd., 361).

0k Im Original: »nei confronti della chiesa romana«; Paris übersetzt: »dans leur lutte contre l'Église romaine« (»in ihrem Kampf gegen die Römische Kirche«).

0l Im Original: »senso comune«, was sonst durchgängig mit »Alltagsverstand« wiedergegeben wird (vgl. *Editorische Vorbemerkung*, Bd. 1, 19). Hier tendiert die Bedeutung zum »common sense«, mit Akzent auf »common« (gemeinsam), und der Gegensatz zum »gesunden Menschenverstand« verblasst.

1 Vgl. Anm. 4 zu Heft 1, § 93, Bd. 1, A72: »Vgl. Henry Wickam Steed, *Mes souvenirs*, 1. Bd. (1892–1914), Plon, Paris 1926 [FG, C.carc., Mailand], 159f. Die Episode, die mit noch mehr Einzelheiten an einer anderen Stelle der Hefte – vgl. Heft 8 (XXVIII), § 220 – vermerkt ist, wird mit einigen Ungenauigkeiten aus dem Gedächtnis heraus erwähnt (Gramsci hatte den ersten Band von Steeds Memoiren im Mailänder Gefängnis gelesen und hatte ihn in Turi nicht mehr zur Verfügung). Der Dialog spielte sich in Wahrheit zwischen einem italienischen Adligen und einem Prälaten ab, und nicht zwischen einem Protestanten und einem Kardinal, und betrifft nur indirekt das Wunder des hl. Januarius. Der Text von Steed lautet nach der französischen Ausgabe wie folgt:

»Eines Tages hörte ich in Rom die Unterhaltung zwischen einem vom Geiste der Kurie durchdrungenen Prälaten und einem italienischen Adligen, einem eifrigen Katholiken vom intellektuellen Typus. Letzterer beklagte sich über den Mangel an Zartgefühl in einer Hochzeitsrede, die wir soeben gehört hatten.

›Warum, Euer Hochwürden‹, fragte er, ›verlangt die Kirche von uns, solche Dinge zu glauben?‹

›Die Kirche‹, antwortete der Prälat, ›verlangt weder von Ihnen noch von mir, sie zu glauben, sie sind gut für die Neapolitaner.‹

›Es gibt aber Dinge‹, entgegnete der Edelmann, ›die schwer zu glauben sind, sogar in den Evangelien.‹

›Es gibt viele Übertreibungen in den Evangelien‹, sagte der Prälat.

›Aber‹, rief sein Gesprächspartner ehrlich empört aus, ›sind nicht die Bibel, das Evangelium, die Grundlage von allem, die Quelle des Christentums, und sind wir nicht Christen, Hochwürden?‹

›*Wir* sind Prälaten‹, antwortete Hochwürden.‹«

1a Im Original: »gruppo«; R (hier wie zumeist): »Klasse«.

1b Im Original: »autocoscienza«; R: »Selbsterkenntnis«.

1c Im Original: »senso di« (»Sinn für«); bei Ri weggelassen; Paris: »sentiment« (»Gefühl«).

1d Ri: »ohne eine konkrete Manifestation des Theorie-Praxis-Nexus in Form« usw.

1e Ri lässt weg: »von Vorstößen …« bis »und Neugruppierungen«.

1f Ri: »›Basis-Struktur‹«.

1g Im Original: »elaborano«; R: »beeinflussen«. – Im Folgenden entfernt sich R so weit vom Original, dass auf einzelne Nachweise verzichtet wird.

1h Im Original »totalitaria« – siehe dazu Anm. 1a zu Heft 6, §136, Bd. 4, A352; dort aber mit »total« übersetzt: »Im Original: ›totalitaria‹; wir übersetzen mit ›total‹, weil dieser vom dt. Ausdruck »ganzheitlich« beeinflusste Term später eine totalitarismustheoretische Bedeutung erhalten hat, die, aller Affinität zum Trotz, hier in die Irre führen würde, obwohl sie als latente Möglichkeit mitschwingt.«

2 Es handelt sich um den Artikel von Dmitri Petrowitsch Mirski (Mirskij, Gramsci schreibt italienisch-aussprachegerecht Mirschi), *Bourgeois History and Historical Materialism* (*Bürgerliche Geschichte und historischer Materialismus*) aus »The Labour Monthly«, Juli 1931, 453–59. Von diesem Artikel spricht Gramsci auch im Brief an Tanja vom 3. August 1931: »Nach einer ersten Durchsicht des Artikels des Fürsten Mirski über die Theorie der Geschichte und der Geschichtsschreibung scheint mir, dass es sich um einen sehr interessanten und wertvollen Aufsatz handelt. Von Mirski hatte ich vor einigen Monaten einen Aufsatz über Dostojewski gelesen, der in einer Dostojewski gewidmeten Sondernummer der ›Cultura‹ erschienen war. Auch dieser Aufsatz war sehr scharfsinnig, und es ist überraschend, dass Mirski sich mit derartigem Verständnis und Durchdringen zumindest einen Teil des zentralen Kerns des historischen Materialismus angeeignet hat. Mir scheint seine Position desto mehr Aufmerksamkeit und Studium zu verdienen, als er sich frei von gewissen Vorurteilen und kulturellen Verkrustungen erweist, die sich parasitär ins Feld des Studiums der Geschichtstheorie eingeschlichen hatten infolge der großen Popularität, die der Positivismus am Ende des vorigen und zu Beginn des gegenwärtigen Jahrhunderts genoss« (LC, 459). Zu Mirski vgl. die redaktionelle Anmerkung (Nr. 2) in LC, 461.
Anm. d. Übers.: Derek Boothman hält es aufgrund größerer inhaltlicher Übereinstimmung für wahrscheinlicher, dass Gramsci anstelle des dort angegebenen Artikels einen anderen Aufsatz Mirskis im Sinn hatte (*The philosophical Discussion in the CPSU in 1930–31*), der in einer späteren Nummer des »Labour Monthly« von 1931 erschienen war.

2a Im Original: »un rivestimento da deboli di una volontà attiva etc.«; Paris macht daraus »le manteau de faiblesse que revêt une volonté active etc.« (»der Mantel der Schwäche, den ein aktiver Wille überzieht etc.«).

3 Vgl. *Individualismo pagano e individualismo cristiano*, in »La Civiltà Cattolica«, 5. März 1932 (83. Jg., Nr. 1), 409–23; das Zitat ist auf S. 422.

4 Die von Piero Burresi besorgte erste Übersetzung der bekannten Schrift von Max Weber, *Die protestantische Ethik und der Geist des Kapitalismus*, war in Fortsetzungen in der Zeitschrift »Nuovi Studi di Diritto, Economia e Politica« unter dem italienischen Titel *L'etica protestante e lo spirito del*

capitalismo erschienen, in den Nummern von Mai–August 1931 bis Juni–Oktober 1932, mit Ausnahme der Nummer von März–Mai 1932, die zur Gänze dem II. Kongress gewerkschaftlicher und korporativer Studien gewidmet war; vgl. Anm. 2 zu Heft 8, §231, Bd. 5, A486: »Max Weber, *Die protestantische Ethik und der Geist des Kapitalismus*, in ders., *Gesammelte Aufsätze zur Religionssoziologie*, Bd. 1, Tübingen 1934 (vgl. vor allem Kap. II.1: *Die religiösen Grundlagen der innerweltlichen Askese*, zur ›Gnadenwahl‹ besonders 89ff.). – Eine italienische Übersetzung war unter dem Titel *L'etica protestante e lo spirito del capitalismo* in Fortsetzungen in der Zeitschrift ›Nuovi Studi di diritto, economia e politica‹ erschienen, in den Nummern von Mai–August, September–Oktober und November–Dezember 1931, Januar–Februar und Juni–Oktober 1932 (4. Jg., Nr. 3–4, 5, 6; 5. Jg., Nr. 1, 3–4–5).«

5 Vgl. Bernhard Groethuysen, *Die Entstehung der bürgerlichen Welt- und Lebensanschauung in Frankreich*, Bd. 1: *Das Bürgertum und die katholische Weltanschauung*, Halle 1927.

5a R: »kommentiert«; entsprechend w. u. der Darstellende als »Kommentator«.

5b Im Original: »da porre innanzi«; fehlt bei R; Era: »a los que apelar« (»um sich auf sie zu berufen«).

5c R: »entsprechend verteilt«.

5d Im Original: »le fortune«; vgl. Anm. 0 zu Heft 8, §237, Bd. 5, A487f.: »Der unübersetzbare Begriff ›fortuna‹, in dem ›Schicksal‹, ›Glück‹, ›Fortüne‹, ›Erfolg‹ mitschwingen, spielt eine wichtige Rolle bei Machiavelli; vgl. dazu Herfried Münkler, *Machiavelli. Die Begründung des politischen Denkens der Neuzeit aus der Krise der Republik Florenz*, Frankfurt/M 1982, Teil 3, Kap. IV (*Willkür und Chance – die Funktion der Fortuna in Machiavellis Geschichtsphilosophie* ..., 300–12) und Kap. V (der Unterabschnitt *Virtù und Fortuna – die Fundamentalopposition in Machiavellis politischer Theorie*, 316f.).«

5e Im Original: »politica culturale«; R: »kulturpolitisch«; zur Übersetzung vgl. W. F. Haug, *Gramsci und die Politik des Kulturellen*, in: Argument 167, 1988, Heft 1.

5f R: »bei so großen und den Randgebieten des nationalen Lebens nahen« usw.

5g Vgl. Engels, *Anti-Dühring*, MEW 20, 106, wo es heißt: für Hegel »ist die Freiheit die Einsicht in die Notwendigkeit«. Engels verweist auf Hegels *Enzyklopädie* (§147, Zusatz), wo es um den Gegensatz von »blinder« und begriffener Notwendigkeit geht: »Blind ist die Notwendigkeit nur, insofern dieselbe nicht begriffen wird«.

6 Vgl. Anm. 2.

7 Vgl. Anm. 1 zu Heft 3, §42, Bd. 2, A161: Anspielung auf das vom maximalistischen Flügel des PSI organisierte Geheimtreffen im Hause des Rechtsanwalts Mario Trozzi in Florenz, November 1917, an dem Gramsci als Vertreter der Turiner Sozialisten teilnahm (vgl. Paolo Spriano, *Torino operaia nella grande guerra*, Einaudi, Turin 1960, 285–88). Auf diese Zusammenkunft und auf den Vorwurf des Bergsonismus, der ihm bei dieser Gelegenheit gemacht wurde, spielt Gramsci auch in Heft 11 (XVIII), §12 an. Einen Hinweis auf die Teilnahme Gramscis am Treffen von

Florenz findet man schon in einem Artikel des »Ordine Nuovo« vom 1. März 1921, *A Bruno Buozzi* (jetzt in SF, 84). Eine weitere Anspielung auf das Treffen von Florenz findet man in einem Redebeitrag Gramscis auf einer Sitzung (Juni 1923) der Erweiterten Exekutive der Kommunistischen Internationale (vgl. CPC, 449). Der Vorwurf des Bergsonismus gegen die »Ordine Nuovo«-Gruppe war auch von Claudio Treves wiederaufgenommen worden: vgl. ON, 489ff.

8 Vermutlich der Jurist und Politiker Professor Enrico Presutti. Als Mitglied des Parlaments hatte Presutti sich nach dem Mord an Matteotti der aventinischen Opposition angeschlossen. Zur hier erwähnten Begegnung und Diskussion mit Gramsci war es vielleicht in der ersten Zeit nach dem Auszug der Oppositionsparteien aus der Kammer auf den Aventin gekommen, an dem Gramsci mit den anderen kommunistischen Abgeordneten teilgenommen hatte. Über die genannte Episode sind jedoch keine weiteren Einzelheiten bekannt.

9 Im Oktober 1920, aber auch bei anderen Gelegenheiten, hatte Serrati in der Rubrik »Scampoli« (»Reste«) des »Avanti!« mit der Gruppe des »Ordine Nuovo« öffentlich polemisiert: man lese eine Replik Gramscis in ON, 423–26. Doch konnte der Vergleich zwischen Gramsci und Giulietti, auf den im Text Bezug genommen wird, in den journalistischen Auseinandersetzungen nicht aufgefunden werden. Es könnte sich auch um die Erinnerung an eine mündliche Diskussion handeln.

10 Vgl. Anm. 3 zu Heft 3, §42, Bd. 2, A162f.: »Sühnerede« wurde die von Claudio Treves am 30. März 1920 in der Abgeordnetenkammer gehaltene Rede genannt. Nachdem er zu Beginn der Rede, an die liberalen Abgeordneten gewandt, erklärt hatte: »Die Krise besteht gerade darin, ihr Tragisches steckt genau darin, dass ihr uns eure Ordnung nicht mehr aufzwingen könnt und wir euch noch nicht unsere aufzwingen können«, schloss Treves: »Die Krise des Regimes. Das ist es: die Rede schließt sich offensichtlich wie ein Kreis an dem Punkt, an dem sie begonnen hat. Die Krise, das Fieber, die Unruhe, die aufgeputschten Massen, die Ohnmacht der wirtschaftlichen Maßnahmen, die Menschen zu ernähren, und der Regierungen, den Frieden herzustellen: der Zusammenbruch! Ihr möchtet, dass dies bald geschehe: ›Macht die Revolution – sagt man uns – oder lasst uns in Ruhe‹. Weder das eine noch das andere! Die Revolution ist ein Zeitalter, nicht ein Tag, sie hat die Aspekte eines Naturphänomens: langsame Erosionen, plötzliche Abbrüche. Wir befinden uns mitten darin, und wir werden eine hübsche Anzahl von Jahren darin bleiben. Tag für Tag, Episode für Episode, episch oder makkaronisch, unmanierlich oder erhaben, mit vielen Dingen, die wir nicht verstehen und die ihr nicht versteht. Aber ja, es würde euch so gefallen, auf einmal damit fertigzuwerden! Es ist nicht das Sterben, das euch zur Verzweiflung bringt, es ist dieses Nicht-Leben, das euch aufbringt. Aber es steht nicht in unserer Macht, die Wehen der göttlichen Geburt abzukürzen. Das ist schrecklich lang und mühsam. Aber wenn dies schrecklich lang und mühsam ist, so ist dies notwendig, weil es die unausweichliche Folge dessen ist, was getan worden ist, und niemand kann bewirken, dass das, was getan worden ist, keine Tatsache sei. Das ist die unabwendbare Folge des Verbrechens! Ja, ihr Herren, da

kommt die Sühne« (Claudio Treves, *Come ho veduto la guerra*, 2. Aufl., Edizioni della Rassegna Internazionale, Mailand 1925, 233–56). Schon im Bericht von Gramsci an den Nationalrat des PSI vom Mai 1920 wurde diese Rede von Treves als ein »Zeichen des opportunistischen Denkens« beurteilt (vgl. ON, 120f.). Auf dieses Thema kommt Gramsci weiter unten, in diesem selben Heft, § 44, und in Heft 11 (XVIII), § 12, zurück; besonders an dieser letzten Stelle wird der Sinn von Gramscis Kritik deutlich: »Es war eine gewisse priesterliche Grandezza in dieser Rede, ein Gekreische von Verfluchungen, die vor Schreck versteinern lassen sollten und die hingegen ein großer Trost waren, weil sie darauf hindeuteten, dass der Totengräber noch nicht bereit war und Lazarus wiederauferstehen konnte«.

H. 3, §49. *Kulturthemen. Ideologisches Material.*
B-Text (bereits in PP, 172f.).

1 Da Basis/Überbau im Italienischen mit *struttura/soprastruttura* wiedergegeben wird, wir aber hier *struttura* mit »Struktur« übersetzen, muss beachtet werden, dass dabei die Bedeutung »Basis« mitschwingen kann: »la struttura ideologica di una classe dominante« könnte auch mit »die ideologische Basis einer herrschenden Klasse« übersetzt werden, zumal es hier um das materielle Dispositiv des Ideologischen geht. (Anm. d. Übers.)

Abkürzungen und Siglen

Abg.	Abgeordneter
BH	Beschreibung der Hefte
CPC	*La costruzione del partito comunista (1923–1926)*, Einaudi, Turin 1971
DQ	Descrizione dei Quaderni
FG	Bücher Gramscis aus dem »Fondo Gramsci« ohne Eintragung des Gefängnisses
FG, C.carc.	Bücher des »Fondo Gramsci« mit Eintragung der Gefängnisse
G. Ghilarza	In Ghilarza aufbewahrte Bücher Gramscis ohne Eintragungen der Gefängnisse
G. Ghilarza, C.carc.	In Ghilarza aufbewahrte Bücher Gramscis mit Eintragungen der Gefängnisse
INT	*Gli intellettuali e l'organizzazione della cultura*, Einaudi, Turin 1949
K, Kebir	*Marxismus und Literatur. Ideologie, Alltag, Literatur*. Hg. u. übers. v. Sabine Kebir, VSA, Hamburg 1983
LC	*Lettere dal carcere*, Einaudi, Turin 1965
LVN	*Letteratura e vita nazionale*, Einaudi, Turin 1949
LW	V.I. Lenin, *Werke*, Dietz, Berlin 1961ff.
MACH	*Note sul Machiavelli, sulla politica e sullo Stato moderno*, Einaudi, Turin 1949
MEW	Karl Marx, Friedrich Engels, *Werke*, Dietz, Berlin 1956ff.
Ms.	Manuskript
ON	*L'Ordine Nuovo (1919–1920)*, Einaudi, Turin 1954
P, Paris	*Cahiers de prison*. Hg. v. Robert Paris, Éditions Gallimard, Paris 1978 (Bd. 1, H. 10–13), 1983 (Bd. 2, H. 5–9).
PP	*Passato e presente*, Einaudi, Turin 1949
R	*Il Risorgimento*, Einaudi, Turin 1949
Ri, Riechers	*Philosophie der Praxis*. Hg. u. übers. v. Christian Riechers, Fischer, Frankfurt/M 1967
SG	*Scritti giovanili (1914–1918)*, Einaudi, Turin 1958
SM	*Sotto la Mole (1916–1920)*, Einaudi, Turin 1960
Z 1980, Zamiš	*Zu Politik, Geschichte und Kultur. Ausgewählte Schriften*. Hg. v. Guido Zamiš, Reclam, Leipzig 1980
Z 1987	*Gedanken zur Kultur*. Hg. v. Guido Zamiš, Reclam, Leipzig 1987

Der Gramsci-Schwerpunkt bei Argument

Gramsci-Reader

Erziehung und Bildung

Hg. von Andreas Merkens · ISBN 978-3-88619-423-0

Amerika und Europa

Hg. von Thomas Barfuss · ISBN 978-3-88619-424-7

Literatur und Kultur

Hg. von Ingo Pohn-Lauggas · ISBN 978-3-88619-427-8

Becker, Candeias, Niggemann & Steckner (Hg.)

Gramsci lesen

Einstiege in die Gefängnishefte

ISBN 978-3-88619-356-1

Armin Bernhard

Antonio Gramscis Politische Pädagogik

Grundrisse eines praxisphilosophischen Erziehungs- und Bildungsmodells

ISBN 978-3-88619-351-6

Andreas Merkens & Victor Rego Diaz (Hg.)

Mit Gramsci arbeiten

Texte zur politisch-praktischen Aneignung Antonio Gramscis

ISBN 978-3-88619-425-4

Benjamin Opratko & Oliver Prausmüller (Hg.)

Gramsci global

Neogramscianische Perspektiven in der Internationalen Politischen Ökonomie

ISBN 978-3-86754-310-1

Wolfgang Fritz Haug

Philosophieren mit Brecht und Gramsci

Erweiterte Neuausgabe 2006 · ISBN 978-3-88619-315-8

Gramscis Gefängnisbriefe

Briefwechsel mit Giulia Schucht

Gefängnisbriefe I · ISBN 978-3-88619-421-6

Briefwechsel mit Tatjana Schucht 1926–1930

Gefängnisbriefe II · ISBN 978-3-88619-422-3

Briefwechsel mit Tatjana Schucht 1931–1935

Gefängnisbriefe III · ISBN 978-3-88619-428-5

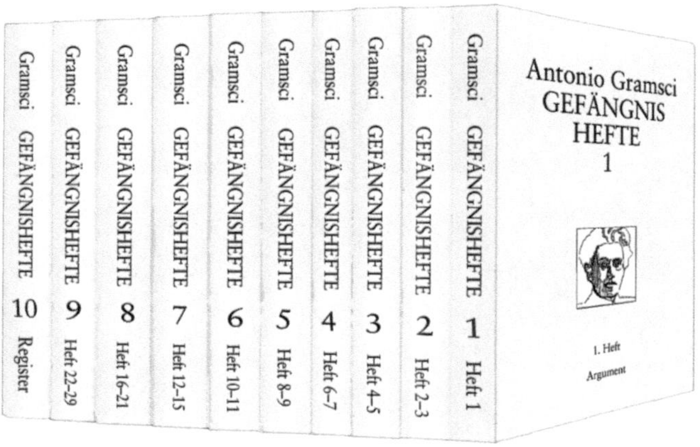

Antonio Gramsci

Gefängnishefte Taschenbuch-Gesamtausgabe in 10 Bänden

Herausgegeben von Klaus Bochmann und Wolfgang Fritz Haug
unter Mitarbeit von Peter Jehle
ca. 3600 Seiten · ISBN 978-3-86754-100-8
Demnächst wieder lieferbar

»Ein Hauptwerk der politischen Philosophie des 20. Jahrhunderts. In ihrer zunächst chronologischen, dann zunehmend thematisch bestimmten Abfolge führen zweitausendeinundsechzig Textstücke die Genealogie eines neuen Denkens vor. Dass jede Zeit ihr eigenes Material produziert, die neue Notwendigkeit, in der Auseinandersetzung den Weg durch eine neue Wirklichkeit zu suchen, ist Gramscis praktische Botschaft, die nicht veralten kann.« (aus dem Vorwort von W. F. Haug zu Band 1)

Kritische Gesamtausgabe auf Grundlage der im Auftrag des Gramsci-Instituts besorgten Edition von Valentino Gerratana. Übersetzt von den Herausgebern und R. Graf, G. Kuck, J. Meinert, L. Schröder.

Aus dem Inhalt:
Notizen zur Philosophie I–IV; Anmerkungen zum italienischen Risorgimento. Philosophie der Praxis, Die Philosophie Benedetto Croces. Notizen zur Einführung und Einleitung ins Studium der Philosophie und Kulturgeschichte. Verstreute Notizen für eine Gruppe von Aufsätzen über die Geschichte der Intellektuellen. Anmerkungen zur Politik Machiavellis. Kulturthemen. Katholische Aktion – Integrale Katholiken – Jesuiten – Modernisten. Probleme der italienischen Nationalkultur. Popularliteratur. Amerikanismus und Fordismus. Literaturkritik. Journalismus. An den Rändern der Geschichte (Geschichte der subalternen gesellschaftlichen Gruppen), Bemerkungen zur »Folklore«. Lorianismus. Notizen für eine Einführung ins Studium der Grammatik.

Umfangreiches Register und Konkordanz zu den Gramsci-Ausgaben von Christian Riechers, Guido Zamis, Klaus Bochmann und Sabine Kebir.